한국교회를 위한
칼뱅의 유산

박경수

대한기독교서회

한국교회를 위한
칼뱅의 유산
ⓒ 박경수 2014

2014년 3월 10일 초판 1쇄

지은이/박경수
펴낸이/정지강
펴낸곳/대한기독교서회
편집책임/권오인·이혜자·민소영

등록/1967년 8월 26일 제1-77호
주소/서울시 강남구 삼성동 테헤란로 103길 14
전화/편집 553-0873~4 영업 553-0870~7
팩스/편집 3453-1639 영업 555-7721
e-mail/editor@clsk.org
http://www.clsk.org

직영서점/기독교서회
종로5가 기독교회관 1층, 전화 744-6733 팩스 745-8064

값/15,000원   책번호 2042
ISBN 978-89-511-1695-7 93230

The Christian Literature Society of Korea, Seoul
Printed in Korea

한국교회를 위한
칼뱅의 유산

박경수

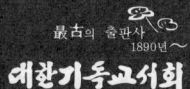

여는 글

왜 칼뱅인가?

칼뱅(Jean Calvin, 1509-64)은 16세기에 스위스의 제네바에서 사역한 프랑스 출신 종교개혁자이다. 16세기 종교개혁운동은 루터를 중심으로 하는 독일의 루터파, 츠빙글리와 칼뱅을 중심으로 하는 스위스의 개혁파, 잉글랜드를 중심으로 하는 성공회, 스위스형제단으로부터 시작하여 독일과 네덜란드로 확산된 급진파로 나누어져 있었다. 그 가운데서도 가장 넓은 지역에 걸쳐 큰 영향력을 행사하며 빠르게 확산된 것이 칼뱅의 개혁파 종교개혁운동이다. 칼뱅의 신학사상은 스위스는 물론이고 프랑스, 잉글랜드, 스코틀랜드, 네덜란드, 독일, 폴란드 등의 유럽 전역으로 뻗어나갔고, 이후 뉴잉글랜드를 거쳐 한국에까지 확산되었다.

그런데 왜 21세기 한국에서 500여 년 전에 제네바에서 교회개혁을 시도했던 칼뱅에게 관심을 가지는 것인가? 무엇보다 먼저, 한국교회에서 칼뱅의 신학사상이 지니는 위상이 중요하기 때문이다. 최근 한국 개신교회가 위기를 겪고 있긴 하지만, 여전히 국민의 20%에 달하는 사람들이 16세기 종교개혁운동에 뿌리를 두고 있는 개신교회에 속해 있고, 개신교인들 중 70% 이상이 칼뱅의 신학에 근거를 두고 있는 개혁파 장로교회에 속해 있다. 아마도 오늘날 전세계에서 장로교 전통이 한국만큼 튼튼하게 뿌리를 내리고 있는 곳도 드물 것이다. 이처럼 칼뱅의 신학이 한국교회에서 중요한 위치를 차지하고 있음에도 불구하고, 그의 사상의 진면목이 제대로 소개되고 있지 못하다는 생각에 다시 칼뱅을 말하게 되었다.

또한 비록 시대와 장소는 다르지만 그의 신학적 통찰력이 21세기 한국교회에도 여전히 타당성을 가지고 있다고 믿기 때문이다. 오늘 한국교회가 직면한 어려움과 위기의 근원을 바르게 진단하고 해결하는 데 칼뱅의 교회개혁 원칙과 신학사상이 우리에게 길잡이 역할을 할 수 있다고 생각하기에 다시 칼뱅을 돌아보게 되었다. 칼뱅의 개혁정신은 목회자의 문제, 교회론의 문제, 사회·경제적 윤리의 문제, 신학방법론의 문제 등으로 혼란과 위기를 경험하고 있는 한국교회에 효과적이며 건설적인 지침을 제공해줄 수 있다.

책의 구성

이 책은 크게 두 부분으로 이루어진다. 먼저 1부에서는 다섯 편의 논문을 통해 한국교회가 직면하고 있는 위기를 극복하는 데 꼭 필요한 칼뱅의 사상을 소개하였다. 제1장 "한국에서의 칼뱅 연구사"에서는 한국에서 칼뱅의 신학이 어떻게 소개되고 확산되었는지를 역사적으로 추적하였다. 제2장 "칼뱅의 사회·경제사상이 한국교회와 사회에 주는 의미"에서는 부와 가난, 이자, 상업, 노동, 임금과 같은 사회경제적 문제에 대한 칼뱅의 사상을 조명하고, 그것에 비추어 한국교회가 취해야 할 사회경제적 윤리의 방향을 제시하였다. 제3장 "교회의 본질에 비추어본 한국교회의 모습"에서는 한국교회가 하나님의 백성, 그리스도의 몸, 성령의 전이라는 교회의 정의에 얼마나 어울리는 모습을 하고 있는지, 하나의·거룩한·보편적·사도적 교회의 모습을 지키고 있는지, 하나님 나라의 도구로서 역할을 다하고 있는지를 비판적으로 점검하였다. 제4장 "16세기 제네바 교회의 목회자 선발과 훈련에 관한 연구: 한국교회의 목회자 위기극복을 위한 모색"에서는 제네바에서 칼뱅이 목회자를 어떻게 선발하고 훈련시켰는지를 살펴보면서 오늘날 한국교회의 목회자 선발과 훈련과정이 어떻게 갱신되어야 할지를 검토하였다. 제5장 "칼뱅을 통해 본 목회자의 역할과 임무"에서는 칼뱅이 목회자로서 설교, 성만찬, 치리, 상담의 사역을 어떻게 감당했는지를 규명한 후에 한국교회 목회자들이 자신의 역할을 바르게 감당해야 할 책임이 있음을 강조하였다. 이를 통해 칼뱅의 유산이 한국교회의 개혁과 갱신을 위해 여전히 필요하다는 점을 분명히 밝혔다.

책의 2부에서는 칼뱅의 다양한 신학적 측면을 재조명하였다. 여기에 포함된 일곱 편의 논문은 이전에 필자가 출판한 『교회의 신학자 칼뱅』(대한기독교서회, 2009)에서 다룬 주제들을 이어서 발전시킨 연구결과물이기도 하다. 제6장 "칼뱅의 『교회개혁의 필요성』(1543)에 나타난 종교개혁의 정당성에 관한 연구"에서는 칼뱅의 교회개혁 사상을 잘 요약하여 보여주고 있는 일차자료인 『교회개혁의 필요성』의 역사적 배경과 그 내용과 결과를 소개하였다. 제7장 "칼뱅의 통전적 신학방법론, *Via Media*"에서는 칼뱅의 신학방법론이 로마가톨릭과 급진주의자들 사이에서 중도를 유지하는 것이었음을 말씀론, 성만찬론, 국가론의 예를 들어서 설명하였다. 제8장 "칼뱅과 재세례파의 관계"에서는 역사적·신학적 관점에서 칼뱅과 재세례파의 차이점이 무엇인지를 밝혔다. 그리고 재새례파에 대한 이해를 돕기 위해 그들의 핵심사상을 담고 있는 「슐라이트하임 신앙고백」(1527)을 번역하여 부록으로 실었다. 이를 통해 칼뱅과 재세례파의 관계에 대한 진전된 연구가 많이 나오게 되기를 바란다. 제9장 "칼뱅의 브라질 '포트 콜리니' 선교에 대한 재평가"에서는 16세기 제네바의 브라질 '포트 콜리니' 선교에 대해 소개하고 그 일차문헌들을 비평적으로 검토하였다. 제10장 "세바스티앙 카스텔리옹의 생애와 저작들: 16세기 관용논쟁을 중심으로"에서는 관용을 주제로 칼뱅과 논쟁을 벌였던 카스텔리옹의 생애와 저술들을 살펴본 후에 카스텔리옹에 대한 역사적이며 현재적인 해석을 시도하였다. 제11장 "칼뱅주의 유산과 조나단 에드워즈의 예표론적 성서해석"에서는 뉴잉글랜드의 신학자 에드워즈의 예표론적 성서해석에 대해 살펴보고, 그것이 칼뱅주의 청교도의 유산과 연속성을 지니고 있음을 살펴보았다. 제12장 "칼뱅은 자본주의의 창시자인가?: 베버 논지에 대한 재평가"에서는 자본주의와 칼뱅주의 사이의 선택적 친화력을 주장한 막스 베버의 논지와 그것에 대한 비판을 검토한 후 베버 논지를 재평가하였다.

감사와 바람

하나의 작은 열매가 맺히기 위해서도 많은 사람의 노력이 필요한 것처럼, 이 작은 책이 빛을 보게 된 데에도 많은 사람의 도움과 배려가 있었다. 한국교회 앞에 바른 신학적 좌표를 제시하려는 일념으로 수익성과 관계없이 기꺼이 출판을 허락해준 대한기독교서회와 서진한 상무님과 항상 최선을 다해 최고의 책을 만들고자 애쓰는 편집부 식구들에게도 늘 고마운 마음이다. 또한 나와 함께 '참된 교회'와 '바른 신학'을 붙들고 고민하고 아파하며 기뻐하는 학생들, 내 신앙과 학문의 길동무들에게도 이 자리를 빌려 고마움과 사랑을 표현하고 싶다.

바라기는 이 책이 한국교회에 하나의 작은 울림이 되기를 원한다. 그리하여 하나님의 말씀대로 살고자 하는 작은 열망의 불씨들이 일어나고, 교회를 사랑하고 바로 세우려는 순수한 다짐이 나타나고, 이 세상 속에 하나님의 나라를 이루고자 하는 진지한 몸부림이 생겨나기를 바랄 뿐이다.

"내가 나의 주인이 아님을 돌이켜 생각하여 주님께 제물로 바치듯
내 마음을 즉시 그리고 진심으로 드립니다."
_칼뱅의 편지 중에서

2014년 3월
아차산 기슭 연구실에서
박경수

차례

여는 글 • 005

1부 칼뱅과 한국교회 • 013

제1장 한국에서의 칼뱅 연구사 • 015
제2장 칼뱅의 사회·경제사상이 한국교회와 사회에 주는 의미 • 037
제3장 교회의 본질에 비추어본 한국교회의 모습 • 091
제4장 16세기 제네바 교회의 목회자 선발과 훈련에 관한 연구 :
　　　　한국교회의 목회자 위기극복을 위한 모색 • 117
제5장 칼뱅을 통해 본 목회자의 역할과 임무 • 146

2부 칼뱅 신학의 다양한 측면들 • 189

제6장 칼뱅의 『교회개혁의 필요성』(1543)에 나타난 종교개혁의
정당성에 관한 연구 • 191

제7장 칼뱅의 통전적 신학방법론, *Via Media* • 207

제8장 칼뱅과 재세례파의 관계 • 235

부록: 「슐라이트하임 신앙고백」(재세례파, 1527) • 259

제9장 칼뱅의 브라질 '포트 콜리니' 선교에 대한 재평가 • 280

제10장 세바스티앙 카스텔리옹의 생애와 저작들:
16세기 관용논쟁을 중심으로 • 300

제11장 칼뱅주의 유산과 조나단 에드워즈의 예표론적 성서해석 • 334

제12장 칼뱅은 자본주의의 창시자인가?: 베버 논지에 대한 재평가 • 359

참고문헌 • 386
찾아보기 • 401

1부
칼뱅과 한국교회

제1장

한국에서의 칼뱅 연구사[1]

1. 시작하는 말

  2008년 12월 문화체육관광부에서 펴낸 『한국의 종교현황』에 소개된 통계청의 인구주택총조사 자료에 따르면, 2005년 11월 1일 현재 약 4,700만 명의 한국인 중에서 종교를 가지고 있는 인구는 2,497만 명(53.1%)에 달했다. 이중 불교 인구가 1,072만 명(22.8%)으로 가장 많았고, 개신교 인구는 861만 명(18.3%), 천주교 인구는 514만 명(10.9%)으로 나타났다.[2] 개신교와 천주교를 합한 전체 기독교 신자들의 통계를 보면 1,375만 명(29.2%)으로 한국의 종교 중에서 단연 최대 규모이다. 더욱이 불교 신자들 가운데는 실제로 절에 가서 예불을 드리지 않는 명목적 신자가 많다는 점을 감안한다면 기독교의 강세가 더욱 두드러진다.

  특별히 주목할 만한 것은 한국의 개신교회가 불과 130년이라는 짧은 역사에도 불구하고 누구도 예상하지 못한 폭발적인 성장을 하였고, 지금은 주도적인 한국의 종교로 자리를 잡았다는 사실이다. 한 가지 흥미로운 사실은 한국의 개신교인들 가운데는 장로교인의 수가 전체의 70% 이상을 차지할 만큼 장로교의 교세가 강하다는 것이다. 그래서 한국에서는 장로교회라는 간판을 달아야만 사람이 모인다는 이야기가 나올 정도이다. 왜 유독 장로교회가 한국에 뿌리를 깊이 내렸는가 하는 문제는 문화인류학적·정치사회적·종교심리학적 관점의 분석이 필요할 것이니 여기에서는 다루지 않도록 하겠다. 다만 장로교의 교세가 강한 만큼 한국에서는 장로교회의 창설자 중 한 사람인 칼뱅에 대한 애정과 관심이 특별하다는 점은 충분히 짐작할 수 있다.

필자는 먼저 한국에서 칼뱅이 어떻게 수용되고 연구되어 왔는지를 역사적으로 추적하여 한국에서의 칼뱅 연구현황을 소개하고자 한다. 그 후 칼뱅 연구의 진척을 위한 몇 가지 실제적인 제안을 하고자 한다. 이는 오늘날의 한국교회가 여전히 칼뱅의 유산으로부터 배울 바가 있으며, 16세기의 칼뱅 사상이 21세기 한국교회와 사회를 위해서도 의미 있는 대안이 될 수 있다고 믿기 때문이다.

2. 한국에서의 칼뱅 연구사

1) 1945년 이전

19세기 말 한국에 들어온 장로교 선교사들은 미국 북장로회, 남장로회, 호주 장로회, 캐나다 장로회 네 교단에 속한 사람들이었다. 미국, 호주, 캐나다에서 한국에 들어온 장로회 선교사들은 연합하여 장로교공의회(The Council of Presbyterian Missions)를 결성하였다.³ 1900년 장로교공의회의 평양위원회는 교회를 위한 일꾼을 양성하기 위해 신학교육을 시작하도록 해달라는 청원을 하여 허락을 받았다. 이에 미국 북장로회 선교사 마포삼열(Samuel A. Moffett)이 1901년 김종섭 장로와 방기창 장로 두 사람과 함께 그의 사랑방에서 신학반을 운영한 것이 장로회신학교의 시초가 되었다. 1903년 장로교공의회는 5년 과정의 신학반과 3년 과정의 조사(helper) 양성반을 두기로 하고 공식적으로 신학교육을 시작하였다. 마포삼열 선교사가 2년 임기의 교장으로 공식 임명되었고, 당시 교수는 마포삼열, 배위량(William M. Baird), 소안련(William L. Swallen), 이길함(Graham Lee), 한위렴(William B. Hunt), 편하설(Charles F. Bernheisel), 원두우(H. G. Underwood), 전위렴(W. M. Junkin), 왕길지(G. Engel) 등이었다.[4] 1906년에는 수학하는 학생이 50명에 달하였으며, 마침내 1907년 6월 20일 조선예수교장로회신학교 최초의 졸업생이 배출되었다. 방기창, 양전백, 길선주, 이기풍, 송린서, 서경조, 한석진 이들 7명은 1907년 9월 17일 평양 장대현교회에서 회집된 조선예수교장로회 제1회 독노회에서 최초의 한국인 목사로 장립되었다. 이때부터 신학교는 평양위원회가 아닌 장로교공의회가 직영하는 체계로 운영되었다.[5]

칼뱅이 한국에 최초로 소개된 것은 평양의 장로회신학교에서였다. 기록으로 확인할 수 있는 칼뱅에 관한 최초의 강의가 1909년 장로회신학교에서 있었다. 1909년은 칼뱅이 탄생한 지 400주년이 되는 해였는데, 이를 기념하여 마포삼열 교장이 "칼뱅에 관하여: 칼뱅 탄생 400주년을 기념하여"(On John Calvin: In celebration of the 400th Anniversary of the Birth of John Calvin)라는 제목으로 특강을 한 것이다.[6] 이후 평양의 장로회신학교에서 교회사를 가르쳤던 왕길지는 1915년 두 권으로 된 교회사 교재를 편찬하였는데, 1권은 고대교회사에 해당하는 『고교회변증론』(古敎會辨證論)이고 2권은 종교개혁 후기사라 할 수 있는 『갱정후사기』(更正後史記)였다. 왕길지는 종교개혁(Reformation)을 '다시 바르게 하다'는 의미로 '갱정'(更正)이라고 번역하였고, 개신교를 '갱정교'(更正敎)라고 불렀다. 그리고 칼뱅은 '갈빈'(葛彬)이라고 음역하였다.[7]

장로회신학교의 1916년 요람에 나타난 교과목들을 살펴보면 교회사를 매우 중시하여 가르쳤음을 알 수 있다. 1916년의 교과과정을 보면 교회사를 '교회사기(上古)', '교회사기(中世)', '교회사기(更正前-更正時)', '교회사기(更正後)'의 네 과목으로 나누어서 자세하게 가르쳤다. 뿐만 아니라 쉬필드(Sheffield)의 『만국통감』(萬國通鑑, *Universal History*)이라는 일반 역사책을 가르치기도 하였다. 또한 이때부터 이미 '갈빈도리'(葛彬道理, Life and Thought of Calvin), '뇌혁사보교기'(腦革司保敎紀, Life of Knox), '로득개교기략'(路得改敎紀略, Life of Luther)과 같은 강의들이 별도의 과목으로 개설되어 있었다.[8] 1923년의 요람을 보면 교회사를 사도시대(Apostolic), 초대(Nicene), 중세(Medieval), 갱정시대(Reformation), 갱정후시대(Post Reformation), 근세(Modern)의 여섯 과목으로 더욱 세분하여 가르쳤던 것을 알 수 있으며, '미국, 캐나다, 호주, 아일랜드 장로교회의 역사'(12시간), '중국 장로교회의 헌법과 역사'(4시간), '일본 장로교회의 헌법과 역사'(4시간)까지도 가르쳤음을 확인할 수 있다.[9]

한국에서 칼뱅에 대해 최초로 대중에게 소개한 글은 1916년 11월 29일부터 1917년 6월 20일까지 7개월에 걸쳐 「기독신보」(基督申報, *The Christian Messenger*)[10]에 연재되었던 시온산인(禔蒕山人)의 "갈빈약한전"(葛賓約翰傳), 즉 "요한 칼뱅의 일대기"였다. 저자는 연재를 시작하면서 이 연재물이 일본의 송영문웅(松永文雄) 목사가 칼뱅의 『기독교강요』, 린제이(Thomas M. Lindsay)의 『종교개혁사』, 샤프(Philip Schaff)의 『교회사』 등을 참고하여 1909년에 저술한 것을 번역하여 소개하는 것이라고 분명하게 밝히고 있다.[11] 7개월에 걸쳐 연재된 이 칼뱅 연대기는 모두 12장으로 구성되어 있는데, 칼뱅의 유년기, 교육, 제네바 개혁운동, 스트라스부르 시기, 멜란히톤이나 사돌레토의 관계, 결혼, 임종, 성격, 사명, 역사상의 위치 등을 폭넓게 다루고 있다. 시온산인의 칼뱅 연대기는 한국에서 최초로 칼뱅을 소개했다는 점에서, 또한 일반 대중에게 영향력을 가진 신문에 연재되었다는 점에서 대단히 중요한 가치를 지니는 자료라고 할 것이다.

1923년 오천경은 『교회역사인물지』(敎會歷史人物誌)라는 책에서 교회사의 여러 중요 인물 40명을 기술하였는데, 이중 31번째로 칼뱅을 소개하고 있다. 오천경은 이 글에서 칼뱅의 가정배경, 학교교육, 제네바에서의 개혁활동, 루터와의 비교 등을 다루었다.[12] 또한 1924년에는 김인영이 감리교의 신학잡지로 1916년에 창간된 「신학세계」에 "종교개혁가 요한 갈빈"이라는 논문을 발표하였다.[13] 분량은 4쪽에 불과하지만 신학잡지에 소개된 최초의 논문이라는 의미를 지닌다. 1918년 창간된 장로교의 신학잡지인 「신학지남」보다 먼저 감리교의 「신학세계」에서 칼뱅을 다룬 점은 이 당시에는 한국교회의 장로교와 감리교가 매우 협력적인 관계에 있었음을 보여주는 것이다. 실제로 「신학세계」 제1권에 마포삼열 선교사가 쓴 평양 장로회신학교 역사가 실려 있으며, 「신학세계」와 「신학지남」이 서로 광고를 싣고 필자들도 교환했을 만큼 상호소통이 이루어졌다.

한국에서 본격적인 칼뱅 연구가 시작된 것은 1934년 장로회신학교 잡지인 「신학지남」이 칼뱅 탄생 425주년과 한국장로교 선교 50주년을 맞아 칼뱅 특집을 다룰 때였다.[14] 시온산인, 오천경, 김인영의 글들은 거의 일본 자료들을 번역 소개하는 정도였던 반면에, 「신학지남」에 실린 글들은 외국에서 유학을 마치고 돌아온 학자들의 칼뱅 이해를 담고 있다는 점에서 차별성을 지닌다. 「신학지남」은 권두언에서 이렇게 기술하고 있다. "칼빈은 우리 장로교인의 피에 철분을 품겨주는 사람이며 그의 손에는 전 장로교인을 아니 전 그리스도교인을 편달하는 채찍이 쥐어있다. 차츰 거룩한 법도가 해이해지는 우리 교계에 있어서 그의 생각, 그의 말, 그의 삶이 얼마나 엄격한 채찍이 될 것은 독자 각자의 자성에 맡기거니와 우리는 다함께 그의 탄생을 축함과 동시에 그를 보내신 하나님께 찬양의 말씀을 드려야 할 거룩한 의무를 가지고 있다. 이것이 본

호를 칼빈 기념 특집호로 여러분 앞에 드리는 연유이다."[15] 이때 7편의 논문이 게재되었는데, 실린 글들은 남궁혁의 "칼빈신학과 현대생활", 송창근의 "요한 칼빈의 일생", 박형룡의 "칼빈의 예정론", 채필근의 "칼빈의 교회관과 교회정책", 이눌서의 "칼빈신학과 그 감화", 송창근의 "예정신학이라기보다 예정신앙", 라부열의 "성서주석가로 본 칼빈", 곽안련의 "강단의 칼빈"이었다. 논문들과 더불어 칼뱅의 설교 "핍박"(Enduring Persecution for Christ)이 김재준의 번역으로 함께 실렸다. 70쪽 분량의 칼뱅 특집 논문집은 한국에서 본격적인 칼뱅 연구의 시작이라는 의미를 지닌다고 할 것이다.

　이후에 나온 칼뱅 연구들을 간략하게 살펴보면, 1935년 김태복이 『칼빈의 생애와 그 사업』이라는 제목으로 200쪽에 달하는 책을 썼다. 이 책은 칼뱅에 대한 이전의 단편적인 소개에서 벗어나 칼뱅의 생애 전체를 조망하고, 그의 저서에 대해서도 언급했다는 점에서 의의를 지닌다. 1937년에는 함일돈(F. E. Hamilton)[16] 선교사가 「신학지남」에 "칼빈주의"라는 제목으로 세 차례 글을 기고하였다.[17] 그는 논문에서 네덜란드의 도르트 회의(Dort Synod, 1618-19)에서 결의한 칼뱅주의 5대 교리(TULIP)라 불리는 '인간의 전적 타락', '무조건적 선택', '제한 속죄', '불가항력적 은혜', '성도의 견인'을 해설하면서 이것을 곧 칼뱅주의라고 주장하고 있다. 이미 1934년 「신학지남」의 칼뱅 특집호에서도 "칼빈주의 예정론"이란 논문을 발표한 적이 있던 박형룡이 1937년에는 뵈트너(L. Boettner)의 책(*The Reformed Doctrine of Predestination*)을 『칼빈주의 예정론』이란 제목으로 번역하였다. 이 책은 칼뱅주의 입장에서 예정론을 다룬 최초의 번역서이다. 번역서의 제목에서 알 수 있듯이 박형룡은 개혁주의와 칼뱅주의를 동일시하고 있다. 1938년에는 김태묵도 "칼빈신학에 있어서의 예정사상의 의의"(The Meaning of Predestination)라는 논문을 3차례에 걸쳐 실으면서 예정론은 칼뱅주의의 핵심처럼 여겨지게 된다.[18] 그 후에도 1939년에는 남궁혁이 "칼빈의 사상"(The Thought of Calvin)을 발표하였고,[19] 1940년에는 박형룡이 "칼빈주의와 신칼빈주의"라는 논문을 번역하여 소개하였다.[20] 이처럼 평양 장로회신학교의 기관지였던 「신학지남」은 칼뱅 사상과 칼뱅주의를 소개하는 통로의 역할을 하였지만, 일제의 신사참배 강요에 반대하면서 장로회신학교가 1938년 폐교를 선언한 뒤 「신학지남」도 제22권 5호를 끝으로 1940년 10월에 폐간되었다. 「신학지남」은 그 뒤 해방과 한국전쟁의 격랑 속에 있었기 때문에 14년이 지난 1954년 2월에 제23권 1호를 발행함으로써 속간되었다. 그러나 장로교의 분열을 거치면서 1965년 이후부터 장로회신학대학은 「교회와 신학」이라는 이름으로, 총신대학은 「신학지남」이라는 이름으로 잡지를 간행하고 있다.

2) 1945년에서 1979년까지

1945년 일제로부터 해방이 된 후 새로운 정부수립과 한국전쟁으로 인해 온 나라가 어수선했으며, 장로회신학교도 폐교된 상태이기 때문에 칼뱅에 대한 연구가 나올 만한 상황이 아니었다. 그러던 중 만주 봉천신학교에서 가르치던 박형룡과 박윤선이 부산에 고려신학교를 세우게 된다. 그리하여 1950년대 초부터 고려신학교의 신학잡지인 「파수군」(把守軍, The Watchman)[21]에 칼뱅과 칼뱅주의를 다루는 글이 나오기 시작했다. 또한 폐간되었던 「신학지남」이 1954년 속간되면서 칼뱅 연구가 새롭게 이어져 나갔다.

해방 후에 고려신학교의 교장이던 박윤선이 「파수군」에 "개혁교파의 교회론 소고"를 2회에 걸쳐 기고하면서 칼뱅과 칼뱅주의자들의 교회론을 소개함으로써 칼뱅 연구가 재개되었다.[22] 또 정해동 목사는 "칼빈의 약력"이라는 글을 3회에 걸쳐 실었으며,[23] 김상도 목사는 루이스 벌코프(L. Berkhof)의 논문을 "현대의 종교적 혼란 중에 있어서 칼빈주의의 확고성"이라고 번역하여 실었다.[24]

이 시기에 주목할 것은 박윤선이 12회에 걸쳐 "칼빈주의"란 글을 연재한 것이다.[25] 박윤선은 칼뱅주의의 중요한 교리들뿐 아니라 칼뱅주의 입장에서 본 기독교인과 국가의 관계, 여교역자의 교회적 위치 등과 같은 실제적인 주제들도 다루었다. 이것은 실제로 한국인의 관점에서 처음이자 본격적으로 칼뱅주의를 소개한 것이다. 앞에서 언급한 것처럼 1937년에 함일돈이 칼뱅주의를 소개한 적이 있으나 그것은 외국 선교사의 입장이었고, 박형룡이 소개한 『칼빈주의 예정론』도 번역서였기 때문에, 박윤선의 "칼빈주의"와는 성격이 다르다고 할 것이다. 박윤선은 이전에도 중요한 논문들을 발표하였는데, 예를 들면 "칼빈주의의 기본원리와 칼 바르트의 기본원리"에서 박윤선은 계시, 설교, 기도와 같은 주제에서 칼뱅과 바르트의 입장이 다르다고 주장하면서 칼뱅주의 관점에서 바르트의 신학을 비판하였다.[26] 또한 그는 4회에 걸쳐 실은 "칼빈주의의 최대 표현인 웨스트민스터 신앙고백서와 위기신학"이라는 글에서도 바르트의 신학을 비판하면서 일정한 거리를 두었다.[27]

이즈음 칼뱅과 칼뱅주의 사상에 대한 번역서도 등장하였는데, 1950년 김재준은 파커(T. H. L. Parker)의 책을 『칼빈의 모습』(Portrait of John Calvin)이라는 제목으로 번역하였고,[28] 1956년 이병섭은 데이킨(A. Dakin)의 책을 『칼빈주의』(Calvinism)라는 제목으로 번역하였으며,[29] 박윤선은 헨리 미터(H. Meeter)의 책을 『칼빈주의』(The Basic Ideas of Calvinism)로 번역 출간하였다.[30] 이런 번역서들은 당시 칼뱅주의 사상 연구의 이정표의 역할을 하였다. 1950년대에 주목할 만한 것은 신약학자인 전경연이 칼뱅에 관한 단행본을 출판했다는 사실이다. 전경연은 「십자군」에 8차례에 걸쳐 칼뱅과 관련된 논문을 실었고,[31] 이것들을 묶어 1959년에 『칼빈의 생애와 그 신학사상』이란 책을 출판하였다.[32]

1960년대에 들어서면서 한국에서 칼뱅 연구는 보다 활기를 띠게 된다. 먼저 칼뱅의 주저인 『기독교강요』가 이 시기에 소개되기 시작했다. 1960년에 이종성은 『기독교강요』를 요약하여 설명하고 있는 커(Hugh T. Kerr)의 책(*A Compend of the Institutes of Christian Religion*)을 번역하여 소개하였다.[33] 이것은 당시로서는 칼뱅의 주저인 『기독교강요』를 간접적으로나마 만날 수 있도록 함으로써 신학생들과 목회자들에게 큰 영향을 미쳤다. 이후 1964년에는 『기독교강요』 1권이 신복윤과 한철하에 의해 번역 출간되었으나 나머지 부분이 완간되지 못하였다. 그러다가 1977년 김문제에 의해 『기독교강요』 전체가 완역되어 세종문화사를 통해 출판되었다.[34] 번역의 정확성은 제쳐두고서라도 이것은 『기독교강요』가 처음으로 한글로 완역되었다는 점에서 의미를 지닌다. 그러나 이 시기의 『기독교강요』 번역은 라틴어나 프랑스어에서 직접 번역한 것이 아니라 모두 영어나 일어에서 중역한 것이다. 그리고 1970년대에 와서 칼뱅의 설교들이 연속적으로 번역되어 출간되었는데, 이것은 목회자로서의 칼뱅의 모습을 조망해준다는 점에서, 또한 칼뱅 연구가 교리적인 것을 넘어서 진전하도록 만드는 계기가 되었다는 점에서 큰 의미를 지닌다.

그리고 이때 일어난 매우 중요한 하나의 사건은 한국에서 칼뱅 연구에 관심을 가진 학자들과 목회자들이 모여 1963년 12월 10일에 '한국칼빈신학연구회'(The Society of Calvin Studies in Korea)를 결성한 일이다. 당시 창립총회 회의록에는 "장로교가 다수를 차지하고 있는 한국에 칼빈의 신학이 별로 소개가 되지 않았을 뿐만 아니라 그의 신학적 근거를 칼빈의 신학에 둔다고 하는 한국 장로교회 내의 대다수 목사들은 칼빈주의와 칼빈신학을 혼동하고 있다는 것을 느낀 몇몇 목사들이 1963년 11월 7일 하오 6시부터 9시까지 연세대학교 총장공관에 모여 토의한 결과 그 모임을 발기인회로 하고 창립총회 소집 준비위원 3명으로 유호준, 김정준, 이종성을 선출하였다."[35]라고 기록되어 있다. 이렇게 해서 창립된 한국칼빈신학연구회는 초대회장에 한경직, 총무 겸 서기에 이종성을 선출하고, 산하에 연구부, 출판부, 서무부를 두고 활동을 전개하였다. 연구회의 회칙 2조는 "칼뱅의 신학사상을 연구하여 한국교회와 사회에 보급시키는 것"을 목적으로 한다고 규정하고 있다. 당시에는 칼뱅의 작품은 말할 것도 없고 칼뱅의 사상에 대해서도 한국에 제대로 알려지지 않은 상황이었으므로, 무엇보다 한국 장로교회의 뿌리를 만들었다고 할 수 있는 칼뱅 사상을 제대로 알리는 것이 급선무라고 판단했던 것이다.

한국칼빈신학연구회는 칼뱅이 죽은 지 400년이 되던 1964년에 회장인 한경직 목사가 시무하던 영락교회에서 4일간에 걸쳐 칼뱅 사상에 대한 강연회를 개최하였다. 매일 600명이 넘는 사람들이 참여할 정도로 그 열기가 뜨거웠다. 그리고 이듬해인 1965년에 영락교회에서 발표된 논문들을 묶어서 『칼빈 서거 400주년 기념논문집』을 출간하였다. 책자에 수록된 저자와 논문 제목은 다음과 같다. 이종성("칼빈의 생애와 그의 위치"), 한경직("목회자로서의 칼빈"), 김정준("성서학자로서의 칼빈"), 한철하("칼빈 신학에 있어서의 경건"), 토랜스(T. F. Torrance, "칼빈에 있어서의 신지식과 하나님에 관한 말의 문제"), 니젤(W. Niesel, "최근에 발행된 칼빈 설교집의 신학적 내용"), 드루리(C. Drury, "장로교의 근원"). 비록 132쪽 분량의 작은 논문집이지만, 한국의 대표적 칼뱅 연구가들뿐만 아니라 세계적인 칼뱅 학자들의 글까지 망라되어 있는 역사적 가치를 지닌 책이다.

「신학지남」은 1934년에 이어서 1962년에 두 번째로 칼뱅 특집호를 발간하였다.[36] 논문의 제목에서 보듯이 칼뱅 사상의 다양한 주제로 관심의 폭이 넓어졌음을 알 수 있다. 이 시기에 이르면 한국 학자에 의해 집필된 칼뱅 연구서들도 본격으로 선을 보이기 시작한다. 1968년 출판된 이종성의 『칼빈, 생애와 사상』은 칼뱅 연구의 입문서 역할을 하였으며, 1969년에는 김성환이 오랫동안 「기독신보」에 연재한 글을 모아 『평신도를 위한 칼빈주의 해설』이란 책을 펴내기도 하였다. 그 후 1970년대에는 이근삼의 『칼빈, 칼빈주의』, 김남식이 편찬한 『칼빈주의 연구』, 정성구의 『칼빈주의 사상과 삶』, 한신대 교수들이 공동으로 집필한 『칼빈 신학의 현대적 이해』 등이 한국에서의 칼뱅 연구를 발전시켰다.[37]

1960-70년대에는 외국에서 발행된 칼뱅에 관한 좋은 책들도 다수 번역되어 칼뱅 연구에 활력을 더했다.[38] 스트롱(R. Strong)의 『칼빈주의 5대교리』, 스틸(D. N. Steel)과 토머스(C. Thomas)의 『칼빈주의와 알미니안주의』, 카이퍼(A. Kuyper)의 『칼빈주의』, 그린(J. Green)의 『칼빈주의: 어제, 오늘, 내일』, 스피어(J. M. Spier)의 『칼빈주의 철학』 등은 칼뱅과 칼뱅주의 사상의 핵심을 밝혀주는 역할을 하였으며, 바빙크(H. Bavinck)의 『칼빈과 일반은총』, 덴저링크(J. D. Dengerink)의 『칼빈주의와 정치』, 반틸(H. Van Til)의 『칼빈주의 문화관』, 리드(W. S. Reid)의 『자연과학과 16세기 칼빈주의』, 머레이(J. Murray)의 『칼빈의 성경관과 주권사상』과 같은 책들은 칼뱅의 사상과 정치, 문화, 과학, 사회와의 관계성에 대해 조명해주는 책이었다. 특히 이종성이 번역한 니젤(W. Niesel)의 『칼빈의 신학』은 독일어에서 번역된 최초의 칼뱅 소개서로서 한국에서 다양한 관점의 칼뱅 연구를 위한 중요한 계기가 되었다.

이 시기에 이르러서 비로소 한국의 대학에서 칼뱅을 주제로 쓴 석사학위 논문들이 나타나기 시작했다. 최초의 논문은 1961년 연세대학교 대학원에 제출된 박성모의 석사논문 "칼빈의 인간 이해와 근대 시민사회"였다. 그 후로 1960년대에 7편의 논문이, 1970년대에는 16편의 논문이 발표되었다. 1960년대에 나온 논문들이 칼뱅의 인간이해, 사상과 생애, 신 인식에 한정된 반면에 1970년대의 논문들은 교회론, 교육사상, 성령론, 정치사상, 구원론, 국가관, 목회론 등으로 주제가 다양해지는 것을 볼 수 있다. 그러나 전체적으로 일차문헌과 씨름하여 나온 연구논문은 거의 없고 이차문헌들을 기초로 하여 나온 개론적인 수준의 것이었다는 한계를 지닌다. 또 1957년에 창간된 「기독교사상」에서도 칼뱅이나 칼뱅주의에 대한 논문이 간혹 실리기도 했으나 그 양은 매우 적은 수준이었다.[39] 최근에 「기독교사상」에서 칼뱅 500주년을 기념하여 특집으로 칼뱅과 한국교회의 관계를 조명한 바 있다.[40]

3) 1980년 이후

1980년 이후 한국의 칼뱅 연구는 새로운 단계로 접어들게 된다. 이때에 비로소 칼뱅으로 박사학위를 받은 학자들이 등장하였고, 칼뱅과 칼뱅주의에 대한 깊이 있는 연구물들이 출간되었고, 한국칼빈학회와 한국칼뱅주의연구원의 설립으로 칼뱅 연구의 중심이 세워졌으며, 칼뱅의 원작들이 번역되어 본격적인 칼뱅 연구의 길이 닦이기 시작했다.

칼뱅으로 박사학위를 받은 첫 번째 인물은 1984년 프랑스 스트라스부르 대학에 『기독교강요』에 나타난 경험의 개념을 분석한 논문을 제출한 이수영이었다. 그는 장로회신학대학교 교수로 활동하다가 지금은 언더우드가 설립한 한국 최초의 장로교회인 새문안교회의 목사로 일하고 있다. 한국교회는 칼뱅을 처음에는 '갈빈'으로 표기하다가, 그 후 오랫동안 칼빈으로 불러왔는데, 이수영이 스트라스부르에서 학위를 마치고 한국으로 돌아온 후 현지 음을 따라 깔뱅으로 불러야 한다는 주장을 펼쳐 상당한 호응을 얻었다. 그러나 한글맞춤법통일안의 첫 음절에 된소리를 사용하지 않는다는 원칙에 따라 최근에는 칼뱅으로 사용하는 추세이다. 현재 한국에서는 칼빈, 깔뱅, 칼뱅이 혼용되고 있다.

프랑스 소르본 대학에서 칼뱅을 연구한 또 한 사람인 박건택은 칼뱅의 원작들을 번역하여 소개함으로써 한국의 칼뱅 연구를 위한 기초를 다지고 있는 중이다. 국내에서 최초로 칼뱅 연구로 박사학위를 받은 사람은 1985년 연세대학교에 칼뱅의 교회론 연구를 제출한 이양호이다. 1990년대 이후에는 미국, 독일, 네덜란드, 남아프리카공화국, 한국 등 다양한 나라에서 칼뱅 연구로 박사학위를 받은 사람이 많이 나와 일일이 거명하기 어려울 정도이다. 칼뱅 연구주제도 다양해져서 칼뱅 사상의 여러 측면이 다루어졌다. 성령론, 섭리론, 구원론, 기독론, 교회론, 국가론 등의 교리적인 주제들뿐만 아니라 칼뱅 사상에서 권징, 자유, 교회일치, 고난, 인문주의의 문제에 집중하여 연구한 박사논문도 나타났다. 또한 칼뱅과 아우구스티누스, 부처, 보나벤투라(Bonaventura), 이냐시오(Ignatius of Loyola), 바르트 등과 비교한 학위논문도 등장하였다.

이 시기에 칼뱅과 관련된 학술서적은 헤아릴 수 없을 정도로 많이 출간되었다. 한국인의 저서로는 루터와 칼뱅을 중점적으로 연구한 이형기의 『종교개혁 신학사상』(장로회신학대학교출판부, 1984), 칼뱅주의에 초점을 맞춘 정성구의 『칼빈주의 사상대계』(총신대학출판부, 1995), 이양호의 『칼빈, 생애와 사상』(한국신학연구소, 1996), 김재성의 『칼빈의 삶과 종교개혁』(이레서원, 2001), 정승훈의 『종교개혁과 칼빈의 영성』(대한기독교서회, 2000), 박경수의 『교회의 신학자 칼뱅』(대한기독교서회, 2009) 등이 있다. 칼뱅과 칼뱅주의에 관한 번역서는 저작보다 훨씬 많이 쏟아졌는데, 그 가운데 한국에서 칼뱅 연구에 많은 영향을 미친 번역서로는 파커(T. H. L. Parker)와 부스마(W. Bouwsma)의 칼뱅 전기를 비롯하여,[41] 베버(Otto Weber)(김영재 역)의 『칼빈의 교회관』(*Die Treue Gottes in der Geschichte der Kirche*)(풍만출판사, 1985), 그래함(W. Fred Graham)(김영배 역)의 『건설적인 혁명가 칼빈』(*The Constructive Revolutionary: John Calvin and His Socio-Economic Impact*)(생명의말씀사, 1986), 맥닐(John T. McNeill)(정성구, 양낙홍 역)의 『칼빈주의 역사와 성격』(*The History and Character of Calvinism*)(크리스챤다이제스트, 1990), 리드(W. Stanford Reid)(홍치모, 이훈영 역)의 『칼빈이 서양에 끼친 영향』(*John Calvin: His Influence in* the Western World)(크리스챤다이제스트, 1993), 월레스(Ronald S. Wallace)(박성민 역)의 『칼빈의 사회개혁사상』(Calvin, Geneva and The Reformation)(기독교문서선교회, 1995), 리스(John Leith)(이용원 역)의 『칼빈의 삶의 신학』(John Calvin's Doctrine of the Christian Life)(한국장로교출판사, 1996), 방델(François Wendel)(김재성 역)의 『칼빈, 그의 신학사상의 근원과 발전』(Calvin: Origins and Development of His Religious Thought)(크리스챤다이제스트, 1999), 멀러(Richard A. Muller)(이은선 역)의 『16세기 맥락에서 본 진정한 칼뱅신학』(The Unaccommodated Calvin)(나눔과섬김, 2003), 더 흐레이프(W. de Greef)(황대우, 김미정 역)의 『칼빈의 생애와 저서들』(The Writings of John Calvin)(SFC, 2006) 등을 꼽을 수 있다.

이 시기에 한국의 칼뱅 연구에서 중대한 전기를 마련한 '한국칼빈학회'가 탄생하였다. 1963년에 설립된 한국칼빈신학연구회가 1988년에 이르러 한국칼빈학회로 새롭게 태어난 것이다. 한국칼빈학회는 신복윤, 한철하, 정성구, 이수영, 이양호, 최윤배, 안인섭을 거쳐, 현재는 필자가 회장을 맡고 있다. 현재 한국칼빈학회는 1년에 4번(1월, 4월, 7월 10월 셋째 주일 지난 후 월요일) 모여 논문 발표회와 토론회를 가지고 있다. 한국에 칼뱅을 전공한 학자가 많고, 칼뱅의 사상에 관심을 가진 목회자와 신학생들의 관심도 뜨거워 한국칼빈학회의 정기발표 모임은 명실상부 한국에서 칼뱅 연구의 산실이 되고 있다. 한국칼빈학회는 칼뱅 신학의 저변확대를 위해 세 권의 책을 대한기독교서회를 통해서 순차적으로 발행하였다. 『칼빈 신학 해설』(1998), 『칼빈 신학과 목회』(1999), 『최근의 칼빈 연구』(2001)가 그것들이다. 또한 2004년부터 지금까지 한국장로교출판사를 통해 학회지인 「칼빈연구」를 매년 발간하여 현재 10권까지 출판되었다. 또한 칼뱅 탄생 500주년을 맞은 2009년에는 한국의 칼뱅 학자 25명이 쓴 『칼빈 신학 개요』와 『칼빈, 그 후 500년』을 두란노아카데미를 통해 출판하기도 하였다. 지금도 칼뱅의 사상을 연구하여 박사학위를 받은 사람들이 계속하여 정기발표회에서 최근의 연구결과를 선보이고 있다. 정기 모임에서 논문을 발표하기 위해서는 1년 정도 기다려야 할 정도로 한국에서 칼뱅 연구자가 많이 나오고 있다. 현재 한국칼빈학회에 소속된 회원만도 120여 명에 이른다.

한국칼빈학회는 국내에서의 칼뱅 연구만이 아니라 국제적인 칼뱅 연구의 흐름에도 동참하고 있다. 대개 2년마다 개최되는 아시아칼빈학회에서 한국은 주도적인 역할을 하고 있다. 2011년 1월 17-19일까지 총신대학교에서 제11회 아시아칼빈학회가 개최되었다. 주로 한국, 일본, 대만, 인도네시아의 학자들이 참석하는 아시아칼빈학회에서 한국의 칼뱅 연구자들이 가장 많은 논문을 발표하고 있다. 그리고 한국칼빈학회는 아시아칼빈학회에서 발표된 글들을 묶어서 『아시아 교회에서의 칼뱅』(Calvin in Asian Churches)이란 제목의 책을 펴내는 일도 도맡아 하고 있다. 지금까지 이수영 목사의 편집으로 세 권이 출판되었는데, 1995년 5회 서울대회, 1997년 6회 타이베이대회, 1999년 7회 도쿄대회, 2002년 8회 서울대회, 2005년 9회 타이베이대회, 2007년 10회 도쿄대회의 결과물을 모두 수록하였다. 이것들은 영어로 된 책이기 때문에 아시아의 칼뱅 연구성과를 유럽이나 미국으로 알리는 통로가 되고 있다. 한국칼빈학회는 세계칼빈학회와도 매우 긴밀하게 연결되어 있다. 1998년 서울에서 제7회 세계칼빈학회를 개최한 후 한국은 현재 10여 명이 세계칼빈학회의 초청을 받고 있다. 특별히 이수영은 1998년부터 2010년까지 세계칼빈학회의 유일한 아시아 출신 상임운영위원(Presidium)으로 선출되어 아시아를 대표하여 활동하였고, 2010년 남아프리카공화국 블룸폰테인에서 열린 세계칼빈학회에서 이수영을 대신하여 이정숙이 상임운영위원으로 선출되었다.

1980년 이후 칼뱅의 원작에 대한 번역도 한국의 칼뱅 연구에 큰 자극제가 되고 있다. 1985년 성서교재간행사에서 칼뱅의 신구약성서 주석을 30권으로 묶어 번역한 『칼빈성경주석』을 내놓았다. 최근 들어서는 여러 출판사를 통해 칼뱅의 설교들이 번역되고 있고, 칼뱅의 신학논문들도 속속 번역 소개되고 있다. 박건택은 『칼뱅작품선집』이라는 이름의 번역서를 1998년부터 2011년까지 연속적으로 펴냈는데, 7권으로 이루어진 이 시리즈가 최근 완간되었다. 1권에는 『세네카의 관용론 주석』이, 2권에는 『코프의 강연』, 『영혼 수면론 논박』, 『올리베탕 성서 서문』, 『로잔 신조와 두 편의 강론』, 『두 서신』, 『교회 설립 시안』, 『제네바 교회가 사용하는 신앙교육서』, 『[파렐의]제네바 신앙고백서』가, 3권에는 『사돌레토에게 주는 답신』, 『성만찬 소고』, 『교회법규』, 『제네바 교리문답서』, 『성해론』, 『교회개혁의 필요성』이, 4권에는 『피기우스에 대한 자유의지 논박』이, 5권에는 『신도의 처신』, 『니고데모파에게 주는 변명』, 『재세례파를 반대하는 간략한 가르침』, 『자유파 논박』, 『자유파 수도사에게 주는 편지』가, 6권에는 『파리 신학대학 신조와 해독제』, 『트렌트공의회 법령과 해독제』, 『교회개혁의 참된 방식』, 『점성술에 대한 경고』, 『스캔들론』이, 7권에는 『하나님의 영원한 예정에 관하여』, 『네 편의 설교』, 『세르베투스 논박』, 『취리히 합의와 해설』, 『제네바 콜레주 규정』, 『1561년 교회법규』, 『두 고별사』가 번역 수록되어 있다.[42]

또한 『기독교강요』도 1988년 김종흡, 신복윤, 이종성, 한철하에 의해 새롭게 번역되었고, 2003년에는 원광연에 의해 다시 번역되었다. 2006-08년에는 고영민에 의해 『기독교강요』가 다시 번역되었는데, 이 번역본은 라틴어판에서 직접 번역했다는 점에서 이전에 영어나 일어에서 번역한 것과는 차이가 난다. 『기독교강요』 초판(1536)의 경우에도 1988년 양낙흥에 의해 베틀즈(F. L. Battles)의 영어판이 번역된 적이 있으나, 2009년에는 문병호에 의해 라틴어-한글 대조판으로 다시 번역되었다. 2011년에는 두란노아카데미에서 기독교고

전총서(Library of Christian Classics) 시리즈를 20권으로 번역 출간하였는데, 그중에 한 권인 『칼뱅: 신학논문들』(Calvin: Theological Treatises)이 황정욱과 박경수에 의해 번역되었다.

3. 맺는 말

필자는 먼저 한국에서 칼뱅 연구의 역사를 살펴보았다. 전체적으로 보아 한국에서 칼뱅 연구의 미래는 밝은 상황이다. 칼뱅 연구 전문학자들이 점차 늘어가고 있으며, 칼뱅에 관한 이차자료들뿐만 아니라 일차문헌들까지도 속속 소개되고 있고, 한국칼빈학회와 같은 기관들에 의해 지속적으로 칼뱅 연구가 진행되고 있다. 무엇보다 중요한 것은 한국장로교회라는 든든한 배경이 칼뱅 연구를 위한 동력으로 작용하고 있다.

하지만 이후 한국에서 칼뱅 연구가 더욱 진일보하기 위해서 몇 가지 과제가 해결되어야 할 것이다. 첫째, 한국에서 나온 칼뱅에 관한 모든 저작물을 집대성한 칼뱅 연구목록이 나와야 한다. 여기에는 저서와 번역서뿐만 아니라 논문과 잡지나 신문의 기사를 총망라해야 할 것이다. 이전에 나온 몇 권의 목록이 있기는 하지만, 최근의 엄청난 자료들을 담고 있지 못한 단점이 있기 때문에 보완이 필요한 실정이다.[43] 이를 위해서는 미국 헨리미터센터(H. Henry Meeter Center for Calvin Studies)의 폴 필즈(Paul Fields)가 작성한 칼뱅 도서목록 분류가 좋은 참고가 될 것이다. 칼뱅 연구목록을 만드는 것과 더불어 한국에도 헨리미터센터처럼 칼뱅과 관련된 모든 문서를 보유하고 칼뱅 연구를 지원하는 구심점 역할을 할 연구소도 요청된다.[44] 둘째, 칼뱅 저작들을 원문으로부터 꼼꼼하게 번역하는 작업이 필요하다. 가능하다면 지금까지의 연구성과를 각주로 소개하면서 본문을 비평하는 작업까지 할 수 있다면 금상첨화일 것이다. 이와 같은 일차자료의 축적은 이후 칼뱅 연구의 다양성을 위해서뿐만 아니라 새로운 연구동향을 위해서도 선결되어야 할 과제이다. 셋째, 칼뱅 연구가 현실적합성을 가질 수 있도록 재해석하는 노력이 필요하다. 16세기의 칼뱅에 대해서 깊은 연구를 하는 것에서 그친다면 그것은 죽은 칼뱅을 연구하는 것에 불과히다. 칼뱅이 오늘 살아 있는 인물이 되고, 생동하는 전통이 되려면 21세기 한국이라는 상황에서 재해석되어야만 한다. 분열된 한국장로교회에 칼뱅은 어떤 의미와 빛을 던져주는지, 보수와 개혁구도로 양분되고, 남북으로 갈라진 한국사회에 칼뱅은 어떤 대안을 제시해 주는지, 개혁전통이라는 자신의 정체성을 유지하면서 보다 보편적인 사상들과 만나는 일에 칼뱅은 어떤 도움을 주는지에 대한 끊임없는 질문이 필요하다. 한국에서 칼뱅이 박제된 채 역사적 유물로 남을 것인지, 아니면 계속 영향력을 미치는 살아 있는 전통이 될 것인지는 한국의 칼뱅 연구자들의 몫이 될 것이다.

〈주〉

1) 현재 국내에서는 Calvin의 이름을 칼빈, 깔뱅, 칼뱅으로 혼용하여 사용하고 있다. 필자는 한글맞춤법통일안의 외국어 표기법에 따라 칼뱅이라고 표기할 것이다. 하지만 기존의 책이나 논문, 기관의 고유명칭, 그리고 직접인용에서 '칼빈' 혹은 '깔뱅'이라고 표기한 것들은 '칼뱅'으로 바꾸지 않고 원래 표기를 따랐다.
2) 『한국의 종교현황』(서울: 문화체육관광부, 2008).
3) "1884년 가장 먼저 한국에 들어온 미국 북장로회는, 1889년 입국한 호주 장로회와 더불어 장로교공의회를 결성하였다. 그러나 이 협의체는 호주 장로회의 선교사 데이비스(J. H. Davies)가 죽자 사실상 해체되었다가, 1892년 미국 남장로회의 선교사가 한국에 도착하자 1893년 남·북장로회 선교공의회로 재조직되었다. 이 공의회는 이후 호주 장로회와 캐나다 장로회까지 가입하여 명실상부한 장로교 선교회의 연합공의회가 되었다. 공의회는 처음에는 단지 권고적 권한만을 지녔고 개 선교회의 자율성을 침해하지 못하도록 규정되어 있었으나, 1901년 무렵부터 점차로 정치적인 권한까지 보유하게 되어, 1907년 장로교 독노회가 설립되기까지 한국장로교회의 실제적인 정치기구 역할을 담당했다." 박경수, "초기 한국 개신교 부흥운동과 교회연합운동," 「장신논단」 26(2006): 133.
4) *1916 Catalogue of the Presbyterian Theological Seminary of Korea*(Pyengyang, 1916), 9-11.
5) *1916 Catalogue of the Presbyterian Theological Seminary of Korea*(Pyengyang, 1916), 11.
6) *Report of the Korea Mission of the Presbyterian Church in the USA to the Annual Meeting*, 1909, 38.
7) 이상규, "한국에서의 칼빈 연구," 『칼빈과 한국교회』(서울: 생명의말씀사, 2009), 255.
8) 『1916년 조선야소교장로회 신학교요람』(평양, 1916).
9) *1923 Catalogue of the Presbyterian Theological Seminary of Korea*(Pyengyang, 1923), 27-31.
10) 「기독신보」는 1915년 12월 7일 창간되어 1937년 8월 1일 경영부진으로 이후 2개월 동안 휴간계를 제출한 후 기일 내에 속간하지 못하자, 같은 해 12월 1일 일제 당국이 허가를 취소하여 폐간된 신문으로 장로교와 감리교가 합동으로 발간했던 신문이다.

11) 「기독신보」 1916년 11월 29자. 한국교회사 초기에는 칼뱅의 이름을 한자에서 음역하다 보니 '갈빈'을 葛彬 혹은 葛賓 등으로 서로 다르게 표현한 것이 나타난다.
12) 오천경, 『교회역사인물지』(경성: 活動書海, 1923).
13) 「신학세계」 9권 5호(1924년 9월), 40-44.
14) 「신학지남」 16권 4호 칼빈 탄생 425주년 기념 특집호(1934년 7월), 1-70.
15) 「신학지남」 16권 4호(1934년 7월), 1.
16) 함일돈은 1919년 미국 북장로회 선교사로 한국에 왔지만 신학노선의 차이로 인해 1935년 북장로회에서 정통장로교회로 이적하였다. 평양의 숭실전문학교와 장로회신학교에서 가르쳤다. 신사참배를 반대하는 사람들을 지원하다가 일경에 체포되어 1940년 강제출국을 당했다.
17) 「신학지남」 19권 4-6호(1937년 7, 9, 11월).
18) 「신학지남」 20권 5호(1938년 9월); 20권 6호(1938년 11월); 21권 1호(1939년 1월).
19) 「신학지남」 21권 1호(1939년 1월).
20) 「신학지남」 22권 5호(1940년 9월).
21) 「파수군」은 1948년 12월에 창간되어 1963년 통권 129호로 폐간된 고려신학교의 잡지이다.
22) 「파수군」 2호(1949), 11-14; 3호(1949), 11-15.
23) 「파수군」 5호(1950), 33-35; 6호(1950), 14-16; 17호(1952), 29-31.
24) 「파수군」 11호(1951), 14-19; 12호(1951), 9-15.
25) 「파수군」 16, 17, 19, 21, 22, 23, 24, 25, 26, 31, 32, 33호(1952-53).
26) 「파수군」 13호(1952), 20-26.
27) 「파수군」 27, 28, 29, 30호(1953).
28) T. H. L. Parker, 김재준 역, 『칼빈의 모습』(서울: 대한기독교서회, 1950). 이 책은 1973년에 재판되었다.
29) A. Dakin, 이병섭 역, 『칼빈주의』(서울: 대한기독교서회, 1956). 이 책은 3부로 구성되어 있는데, 1부는 『기독교강요』를 요약하고 있고, 2부는 칼뱅주의 역사를, 3부는 칼뱅주의의 중요한 주제들을 다루고 있다.
30) 헨리 미터, 박윤선, 김진홍 역, 『칼빈주의』(서울: 한국개혁주의신행협회, 1959).
31) 「십자군」 12, 15, 20, 21, 22, 23, 24, 26(1954. 4-1956. 9).
32) 전경연, 『칼빈의 생애와 그 신학사상』(서울: 신교출판사, 1959).
33) Hugh T. Kerr, 이종성 역, 『기독교강요선』(서울: 대한기독교서회, 1960).
34) John Calvin, 김문제 역, 『기독교강요』(서울: 세종문화사, 1977).

35) 『칼빈 서거 400주년 기념논문집』(서울: 한국칼빈학회연구회, 1965), 133.
36) 「신학지남」 29권 1호(1962). 칼뱅 특집호에 게재된 논문은 박형룡 "칼빈의 현대적 의의"(권두언), 안용준 "칼빈의 생애와 사업," 박형룡 "칼빈신학의 기본원리," 오병세 "칼빈의 신국관," 명신홍 "칼빈의 윤리사상," 김희보 "목회자로서의 칼빈," 조동진 "교회 통일과 분리에 대한 칼빈의 해석," 한철하 "칼빈의 정치론" 등이다.
37) 이종성, 『칼빈, 생애와 사상』(예장총회교육부, 1968, 증보판 1978); 김성환, 『평신도를 위한 칼빈주의 해설』(영음사, 1969); 이근삼, 『칼빈, 칼빈주의』(고신대학교출판부, 1972); 김남식 편, 『칼빈주의 연구』(백합출판사, 1972); 정성구, 『칼빈주의 사상과 삶』(한국성서협회, 1978); 한신대 교수 11인, 『칼빈 신학의 현대적 이해』(한신대출판부, 1978).
38) H. Bavinck, 손두완 역, 『칼빈과 일반은총』(Calvin and Common Grace)(성인출판사, 1960); R. Strong, 이창원 역, 『칼빈주의 5대교리』(The Five Points of Calvinsim)(복된말씀사, 1961); J. D. Dengerink, 정정숙 역, 『칼빈주의와 정치』(Calvinistic View on Politics)(한국개혁주의신행협회, 1971); A. Kuyper, 박영남 역, 『칼빈주의』(Lectures on Calvinism)(세종문화사, 1971); H. Van Til, 이근삼 역, 『칼빈주의 문화관』(The Calvinistic Concept of Culture)(영음사, 1971); W. S. Reid, 김용우 역, 『자연과학과 16세기 칼빈주의』(Natural Science and Calvinism in the 16th Century)(신학지남사, 1972); L. Boettner, 홍익표 역, 『칼빈주의 예정론』(Reformed View on Predestination)(백합출판사, 1972); W. Niesel, 이종성 역, 『칼빈의 신학』(Die Theologie Calvins)(대한기독교서회, 1973); D. N. Steel and C. Thomas, 김남식 역, 『칼빈주의와 알미니안주의』(The Five Points of Calvinism)(한국성서협회, 1975); J. Murry, 나용화 역, 『칼빈의 성경관과 주권사상』(Calvin on Scripture and Divine Sovereignty)(예수교문서선교회, 1976); J. Green, 정성구 역, 『칼빈주의: 어제, 오늘, 내일』(Calvinism: Yesterday, Today, Tomorrow)(세종문화사, 1977); J. M. Spier, 김남식 역, 『칼빈주의 철학』(What is Calvinistic Philosophy?)(세종문화사, 1978).
39) 「기독교사상」에 게재된 7편의 논문은 다음과 같다. 윤성범, "칼빈의 신 인식," 5권 3호(1961.3); 선우학원, "칼빈의 생애와 정치사상," 11권 7호(1967.7); 하해룡, "칼빈의 성서 이해," 12권 3호(1968.3); 한철하, "정치적 칼빈주의," 15권 3호(1971.3); 김이태, "칼빈의 개혁정신의 저력," 19권 9호(1975.10); 이장식, "칼빈의 종교개혁과 한국장로교회," 22권 10호(1978.10); 나학진, "보수적인 루터와 진보적인 칼빈," 22권 12호(1978. 12).

40) 「기독교사상」(2009.5)에 실린 논문들은 이오갑 "칼뱅의 성격과 한국교회," 이정숙 "칼뱅의 신학과 목회로 한국교회를 돌아보다," 문병호 "칼뱅의 칼뱅신학," 박경수 "칼뱅의 사상과 한국교회의 사회적 역할"이다.
41) T. H. L. Parker, 김지찬 역, 『존 칼빈의 생애와 업적』(John Calvin) (서울: 생명의 말씀사, 1986); W. Bouwsma, 이양호, 박종숙 역, 『칼빈』(John Calvin) (서울: 나단, 1991).
42) 박건택 편역, 『칼뱅작품선집』 I-VII(총신대학교출판부, 1998-2011).
43) 이상규, 『한국에서의 칼빈연구 100년』(서울: 개혁주의신행협회, 1985); 정성구 편, 『칼빈·칼빈주의 도서목록』(한국칼빈주의연구원, 1989); 김광욱, 『한국 칼빈자료 100년사: 한국어로 발간된 자료 중심』(서울: 성광문화사, 1994). 자료정리를 위한 제안으로는 강경림, "한국 칼빈 연구사(1)-자료정리 방법론을 중심으로," 「역사신학논총」 제11집(2006): 221-238을 참고하라.
44) 1985년에 정성구가 칼뱅 및 칼뱅주의 사상을 연구하기 위한 목적으로 세운 '한국칼빈주의연구원'(The Institute for Calvinistic Studies in Korea)은 16세기의 희귀본 자료에서부터 현대의 서책까지 4,000여 점의 자료를 소장하고 있으며, 종교개혁자들의 초상화, 그림, 글씨 등 수백 점과 칼뱅주의 학자들의 육성 녹음 강의 1,500여 점을 소장하고 있어, 칼뱅 사상의 전파에 요람 역할을 하고 있다.

제2장

칼뱅의 사회·경제사상이
한국교회와 사회에 주는 의미

1. 시작하는 말

이 연구는 칼뱅의 사상 가운데 그동안 상대적으로 소홀하게 다루어져 왔던 그의 사회·경제사상을 깊이 들여다보고, 그의 사상이 오늘날 한국교회에 던져주는 빛이 무엇인지 그 의미를 비판적으로 숙고하는 데 목적이 있다. 여기서 우리가 한 가지 기억해야 할 점이 있다면 칼뱅은 무엇보다도 16세기 제네바 교회의 신학자였고 목회자였다는 사실이다. 분명 그는 경제학자도 사회이론가도 아니었으며, 특정 사회체제 혹은 경제제도를 옹호한 사람도 아니었다. 칼뱅이 사회적이고 경제적인 문제를 많이 다룬 것은 사실이지만, 그것은 어디까지나 사회학자나 경제학자보다는 신학자로서 거론한 것이었다. 교회의 신학자인 칼뱅에게서 관심의 초점은 언제나 하나님의 나라와 하나님의 주권이었다. 그렇지만 이 하나님의 나라와 하나님의 주권은 그에게 단지 죄인의 구원을 위해 필요한 신학적 개념이기만 한 것은 아니었고, 그것은 동시에 인간의 모든 활동 안에 존재하는 통제원리이기도 하였다.[1] 그는 인간이 진심으로 이 땅 위에서 하나님의 나라를 추구하고 하나님의 뜻이 자신들의 삶에서 온전히 이루어지기를 원한다면, 인간의 모든 활동이 하나님의 주권을 중심으로 이루어져야 한다고 믿었다. 바로 이 점에서 칼뱅의 사상은 하나님 나라를 위한 인간 삶의 모든 영역, 즉 영적인 영역만이 아니라 사회·경제·정치·문화 전 영역에 걸쳐 의미 있는 주장을 하고 있다. 이것이 우리가 칼뱅의 사회·경제사상을 살펴보고, 우리의 현실을 그 거울에 비추어볼 수 있는 중요한 토대가 된다.

현실 사회와 경제의 문제점을 진단하는 칼뱅의 기준은 하나님 나라였다. 그는 언제나 하나님 나라라는 절대적인 잣대를 가지고 현실의 왜곡되고 상대적인 사회·경제적 문제들을 진단한 다음, 성서에 근거하여 처방을 내렸다. 하나님의 나라는 로마가톨릭교회에서 주장하는 것처럼 교회와 동일시 될 수 없다. 하나님 나라는 교회보다 훨씬 그 폭이 넓어서, 하나님 나라에서 제외되는 것은 아무것도 없다. 칼뱅은 하나님 나라라는 개념으로써 영적인 것과 세속적인 것이라는 이원론적 구분을 무너뜨리고, 모든 것을 하나님의 주권 안에 포괄하였다. 또한 칼뱅은 좋은 의미에서 현실주의자였다. 하나님의 나라는 세상의 현실과 유리되어 저 하늘에 떠 있는 추상적인 실체가 아니라 변화와 갱신과 성화의 힘으로 세상 안으로 파고들어 침투하는 것이다.[2] 하나님의 나라는 종말론적인 동시에 현재적이며, 초월적인 동시에 내재적인 실체이다. 죄로 인해 타락한 이 세상의 제도와 질서가 하나님 나라를 정확하게 반영하는 것은 불가능한 것일지 모른다. 하지만 그리스도인은 세상의 질서를 성서가 가르치는 하나님 나라의 질서에 보다 더 가깝게 하려는 노력을 포기하거나 중단해서는 안 된다. 바로 이것이 칼뱅이 그의 설교와 주석과 저술에서 그토록 끊임없이 사회·경제 문제들을 다루며 변화를 위한 주장과 실천에 매달린 이유이다.

필자는 칼뱅의 사회·경제사상 중에서 경제적인 측면에 집중하고자 한다. 그것은 한편으로는 오늘날 한국사회와 교회에 가장 긴급하고 중요한 이슈가 경제 문제이기 때문이고, 다른 한편으로는 심도 깊은 논의를 위해서 여러 가지 측면을 포괄적으로 다루기보다는 하나의 주제에 집중하는 것이 좋으리라는 판단 때문이다. 필자는 먼저 칼뱅의 사회·경제사상을 전체적으로 파악하기 위해서 부와 가난, 이자와 고리대금, 상업, 노동과 임금에 대한 그의 견해를 살펴볼 것이다. 그런 다음 칼뱅의 경제사상이 오늘날 한국교회와 사회에 어떤 함의를 지니는지, 그것이 우리에게 제시하는 바가 무엇인지 검토할 것이다. 필자는 특별히 소통, 공공성, 복지라는 세 가지 화두를 가지고 우리 현실을 성찰하고자 한다. 이런 작업을 통해 칼뱅이 단지 500년 전 제네바에서 활동했던 교회개혁자의 자리에만 머물러 있는 것이 아니라 시대를 뛰어넘어 우리가 21세기 한국교회와 사회를 하나님 나라라는 기준에 맞추어 변혁시켜 나가는 데에도 여전히 유효한 통찰력을 제시해주는 보편적 사상가요 신학자라는 것이 드러나기를 바라는 마음이다.

2. 칼뱅의 사회·경제사상

칼뱅은 프랑스 북부 도시 누아용에서 태어나, 파리와 오를레앙에서 법학과 문학, 그리고 신학을 공부하였으며, 바젤, 스트라스부르, 제네바와 같이 무역과 제조업이 발달한 도시환경에서 활동하면서 초기 자본주의 환경의 세례를 받았다. 게다가 그의 아버지 제라르 코뱅(Gérard Cauvin)은 성당 참사회의 일원으로 교회재정을 관리하는 일을 맡았던 중산층 부르주아에 속한 사람이었다.[3] 이처럼 상대적으로 도시경제의 도덕적인 문제들에 직면하는 일이 많았던 칼뱅은 그 문제를 직접적으로 다룰 수밖에 없었다. 그가 16세기의 다른 어떤 종교개혁자들보다 깊이 사회·경제적인 문제에 대해 고찰하게 된 이유도 여기에 있다. 그렇다면 칼뱅이 당시의 사회·경제 전반에 대해 어떤 생각을 가지고 있었는지 살펴보자.

1) 부와 가난

칼뱅에게 부(富)란 하나님이 베푸신 은혜의 표시이다. 이것은 물질적 부가 그리스도교 신앙과 직접적으로 연결되어 있는 가치이고 영적 생활과 긴밀하게 연관되어 있다는 것을 의미한다. 물질은 하나님의 자녀들이 이 땅 위에서 살아갈 수 있도록 하나님이 베푸시는 은혜의 표시이다. 이런 점에서 부는 바로 하나님 나라의 표지이다. 구약의 이스라엘 백성에게 약속된 땅이 미래의 부유한 삶의 예표이듯이, 부는 다가오는 세상에서 풍성함에 대한 표지인 것이다.[4] 분명 부유함은 하나님이 주신 복이다. 따라서 부자라는 이유만으로 정죄를 받을 이유는 없다.

그러나 하나님이 물질적인 풍요를 허락해주신 것은 그것을 하나님의 뜻대로 올바르게 사용하라고 위탁하신 것이다. 돈은 단지 실용적인 기능만이 아니라 영적인 사명을 지닌다. 다시 말해 부유한 자는 자신의 재산을 무엇보다 하나님을 높이고 예배하는 수단으로 올바르게 사용해야 한다. 칼뱅은 "우리를 위해 만물이 창조되었다면, 하나님의 은혜를 자유롭게 사용하는 데 부과된 하나의 굴레는 우리가 만물을 지으신 분을 알고 또한 우리를 향한 그분의 은혜에 감사를 드리는 것이다. 만일 여러분이 향연에 빠지고 포도주에 취해 어리석은 자가 되거나 경건의 의무와 소명을 올바르게 감당하지 못한다면 과연 하나님을 향한 여러분의 감사가 어디 있겠는가?"[5]라고 반문하고 있다. 하나님이 주신 물질과 부는 마땅히 그분의 기쁘신 뜻에 합당하게 사용되어야지, 방탕을 위해 허비되어서는 안 된다.

또한 칼뱅은 물질을 위탁받은 자들은 그것을 이웃을 사랑하는 일에 사용해야 한다고 강조한다.

> 성서는… 우리가 주님에게서 받은 은혜가 무엇이든지 간에 그것은 교회의 공통의 유익을 위하여 사용하라는 조건으로 우리에게 맡겨진 것이라고 알려준다. 따라서 우리가 받은 모든 은혜를 합당하게 사용하는 길은 그것을 다른 사람들과 아낌없이 기꺼이 나누는 것이다. … 그러므로 이것이 우리 자선과 선행의 법칙이 되도록 하자. 우리는 하나님이 우리에게 맡기신 모든 것에 대한 청지기이다. 이로써 우리는 이웃을 도울 수 있고, 청지기직의 회계 결산을 요구받게 된다. 더욱이 올바른 청지기 직무란 사랑의 법칙에 의해서만 판단되는 것이다.[6]

여기에서 칼뱅은 부가 하나님에게서 온 것이라는 점을 밝히고, 그 용도가 사욕을 채우는 것이 아니라 이웃의 유익을 위한 것이어야 함을 분명히 지적하고 있다. 다시 말해 부자는 하나님에게서 임무를 부여받은 청지기라는 것이다. 하지만 칼뱅은 성서가 물질을 누구에게 얼마나 나누어야 하는지 구체적이고 세세한 지침까지 그리스도인에게 제공하지는 않는다고 말한다.

> 하나님은 분명히 우리가 우리 형제의 궁핍을 구제해야 한다고 명하신다. 하지만 우리가 얼마나 주어야 하는지에 대해서는 어디에도 정해놓지 않으셨기 때문에, 우리는 계산을 하고 우리와 가난한 자 사이에서 분배를 결정할 수 있다. 하나님은 특정한 시간이나 사람이나 장소에 대해 어디에서도 우리에게 지침을 주시지 않고, 단지 사랑의 법칙에 따르라고 명하신다.[7]

칼뱅이 말하는 "사랑의 법칙"(the rule of love)이란 구체적인 지침이라기보다는 일반적인 원리이다. 자신이 가진 것 중에서 얼마를 누구에게 어떤 방식으로 베풀어야 할지를 결정하는 일은 오직 재물을 가진 자가 청지기로서 하나님 앞에서 갖는 책임감에 달려 있다. 분명한 것은 부자들이 하나님의 풍성함을 분배해야 할 의무를 지고 있다는 사실이며, 얼마를 나눌지는 각자의 자유이지만 그 자유 또한 "사랑의 법칙"의 규제를 받는다는 것이다. 베푸는 정도와 관련하여, 칼뱅은 우리의 재물에 붙는 이자나 혹은 우리가 쓰고 남은 여분의 것만을 나누는 것으로 한정짓지 않았다. 그는 "만일 이자가 가난한 자들의 궁핍함을 해결하는 데 충분하지 못하다면 우리는 우리의 원금을 아끼지 않을 것이다. 다른 말로 하자면 당신의 자유는 고정자산의 축소나 토지의 처분까지도 행할 수 있다는 것이다."[8] 구제의 가치는 그 양에 의해 정해지는 것이 아니다. 얼마나 해야 하는가에 대한 절대적인 기준은 없으며, 중요한 것은 구제하는 자의 태도이다. 구제가 올바른 정신, 즉 "사랑의 법칙" 안에서 행해진다면 그것은 어떤 것이든, 얼마이든 명예로운 것이다.

그러면 가난은 무엇이며, 가난한 사람은 누구인가? 칼뱅은 가난 그 자체는 저주도 아니고, 중세의 금욕주의 전통과 수도사 전통에서처럼 거룩함의 표지도 아니라고 보았다. 하나님은 모든 사람이 풍성함에 거하기를 원하신다. 가난은 인간의 죄로 말미암은 창조의 변질일 뿐이고,[9] 따라서 가난한 자들은 죄로 말미암은 사회적 희생자들이다. 칼뱅에 따르면 부자와 마찬가지로 가난한 사람에게도 하나님이 맡기신 사명이 있다. 가난한 사람들은 부자들의 믿음과 사랑을 시험하기 위한 하나님의 대리인이다. 칼뱅은 신명기 설교에서 이렇게 선포하고 있다.

하나님이 우리에게 선을 행할 수 있는 기회를 주기 위해서가 아니라면 왜 이 세상에 가난이 존재하도록 허락하셨겠습니까? 그러므로 우리가 부유하거나 가난한 사람을 볼 때 그것이 운명이라고 여겨서는 안 됩니다. … 하나님이 이 세상의 덧없는 재산을 불공평하게 배분하신 것은 인간의 선의를 심사하고자 하심입니다. … 만일 어떤 사람이 가진 재산이 있을 때 인색하지 않고 도움을 필요로 하는 사람들에게 선을 행하기를 추구한다면 그것은 선한 증거입니다. 만일 가난한 사람이 비록 자기 형편이 어렵고 고통스럽다 할지라도 자신을 보내신 하나님을 기쁘게 하는 것이 무엇인지를 인내로써 받아들이고 부정하게 살려고 하지 않고 악의를 품지 않는다면, 이 또한 선하고 훌륭한 시험결과입니다.[10]

칼뱅은 하나님이 부와 가난을 통해 부자가 얼마나 너그러운지, 가난한 자가 얼마나 진실한지를 시험하는 것이라고 말하고 있다. 이처럼 부와 가난은 각기 다른 방식으로 하나님의 은혜의 통로이며 인간의 믿음을 확인하는 수단이 된다.

우리가 돈을 어떻게 사용하는가 하는 것은 우리 신앙을 하나님의 눈앞에서 정확하게 수학적으로 표현하는 것이다. 이것은 어떤 미사여구나 경건한 감정보다 더 정확하게 우리 신앙을 드러낸다.[11] 만약 돈이 신앙과 아무 관련이 없다고 생각한다면 그것이 바로 이교적인 것이다. 원래 하나님에게 속한 금과 은이 신앙의 삶과 예배 안으로 분명하게 들어오지 않는다면 그것은 맘몬에게 속했음을 의미한다. 따라서 돈은 우리 신앙의 현재 상태를 정확하게 알려주는 지표이다. 그렇기 때문에 그리스도인에게 헌금은 본질적으로 영적인 행위이며 가장 중요한 예배행위이다. 참으로 헌금을 통해 그리스도인은 맘몬이 폐위되고 자신이 하나님에게 속한 사람이라는 것을 하나님에게 증언하는 것이다.[12]

칼뱅에 따르면 하나님은 죄로 인해 어쩔 수 없이 존재하는 부자와 가난한 자의 불평등을 사랑의 법칙에 따른 나눔을 통해 해소하고 평균을 이루기를 원하신다. 물질적 나눔을 통한 상호소통이야말로 영적인 교제의 가장 훌륭한 표현이다. 교회의 영성은 물질의 소통에서 표현되며, 그리스도인의 신앙과 사랑은 구제의 양에 의해 측정되는 것이다. 칼뱅은 하나님의 재산을 위탁받은 청지기가 가난한 이웃에게 물질을 순환시키지 않는다면 그것이 바로 도둑질이고 신성모독이라고 보았다. 칼뱅에 따르면 도둑질은 다른 사람의 것을 빼앗는 행동만을 말하는 것이 아니고, 무엇보다 사랑의 법칙이 우리에게 이웃과 나누라고 명령하는 것을 거부하는 행위이다. 도둑질은 사랑의 질서에 따라 다른 사람에게 마땅히 돌려주어야 할 것을 자신이 착복하는 것이다.[13]

칼뱅이 강조하는 하나님의 경제질서는 은혜가 모든 사람에게 공정하게 배분되고 순환되어야 한다는 것이다.[14] 그러므로 하나님의 은혜의 순환을 방해하고 축재하는 자에 대해서 칼뱅은 살인자라고까지 말한다.[15] "누구든지 이웃이 쇠약해져 가는 것을 보고도 그들에게 도움의 손을 펴지 않는다면 그는 살인자와 같다. 나는 이것이 정말이지 살인과 같다고 말하는 것이다."[16] 칼뱅은 자신이 목회하던 제네바의 생 피에르(St. Pierre) 교회 강단에서 부자들의 탐욕을 신랄하게 질타하였다.

> 이 세상에서 그리스도교란 무엇입니까? … '개혁'이란 단어조차도 탐욕스러운 늑대와 같은 사람들의 입에 오르내립니다. 그들에게는 얼마나 많이 움켜잡을 것인가는 문제가 아닙니다. 그들은 할 수만 있다면 모든 것을 집어삼키고자 하기 때문입니다. 그들은 자기들에게 필요한 양의 세 배를 가져도 결코 만족하지 않으며, 자기 손에서 빠져나가는 작은 것이라도 안타까워하니

다. … 그들은 할 수만 있다면 다른 사람들과 자신들은 아무런 공통점이 없다고 말하기 위해 태양조차도 독차지하려고 할 것입니다. 할 수만 있다면 그들은 모든 것을 삼키기 위해 하나님과 자연의 전체 질서까지도 바꾸려고 들 것이 분명합니다. 이런데도 무슨 그리스도인입니까? 글쎄, 그들이 그리스도인이라고 믿고 싶다면 그럴지도 모르지요!17

칼뱅은 하나님의 은혜가 하나님의 백성 전체의 고통을 경감시키기 위해 사용되어야 한다고 믿었다. 칼뱅이 제네바의 부자들에게 요구한 것은 금욕주의가 아니라 사랑의 법칙을 준수하라는 것이다. 칼뱅의 사회·경제사상에 어떤 중심원칙이 있다고 한다면, 그것은 부는 하나님이 주신 것이며 형제를 돕는 데 사용되어야 한다는 것이다.18 광야에서 만나를 주신 사건을 해설하면서 칼뱅은 다음과 같이 말한다. "그러므로 상속에 의한 것이든 스스로 노력하여 획득한 것이든 재산을 가진 사람들이여, 그대들의 풍성함은 방종과 무절제를 위해 낭비하라고 주어진 것이 아니라 형제들의 궁핍함을 덜어주는 데 사용하라고 주어진 것임을 명심합시다."19 또한 칼뱅은 구제한 후에 생색을 내려고 하는 것도 경계하였다. 부자가 가난한 사람을 구제하는 것은 당연한 의무이기 때문에, 베풀었다고 해서 감사의 표시나 인사를 받으려는 생각은 아예 하지 말아야 한다. "가난한 사람들이 그들의 의무를 행하지 않는다고 하더라도, 도움을 받고도 우리를 축복하지 않는다고 하더라도, 그럼에도 우리는 하나님이 우리에게 명하신 것을 행하는 일을 그만두어서는 안 됩니다. 우리에게서 나온 구제는 우리가 도운 사람들이 침묵을 지킬 때에라야 우리에게 충분한 복이 된다는 것을 알아야 합니다."20 재물을 가진 사람은 가난한 사람을 도왔다고 자랑하거나 허세를 부릴 것이 아니라 복음서에서 예수님이 가르치신 것처럼 "우리는 무익한 종이라 우리가 하여야 할 일을 한 것뿐이라"(눅 17:10)고 고백해야 한다.

칼뱅은 분명 인간의 죄성을 충분히 알고 있었기 때문에 자발성에 의한 부의 순환과 소통이 쉽지 않다는 것을 인식하고 있었다. 그리하여 물질이 부자에게서 가난한 자에게로 자연스럽게 순환되고 소통되도록 만들기 위해서 칼뱅은 제네바에서 집사 직무를 새롭게 회복시켰다.[21] 집사들은 물질의 순환과 재분배를 통해 "많이 거둔 자도 남지 아니하였고 적게 거둔 자도 모자라지 아니하였다."(고후 8:15)라는 말씀대로 "구별된 평등"(a differentiated equality)[22]을 지향하기 위해 세워진 사람들이다. 비엘레가 "구별된 평등"이란 단어를 사용한 이유는 칼뱅이 모든 사람에 대해 무차별적이고 획일적인 평등을 주장한 것은 아니기 때문이다. 16세기에도 천년왕국설을 추종하는 급진적 재세례파는 종종 사도행전에 등장하는 소위 '원시 그리스도교 공산주의'(a primitive Christian communism)의 예를 따라 모든 재산을 공동으로 소유해야 한다고 주장하기도 하였다. 그러나 칼뱅은 사도행전에 나오는 예는 초대 예루살렘 교회에서 가난한 사람의 고통을 경감시키기 위해 일시적으로 취한 것이지, 모든 시대에 보편적으로 적용할 수 있는 원칙은 아니라고 주장한다. 칼뱅은 결코 사유 재산 자체를 무시하고 강압적인 평등을 추구한 공산주의 사상가는 아니었다. 그는 사적인 소유를 이 세상의 당연한 질서로 여겼다. 성서도 세상에 가난한 자는 언제까지나 있을 것이라고 말하고 있기 때문이다. 따라서 강제적인 평등은 불가능하며 옳은 방법도 아니다. 칼뱅의 모든 사상이 그렇듯이 여기에도 극단적인 입장들 사이에서 균형을 유지하려는 그의 태도가 나타난다. 칼뱅은 극단적인 개인주의와 극단적인 공산주의 사이에서 균형을 유지하고 있다. 그리하여 비엘레는 칼뱅의 사상을 "사회적인 개인주의"(social personalism) 혹은 "개인적인 사회주의"(personalist socialism)라고 규정한다.[23]

칼뱅에게서 문제는 사적인 소유를 정당화할 수 있는가가 아니라 책임 있는 그리스도인이 사회의 유익과 모든 것의 참 주인이신 하나님의 영광을 위해 자신의 재산을 어떻게 사용해야 하는가 하는 문제였다. 칼뱅은 부와 가난의 문제를 개인적인 관점에서 본 것이 아니라 공동체의 관점에서 보았다. 새로운 공동체에서 모든 사람은 자신의 재산을 형제의 유익과 교회의 건덕을 위해 사용해야 한다. 그렇기 때문에 하나님은 그냥 "가난한 자들", "궁핍한 자들"이라고 부르지 않으시고, "너의 가난한 사람들"(your poor)이라고 부르신다.[24] 칼뱅이 원했던 것은 죄로 인해 초래된 불평등을 성서에 기초한 사랑의 법칙과 교회와 국가의 법과 제도에 따른 부의 순환을 통해 해소하는 것이다. 사회·경제적으로 고통받고 있던 제네바의 거주민과 수많은 외국 피난민을 위해 칼뱅이 제네바 의회에 제안했던 각종 조처는 바로 이런 맥락에서 나온 것이다.[25]

2) 이자

교회의 역사에서 이자는 늘 금기의 대상이었다. 구약성서는 고통 가운데 있는 동료 유대인에게 이자를 받고 돈을 빌려주는 행위를 금하고 있다. 그 근거가 되는 구절로는, "네가 만일 너와 함께 한 내 백성 중에서 가난한 자에게 돈을 꾸어 주면 너는 그에게 채권자 같이 하지 말며 이자를 받지 말라"(출 22:25)는 구절과, "너는 [네 형제]에게 이자를 받지 말고 네 하나님을 경외하여 네 형제로 너와 함께 생활하게 할 것인즉 너는 그에게 이자를 위하여 돈을 꾸어 주지 말고 이익을 위하여 네 양식을 꾸어 주지 말라"(레 25:36-37)는 구절과, "네가 형제에게 꾸어주거든 이자를 받지 말지니 곧 돈의 이자, 식물의 이자, 이자를 낼만한 모든 것의 이자를 받지 말 것이라 타국인에게 네가 꾸어주면 이자를 받아도 되거니와 네 형제에게 꾸어주거든 이자를 받지 말라"(신 23:19-20)는 구절이 있다. 신약성서에서 예수님도 "오직 너희는 원수를 사랑하고 선대하며 아무것도 바라지 말고 꾸어 주라"(눅 6:35)고 가르치신다.

물론 성서에서 이자를 금지한 이유는 가난한 사람을 보호하기 위함이었다. 가난한 자를 보호하려는 하나님의 이 계명은 초대와 중세 교회의 역사에서 보편적으로 적용되었다.

초대교부들은 고리대금과 이자를 받는 것을 반대하고 경고하는 것이 적합하다고 보았다. 암브로시우스는 고리대금은 강도짓이라고 했고, 아우구스티누스는 이자를 받으면 하나님 나라에서 제외된다고 주장했다. 어쩌면 교부들이 이자를 반대한 것은 성서뿐만 아니라 그리스의 철학자와 정치가의 이자 거부로부터도 영향을 받았을지도 모른다. 아무튼 대부분의 교부들의 견해는 이자를 받는 자는 출교된다는 엘비라 교회회의(306년)의 결정에서 분명하게 표현된다. 이런 견해는 중세시대를 거치면서 계속 유지되어 신학적으로 이자를 받고 돈을 빌려주는 행위는 여전히 정죄를 받았지만, 실제로는 여러 가지 핑계와 예외가 고리대금을 성행하게 만들었다.[26]

루터와 츠빙글리도 이자와 고리대금 문제와 씨름하였다. 루터는 이자 문제가 신학적으로 비본질적인 문제(adiaphora)에 해당한다고 생각했기에 그의 입장을 정확하게 규명하기는 쉽지 않다. 고리대금에 대해 폭넓게 연구한 넬슨은 루터의 입장이 "망설임과 모순들 속에" 처해 있다고 말하고 있다.[27] 그렇지만 루터가 이자를 받는 것에 부정적이었던 것은 분명하다. 츠빙글리도 원칙적으로 루터에게 동의하면서 이자를 요구하는 것은 불경건한 것이라고 주장했다. 하지만 그는 고리대금과 이자를 구분하는 중요한 진전을 보였다.[28] 그는 고리대금은 정죄하였지만, 토지대여에 대한 이자는 다른 문제라고 보았다. 츠빙글리는 취리히 의회에 새로운 토지대여 계약을 금지할 것, 영구적인 대여를 한시적인 대여로 바꿀 것, 이율을 5%로 고정할 것을 제안하였다.

칼뱅은 어떤 사회적·경제적 영역도 신앙과 무관한 것은 없다는 츠빙글리의 확신을 공유하였다. 따라서 이자 문제도 신앙과 별개의 것이 아니었다. 칼뱅은 성서가 이자를 무조건 부정하고 있지는 않다고 생각했으며, 시대적 상황과 지역의 차이에 따라 다르게 적용될 수 있는 문제라고 보았다. 칼뱅은 1545년 클로드 사생(Claude de Sachin)에게 보낸 편지에서 이렇게 말한다.

> 무엇보다 이자를 완전히 정죄하는 성서적 전거가 없다. 흔히 "아무것도 바라지 말고 꾸어주라."(눅 6:35)는 그리스도의 말씀을 이자를 정죄하는 것으로 받아들이지만 이것은 왜곡이다. … 그리스도의 말씀은 부자보다는 오히려 가난한 사람을 도와주라고 명하시는 것이다. 따라서 이 말씀에서 모든 이자가 금지되었다고 할 수는 없다. … 오늘날에도 유대인이 그랬던 것과 동일하게 이자는 금지되어야만 한다고들 말한다. … 이에 대해서 나는 도시의 상황은 다르다고 대답한다. 주님이 유대인들에게 부여하신 상황과 형편은 그들이 이자가 없이도 거래를 쉽게 할 수 있도록 만들어 주었다. 우리의 상황은 전혀 다르다. 그러므로 나는 이자가 정의와 사랑에 모순이 되지 않는다면 우리 사이에서 전적으로 금지되어야 한다고 생각하지 않는다.[29]

칼뱅은 이자 문제가 다루기 어려운 주제임을 알고 있었다. 그는 매우 구체적인 유보조항 없이 이자를 인정하는 것이 위험한 만큼이나 이자를 무조건 금하는 것도 영적으로 대단히 위험한 것이라고 말한다. 칼뱅은 성서가 금하는 것은 이자 그 자체라기보다는 오직 자신의 이익만을 추구하는 인간의 본성적 경향이라고 말한다. 또한 그는 이자를 금지하는 구약성서의 구절들을 전혀 상황이 다른 시대에 문자적으로 적용할 수는 없다고 보았다. 칼뱅의 성서해석이 단지 문자적인 것에만 집착한 것이 아니라 성서의 저자가 어떤 상황에서 말했는지까지 고려했다는 점은 우리를 놀라게 한다. 그는 구약성서 시대의 사회적 배경과 자신이 살던 16세기의 상황이 다르다는 점을 간과하지 않았기에 이자에 대해 유연한 생각을 가질 수 있었다.

칼뱅은 또한 돈이 돈을 생산하지 못한다는 아리스토텔레스의 개념에 반대하였다. 칼뱅은 유럽과 제네바의 경제상황을 분석하고 성서를 새로운 관점으로 연구하여 소비적인 대출(consumption loans)과 생산적인 대출(production loans) 사이에는 차이가 있다고 결론지었다. 그는 가난 때문에 돈을 빌리는 사람은 그 돈으로 생계를 유지하기 위해 소비할 수밖에 없지만, 생산을 위한 투자를 목적으로 돈을 빌리는 사람은 그 돈으로 새로운 이익을 창출할 수 있다고 보았다. 따라서 돈이 돈을 생산하지 못한다는 아리스토텔레스의 견해는 전자에만 해당하지 후자에는 맞지 않는다. 이자에 대한 구약성서의 금지도 소비적인 대출의 경우와 관련된 것이다. 생계형 소비를 위해 돈을 빌린 가난한 사람에게 이자를 요구하는 것은 또 다른 짐을 지우는 행위이며, 사랑의 법칙을 거스르는 이기적인 행위이다. 그러나 생산을 위한 대출인 경우에는 문제가 다르다. 이 경우에는 이자가 합법적이다. 돈을 빌려주는 사람은 그 기간 동안 자신의 재산을 사용할 수 없다. 하지만 빌린 사람은 그것을 사용하여 이익을 남길 수 있다. 따라서 그 이익을 합리적인 이자로 서로 나누는 것이 공정하며, 이것이 공평의 규칙에 어울리는 것이다. 칼뱅은 한 사생에게 보낸 편지에서도 "그러므로 나는 고리대금이 특정한 성서본문에 의해서가 아니라 공평의 규칙에 의해서만 판단되어야 한다고 결론을 내린다."라고 밝히고 있다.[30]

그렇다면 공정한 이율은 어느 정도인가? 칼뱅은 어느 정도의 이자가 적절한가에 대한 객관적인 기준은 없으며, 이율은 계약 당사자들에게 달려 있다고 조언했다. 그리스도인의 책임 가운데 행동하고 그리스도의 뜻에 양쪽 당사자가 순종하는 방식으로 이율이 결정되어야 한다. 칼뱅은 당시 제네바의 관행이던

5%의 고정이율을 일반적인 규범으로 받아들일 만하다고 보았다. 실제로 칼뱅은 1541년 제네바로 귀환한 후 시의회와 협력하여 이율이 일 년에 5%를 넘지 못하게 하려고 노력하였다. 1547년 5월 17일 지방교구를 위해 칼뱅이 작성하고 시의회가 인준한 『교회법령』(Les Ordonnances ecclésiastiques)에 따르면, "누구라도 5% 이상의 이율로 돈을 빌려주어서는 안 된다. 이를 어길 시에는 사건의 요건에 따라 원금의 몰수나 임의의 벌금형을 받게 된다."라고 선언한다.[31] 하지만 1557년 11월 12일에는 이율이 6.67%로 상승하기도 하였다.

비엘레에 따르면 칼뱅은 이자를 받는 것을 허용하면서도 동시에 몇 가지 유보조항을 제시하였다. 이 유보조항이 칼뱅의 이자에 관한 기본적인 생각을 잘 보여주고 있다. 첫째, 가난한 사람에게는 이자가 부과되어서는 안 된다. 둘째, 돈을 빌려주기 위해서 자선을 소홀히 해서는 안 된다. 셋째, 자연적 정의와 황금률에 어긋나는 일이 있어서는 안 된다. 넷째, 돈을 빌린 사람이 돈의 가치보다 많은 것을 남겼을 때에만 이자를 요구할 수 있다. 다섯째, 세상의 관습이나 부당한 기준에 따를 것이 아니라 하나님의 말씀에 따라 우리의 관습을 평가해야 한다. 여섯째, 공익이 사적인 이익보다 앞서야 한다. 일곱째, 공정성을 유지해야 한다.[32] 이처럼 칼뱅은 정의와 사랑의 법칙에 모순이 되지 않는 범위 안에서 이자를 허용하였다. 가난한 사람에게 돈을 빌려준 경우에는 이자가 아무리 세상의 법에서는 합법적일지라도 사랑의 법칙에는 어긋나기 때문에 정당화될 수 없다. 또한 터무니없이 높은 이자는 그리스도께서 말씀하신 황금률에 어긋날 뿐만 아니라 공익을 해치는 요인이 되어 정의의 법칙에 위배되므로 잘못된 것이다. 이처럼 칼뱅은 언제나 사랑과 정의의 법칙이 우리의 사회·경제적인 삶의 원리가 되어야 함을 반복적으로 강조하였다.

경제윤리에서 칼뱅이 가장 크게 공헌한 분야가 있다면 바로 이자 문제일 것이다. 현실의 문제들을 하나님의 말씀에 비추어 보면서 씨름했다는 사실 자체가 그의 공헌이라 할 수 있다. 또한 그는 구약의 율법주의나 아리스토텔레스의 개념을 무비판적으로 수용한 것이 아니라 16세기 제네바라는 삶의 현장에 맞추어 재해석하고 비판적으로 적용했다. 이것이야말로 칼뱅의 위대한 점이라 할 것이다. 뿐만 아니라 그는 사회·경제생활 전체를 관통하는 그리스도인의 삶의 원리로 사랑과 정의를 제시하였다. 칼뱅은 이자를 단순히 개인의 경제적인 문제로만 보지 않고 사회의 공적인 문제이며 나아가서는 영적인 문제라고 파악하였다. 이것이야말로 모든 사회·경제적 문제를 바라보는 칼뱅의 근본 원리이다.

3) 상업

칼뱅의 경제사상을 중세 신학자들이나 루터의 그것과 구별 짓는 또 다른 점은 칼뱅이 상업을 인정하고 그 가치를 높이 평가한 것이다. 중세 신학자들과 루터는 농업을 높이고 상업에 대해서는 매우 부정적인 평가를 내렸다. 그러나 칼뱅은 모든 직업이 하나님 앞에서 귀천이 없다면 상업을 경원시할 이유가 없다고 본다. 오히려 칼뱅은 상업이 하나님이 정하신 조화로운 사회질서의 실현을 위해 꼭 필요하며, 피조물들의 상호의존성의 가시적 표지가 된다고 주장한다. 다시 말해 상품의 교역은 단지 상품만이 아니라 사회 구성원들의 영적 교제의 표지이기도 하다.[33]

칼뱅에게 세상에서의 모든 활동은 영적인 의미를 띄고 있다. 다른 말로 표현하자면 사회적이고 경제적인 문제들은 사실상 올바른 예배의 또 다른 부분이라는 것이다. 그리스도인에게는 언제나 하나님이 최우선인데, 그분을 향해 품는 경외심은 종종 그가 매일의 삶을 어떻게 사느냐 하는 데서 가장 분명하게 드러난다. 올바른 예배는 교회 안의 여러 의식에서만 구현되는 것이 아니라 가정과 직장과 시장에서 구제와 성실한 노동, 공정한 임금과 작업 환경 가운데서, 즉 공정한 상업과 사업 안에서도 구현되는 것이다. 칼뱅은 하나님에 대한 바른 예배와 사회·경제적인 존재로서 올바른 생활 사이의 분리될 수 없는 연관성을 주장한다. 칼뱅은 자주 "삶의 모든 세부적인 면에 이르기까지 우리는 하나님과 관계해야만 한다."(negotium cum Deo, business with God)라고 강조한다.[34] 그러므로 상업이나 사업에서 속임수나 불의는 비단 인간의 도덕성에 반하는 잘못일 뿐만 아니라 하나님의 질서를 왜곡한다는 점에서 신성모독에 해당한다. 흔히 장사에서 속임수와 거짓말을 가볍게 묵인하려는 투의 "사업은 사업이다."(Business is business)라는 말이 칼뱅에게는 통하지 않는다. 그에게 장사는 곧 영적인 일이기 때문이다.

사회의 구성원인 개인은 상업을 통해서 필요한 것을 공급받을 수 있고, 또 자기의 것을 타인에게 유통할 수 있다. 이를 통해 인간의 삶은 더욱 윤택해진다. 이처럼 상업은 인간의 필요를 채워주고, 고통을 덜어주며, 삶을 즐겁게 만들어 주는 하나님의 수단이 된다. 그러므로 상업이 무너지거나 타락하게 되면 개인과 사회가 고통을 당하게 되고, 하나님의 뜻과 질서가 위협받게 된다. 따라서 칼뱅은 상품의 독점, 축재, 사재기 등을 강도 높게 비판한다. 칼뱅에 따르면 돈과 마찬가지로 상품은 모든 사람의 유익을 위해 사회 안에서 소통되어야만 한다. 그런데 이것을 막는 독점이나 사재기는 부와 상품의 순환을 막아 결국 가난한 자를 죽이고 사회를 붕괴시키는 행위가 된다. 그래서 칼뱅은 독점하는 자들을 살인자라고 불렀다. 칼뱅은 정직한 상업활동이 사회 안에서 생존을 위한 공정한 분배를 가져다주는 통로가 된다고 보았다. 그는 달란트 비유에 대해 설명하면서 이렇게 말한다. "하나님이 위탁하신 것이 무엇이든지 그것을 유용하게 사용하는 사람은 상업에 종사하는 것이라 말할 수 있다."[35] 자신의 재물이나 재능이나 상품을 다른 사람과 나누는 사람은 곧 사회를 건강하게 유지하고 하나님의 질서를 올바로 세우는 일에 동참하는 것이다.

국가는 마땅히 상업이 정당한 질서 안에서 이루어지도록 규제하고 보호해야 한다고 칼뱅은 믿었다. 따라서 그는 제네바 시의회가 시민들의 생활에 직접적인 영향을 미치는 핵심적인 생필품, 예를 들면 포도주, 빵, 고기 등의 가격을 법으로 통제하도록 권고하였다. 이런 점에서 칼뱅은 아담 스미스가 주장하는 자유방임주의 방식의 자본주의 이론과는 다른 입장을 취하고 있다. 재산에 대한 사적인 소유를 인정하기는 했지만, 칼뱅은 공적인 이익과 관계될 경우에는 국가가 사적인 소유도 통제할 수 있는 권한이 있다고 생각했다. 막스 베버(Max Weber)가 『프로테스탄트 윤리와 자본주의 정신』(1905)에서 칼뱅주의와 자본주의 사이의 "선택적 친화력"(an elective affinity)을 언급한 후, 사람들은 가끔 칼뱅과 오늘날의 자본주의가 직접적인 연관성을 지닌 것으로 오해한다.[36] 베버는 칼뱅의 사상과 후대 칼뱅주의자들의 사상을 구별하지 못하는 실수를 범했다. 또한 베버는 아마도 프랑스어를 읽지 못했기 때문인지 칼뱅의 저작들을 직접 읽고 다루지는 않았다는 점에서 한계가 있다. 결국 베버가 자신의 책에서 분석한 것은 실제 칼뱅의 사상이 아니라 후대 칼뱅주의자들의 사상이었으며, 이 점은 베버 자신도 고백하고 있는 바이다.[37] 우리는 칼뱅과 칼뱅주의는 명백히 다르다는 점을 기억해야 한다. 칼뱅은 자본주의의 창시자라기보다는 오히려 사랑과 정의의 법칙에 따라 자본주의를 엄격하게 규제함으로써 불공정하고 부당한 관습들이 허용되는 일이 없도록 해야 한다고 주장한 사상가였다. 굳이 칼뱅의 사상을 자본주의와 연결하고자 한다면, 그것은 착취적이고 자유방임적인 자본주의가 아니라 사회적 책임에 입각하여 가난한 자와 약한 자를 옹호하는 "성서적 자본주의"[38]라고 규정할 수 있을 것이다.

4) 노동과 임금

중세시대에는 노동을 신앙이나 영적인 삶과는 직접적인 연관이 없는 세상적인 의무로 간주했으며, 중세 수도원과 신비주의 신학도 노동보다는 명상에 우선권을 부여함으로써 직업활동으로부터 그 품위와 영적인 가치를 모두 박탈해버렸다. 반면에 칼뱅은 노동을 그리스도인의 삶과 밀접하게 결합시킨다. 칼뱅에게 노동이란 우리를 다른 사람에게 의존하지 않고 독립적으로 살아가도록 해주고, 품위 있게 살게 해주며, 가난한 자를 도울 수 있게 해주는 수단이다. 다시 말해 인간이 인간답게 살고 자아를 성취하는 것은 노동을 통해서만 이루어지는 것이다. 이것은 하나님이 우리에게 베풀어 주시는 은혜이며, 다가오는 하나님 나라의 표지이기도 하다. 이와 같이 칼뱅은 인간의 노동에 이전에는 결코 누려보지 못했던 영적인 위엄과 가치를 부여해주었다.[39] 칼뱅의 다음의 기도문은 노동이 곧 기도요 은혜임을 잘 보여주고 있다.

일하기 전에 드리는 기도(1562)

우리의 아버지가 되시며 구원자가 되시는 은혜로우신 하나님, 하나님은 우리의 가난을 해결하기 위해 우리에게 일하라고 명하셨으니, 하나님의 은혜를 통해 우리의 노동을 복되게 하사 주님의 복이 우리에게까지 이르도록 해주옵소서. 그 복이 없이는 우리가 결코 행복할 수 없습니다. 베푸시는 은혜가 우리에게 하나님의 선하심과 도우심의 증거가 되어, 우리로 하여금 하나님이 아버지의 사랑으로 우리를 돌보신다는 것을 깨닫게 하옵소서. 주님이 성령을 통해 우리를 도와주셔서, 우리가 표리부동하거나 속이는 일 없이 신실하게 우리 삶의 자리를 지키면서 소명을 완수할 수 있게 하시고, 부요해지고 싶은 우리 욕망을 충족시키는 대신에 주님이 우리에게 명하신 것을 따르려고 애쓰도록 해주옵소서. 우리의 일을 번영하게 하는 것이 주님의 뜻이라 해도, 주님이 마땅히 우리에게 주실 능력을 따라 우리에게 궁핍한 자들을 도울 수 있는 마음도 주옵소서. 우리를 전적으로 겸손하게 하사, 주님이 아끼지 않고 우리에게 넉넉히 허락하신 것들을 받지 못한 자들보다 우리 자신을 더 높이 여기지 않도록 해주옵소서. 우리 육신이 원하는 것보다 우리가 더 가난하고 궁핍해져야 한다면, 우리에게 주님의 약속에 대한 믿음을 더해주시는 은혜를 베푸사, 주님이 항상 선하심으로 우리를 보호하실 것을 확신할 수 있도록 해주옵소서. 우리가 불신에 빠지지 않고, 인내를 갖고 하나님이 세상적인 것뿐 아니라 영적인 은혜까지 우리에게 채워주시기를 기다릴 수 있게 해주옵소서. 그리하여 우리가 항상 하나님께 감사할 수 있는 귀한 기회를 누리고, 오직 하나님의 선하심 가운데 전적으로 쉼을 얻을 수 있도록 해주옵소서. 자비로운 아버지, 당신의 아들 우리 주 예수 그리스도를 통해 기도드립니다. 아멘.[40]

따라서 칼뱅은 부지런히 일하는 것을 높이 평가하고, 게으름에 대해서 대단히 비판적이었다. 그는 제네바의 목회자로 일하는 내내 게으름을 멀리하고 부지런히 일한다는 것이 어떤 것인지 증명해 보이기라도 하려는 것처럼 열심히 살았다. 칼뱅은 "하나님이 인간에게 땅을 경작해야 한다고 명하셨는데, 그것은 모든 나태와 게으름을 정죄하신 것이다. 우리의 삶을 먹고, 마시고, 자는 일에만 소모하는 것보다 더 자연의 질서에 어긋나는 것이 도대체 어디 있겠는가?"[41]라고 반문하고 있다. 또한 칼뱅은 "우리의 삶이 얼마나 짧은지 안다면 우리는 나태와 게으름을 부끄러워해야 할 것"[42]이라고 말한다. 그는 "일하기 싫은 자는 먹지도 말라 "(살후 3:10)는 바울의 권면을 해석하면서 "하나님의 복은 노동하는 사람의 손에 달려 있기 때문에, 하나님은 게으름과 빈둥거림을 분명 저주하신다."⁴³라고 말한다. 칼뱅에 따르면 게으름은 중대한 악행이며, 일하라고 명하신 하나님의 명령과 질서를 따르지 않는 불신앙이다. 게으른 사람들은 사회의 골칫거리이며, 자신에게뿐 아니라 다른 사람에게도 해악을 끼치는 자들이다. 칼뱅이 생산적인 투자를 위한 대출의 경우 이자를 인정하면서도 직업적인 대출업자에 대해서는 부정적이었던 것도 이런 맥락에서였다. 하나님은 누구나 노동함으로써 살도록 하셨는데 대출을 직업으로 삼는 자는 일하지 않고 다른 사람의 노동의 열매로 살기 때문이다. 칼뱅은 부지런히 일하는 것이야말로 하나님의 은혜를 받는 통로이며 공동체의 유익에 공헌하는 방법이라고 믿었다.

 칼뱅에 따르면 직업은 하나님의 소명이다. 칼뱅은 소명에 대해 이렇게 설명한다.

> 성서는 하나님이 우리 삶의 주인이 될 때라야 그 삶의 방식이 선하고 인정받을 수 있는 것임을 보여주기 위해 소명이라는 단어를 사용한다. 이 소명이란 단어는 부르심을 의미하고, 그 부르심은 하나님이 손가락으로 가리키시면서 우리 각자에게 '나는 네가 이런 혹은 저런 방식으로 살기를 원한다.'라고 말씀하시는 것이다. 이것이 우리가 "삶의 자리"(stations in life)라고 부르는 것이다.⁴⁴

칼뱅은 직업을 통해서 우리가 하나님의 부르심의 목적을 이룰 수 있다고 주장한다. 따라서 일한다는 것은 단지 생계의 필요를 충족시키는 수단일 뿐만 아니라 하나님의 뜻을 실현하는 영적인 행위이다. 여기에서 칼뱅은 직업이 개인의 이익만을 추구해서는 안 되고 반드시 공동체의 유익을 위한 것이어야 한다고 주장한다. 칼뱅이 직업을 평가하는 기준은 그것이 공익에 기여하는가의 여부이다. 칼뱅은 각자의 이익만 추구하고 공익에 전혀 기여하지 못하는 직업은 결코 인정받을 수 없다고 본다. 칼뱅은 키케로와 같은 이방 철학자들조차도 수치스럽게 여기는 부정하고 방탕한 어리석은 직업이 아니라 "우리 이웃에게 유익을 가져다주는 노동"을 택하라고 권고한다.[45] 그럴 때만 그 직업을 하나님의 소명이라 인정할 수 있을 것이다.

칼뱅에 따르면 노동의 기회를 박탈하는 것은 그 사람의 존엄성과 그의 삶을 송두리째 박탈하는 것이다. 칼뱅은 "하나님은 사람들의 손에, 즉 그들이 하는 노동에 그들의 생활을 맡겼기 때문에, 그들에게서 생계에 필요한 수단을 박탈하는 것은 그들의 목을 자르는 행위와 마찬가지"[46]라고 주장한다. 그는 "사람이 맷돌이나 그 위짝을 전당잡지 말지니 이는 그 생명을 전당 잡음이니라"(신 24:6)는 구약의 구절을 설명하면서 돈을 빌려주고 노동의 도구를 저당물로 잡는 것을 강력히 비난하였다. 노동은 노동자의 생명의 피와 같기 때문이다. "사람의 노동은 종종 피에 비유된다. 노동은 몸에서 피땀을 흘리게 하기 때문이다."[47] 칼뱅은 당시에 이처럼 신성한 노동의 기회를 갖지 못하고 실업 상태에 빠져 있던 제네바의 가난한 사람들과 외국에서 온 피난민들에게 일자리를 제공하기 위해 새로운 일자리 창출에도 관심을 가져 직물산업을 발전시키고, 생사 공장을 세우고, 양잠업을 장려하였다. 가난한 자들의 구제를 위해 세워진 제네바의 종합구빈원에 수용된 젊은 사람들에게 기술교육을 실시하여 그들이 추후 안정적인 직업을 가질 수 있도록 지도하기도 하였다.

칼뱅은 다른 사람의 노동을 착취하는 것을 범죄로 규정한다. 칼뱅은 "하나님은 우리를 위해 일하는 노동자들을 인간적으로 대해야 한다고 말씀하신다. 그리하여 그들이 일에 짓눌리지 않고 지속적으로 일하면서 하나님께 감사할 수 있는 기회를 가질 수 있도록 해야 한다. 하나님은 가난한 사람들을 고용하여 부리고서도 그들의 노동에 합당한 보수를 지불하지 않는 부자들의 잔인함을 징계하기를 원하신다는 사실은 의심의 여지가 없다."[48]라고 주장한다. 이처럼 노동의 기회를 빼앗거나, 노동자를 멸시하고 착취하는 것은 사회질서를 어지럽혀 폭동을 초래하는 원인이 될 뿐만 아니라 하나님의 질서에도 정면으로 배치되는 것이다. 이처럼 칼뱅은 노동이 사회를 유지하는 근간인 동시에 각자에게 향하신 하나님의 부르심에 대한 응답이라고 천명함으로써, 인간의 노동이 하나님의 노동이 되도록 만들었다. 예수 그리스도께서 "내 아버지께서 이제까지 일하시니 나도 일한다"(요 5:17)라고 하셨듯이, 우리의 노동은 하나님의 노동의 일부분인 것이다.

　칼뱅은 노동의 결과로 주어지는 임금의 경우도 영적인 차원에서 이해하였다. 사실 우리의 어떤 행위도 하나님에게서 보상을 받을 만한 아무런 자격이 없지만, 하나님은 임금이라는 가시적인 형태로 노동의 대가를 주심으로써 은혜를 베푸신다. 따라서 칼뱅에게서 임금은 "언제나 분에 넘치도록 거저 주시는 하나님의 선물의 표지"이다.[49] "우리의 나태함을 교정하기 위해서, 아니면 낙담하게 될 우리를 격려하기 위해서 주님은 자애로운 방식으로 우리에게 은혜로운 보상을 주기로 뜻을 정하신 것이다."[50] 이처럼 하나님은 우리 노동의 가치를 보고 보상을 하시는 것이 아니라 우리를 향한 전적인 선하심과 자애로움에 따라 임금을 선물로 주신다. 따라서 임금은 신성한 것이며, 하나님이 우리의 실제적인 필요를 채워주신다는 구체적인 표시이며, 우리의 실존을 위해 간섭하시는 가시적인 방법이다. 그러므로 칼뱅은 인간이 하나님 앞에서 지녀야 할 태도에 대해서 이렇게 말한다. "내가 무엇을 시도하든지 혹은 내 손이 어떤 일을 하든지, 나의 의무는 하나님이 나의 노동에 복을 주셔서 내 일하는 것이

헛된 것이 되지 않도록 해달라고 구하는 것이다. 그런 후에 내가 무엇이라도 얻게 된다면, 나의 두 번째 의무는 하나님께 찬양을 돌리는 것이다. 하나님이 베풀어주신 복이 없었다면, 사람이 일찍 일어나 종일 피곤하도록 일하고, 늦게 잠자리에 들고, 근심 속에서 빵을 먹고, 슬픔 가운데 물을 마시는 것조차 모두가 헛될 뿐이다."[51]

임금이 하나님의 은혜의 표지리면, 고용주는 자기 이웃의 임금을 자기 마음대로 처분할 수 없다. 그 임금은 사실상 자기에게 속한 것이 아니라 하나님의 것이기 때문이다. 고용주가 자기에게 속한 노동자에게 임금을 주는 행위는 본래 하나님이 그 사람에게 주시고자 한 것을 단지 전달해주는 것일 뿐이다. 그러므로 노동자에게 가야 할 임금의 전부 혹은 일부를 체불하거나 지급하지 않는 것은 신성모독에 해당한다. 그것은 이웃에게 불의를 저지르는 일인 동시에 하나님에게 죄를 범하는 행위이다. 칼뱅은 고용주들의 이런 행위에 대해 매우 엄하게 질타하였다.

> 하루씩 일하여 생계를 유지하는 가난한 사람들의 노동의 결과를 착취하는 것보다 더 잔인한 행위는 없다. 율법(레 19:13)에 노동자의 임금을 주지 않고 밤을 넘기지 말라고 명령하고 있는 것은 그런 행위가 노동자의 목을 자르는 것과 진배없기 때문이다. … 가난한 사람의 노동을 강탈하는 자는 말 그대로 그의 피를 빨아먹은 후에 그를 발가벗겨서 내쫓는 것이다. 이것은 누군가를 죽이는 것보다 더 사악하고 잔인한 행위이다.[52]

만일 부자가 가난한 노동자나 수공업자의 노동을 학대한다면 그것은 그들의 머리를 물 아래에 밀어넣고 있는 것과 같으며,

노동자들의 매일의 양식을 빼앗음으로써 그들의 목을 자르는 것과 마찬가지다. 결론은 인류애가 충분히 신장되어서 압제 받는 사람이나 부조리한 박봉으로 고통당하는 사람이 한 사람도 없어야만 한다는 것이다.[53]

두 가지 경고, 즉 "너는 압제하지 말라"와 "너는 노동한 자에게 임금을 지불하라"는 명령은 서로 연결하여 읽어야만 한다. 만일 우리가 노동자가 마땅히 받아야 할 것을 지불하지 않아 그가 궁핍으로 고통당한다면, 우리는 임금을 체불하는 것만으로도 불의를 행하는 것이다. 그는 하루 일하여 하루를 먹고 살기 때문이다.[54]

칼뱅은 특별히 상대적으로 강자인 고용주들에게 상대적인 약자인 노동자들을 청지기로서 인간적으로 대할 것을 거듭 강조하였다. 칼뱅은 고용주들을 향해 "당신들이 고용한 가난한 사람들이 그들의 노동과 땀과 피를 바쳤음에도 정당한 임금을 받지 못할 때, 당신들이 그들에게 위로와 도움을 베풀지 않을 때, 만일 가난한 사람들이 당신들에게 복수를 해달라고 하나님께 요구한다면, 도대체 그 누가 당신들이 피할 수 있도록 변호사 혹은 옹호자로 나서 주겠는가?"[55]라고 설파하였다. 칼뱅의 이러한 태도는 착취적인 자본주의 옹호자의 모습이 결코 아니다. 그렇다면 적절한 임금이란 어느 정도인가? 칼뱅은 적정 임금은 객관적이고 양적인 기준만으로는 결정될 수 없으며, 무엇보다 노동자가 하나님의 자녀라는 품위를 유지할 수 있는 실제적인 필요와 연관하여 결정되어야 한다고 말한다. 비록 법률이나 사회적 관습이 적은 임금을 허용한다고 할지라도 그것이 노동자의 생계를 위협할 정도의 박봉이라면 잘못된 것이라고 생각했다.

"만일 부자들이 자신들에게 속한 노동자들에게 생계를 유지할 만큼의 임금을 제공하지 않는다면, 비록 그들이 세상 법정 앞에서는 결산을 요구받지 않는다고 할지라도, 그들이 저지른 학대행위는 벌을 받을 수밖에 없다는 사실을 모세는 우리에게 전해주고 있다."[56] 세상의 재판관은 적은 임금지불을 합법적이라는 이유로 용인할지 몰라도, 하나님은 성서가 말하는 사랑과 정의의 법칙에 어긋난다고 유죄선고를 내리신다는 것이다. 칼뱅은 성서의 황금률이 지시하는 바대로 "네가 대접받기 원하는 대로 남을 대접하라"(마 7:12)는 복음의 표준에 근거하여 정당한 임금이 결정되어야 한다고 보았다. 이처럼 정당한 임금의 기준은 법적인 최저 임금도 아니고 인력시장의 수요와 공급의 법칙에 의해 결정되는 임금도 아니다. 오로지 기준은 하나님의 관점에서 평가된다. 따라서 임금은 단순히 사회·경제적인 문제가 아니라 영적인 문제이다.[57] 칼뱅은 노동자에게 주어지는 임금을 예수 그리스도를 통해 인간에게 용서와 생명을 주시는 하나님의 은혜로운 보상으로 간주함으로써 임금 문제를 성서적인 관점 안으로 들여놓았다.

칼뱅은 제네바라는 도시에서 개혁을 시작했고, 법을 공부한 사람으로서 현실적인 감각을 충분히 지니고 있었기 때문에 경제적 문제들이 현실에서는 당사자들의 이해관계에 따라 매우 복잡하게 얽힐 수 있다는 사실을 익히 알고 있었다. 그는 원칙적으로는 고용주와 노동자의 영적인 책임감과 공평의 법칙에 따라 임금이 결정되어야 한다고 주장했지만, 현실에서는 양측의 이기심과 욕심으로 인해 분쟁이 자주 일어난다는 사실을 직시하였다. 이런 분쟁을 방지하기 위한 수단으로 칼뱅은 임금 계약제를 제안한다. "모든 사람이 자신에 대해서는 후하고 타인에 대해서는 인색하지만 않다면, 무엇 때문에 그렇게 많은 법적 분쟁이 일어나겠는가? 화합을 유지하기 위해서라도 서로에 대한 불의를 방지할 수 있는 견고한 계약이 필요하다."[58] 그는 창세기에 나오는 야곱과 라반의 관계를 논하면서 공평이라는 하나님의 법은 인간의 마음에 새겨진 보편적인 법이라고 주장한다. 고용주와 노동자는 서로를 정당하게 대우하고 상응한 보수를 지급하는 공정하고 공평한 계약을 맺어야 한다. 이렇게 해서 임금은 계약 규정에 따라 보장되어야 하고, 갈등이 일어났을 때에는 중재되어야 한다.

3. 한국교회와 사회에 주는 의미

1) 소통

칼뱅의 사회·경제사상이 한국교회와 사회에 제시하는 교훈 중 하나가 바로 소통이다. 그는 아담과 하와와 그 후손이 모두 사회적인 존재로 창조되었다는 확신을 바탕으로 서로간의 소통을 누구보다 강조하였다. "창조의 시작부터 하나의 보편적인 원리가 수반되었는데, 인간이 사회적인 동물로 지음 받았다는 것이다."[59] 칼뱅은 인간이 혼자로는 결코 행복할 수 없다는 것을 분명하게 인식하고 있었다. 그렇기 때문에 하나님은 아담과 하와를 짝지어주신 것이다. 칼뱅은 "고독보다 인간의 본성에 위배되는 것은 없다."[60]라고 주장하면서, 결혼을 "진정한 천상의 질서"[61]로 간주하였다. 칼뱅은 하나님이 허락하신 결합인 결혼을 인간 사회의 연합을 위한 토대로 보았다. 모든 인간은 원래 한 가족에서 출발했기 때문에 모두가 연결되어 있다. 나의 이웃은 사실상 모두 "내 뼈 중의 뼈요 살 중의 살"(창 2:23)인 것이다.

칼뱅이 소통을 어떻게 이해하고 얼마나 중시했는지는 십계명의 제8계명인 "도둑질하지 말라"는 말씀에 대한 그의 해석에서 잘 드러난다. 칼뱅은 하나님의 계명을 해석할 때 단순히 문자에 매이지 말고 문자 너머에 있는 의도를 파악하는 것이 중요하다고 보았다. 그는 "사랑이 율법의 목적이기 때문에 우리는 그 관점에서 도둑질의 정의를 찾아야 한다."⁶²라고 말한다. 따라서 제8계명은 남의 물건을 도둑질하는 것을 금하고 있을 뿐만 아니라 믿는 자들이라면 마땅히 사랑의 정신을 따라서 곤궁 가운데 있는 사람들의 필요를 공급해야 한다는 것을 의미하는 것이다. "하나님의 율법에 무엇이라 기록되어 있는가? 우리는 도둑질하지 말라는 간단한 문구만을 발견하게 된다. 그러나 율법을 주신 분의 목적이 무엇인지 주목해야 한다.··· 만일 우리가 최선을 다해 우리 이웃을 위해 공급하지 않는다면, 하나님은 우리를 나무라실 것이며 도둑으로 간주하실 것이다."⁶³ 재물을 가진 자가 가난한 이웃을 위해 자기의 것을 소통시키지 않는 것이 바로 도둑질이라는 것이다. "우리가 당연히 이웃에게 행해야 할 의무들을 이행하지 않으면, 그것은 결국 이웃의 재산을 횡령하는 것이다."⁶⁴ 청지기 정신에 따르면 소유는 권리라기보다 의무요 책임이다. 물질은 가진 자에게서 가지지 못한 자에게로 흘러가고 소통되어야만 한다.

  칼뱅이 부의 소통을 강조한 근본적인 이유는 성서가 가르치는 것처럼 모든 인간이 하나님의 형상으로 창조되었기 때문이다. 우리 이웃이 그가 이방인이든, 하찮은 사람이든, 배우지 못한 사람이든, 심지어 우리를 미워하는 사람이라 할지라도, 그는 하나님의 형상을 지닌 사람이다. 따라서 칼뱅은 우리 이웃에게 해를 입히는 것은 곧 하나님에게 상처를 주는 것이라고 말한다. 성서는 형제 중에 지극히 작은 자 하나에게 먹을 것과 마실 것을 주고, 옷을 입히고 돌본 것을 곧 주님에게 행한 것이라고 말한다.(마 25:35-40) 그들이 바로 하나님의 형상을 지닌 사람들이기 때문이다. 그러므로 우리 옆에 가난하고 소외된 이웃에게 우리의 사랑과 물질을 소통시키는 것은 곧 하나님을 섬기는 것이다.

  칼뱅은 그리스도의 몸인 교회 역시 성도들이 지체를 이루는 하나의 공동체이며, 따라서 무엇보다 우선적으로 교회 안에서 그리스도인들의 소통이 이루어져야 한다고 강조하였다. 칼뱅은 『기독교강요』에서 주기도문을 설명할 때,

우리가 하나님을 "나의 아버지"가 아니라 "우리 아버지"라고 부르는 이유가 교회에 속한 지체들은 한 분 하나님을 아버지로 모시는 형제요 자매들이기 때문이라고 지적한다.[65] 교회는 그리스도를 머리로 하여 여러 지체가 함께 참여하여 주님의 뜻을 전하고 하나님 나라의 모범을 세상에 보여주는 공동체이다. 이런 교회의 사명은 한 사람의 어깨 위에 지워진 것이 아니라 여러 사람의 어깨 위에 놓여 있다. 칼뱅은 항상 교회에서 집합적인 지도력을 선호하였다. 교회의 직분자들인 목사, 장로, 교사, 집사는 그리스도의 예언자·왕·제사장의 삼중직을 대리로 수행하는 사람들이다. 이들은 서로 간에 상호 비판 혹은 점검(censura morum)을 통해 교회의 사명을 나누어 짊어진다.[66] 이처럼 교회는 상호 교통하는 형제와 자매들의 공동체이다. 성도의 교통이란 상호 소통과 나눔을 의미한다. 칼뱅은 인간 사회에서 절대적인 평등이 가능하다고 생각할 만큼 고지식하지는 않았다. 다만 그가 주장한 것은 "그리스도 안에서는 압제 없는 권위와 부끄러움 없는 복종이 있어야 한다."라는 것이다.[67] 그는 설교를 통해 재산과 권력을 가진 그리스도인들에게 이렇게 권면하고 있다.

> 타인보다 우월한 지위에 있는 사람이라면 누구든지 남을 학대하는 행위를 삼가야 합니다. 우리는 하나님이 우리에게 맡겨 주신 사람들을 인간적으로 대해야 합니다. 그들을 잔인하게 지배하지 말고, 그들로부터 모든 것을 착취하려고 하지도 말고, 그들을 형제처럼 인간적으로 대해야 한다는 사실을 기억하시기 바랍니다. … 만일 우리가 하나님으로부터 자비를 얻고 그분의 은혜를 덧입기 원한다면, 우리가 먼저 우리에게 맡겨진 사람들에 대해서 그처럼 행해야 한다는 것을 명심합시다.[68]

하나님으로부터 은혜를 덧입은 사람은 누구든지 그 은혜를 이웃에게 다시 돌려주어야 할 의무가 있다. 그리스도 안에 있는 형제자매들 사이에서는 도움을 베푸는 자도 교만할 이유가 없고 도움을 받는 자도 비굴할 이유가 없다. 모든 물질은 하나님의 것이며, 부자와 가난한 자가 모두 하나님의 청지기일 따름이기 때문이다.

칼뱅은 교회의 성례들이 성도 상호간에 사랑을 소통하도록 격려하고 돕는 수단이 된다고 보았다. 그는 특별히 성만찬의 유익에 대해 다음과 같이 언급한다. "우리는 성만찬에서 머리이신 예수 그리스도와 하나가 되고 서로 연합된 그분의 지체이기 때문에, 무엇보다도 한 몸의 지체들이 마땅히 지녀야 할 사랑과 일치를 함께 지녀야만 할 충분한 이유가 있다. … 그러므로 우리가 성례를 합당하게 받을 때, 성령의 능력이 성례와 결합하는 그만큼, 우리는 이 성례를 통해 성장하고 생활의 거룩함과 특히 사랑의 유익을 얻는 좋은 수단과 도움을 갖게 된다."[69] 칼뱅은 성만찬에 사용되는 떡 자체가 성도들의 교통과 연대성을 상징한다고 보았다. 수많은 알갱이가 서로 구별할 수 없을 정도로 완전히 하나로 뒤섞여 있는 떡 한 덩어리는 한 몸의 지체들인 그리스도인들도 어떤 불화나 분열이 끼어들 여지가 없이 하나로 서로 뭉쳐야 한다는 것을 상징한다. 따라서 그리스도인들은 성만찬에 참여할 때마다 성도들의 교통을 경험하고 나눔과 소통을 다짐하게 된다. 그리스도인이 된다는 것은 신앙의 가족, 즉 교회 안으로 통합된다는 것을 의미한다. 그러므로 그리스도인은 결코 혼자일 수 없다. 고독한 그리스도인이라는 것은 칼뱅에게 생소한 개념이다.

칼뱅은 교회의 지체들 사이에 물질의 상호 소통이 원활하게 이루어지도록 집사 직무를 새롭게 회복시켰다. 집사들은 그리스도의 몸에 속한 지체들의 영적인 연대를 보여줄 수 있도록 경제적 재화의 순환을 담당하는 책임을 부여받은 사람들이다. 칼뱅은 초대교회에서 집사들을 통해 이루어졌던 구제가 우리가 속한 교회를 평가하는 기준이 된다는 사실을 수사학적으로 다음과 같이 표현하였다. "우리 안에 개혁이 있는지 알기 원합니까? 그렇다면 우리 안에 구원의 가르침을 순수하게 전하는 목회자가 있는지, 그리고 가난한 사람들을 돌보는 집사들이 있는지를 묻는 데서부터 시작해야 합니다."[70] 집사의 직무는 교회를 떠받치는 기둥과 같으며, 그들은 모든 지체 사이에서 물질의 소통을 일어나게 함으로써 평균을 이루는 임무를 맡은 사람이다. 칼뱅에게는 '많이 거둔 사람도 남지 않고 적게 거둔 사람도 모자라지 않았다.'라는 광야의 만나 공동체가 교회가 추구해야 할 본보기였다.

한걸음 더 나아가서 칼뱅은 한 교회 혹은 한 지역 안에서만 소통을 이루려고 노력한 것이 아니라 온 유럽에 흩어져 있는 개혁교회들 사이의 소통과 협력을 위해서도 최선을 다하였다. 칼뱅은 스트라스부르의 마르틴 부처와 그 동료들과 함께 예배의식을 교환하였고 전례의 내용들과 시편찬송 등을 교류하였다. 또한 박해받는 그리스도인들을 방문하고 돌보는 일에도 기꺼이 참여하였다. 칼뱅이 쓴 수많은 편지는 그가 어려움에 처해 있는 교회들을 돕기 위해 얼마나 애를 썼는지를 잘 보여준다. 뿐만 아니라 칼뱅은 한 민족 안에서만이 아니라 전 세계와 소통하기를 원했다. 루터와 츠빙글리의 사상이 민족주의와 깊이 결합되어 있는 것에 반하여, 칼뱅의 사상은 민족주의를 넘어서는 진정한 보편성을 지니고 있다. 비엘레에 따르면, "칼뱅은 모든 삶의 영역에서 성서의 유일한 권위를 타협없이 엄격하게 주장하고, 교회와 사회와 국가에 대한 그리스도의 유일한 주권을 강조함으로써, 민족주의 신화에 일격을 가해 차단시켰으며, 국가를 신성시하려는 음흉한 악령의 세력을 벗겨놓았다."[71] 따라서 비엘레는 칼뱅의 사상이야말로 진정으로 보편적인 휴머니즘이라고 결론을 내린다.

오늘날 양극화가 점차 심화되고 있는 것은 소통이 단절되고 먹통이 된 까닭이다. 고용주와 노동자 사이에, 여당과 야당 사이에, 남성과 여성 사이에, 지역과 지역 사이에, 세대와 세대 사이에, 장애인과 비장애인 사이에, 도시와 농촌 사이에 소통이 이루어지지 않는다면, 심각한 불안에 직면하게 되어 결국 사회 자체가 붕괴되고 말 것이다. 발레리는 16세기 제네바의 사회·경제적 문제에 대한 칼뱅의 진단을 이렇게 요약한다. "소통의 끈이 붕괴됨으로써 … 개인이 다른 사람들로부터 고립되고, 그 결과 이웃을 이익을 위한 대상으로 악용하게 되었다."[72] 이것은 오늘날도 크게 다르지 않아 보인다. 이제 한국교회는 무너진 사회적 신뢰도를 회복하기 위해서라도 세상을 향해 소통을 시작해야 한다. 그러기 위해서는 교회 안에서만 통용되는 일방적 언어가 아니라 세상에서도 통할 수 있는 쌍방적 언어를 개발하고 구사해야 할 것이다. 또한 소통이야말로 개인과 교회와 세상을 살릴 수 있는 하나님의 법칙임을 분명히 드러내주는 소통의 신학과 다양한 소통의 프로그램을 개발하고 제시해야 한다.

2) 공공성

칼뱅은 교회가 이 세상의 사회·경제적인 문제들에 대해 공동 책임이 있음을 강조하였다. 사실상 칼뱅이 구상한 교회의 예배와 직제 자체가 세상을 섬기기 위한 성격을 지니고 있다. 말씀과 성례와 더불어 중요한 예배의 구성요소인 구제와 기도는 사회·경제적인 문제들과 직접 관련이 있으며, 목사와 장로가 함께 모여 만든 치리기구인 컨시스토리(consistory)[73]나 가난한 자를 구제하는 사명을 가진 집사의 직무는 교회가 사회·경제적인 문제들에 직접적인 책임이 있음을 보여주는 것이다.[74] 최근의 칼뱅 연구는 성서의 해석자인 칼뱅이 특별히 그의 설교에서 사회·경제적 책임에 대해 매우 강조하였다는 사실을 보여준다. 이를 통해 우리는 한편으로는 16세기 제네바의 사회·경제적인 상황과 변화들을 가능한 한 자세하게 살펴볼 수 있게 되었고, 다른 한편으로는 칼뱅의 견해들이 대단히 비판적인 어조를 띤다는 점을 알게 되었다.[75] 리드(W.

Stanford Reid)는 칼뱅과 자본주의의 관계를 분석한 논문에서 칼뱅은 결코 자본주의의 창시자나 옹호자가 아니었다고 지적하면서, 그는 "새로운 질서의 창시자나 옹호자라기보다 오히려 이미 존재하던 질서에 대한 비판자"였으며, "제네바의 칼뱅주의는 자본의 축적을 옹호하기보다는 가난에 대해 비판하였다."라고 주장한다.[76] 칼뱅은 기존 사회의 사회·경제적 모순을 비판하면서 가난, 상업, 노동과 임금, 금융과 이자 분야에서 하나님의 주권에 근거한 새로운 공동체의 질서를 수립하고자 노력하였다.

필자는 최근 한국교회에서 일어나고 있는 흐름 가운데 공공신학(public theology)에 대한 관심과 공정무역에 대한 관심이 한국교회의 추락한 사회적 신뢰도를 회복하는 데 도움이 될 뿐만 아니라 교회의 대(對) 사회적, 예언자적 사명의 회복에도 기여하리라 생각한다. 뿐만 아니라 공공성에 대한 관심은 한국 그리스도인의 신앙을 개인의 도덕성과 내면적인 영성에만 머물러 있지 않고 우리가 사는 세상의 사회·경제적 문제들과도 맞닥뜨리면서 그 안에서 하나님 나라의 비전을 이루고자 하는 실천적인 신앙으로 성숙하게 만들리라 믿는다.

공공신학 혹은 공적 신학이라 불리는 흐름은 20세기 후반, 소위 제2차 세계대전 이후에 등장한 현대적인 신학사조이긴 하지만, 그 원리의 측면에서 보자면 이미 이전부터 존재했던 신학사상이라 할 수 있다. 칼뱅만 하더라도 우리가 앞에서 살펴보았듯이 공공신학 사상을 전개했다고 말해도 무리가 없을 것이다. 그러나 신학사조로서의 공공신학은 최근 유럽과 미국에서 시작되어 현재는 일본과 한국에까지 소개되었다. 영국에서는 덩컨 포레스터(Duncan Forrester)가 1984년에 설립된 에든버러 대학의 "신학과 공공 문제 연구소"(Centre for Theology and Public Issues)를 중심으로 공공신학을 전개하였고, 독일에서는 위르겐 몰트만(Jürgen Moltmann)과 볼프강 후버(Wolfgang

Huber), 미국에서는 마틴 마티(Martin Marty)와 맥스 스택하우스(Max Stackhouse), 남아프리카공화국에서는 존 드 그루치(John de Gruchy), 일본에서는 토모아키 후카이(Tomoaki Fukai) 같은 학자들이 공공신학을 전개하고 있다.

한국에서는 2008년 11월에 '공적 신학과 교회 연구소'가 "연구를 통해 한국교회가 공적 책임을 감당할 수 있도록 격려하고, 실천을 통해 삼위일체 하나님의 나라가 인류 역사와 창조세계 안에서 온전히 구현되도록" 하려는 목적을 가지고 공식적으로 창립되었다. 이 연구소는 『공적신학과 공적교회』, 『성서·역사 신학적 관점에서 본 하나님의 경제』와 같은 책의 출판을 통해 공공신학을 한국교회의 사회참여를 위한 하나의 가능성으로 검토하고 있다.[77] 공공신학은 교회로 하여금 자신의 울타리에 갇혀 있지 않고 세상과 끊임없이 관계를 형성하고, 하나님의 나라의 원리를 가지고 기존 체제를 상대화하며, 성서의 가르침에 따라 사회를 변화시키는 역동성을 발휘하도록 만들어준다. 이는 세상을 섬기고, 세상을 위한 빛과 소금의 역할을 감당해야 하는 교회 본연의 임무를 위해서도 꼭 필요한 일이다. 따라서 공공신학은 교회가 감당해야 할 예언자적 사명의 일부이며, 세상을 향해 하나님 나라의 복음을 전하는 선교의 수단이다. 한국교회에서 새롭게 일어나고 있는 공공신학은 초기 한국 그리스도교가 감당했던 사회변혁적 역할을 다시 회복할 수 있도록 해 주는 중요한 통로가 될 수 있을 것이다.

교회의 공공성 회복을 위한 또 하나의 중요한 흐름은 공정무역(fair trade)에 대한 관심이다.[78] 공정무역이란 제품의 생산자에게 정당한 가격을 지불하자는 것이다. 공정무역운동은 특별히 제3세계의 가난한 노동자들의 노동력으로 생산된 상품의 이윤이 대부분 판매업자나 유통업자에게 돌아가고 정작 생산자인 노동자들에게는 거의 돌아가는 것이 없는 불공정한 무역관행에 대한 반대에서 시작되었다. 이런 불공정한 무역행위는 이미 우리가 살펴본 대로 칼뱅에 의하면 이웃의 목을 조르는 살인행위이며 하나님을 모독하는 행위이다. 이와 같은 불공정한 무역의 모순을 극복하려는 의도에서 출발한 공정무역운동은 20세기 후반 영국, 네덜란드와 같은 유럽 나라들에서 시작되어 지금은 전 세계로 확산되었다.[79] 매년 5월 9일은 세계공정무역기구(WFTO)가 정한 세계 공정무역의 날이다.

한국에서는 2003년 '아름다운 가게'에서 네팔과 방글라데시의 수공예품을 직접 들여와 판매한 것이 공정무역의 시초가 되어, 지금은 두레생활협동조합, YMCA전국연합, 페어트레이드 코리아, 아이쿱(iCOOP)생협연합회, 한국공정무역연합 등의 조직이 공정무역을 통한 윤리적 소비운동을 벌이고 있다. 장로회신학대학교에서도 2008년에 대학원 학생들이 중심이 되어서 '장신대 착한 소비 운동팀'을 결성하여 공정무역운동을 각 교회에 알리는 노력을 기울이고 있고, 발렌타인데이에 공정무역 초콜릿을 선물하자는 '착한 초콜릿 주기 운동'을 전개하기도 하였다. 몇몇 교회에서는 착한 소비를 위한 일일 찻집을 개설하기도 했고, 교육전도사로 사역하는 사람들은 자신이 사역하는 교회의 중·고등부나 청년부에서 공정무역을 하나님의 마음을 담은 경제로 소개하는 설교를 하기도 하였다. 공정무역운동은 구조적인 가난을 해결하려는 의도로 시작되었고, 자연과 환경을 살리는 방식으로 진행되고 있으며, 노동자와 소비자 모두가 행복한 경제활동을 추구한다는 점에서 분명 성서적이다. 필자는 더불어 행복한 세상을 꿈꾸는 공정무역 운동에 한국교회가 중요한 공헌을 할 수 있다고 보며, 이 일에 적극적으로 참여해야 한다고 생각한다.

그리스도인은 현실의 질서가 하나님의 질서에 가까운 질서가 되도록 노력해야 한다. 복음의 정신에 따라 교회를 계속 개혁해야 하고, 동시에 현재의 사회·경제·정치·문화의 질서를 하나님 나라의 관점에서 점검하고 비판하면서 성서적인 진리에 입각한 변화가 일어나도록 충격을 주어야만 한다. 하나님 나라의 관점에서 교회와 세상이 끊임없이 개혁되어야 한다는 정신은 칼뱅 이후 줄곧 개혁교회의 표어였다. 칼뱅은 언제나 사적인 이익보다 공동체의 공적인 정의와 유익을 우선시한다. 그는 모든 사회·경제 문제들에서 공평을 강조하였으며, 부의 순환과 소통을 통해 더불어 행복한 사회를 지향한다.[80] 비엘레가 지적한 것처럼 칼뱅의 휴머니즘은 본질적으로 인간의 얼굴을 한 사회적 휴머니즘이다. 이것은 국가 사이의 관계에서도 마찬가지다. 부익부 빈익빈의 양극화를 심화시키는 착취적인 세계화의 경제논리는 가난한 국가의 희생을 발판으로 부유한 국가를 더 부유하게 만드는 전도된 가치관이다. 어느 한쪽이 불행하다면, 세상은 결코 행복할 수 없으며, 하나님의 마음도 기쁠 수가 없을 것이다. 이런 점에서 공정무역은 하나님의 마음을 담은 경제라 할 수 있을 것이다. 칼뱅의 사회·경제사상은 한국교회가 공정무역 운동에 적극적으로 참여해야 할 당위성을 발견하도록 한다.

3) 복지[81]

칼뱅이 제네바의 사회·경제적 문제들에 대응하여 예언자적 책무를 수행할 때 집중했던 두 가지 관심사가 있다. 첫째는 사회적 결속과 연대를 파괴하는 부의 불균형 문제이다. 중세의 자선사상에서 가난한 자들을 위한 부자들의 기부는 선행으로 여겨졌으며, 부자들에게 선행을 베풀 기회를 제공하기 위해서 가난한 사람들이 가난한 상태로 남는 것은 당연시되었다.[82] 또한 자발적인 가난 그 자체가 탁발 수도사들의 이상이기도 했다. 그리하여 중세 말기 유럽은 구걸하는 거지들로 넘쳐났다. 이와 같은 중세의 가난 이해에 반대하여 칼뱅은 가난은 결코 미화될 수 없는 스캔들로 보았다. 그래서 그는 제네바에 만연한 가난 문제를 해결하기 위해 부자들에게 그들이 소유하고 있는 부를 나눌 것을 강력히 촉구하였으며, 체계적인 복지제도를 통해 가난한 자들의 구제에 나섰다. 두 번째는 외국에서 온 피난민들의 문제이다. 특히 프랑스에서 추방당한 피난민들이 제네바로 몰려들었고 그 결과 제네바 인구는 거의 2배로 늘어났다. 점차 이탈리아, 잉글랜드 등지에서도 피난민들이 몰려들었고, 심지어 투르크족이나 유대인들까지도 여기에 가세하였다. 갑자기 늘어난 사람들의 생활 공간을 확보해주고 이들의 열악한 생활환경을 개선하는 일이 시급한 사회 문제로 대두되었다. 첫 번째 문제를 해결하기 위해 종합구빈원(General Hospital)이 있었다면, 두 번째 문제를 해결하기 위해서는 프랑스기금(Bourse Française)이 있었다. 제네바의 종합구빈원은 종교개혁 이전부터 제네바에 있던 여러 구빈원을 통합하여 1535년에 설립된 기구였다. 종합구빈원은 한 명의 구빈원장과 네 명의 행정관에 의해 운영되었다. 구빈원장은 주로 상업에 종사하는 사람이 맡았다. 예전에는 사제가 그 직무를 맡았지만 이제는 경영정신을 지닌 사업가 출신의 평신도가 이 직책을 맡았다. 구빈원장이 실제로 봉사하는 사람이었다면, 행정관들은 종합구빈원의 재정을 책임지고 관리 감독하는 행정 책임자들이었다. 종합구빈원은 목사와 장로로 이루어진 감독위원들에 의해 3개월마다 감사를 받음으로써 투명성을 높였다. 종합구빈원을 맡은 행정관들과 구빈원장은 매 주일 예배가 시작되기 전 아침 6시에 정기적으로 모였다. 이때 구빈원장은 행정관들에게 한 주간 동안 이루어진 일들을 보고하고, 빵의 분배와 재정 지출에 대한 사항들을 함께 결정하였다. 대부분의 행정관은 정부의 상설위원회에 속한 의원들이었으며, 제네바의 치리를 담당하고 있던 컨시스토리의 장로들인 경우도 많았다.[83] 제네바의 컨시스토리와 종합구빈원은 모두 상설기관으로서, 전자는 제네바의 도덕성을 유지하는 기능을 하였고 후자는 가난한 자들을 돕는 역할을 하였다.

　비록 칼뱅이 종합구빈원의 최초 설립자는 아니라고 하더라도, 구제사역과 그 사역을 담당하는 사람들의 역할에 대한 성서적 전거를 마련해 줌으로써 종합구빈원을 더 굳게 세운 것은 분명하다. 다행한 것은 종합구빈원의 활동에 관한 방대한 기록이 남아 있다는 사실이다. 특별히 1541년 칼뱅이 제네바로 귀환한 이후의 기록들이 잘 보존되어 있다. 제네바는 복지정책의 개혁에서도 프로테스탄트 진영에서 하나의 모범사례가 되었다.[84] 종교개혁 시기에 세워진 제네바 종합구빈원은 프랑스 혁명기에 잠시 방해를 받은 것을 제외하고는 19세기 말까지 지속되다가 1869년 그 이름을 종합요양원(General Hospice)으로 바꾸었다. 하지만 그 기능은 동일하였기 때문에, 실제적으로 종합구빈원은 1535년 설립된 이후 지금까지 계속 가난한 자들을 위한 돌봄을 수행하고 있는 셈이다.[85] 제네바 종교개혁이 종교적인 측면뿐만 아니라 사회적인 면에서도 제네바에 진정한 혁명을 가져왔다고 할 수 있을 정도로 종합구빈원의 활동은 체계적이고 합리적이었다.

복지에 대한 칼뱅의 관심을 가장 잘 보여주는 또 다른 실례는 프랑스기금이다.[86] 1540년대 중반에 이르러서 종합구빈원은 더는 제네바의 사회복지 수요를 다 감당할 수 없었다. 특히 종교의 자유를 찾아 제네바로 피신해오는 사람들이 급증하였는데 이들은 대부분 가난한 사람이었다. 종합구빈원은 제네바 시민들을 위한 기관이었기 때문에, 당시 급증하던 정착 피난민들을 돕기 위해서는 새로운 기금이 필요하였다. 그리하여 생겨난 것이 프랑스기금이었다. 프랑스기금은 종합구빈원과 달리 사적인 기관으로, 기부자들이 선출한 평신도 집사들에 의해 운영되어 19세기 중반까지 300년 이상 존속하였다.[87] 현재 제네바 고문서 보관소에는 1550년 9월 30일 이후의 프랑스기금 회계장부가 남아 있다. 따라서 프랑스기금이 적어도 1550년 9월 말 이전에 이미 운영되고 있었다는 것은 확실하다. 기금을 운영하는 집사들의 중요한 임무 세 가지는 돈을 모금하고, 분배하고, 가난한 자들을 심방하는 것이었다.[88] 프랑스기금을 위해 봉사했던 집사들의 명단과 기부자들의 명단은 잘 기록되어 있는 반면, 수혜자들의 이름은 회계장부에 사실상 익명으로 표기되었기 때문에 별로 알려진 바가 없다. 하지만 컨시스토리 문서, 소송사건의 기록, 집사들이 남긴 메모들에 여기저기 수혜자들에 대한 기록이 나타난다. 수혜자들은 대체로 여성, 아이들, 실직한 남성들이었다. 프랑스기금은 어느 한 사람의 힘으로 이루어진 것이라기보다는 수많은 사람의 동참과 노력으로 세워진 것이며, 프로테스탄트 박애정신을 보여주는 최초의 노력들 중 하나였다.

프랑스기금을 맡아 관리했던 사람들이 집사들이었다는 것을 주목할 필요가 있다. 칼뱅은 집사 직무는 초대교회에서부터 구제를 위해 세워진 직분이기 때문에 로마가톨릭교회가 집사를 교회 예전을 돕는 조력자나 사제가 되기 위한 징검다리 정도로 여기는 것은 잘못이라고 비판하면서, 집사의 존재이유인 봉사와 구제의 직무를 강조하였다. 칼뱅은 프랑스기금의 형성에 직접적으로 관여하였고, 정기적으로 기부하였으며, 가난한 사람들에게 이 기금의 도움을 받을 것을 권하였다. 1554년 7월 1일에는 프랑스기금을 관리하는 집사들을 선출하기 위한 모임을 칼뱅의 집에서 가지기도 하였다.[89]

프랑스기금은 단순히 자선을 행하는 데만 사용된 것은 아니었다. 다른 여러 복음적인 사업을 위해서도 이 기금을 사용하였다. 집사들은 이 기금으로 칼뱅의 성서강의나 설교를 받아 적는 사람을 고용하기도 하였는데, 이렇게 하여 출판된 칼뱅의 작품은 다시 프랑스기금의 수익원이 되었다. 오늘날과 마찬가지로 교회에서 사용할 시편찬양집을 출판하는 일은 16세기의 가장 큰 출판사업 중 하나였다. 『제네바시편찬송가』는 프랑스기금으로 인쇄업자들의 조합이 출판하였는데, 판매수익 중 일부가 다시 기금으로 들어왔다. 프랑스기금은 프랑스의 복음화에도 연관되었다. 집사들은 목사회를 대신하여 프랑스로 선교사를 파송하거나, 선교사로 파송된 사람들의 아내들을 돌보는 일에도 이 기금을 사용하였다. 집사들은 1550년 말엽과 1560년대 초엽에 선교의 일환으로 성서, 시편찬송가, 요리문답 등을 프랑스로 운송하기도 했다. 이처럼 프랑스기금은 개혁교회들의 광범위한 연결망의 중심이었다.

위에서 살펴본 바와 같이 칼뱅은 제네바에서 오늘날의 사회복지 제도를 무색케 할 정도로 합리적이고 체계적인 구제활동을 펼쳤다. 그는 이런 구제활동을 통해 사회적 연대를 이루고, 그리하여 경쟁의 결과로 인해 가난이 운명이 되는 일을 막아 모든 하나님의 자녀가 더불어 행복한 삶을 누리도록 노력했다. 칼뱅에 따르면 하나님의 형상을 따라 지음을 받은 인간은 모두 존귀하게 여김을 받아야 하기 때문에, 그리스도인이 가난한 사람을 돌보는 것은 너무나 당연한 일이다. 칼뱅이 자선을 강조하고 그 자신도 정기적으로 기부를 했지만, 그렇다고 그가 사유재산을 없애거나 모든 소유를 팔아 가난한 사람들에게 주라고 요구한 것은 아니다. 칼뱅이 강조한 것은 우리가 가진 모든 것은 하나님의 선물이며, 따라서 우리는 청지기로서 하나님의 선물을 하나님의 뜻대로 사용해야 한다는 것이다.

요즘 교회 안에서 사회봉사에 대한 관심이 급속히 고조되고 있으며, 지역사회에 대한 봉사를 교회의 핵심적인 사명으로 여기고 목회의 중심에 두려는 교회들도 점차 늘고 있다.[90] 비록 늦은 감은 있지만 한국교회가 사회를 섬기려는 노력과 관심을 회복하고 있는 점은 다행한 일이다. 한국교회는 지역사회의 요구와 필요에 따른 맞춤형 프로그램을 다양하게 개발하고, 복지사역에 대한 성도들의 의식변화를 이끌어내는 노력을 기울여야 할 것이다. 그리고 복지사역이 일회성이나 단기간의 행사로 끝나지 않고 지속가능한 교회사역이 될 수 있도록 제도화하는 일도 필요할 것이다. 또한 교회 또는 총회가 지역 자치단체나 시민단체와의 그물망을 형성하고, 평신도 전문사역자를 훈련하는 일에도 관심을 가져야 할 것이다. 그리스도인의 공동체인 교회는 본래 세상의 빛과 세상의 소금으로서 세상을 이롭게 하고 살리는 공동체이다. 우리는 제네바의 종교개혁자 칼뱅에게서 세상을 향한 진정한 섬김과 구제의 정신을 배울 수 있다.

4. 맺는 말

칼뱅은 사회·경제적 문제들을 언제나 신앙의 관점, 즉 하나님의 주권과 연결하여 바라보았다. 사회적이며 경제적인 문제들은 신앙과 경건의 문제와 직결되어 있다는 것이다. 이것은 하나님 사랑과 이웃 사랑, 신학과 윤리가 동전의 양면처럼 상호 연관되어 있는 것과 마찬가지다. 칼뱅은 분명 사회학자나 경제학자가 아니라 신학자요 목회자였다. 그의 개혁은 우선 근본적으로 올바른 신학과 참된 교회를 회복하려는 개혁이었다. 하지만 동시에 교회개혁은 도덕적·사회적·정치적·경제적인 개혁을 수반하였다. 칼뱅은 신학자였지만, 그의 사상과 영향력은 교회를 넘어서 확장되었다. 다시 말해 칼뱅의 개혁사상은 이 땅 위의 인간의 삶에 대한 통전적 개혁이었다. 그것은 개인의 영적 실존과 사회적 삶 모두를 포괄하는 개혁이었다. 칼뱅에게서 하나님의 말씀은 인간 존재 전체, 즉 과거와 현재와 미래, 영혼과 육체, 정신과 물질, 개인적인 측면과 사회적인 측면 모두를 향한 것이기 때문이다.[91]

칼뱅은 부자에게는 하나님이 맡기신 부를 하나님의 뜻대로 올바로 순환하고 나눌 것을 촉구하였고, 가난한 자에게는 자신의 가난을 한탄하거나 체념할 것이 아니라 최선을 다해 일하면서 하나님의 은혜를 인내함으로 구하라고 권면하였다. 그러나 부의 순환을 죄의 상태에 놓여 있는 개인들의 의지에만 맡겨둘 수가 없기 때문에 집사의 직무를 회복시켜 물질의 분배를 담당하는 일을 맡겼다. 또한 가난한 사람들과 외국에서 온 피난민들을 돕기 위한 구제기관을 체계적이고 합리적으로 운영하였다. 이자의 문제에서 칼뱅은 성서와 현실이라는 양 측면을 모두 고려하여 가난한 자들의 생계를 위해 돈을 빌려주는 경우는 이자를 금하고, 생산과 투자를 위한 대출의 경우에는 정해진 한도 내에서 이자를 허용하는 유연성을 보였다. 하지만 이자를 허용한 경우에도 공동체의 유익과 가난한 자의 삶을 침해하지 못하도록 제한을 두었다. 칼뱅은 상업에 대한 종전의 부정적인 이미지를 벗겨내고 정직한 상업활동은 공정한 분배를 위한 수단이 된다는 점을 인정하였다. 하지만 독점이나 투기와 같은 착취적인 경제 논리에 대해서는 비판의 날을 세웠다. 노동과 임금의 경우 칼뱅은 그것들이 신성한 것이며, 우리를 입히고 먹이시는 하나님의 은혜의 표지가 된다는 사실을 밝혀주었다. 그는 노동과 임금을 착취하는 것은 이웃에게 불의를 행하는 것일 뿐만 아니라 하나님의 은혜를 멸시하는 것이라고 분명하게 주장하였다.

　이와 같은 칼뱅의 사회·경제사상을 볼 때 그가 약자의 편에 서서 부유한 사람들과 악덕 고용주로부터 그들의 권익을 옹호했음을 알 수 있다. 칼뱅은 세상의 경제활동에도 하나님의 정의와 사랑의 법칙이 온전히 펼쳐지기를 원했다. 비엘레는 이런 칼뱅의 사회·경제사상을 "정치와 사회의 변혁을 위한 영속적인 힘"(a lasting power for political and social transformation)이라고 규정한다.[92] 토니(R. H. Tawney)도 "칼뱅주의는 적극적이고 급진적인 힘"이며, "칼뱅주의의 신조는 단지 개인을 정결하게 하려는 것만이 아니라 교회와 사회를 재건하려고 하며, 종교의 영향력으로 사적인 것과 공적인 것을 포함한 삶의 모든 부분에 침투함으로써 사회를 새롭게 하려는 신조"라고 말한다.[93] 그래함(W. Fred Graham)도 그의 책 『건설적인 혁명가 칼뱅』에서 "칼뱅의 사상을 소위 칼뱅주의 5대 강령(TULIP)에 관한 연구로 파악하려는 것은 그의 사상을 왜곡하는 것이며, 그것은 건설적인 혁명가를 연구하는 것이 아니라 죽은 시체를 연구하는 것과 마찬가지"[94]라고 주장하였다. 그래함은 칼뱅의 사상은 신학 안에만 갇혀 있는 것이 아니라 오히려 세상 안에서 그리스도의 가치를 구현하는 "그리스도교적 세속주의"(Christian secularity)[95]라고 평가하면서, 칼뱅을 "최초의 제네바 혁명가"(the first Genevan Revolutionary)[96]로 간주하였다.

역사의 방향에 근본적인 변화를 일으키는 사람은 그렇게 많지 않다. 그런데 칼뱅은 서구 역사에 매우 깊은 흔적을 남겼을 뿐 아니라 역사의 방향을 전환시키는 사건을 일으킨 인물이다. 데이비드 홀(David W. Hall)은 현대 세계에 미친 칼뱅의 영향을 다룬 최근의 책에서 우리가 "칼뱅을 좋아하든 싫어하든, 그가 변화를 불러일으킨 동인이 되었다는 것은 분명하며, 그가 일으킨 변화는 더 좋은 방향을 향한 것이었다."[97]라고 말한다. 홀은 칼뱅 이후의 서구 역사와 삶에는 그 이전과는 비교할 수 없는 차이가 생겨났다고 평가한다.[98] 칼뱅이 서구 그리스도교에 끼친 영향에 대해서는 개신교 진영만이 아니라 로마가톨릭 학자조차도 인정하고 있다. 가녹지(Alexandre Ganoczy)는 개혁사상을 전개하면서 "성서와 초대교부들의 증거자료들을 세심하게 다루는 면에서 칼뱅은 루터보다 월등하였다."라고 지적하면서, 칼뱅의 독창성을 이렇게 표현하였다. "젊은 신학자 칼뱅은 음악 연주가나 오케스트라 지휘자에 비유될 수 없다. 연주가나 지휘자의 임무는 곡을 충실하게 해석하는 데 제한되어 있기 때문이다. 오히려 칼뱅은 작곡가처럼 다양한 주제를 빌려오고 그것들을 자신의 영적인 통찰에 따라 편곡하는 사람이다. 칼뱅은 루터, 멜란히톤, 츠빙글리, 부처의 주제들을 때로는 강하게 또 어떤 때는 부드럽게 울려 퍼지게 하면서, 그것들을 자신의 작품 안에서 연출한다."[99]

한 가지 염두에 둘 것은 16세기 제네바와 21세기 한국의 차이이다. 세상은 달라졌고, 칼뱅이 전혀 생각지 못했던 상황이 오늘날 전개되고 있는 것이 사실이다. 이제 자본주의도 세계화를 말하고 신자유주의의 모습으로 옷을 갈아입었다. 그럼에도 칼뱅이 강조했던 사랑과 정의의 법칙은 오늘날에도 여전히 유효한 보편적 진리이다. 문제는 이 보편적 진리를 21세기의 급변하는 사회 속에 어떻게 구체화할 것이냐이다. 이것은 오롯이 우리의 몫으로 남는다. 2004년 가나의 수도 아크라에서 열렸던 제24차 세계개혁교회연맹(World Alliance of Reformed Churches) 총회가 "아크라 신앙고백 – 경제와 창조세계의 정의를 위한 계약"을 발표한 것은 우리에게 의미하는 바가 크다. 아크라 신앙고백은 오늘날 전개되고 있는 세계화와 신자유주의 경제질서를 비판하면서, 세계 경제의 불의와 생태계 파괴는 단순히 윤리적인 문제가 아니라 신앙적인 문제임을 분명히 하였다. 아크라 신앙고백은 "하나님은 정의의 하나님이다. 부패와 착취와 탐욕의 세상 속에서 하나님은 특별한 방식으로 곤궁한 자, 가난한 자, 착취당하는 자, 학대받는 자, 능욕당하는 자의 하나님이다. 그러므로 우리는 인간보다 이익을 앞세우는 어떤 이데올로기나 경제체제, 즉 모든 창조물을 돌보지 아니하고 모두를 위해 계획하신 하나님의 선물들을 사유화하려는 어떤 경제체제나 이념도 거부한다."라고 선언한다. 또한 "우리는 경제란 공동체에 속한 모든 사람의 존엄과 복지를 위해 봉사하는 것이며, 그것은 창조세계가 유지되는 범위 안에 있어야 한다고 믿는다."라고 고백하고 있다. "많이 거둔 자도 남지 아니하고 적게 거둔 자도 모자라지 아니하는"(고후 8:15) 공평한 세상을 꿈꾸었던 칼뱅의 원리를 생각할 때, 아크라 신앙고백은 칼뱅의 정신을 잘 담고 있다.

이제 필자는 칼뱅 스스로 자신의 생각을 말하도록 함으로써 결론을 내리고자 한다.

> 우리 주님이 재물에 대하여 우리가 어떤 태도를 가지기를 원하시는지, 재물을 얻는 적법한 방법이 무엇인지, 그것을 사용하는 올바르고 합법적인 방법은 어떤 것인지 우리는 알아야 할 것이

다. 첫 번째 문제에 대해서는, 우리가 이 세상의 재물에 탐욕을 부려서는 안 된다는 것이다. … 우리는 재물에 우리 마음을 빼앗기거나 우리의 신뢰를 두어서는 안 된다. … 두 번째 문제에 대해서는, 우리는 생활비를 얻기 위해서 성실하고 정직하게 일해야 한다는 것이다. … 우리가 다른 사람들에게 정직함을 요구하는 것과 마찬가지로 우리도 정직하게 우리의 일을 기쁨으로 열심히 해야 한다. 세 번째 문제에 대해서는, 거의 아무것도 가지지 못한 사람도 하나님께 감사하고 자신의 빵을 만족스럽게 먹어야 하며, 많은 것을 가진 사람은 그것을 낭비하거나, 무절제나 사치에 빠지거나, 거만함과 허영을 부리려고 불필요한 것들을 사는 데 재물을 남용하지 말아야 한다. 오히려 그것을 절제하여 사용함으로써 자신에게 주어진 부를 이웃을 돕고 공궤하는 데 사용해야만 한다. 그리고 자신이 언젠가 하나님 앞에서 맡은 재물에 대해 회계결산을 해야 하는 조건으로 재물을 위탁 받은 청지기임을 자각하고, 사도 바울이 이 세상의 재물을 만나에 비유했다(고후 8:15)는 점을 언제나 명심해야 한다. 다시 말하면 많이 가진 자도 자신이 먹을 만큼만 취함으로써 적게 가진 자도 누구든지 부족하지 않도록 해야 한다는 것이다. 요컨대 예수 그리스도가 우리에게 자신을 주신 것처럼, 우리 또한 주님이 우리에게 주신 은혜들을 우리 이웃과 사랑으로 나누어야 한다는 것이다.[100]

물질을 올바르게 사용하게 해달라는 기도

전능하신 하나님, 하나님은 기꺼이 몸을 구부려 우리를 염려하고 계심을 보여주시는 분이고, 우리의 현재의 삶의 여정 중에 필요하거나 편리한 것은 무엇이나 우리에게 공급해주시는 분이십니다. 우리로 하여금 주님께 온전히 의지하고, 주님의 복 주심을 신뢰하고, 온갖 약탈과 악한 행동뿐만 아니라 모든 사악한 탐심까지도 삼가는 법을 배우게 하시며, 항상 하나님을 두려워할 줄 알게 하옵소서. 또한 이런 것들로 인해 우리가 이 땅에서 가난을 견디는 법을 배워 자족할 줄 알게 하시고, 하나님이 거룩한 복음을 통해 우리에게 주시는 영적인 부유함에 거할 수 있게 하옵소서. 하나님이 이미 우리를 그 복음에 참여한 자들이 되게 하사, 우리로 종국에 하나님 나라에 이르러 우리 주 예수 그리스도를 통해 하나님과 온전히 하나로 연합될 때 누리게 될 모든 충만한 복을 기쁘게 열망할 수 있게 하옵소서. 우리 주 예수님의 이름으로 기도 드립니다. 아멘.[101]

〈주〉

1) C. Gregg Singer, "Calvin and the Social Order or Calvin as a Social and Economic Statesman," *John Calvin: Contemporary Prophet*, ed. Jacob T. Hoogstra (Grand Rapids: Baker Book House, 1959), 228.
2) G. Brillenburg Wurth, "Calvin and the Kingdom of God," *John Calvin: Contemporary Prophet*, 116.
3) 로널드 스톤은 칼뱅의 경제윤리가 다분히 도시의 중산층의 입장을 대변하는 것이었고, 칼뱅사상의 추종자들도 중간계급에 속한 중산층이었다고 주장한다. Ronald H. Stone, "The Reformed Economic Ethics of John Calvin," *Reformed Faith and Economics*, ed. Robert L. Stivers (Lanham, MD: University Press of America, 1989), 33-48을 참고하라.
4) André Biéler, *L'humanisme social de Calvin*, trans. Paul T. Fuhrmann, *The Social Humanism of Calvin*(Richmond: John Knox Press, 1964), 30-31.
5) John Calvin, *Institutes of the Christian Religion* (1559), ed. John T. McNeill, trans. Ford L. Battles, Library of Christian Classics Vols. 20-21(Philadelphia: The Westminster Press, 1960), III권, 10장, 3절(이후로는 III, 10, 3으로 표기한다).
6) III, 7, 5.
7) 칼뱅의 고린도후서 8:8 주석. 이후 칼뱅의 주석은 John Calvin, *Calvin's Commentaries*, 22 Vols. (Grand Rapids: Baker Books, 1974)에서 인용한다.
8) John Calvin, *Commentary on the Harmony of the Gospels: Matthew, Mark, and Luke*, trans. A. W. Morrison, eds. D. and T. Torrance(Edinburgh: St. Andrew, 1972), 216.
9) Jane Dempsey Douglass, "Calvin's Relation to Social and Economic Change," *Church & Society* 74(1984), 76.
10) 칼뱅의 신명기 15:11-15 설교. 칼뱅의 모든 저술은 *Ioannis Calvini Opera Quae Supersunt Omnia*, eds. Johann W. Baum, August E. Cunitz, and Eduard Reuss (Braunschweig: Schwetschke, 1863-1900)에 들어 있다. 59권으로 이루어진 이 칼뱅 전집은 보통 CO(*Calvini Opera*)라는 약어로 불린다. 이 칼뱅 전집은 다른 종교개혁자들의 작품까지 모두 포함하고 있는 *Corpus Reformatorum*(CR)의 29-87권에 해당한다. André Biéler, *La pensée économique et sociale de Calvin*, trans. James Greig, *Calvin's Economic and Social Thought*(Geneva:

World Council of Churches, 2005)와 W. Fred Graham, *The Constructive Revolutionary: John Calvin and His Socio-Economic Impact*(Richmond: John Knox Press, 1971)가 칼뱅의 사회·경제사상과 관련된 설교들을 많이 담고 있다.

11) André Biéler, *The Social Humanism of Calvin*, 31.
12) André Biéler, *The Social Humanism of Calvin*, 36.
13) André Biéler, *The Social Humanism of Calvin*, 33.
14) André Biéler, *Calvin's Economic and Social Thought*, 295. 1959년에 출간된 앙드레 비엘레의 이 책은 칼뱅의 사회·경제사상의 연구에서 획기적인 전환점이 되었다. 프랑스어로 씌어져 프랑스어권 독자들에게만 접근이 가능했다가, 2005년 세계교회협의회(World Council of Churches)가 이 책을 영어로 번역해 출판하게 되면서 보다 널리 알려지게 되었다. 이 책의 발간을 기념하여 세계개혁교회연맹(World Alliance of Reformed Churches), 제네바대학 신학부(University of Geneva Faculty of Theology), 존 녹스 세계개혁전통연구소(John Knox International Reformed Center)의 공동 주최로 2004년 11월 3-6일 제네바에서 "칼뱅의 사회·경제사상이 개혁교회의 증언에 미친 영향"이란 주제로 대회가 열리기도 하였다.
15) André Biéler, *Calvin's Economic and Social Thought*, 299.
16) 칼뱅의 마태복음 3:9-10 설교. 칼뱅은 IV, 4, 6에서 이렇게 말한다. "당신은 종종 고대의 저술들과 회의의 결정들에서 교회의 모든 소유는 땅이든지 돈이든지 가난한 사람들을 위한 재산이라고 말하는 것을 발견할 것이다. 그리하여 감독들과 집사들은 자기 자신의 재산을 운용하는 것이 아니라 가난한 사람들의 필요를 위해 임명되었음을 기억해야 한다는 말이 반복적으로 나타난다. 만일 그들이 악한 믿음으로 교회 재산을 감추거나 낭비한다면 그들은 살인죄를 짓는 것이다."
17) 칼뱅의 마태복음 3:3-10 설교.
18) W. Fred Graham, *The Constructive Revolutionary*, 68.
19) 칼뱅의 고린도후서 8:15 주석.
20) 칼뱅의 신명기 24:10-13 설교.
21) 집사들은 교회의 헌금을 네 부분으로 나누어 사용했는데, 성직자들의 사례, 가난한 자들을 위한 구제, 교회 수리와 유지를 위한 비용, 외국인들과 가난한 이주민들을 위한 비용으로 구분되었다(IV, 4, 7). 칼뱅은 『기독교강요』에서 목회자들의 사례와 관련하여 이렇게 말한다. "목회자들이 먹을 것이 부족하지 않도록, 그리고 가난한

자들이 무시당하지 않도록 분배되어야 한다. 하지만 동시에 다른 사람들에게 검소함의 본을 보여야만 하는 목회자들이 사치와 방종을 일삼을 정도로 많이 받지 말고 생활에 필요한 정도만 받아야 한다고 규정하였다. 만일 부모의 재산으로 생활할 수 있는 성직자들이 가난한 사람들에게 돌아가야 할 것을 조금이라도 받는다면 그것은 신성모독을 범하는 것이며, 이런 남용은 자신들에게 임할 심판을 먹고 마시는 것이라고 히에로니무스는 말한다." (IV, 6, 4.)

22) André Biéler, *The Social Humanism of Calvin*, 33.
23) André Biéler, *The Social Humanism of Calvin*, 27, 62.
24) 칼뱅의 신명기 16:11 주석.
25) 가난한 자들을 위한 무료 의료진료, 빵, 고기, 포도주에 대한 가격 통제, 1일 노동시간 규제, 의무적 초등교육, 공적 산업 설립과 실업자를 위한 교육, 도시를 스쳐 지나가는 피난민 구호활동 등이 있다.
26) 중세 후기의 사회·경제사를 위해서는 James W. Thompson, *Economic and Social History of the Later Middle Ages, 1300-1530* (New York: Frederick Ungar, 1960)이 유익하다. 교회가 이자를 금기시하였지만, 실제로 은행경영을 하던 메디치나 푸거 가문(家門)의 최대 고객은 교회였다. Raymond de Roover, *The Rise and Decline of the Medici Bank, 1397-1494* (Cambridge, Mass.: Harvard University Press, 1963), 1.
27) Benjamin Nelson, *The Idea of Usury* (Princeton: Princeton University Press, 1949). 52. 루터의 고리대금에 대한 입장을 알기 위해서는 그가 1524년에 쓴 "Usury and Trade," *Luther's Works*, Vol. 45, trans. Charles M. Jacobs (Philadelphia: Fortress Press, 1962)를 참고하라. 고리대금에 대한 중세의 사상에 대해서는 John T. Noonan Jr., *The Scholastic Analysis of Usury* (Cambridge, Mass.: Harvard University Press, 1957)가 매우 유익하다.
28) 하지만 오늘날의 의미와는 차이가 난다. 츠빙글리는 개인적인 대출을 고리대금업이라고 하였고, 현행의 토지대여의 대가로 지불하는 돈을 이자(돈이든 농산물의 형태이든)라고 보았다.
29) W. Fred Graham, *The Constructive Revolutionary*, 91; André Biéler, *Calvin's Economic and Social Thought*, 403-407; 그리고 Edward Dommen, "Calvin et le prêt à intérêt," *Finance & Bien Commun* 16(Autumn 2003): 42-58도 참고하라.
30) W. Fred Graham, *The Constructive Revolutionary*, 92; André Biéler, *Calvin's*

Economic and Social Thought, 406.
31) W. Fred Graham, *The Constructive Revolutionary*, 119.
32) André Biéler, *Calvin's Economic and Social Thought*, 406-407.
33) André Biéler, *The Social Humanism of Calvin*, 51.
34) I, 17, 2; III, 3, 6; III, 3, 16; III, 7, 2. Elsie A. McKee, "The Character and Significance of John Calvin's Teaching on Social and Economic Issues," *John Calvin Rediscovered: The Impact of His Social and Economic Thought*, eds. Edward Dommen and James D. Bratt (Louisville: Westminster John Knox Press, 2007), 22.
35) 칼뱅의 마태복음 25:20 주석.
36) Max Weber, *The Protestant Ethic and the Spirit of Capitalism*, trans. Talcott Parsons (London: Allen and Unwin, 1930). Christoph Stückelberger, "Calvin, Calvinism, and Capitalism: The Challenges of New Interest in Asia," *John Calvin Rediscovered*, eds. Edward Dommen and James D. Bratt (Louisville: Westminster John Knox Press, 2007)와 필자의 영어 논문 "The Weber Thesis and Its Critic: A Reappraisal," *Korea Presbyterian Journal of Theology* 8(서울: 장로회신학대학교출판부, May 2008): 87-107도 참고하라.
37) "나는 여기에서 우리가 탐구하는 것은 칼뱅의 개인적 견해가 아니라 칼뱅주의라는 점을 명백하게 이야기해야만 하겠다." Max Weber, *The Protestant Ethic and the Spirit of Capitalism*, 220, n. 7.
38) C. Gregg Singer, "Calvin and the Social Order or Calvin as a Social and Economic Statesman," 241.
39) André Biéler, *The Social Humanism of Calvin*, 47.
40) *CO*, IV, 137. André Biéler, *Calvin's Economic and Social Thought*, 345에서 인용.
41) 칼뱅의 창세기 2:15 주석.
42) 칼뱅의 요한복음 9:4 주석.
43) 칼뱅의 데살로니가후서 3:10 주석.
44) 칼뱅의 마태복음 3:11 이하 설교.
45) 칼뱅의 에베소서 4:28 주석.
46) 칼뱅의 신명기 24:1-6 설교.
47) 칼뱅의 미가 6:15 주석.

48) 칼뱅의 신명기 25:1-4 설교.

49) André Biéler, *Calvin's Economic and Social Thought*, 366.

50) 칼뱅의 요한복음 4:36 주석.

51) 칼뱅의 창세기 30:29 주석.

52) 칼뱅의 예레미야 22:13 주석.

53) 칼뱅의 레위기 19:11, 13 주석.

54) 칼뱅의 신명기 24:14; 25:4 주석.

55) 칼뱅의 신명기 22:1-4 설교.

56) 칼뱅의 신명기 24:14 주석.

57) André Biéler, *Calvin's Economic and Social Thought*, 369-371.

58) 칼뱅의 창세기 29:14 주석.

59) 칼뱅의 창세기 2:18-21 주석.

60) 칼뱅의 창세기 2:18-21 설교.

61) 칼뱅의 창세기 2:18-21 설교.

62) 칼뱅의 출애굽기 20:15 주석.

63) 칼뱅의 신명기 22:1-4 설교.

64) II, 8, 45.

65) III, 20, 38.

66) 부쉬(Eberhard Busch)에 따르면 목사와 교사는 성서를 해석함으로써 그리스도의 예언자 직무를 수행하는 사람들이며, 그리스도의 제사장 직무에 해당하는 사람들은 가난한 자들을 돌보는 집사들이고, 그리스도의 왕의 직무에 해당하는 사람들은 교회 구성원들을 목회적으로 돌보는 임무를 맡은 장로들이다. Eberhard Busch, "A General Overview of the Reception of Calvin's Social and Economic Thought," *John Calvin Rediscovered*, 71-72.

67) W. Fred Graham, *The Constructive Revolutionary*, 57.

68) 칼뱅의 신명기 15:16-23 설교.

69) John Calvin, "Short Treatise on the Lord's Supper," *Calvin: Theological Treatises*, trans. J. K. S. Reid (London: SCM Press, 1954), 149.

70) 칼뱅의 디모데전서 3:8-10 설교.

71) André Biéler, *The Social Humanism of Calvin*, 74.

72) Mark Valeri, "Religion, Discipline, and the Economy in Calvin's Geneva," *Sixteenth Century Journal* 28, 1(1997): 138.

73) 제네바 컨시스토리는 칼뱅이 스트라스부르에서 제네바로 귀환한 1541년에 설립되었다. 컨시스토리는 제네바의 치리를 담당했던 기구로 12명의 평신도(장로)와 12명의 목회자로 구성되었다. 컨시스토리는 매주 목요일 정기적으로 모여 제네바 시민들이 복음에 합당하게 살아가도록 교육하고 상담하고 징계하는 기구였다. 컨시스토리 문서는 원본이 제네바 국립문서보관소에 잘 보존되어 있고, 로버트 킹던을 중심으로 몇몇 학자가 만든 새로운 편집본이 제네바의 한 출판사(Librairie Droz)를 통해 발행되고 있다. 현재 프랑스어로 6권이 출판되었고(1996, 2001, 2004, 2007, 2010, 2011), 영어로도 1권이 번역 출판되었다(2000).

74) Elsie A. McKee, "The Character and Significance of John Calvin's Teaching on Social and Economic Issues," 15-21에서 맥키는 교회의 예배와 직제가 사회·경제적 문제들과 어떻게 연결되는지를 설명하고 있다. 치리가 제네바의 사회·경제적 문제들과 어떤 관련성을 지니는지에 대해서는 Robert M. Kingdon, "Calvin and Church Discipline," *John Calvin Rediscovered*, 25-31을 참고하라.

75) Eberhard Busch, "A General Overview of the Reception of Calvin's Social and Economic Thought," 73.

76) W. Stanford Reid, "John Calvin, Early Critic of Capitalism: An Alternative Interpretation," *Reformed Theological Review* 43(1984): 77, 79.

77) 박경수 외, 『공적신학과 공적교회』(서울: 킹덤북스, 2010); 박경수 외, 『성서·역사 신학적 관점에서 본 하나님의 경제』(서울: 북코리아, 2013).

78) 우리말로 번역된 공정무역에 관한 책으로는, Miles Litvinoff, 김병순 역, 『인간의 얼굴을 한 시장경제 공정무역』(모티브북, 2007); Joseph Stiglitz and Andrew Charlton, 송철복 역, 『모두에게 공정한 무역』(지식의숲, 2007); Frans van der Hoff and Nico Roozen, 김영중 역, 『희망을 키우는 착한 소비』(서해문집, 2008); David Ransom, 장윤정 역, 『공정한 무역, 가능한 일인가?』(이후, 2007) 등이 있다.

79) 1964년 영국의 옥스팜 트레이딩(Oxfarm Trading), 1967년 네덜란드의 페어 트레이드 오가니사티(Fair Trade Organisatie)가 설립되면서 공정무역이 시작되었고, 1989년에는 세계공정무역기구(World Fair Trade Organization, WFTO, 홈페이지 http://www.wfto.com)가 조직되었다. 1997년에는 공정무역 제품의 표준설정, 생산자 단체 지원과 검열 등을 위해 세계공정무역인증기구(Fairtrade Labelling Organizations International, FLO, 홈페이지 http://www.fairtrade.net)가 발족되었고, 2002년부터 공정무역 마크제도를 시행하고 있다.

80) David Little, "Economic Justice and the Grounds for a Theory of Progressive

Taxation in Calvin's Thought," *Reformed Faith and Economics*, ed. Robert L. Stivers (Lanham, MD: University Press of America, 1989), 61-84에서 칼뱅 사상에서 현대의 누진과세의 근거를 밝히려는 흥미로운 시도를 하였다. 이는 칼뱅이 부의 순환을 강조한다는 점에서 일리가 있어 보인다.

81) 박경수, "16세기 종교개혁자들의 사회복지 사상: 루터와 칼뱅을 중심으로," 『교회의 신학자 칼뱅』(서울: 대한기독교서회, 2009), 263-310을 참고하라.

82) Lester K. Little, *Liberty, Charity, Fraternity* (Northampton: Smith College, 1988), 97에서 리틀은 "만일 자선이 죄를 씻어내는 데 도움이 된다면, 가난한 사람들을 돕는 것은 부자들이 구원을 얻는 방법이 될 것이다. … 가난한 자들은 부자들이 영생을 획득하기 위한 보험 수단"이 되고 만다고 말한다.

83) Robert M. Kingdon, "Social Welfare in Calvin's Geneva," *American Historical Review* 76, No. 1(Feb 1971): 56-58.

84) Robert M. Kingdon, "Social Welfare in Calvin's Geneva," 51.

85) Robert M. Kingdon, "Social Welfare in Calvin's Geneva," 68-69.

86) 프랑스기금에 대한 가장 본격적이고 광범위한 연구는 Jeannine E. Olson, *Calvin and Social Welfare: Deacons and the Bourse française* (Cranbury: NJ, Associated University Presses, 1989)이다.

87) Jeannine E. Olson, "Calvin and Social-Ethical Issues," *John Calvin*, ed. Donald K. McKim (Cambridge University Press, 2004), 165-166.

88) Jeannine E. Olson, *Calvin and Social Welfare*, 72.

89) Robert M. Kingdon, "Social Welfare in Calvin's Geneva," 64.

90) 한국교회의 사회봉사 활동의 실태와 인식에 대해서는 이만식, "사회적 약자들의 '교회에 대한 태도'와 '자아 존중감'을 바탕으로 한 새로운 선교 전략 방안-탈북자(새터민), 생활보호대상자, 장애인 등을 중심으로," 『21세기 교회와 사회봉사』제1권 (서울: 장로회신학대학교출판부, 2008), 261-335를 참고하라.

91) André Biéler, *Calvin's Economic and Social Thought*, 156-157.

92) André Biéler, *Calvin's Economic and Social Thought*, 59.

93) André Biéler, *Calvin's Economic and Social Thought*, xxxiii.

94) W. Fred Graham, *The Constructive Revolutionary*, 12.

95) W. Fred Graham, *The Constructive Revolutionary*, 12.

96) W. Fred Graham, *The Constructive Revolutionary*, 17.

97) David W. Hall, *The Legacy of John Calvin: His Influence on the Modern*

World (Phillipsburg, NJ: P&R Publishing Company, 2008), 11.
98) David W. Hall, *The Legacy of John Calvin*, 13.
99) Alexandre Ganoczy, *The Young Calvin*, trans. David Foxgrover and Wade Provo (Philadelphia: Westminster Press, 1987), 232.
100) John Calvin, *Treatises Against the Anabaptists and Against the Libertines* (Grand Rapids: Baker Book House, 1982), 284-285.
101) 칼뱅의 하박국 2:6("그 무리가 다 속담으로 그를 평론하며 조롱하는 시로 그를 풍자하지 않겠느냐 곧 이르기를 화 있을진저 자기 소유 아닌 것을 모으는 자여 언제까지 이르겠느냐 볼모 잡은 것으로 무겁게 짐진 자여") 주석에 뒤이어 나오는 기도문. André Biéler, *Calvin's Economic and Social Thought*, 267.

제3장
교회의 본질에 비추어본 한국교회의 모습

1. 시작하는 말

　2008년과 2009년에 이어서 2010년에도 "한국교회의 사회적 신뢰도 여론조사" 결과가 발표되었다.[1] 개신교회의 신뢰도를 묻는 질문에 대해 신뢰한다는 응답이 17.6%로 2008년(18.4%)과 2009년(19.1%)에 비해 더 낮아졌고, 보통이라는 응답은 33.8%로 2008년(33.3%)과 비슷하고 2009년(47.4%)에 비해서는 13.6% 낮아졌고, 반면에 신뢰하지 않는다는 응답은 48.4%로 2008년(48.3%)과 비슷하고 2009년(33.5%)에 비해서는 14.9%나 높아졌다. 개신교회를 신뢰한다는 수치는 줄어들고, 신뢰하지 않는다는 수치는 늘어난 것이다. 2008년에 비해 2009년에는 한국 개신교회에 대한 신뢰도가 얼마간 높아지는가 싶더니 2010년에는 최악의 결과가 나온 것이다. 또한 신뢰하는 종교기관을 묻는 질문에 대해 개신교라고 대답한 사람은 20.0%(2009년 26.1%, 2008년 18%), 가톨릭이라고 대답한 사람은 41.4%(2009년 36.2%, 2008년 35.2%), 불교라고 답한 사람은 33.5%(2009년 22%, 2008년 31.1%)였다. 2008년 18%로 꼴찌였던 개신교회에 대한 인식이 2009년에는 26.1%로 상승하여 중간을 지키더니 2010년에는 20.0%로 다시 꼴찌로 추락하였다. 전체적으로 볼 때 한국 개신교회의 신뢰도는 100점 만점으로 환산해보면 2008년 40.95점, 2009년 46.36점, 2010년 41.48점으로 중간 이하의 낙제에 가깝다.

또한 호감을 가진 종교를 묻는 항목에 대해 개신교회는 2008년의 경우 불교(31.5%), 가톨릭(29.8%)에 이어 20.6%를 얻는 데 그쳤고, 2009년에는 28%를 획득함으로써 가톨릭(33.7%)에는 뒤지지만 불교(26.4%)보다는 앞서는 결과를 얻었다. 그러나 2010년의 결과는 또다시 가톨릭(35.5%)과 불교(32.5%)에 훨씬 못미치는 22.4%를 기록함으로써 꼴찌로 나타났다. 호감도는 향후 개신교회의 성장을 가늠할 수 있는 지표라는 점에서 매우 중요한 의미를 지닌다. 더욱 안타까운 것은 나이가 젊을수록, 소득이 높을수록 개신교회를 불신하는 경향이 있는 것으로 파악되었다는 점이다. 이미 우리는 네티즌이나 젊은 세대의 개신교에 대한 반감이 단순한 우려를 넘어섰다는 것을 피부로 느끼고 있다.

그렇다면 한국교회는 왜 이런 위기에 봉착하게 되었으며 어떻게 대처해야 할 것인가? 한국 개신교회의 위기는 본질적으로 교회론의 위기라고 말할 수 있다. 지금이 바로 '참된 교회란 무엇인가'라는 오래되고 근본적인 질문에 대한 고민과 성찰이 필요한 시점이다. "근본으로 돌아가자"(ad fontes)는 16세기 교회개혁자들의 표어가 500년이 지난 21세기에도 여전히 절실하다.

따라서 필자는 교회의 본질에 대한 중요한 정의와 개념들을 정리하여 제시하고, 과연 한국 개신교회의 모습이 그 본질에 얼마나 충실한지를 비판적으로 진단해 보고자 한다. 현실 한국교회의 모습을 교회의 본질이라는 거울에 비추어 봄으로써 무엇이 문제인지를 확인하고 어떻게 개선해야 할지에 대한 답을 얻게 되기를 바란다. 필자는 먼저 교회를 삼위일체 하나님과의 관계에서 정의하였다. 교회는 하나님의 백성이요, 그리스도의 몸이요, 성령의 전이다. 그리고 초대교회에서부터 전해오는 가르침에 따라 교회를 하나의·거룩한·보편적·사도적인 공동체로 정의하였다. 또한 교회를 하나님 나라를 위한 도구라는 관점에서 파악하였다. 그런 후에 과연 한국교회가 하나님의 백성, 그리스도의 몸, 성령의 전, 하나의·거룩한·보편적·사도적인 공동체, 하나님 나라를 위한 도구라는 정의에 어울리는 교회인지를 검토하였다. 이런 논의가 한국교회가 교회의 본질을 회복하여 보다 참된 교회로 변화되고 개혁되는 일에 작은 동력이 되기를 바라는 마음뿐이다.

2. 하나님의 백성

교회는 하나님의 백성이다. 이것은 교회에 대한 가장 오래되고 근본적인 정의이다. 하나님의 백성이라는 교회 개념은 교회라는 단어의 뜻에서부터 유래된다. 교회라는 단어는 그리스어 에클레시아(*ekklesia*)의 번역어이다. 에클레시아는 '부르다'라는 의미를 가진 동사 *kaleo*, '소집하다'라는 의미의 동사 *ekkaleo*와 관련이 있다. 그리고 히브리어 성서를 그리스어로 번역한 70인역(LXX)에서 에클레시아로 번역된 히브리어 단어는 카할(*kahal*)인데, 이 역시 '소집하다'라는 의미를 가지고 있다. 따라서 에클레시아란 부름을 받은 또는 소집된 사람들의 모임을 의미한다. 로만어에서 교회를 의미하는 단어들, 즉 라틴어 *ecclesia*, 프랑스어 *église*, 스페인어 *iglesia*는 모두 에클레시아에서 파생된 단어들이다.

에클레시아라는 단어가 특별한 의미를 띠는 것은 "하나님의" 혹은 "주님의"라는 수식어와 함께 사용될 때이다. 구약성서에서 우리는 종종 "나는 그들의 하나님이 되고 그들은 내 백성이 될 것이다"(렘 31:33, 겔 37:27)라는 말씀과 만난다. 신약성서에서도 교회는 "택하신 족속이요 왕 같은 제사장들이요 거룩한 나라요 하나님의 소유가 된 백성"(벧전 2:9)으로 묘사된다. 누가 불렀는지, 누가 소집했는지가 중요하다. 단순한 백성이 아니라 하나님의 백성이다. 교회에 해당하는 영어 단어 church는 그리스어 퀴리케(kyrike)에서 유래한다. 이는 '주님에게 속한' 혹은 '주님의 것인'이라는 의미이다. 교회는 하나님의 백성이요, 주님의 백성이다. 게르만어에서 교회를 의미하는 단어들, 즉 독일어 Kirche, 스웨덴어 kyrka, 러시아어 cerkov는 모두 교회가 주님(Kyrios)의 백성임을 암시하고 있다.[2]

교회는 현상적으로 볼 때 분명 인간들의 모임이지만 본질적으로는 하나님의 부르심에서 시작된 하나님의 백성의 모임이다. 교회의 주도권이 하나님에게 있다는 말이다. 그렇기 때문에 교회는 하나님의 선물이다. 따라서 종교개혁 전통에 서 있는 개신교회에서는 교회가 하나님 말씀의 피조물(creatura Verbi)임을 강조한다. 이때 말씀은 삼중적 의미를 가지는데, 첫째는 육신이 되신 하나님의 말씀 곧 예수 그리스도 자신을 가리키며, 둘째로 기록된 말씀, 곧 성서를 의미하며, 셋째로 선포된 말씀 곧 설교와 증언을 일컫는다. 교회는 하나님의 말씀으로부터 시작되며, 하나님의 말씀에 의해 유지되고, 하나님의 말씀을 위해 존재한다.

그런데 한국교회는 과연 하나님의 백성의 공동체인가? 최근 교계 신문이나 신학교의 게시판에 목회자를 청빙하는 광고가 나오는데, 놀랍게도 자신이 교회개척을 위해 투자한 금액에다 권리금(신자 1명당 일정액의 프리미엄)까지 붙이는 경우가 종종 있다. 도대체 이것을 어떻게 해석해야 할지 당황스럽다. 교회를 자기 소유의 식당이나 상점으로 생각하지 않은 다음에야 어떻게 이런 일이 가능하단 말인가? 이때 교회는 분명 하나님의 백성이 아니라 그 가게(?)를 시작한 사람의 소유물임이 분명하다. 참으로 세속주의의 극단적 행태라 할 것이다. 요즘 점점 위험수위를 향해 치닫고 있는 교회세습의 문제도 교회가 하나님의 소유요 백성임을 망각한 데서 나온 결과이다. 재벌들이 2세, 3세로 경영권을 세습하는 것을 보고, 교회를 자기가 고생하여 일으켜 세운 수익이 많이 나는 기업이라고 생각하는 것인가? 교회와 신학교 내에서 자조적으로 유행하고 있는 성골이나 진골 출신이라야 좋은(?) 교회를 맡아 갈 수 있다는 이야기는 이미 교회가 하나님의 소유가 아니라 유력한 가문의 배경을 가진 사람들의 세습적 재산으로 변질되었음을 시사하고 있다. 하나님 백성의 공동체인 교회는 결코 사유화(私有化) 될 수도 없고 되어서도 안 된다.

교회는 하나님의 '백성'의 공동체이다. 백성이라는 말에는 몇 가지 중요한 함의가 있다. 무엇보다 백성을 하나의 공동체로 묶어주는 것은 모두가 하나님께 속한다는 사실이다. 하나님의 부르심을 받고 하나님을 믿는다는 것이 중요하지, 민족이나 인종이나 성과 같은 요인들은 결정적인 것이 아니다. 교회는 민족주의를 넘어서야 한다. 어떤 민족이든지 서로의 문화와 경험은 다르다고 할지라도 동일한 하나님의 백성이 될 수 있다. 교회는 인종주의를 넘어서야 한다. 백인이든 흑인이든 황인이든 서로의 피부 색깔은 다르다고 할지라도 동일한 하나님의 백성이 될 수 있다. 교회는 성차별주의를 넘어서야 한다. 남자든 여자든 성전환자든 누구든지 하나님의 백성이 될 수 있다. 그렇기에 바울은 2,000년 전에 이미 "유대인이나 헬라인이나, 종이나 자유인이나, 남자나 여자나 다 그리스도 예수 안에서 하나"(갈 3:28)라고 선언하였다. 하나님의 백성이 되는 것은 그 사람의 출신이나 배경에 의한 것이 아니라 하나님의 부르심에 대한 신앙에 의해 결정되는 것이다. 하나님의 부르심에 순종한 사람들은 누구든지 하나님의 백성이 될 수 있다.

백성이라는 말에 포함된 또 다른 의미는 모든 사람이 평등하다는 것이다. 하나님의 부르심을 받은 사람은 모두가 동등하다. 비록 교회에 다양한 직분과 은사가 존재하기는 하지만 그것은 어디까지나 기능(function)의 차이일 뿐이지 신분(status)의 차이가 아니다. 초기 교회에서는 모두가 "선택된 자", "형제", "제자"로 불렸다. 성직자와 평신도의 구별이 뚜렷하게 나타난 것은 3세기 이후의 일이다. 중세를 거치면서 성직자와 평신도의 구별은 차별로 변하였고 점차 확대되어 계급이나 신분의 차이로 변질되고 말았다. 그러나 종교개혁자들은 직분의 차이는 신분의 차이가 아니라 기능의 차이일 뿐임을 다시 강조하면서 만인제사장설을 내세웠다. 만인제사장설이야 말로 개신교회 전통에서 핵심적인 특징 중 하나이다. 하나님의 백성은 모두가 동일하게 "택하신 족속"이요, "왕 같은 제사장"이다.

백성이라는 말에는 교회를 공동체의 관점에서 이해해야 한다는 사실이 담겨있다. 교회는 결코 개인들의 집합이 아니다. 오늘날 개신교에 팽배한 개인주의적 성향은 성서의 가르침이 아니라 근대주의의 부산물일 뿐이다. 종교개혁 전통 중에서도 개혁교회 전통은 교회의 공동체성을 더욱 강조하였다. 흔히 말하듯이 루터의 개혁이 자기 구원의 확신에 대한 몸부림에서 출발했다면, 츠빙글리와 칼뱅으로 대변되는 개혁교회의 개혁은 스위스 국민의 구원에 대한 갈망에서 시작되었다. 개혁교회 전통은 개인보다 공동체의 삶과 도덕에 집중되었으며, 사회와 정치의 유기적인 구조들을 개혁하려는 성격을 띠고 있다. 본래부터 교회는 비슷한 종교적 성향을 지닌 개인들의 모임이 아니라 하나님의 부르심을 받은 백성의 공동체이다.

그렇다면 한국교회는 정말로 하나님의 '백성'의 공동체인지 되묻지 않을 수 없다. 누구든지 거리낌 없이 교회 공동체의 일원으로 받아들여지고 있는가? 외국인 노동자들도, 다문화가정이나 한부모가정의 자녀들도, 약자인 소수자들도 아무 거리낌 없이 당연하게 백성의 일원이 되어야만 그것이 교회일 것이다. 교회는 결코 종교적·문화적 취향이나 사회적·경제적 수준이 비슷한 사람끼리만 모이는 사적인 클럽이 아니기 때문이다. 한국문화에 유독 강한 '끼리끼리'

정서나 '울타리' 감정이 적어도 교회에서만은 극복되어야 한다.

한국교회는 과연 성직자주의를 극복하였는가? 오래 전 "평신도를 깨운다"라는 표어 아래 평신도를 위한 제자훈련이 실시되었고 상당한 효과를 거두었다. 그러나 표어 자체가 이미 평신도를 동역자라기보다는 깨우쳐야 할 대상으로 설정하고 있다. 뿐만 아니라 평신도라는 용어 자체가 하나님 백성의 동등성을 침해하고 있으며, 만인제사장설이라는 종교개혁자들의 가르침과 거리가 있다. 한국 개신교회의 목회자들은 자신들도 모르게 은연중에 빠져 있는 성직자주의에서 속히 벗어나서 모든 신자가 동일한 하나님의 백성이요 제자임을 직시해야 할 것이다. 그럴 때에라야 부당한 권위주의에서 벗어나 섬김의 직무를 감당할 수 있을 것이다. 목회자를 뜻하는 'minister'라는 단어는 봉사와 섬김을 뜻하는 라틴어 *ministerium*에서 유래된 것이다. 이것은 목회는 지배가 아니라 봉사이며, 목회자는 지배자가 아니라 봉사자임을 뜻하는 것이다.

한국교회는 개인주의에서 벗어나 공동체를 지향하고 있는가? 한국교회가 아직도 이원론적 사고구조에 얽매여 개인의 구원과 사회의 변혁을 연결시키지 못하고 기껏해야 개인의 도덕성을 향상하는 일에만 집중하고 있다면 교회의 사명 중 일부분만을 감당하고 있는 것이다. 이제 보다 온전한 의미에서 교회는 하나님 백성의 공동체가 되어야 할 것이다. 필자는 한국교회가 교회는 '하나님의 백성의 공동체'라는 사실만 진지하게 인정하고 숙고하면 지금 교회 안에 만연된 많은 문제를 해결할 수 있으리라 믿는다.

3. 그리스도의 몸

교회는 그리스도의 몸이다. 신약성서에 등장하는 교회의 이미지 가운데 가장 대표적인 것은 그리스도의 몸이다. 특히 바울의 편지들(롬 12:4-5, 고전 12:12-27, 엡 1:22-23, 골 1:17-18)에서 그리스도의 몸이라는 교회 이미지가 뚜렷하게 나타난다. 교회가 언제 시작되었느냐는 질문에 대해 어떤 사람들은 예수 그리스도의 사역에서부터 시작되었다고 말하며, 또 다른 사람들은 예수 그리스도가 살아 있는 동안에는 교회가 설립되지 않았으며 부활한 이후에야 교회가 시작되었다고 주장한다. 복음서에 예수기 생전에 교회리는 말을 사용한 곳이 두 군데(마 16:18, 마 18:17) 있긴 하지만 이 구절들에 대해서는 많은 논란이 있다. 교회의 시작이 예수가 살아 있을 때부터이든 부활한 이후이든 분명한 것은 예수 그리스도를 떠나서는 교회를 생각할 수 없다는 사실이다.[3]

교회의 머리는 그리스도이며 신자들은 몸의 지체들이다. 몸의 지체들은 제각각이지만 그들을 하나의 유기체로 통일하는 것이 머리의 존재이다. 눈과 귀와 손과 발은 각각의 기능을 하지만, 서로에게 없어서는 안 될 한 몸의 지체인 것이다. 이와 같은 한 몸으로서의 교회의 유대감과 일치를 증진하는 수단이 세례와 성만찬이다. 세례를 통하여 개인은 그리스도의 몸에 접붙인 바 되며 성만찬의 빵과 포도주를 통해 그리스도와 한 몸이 된다. 많은 곡식이 모여 하나의 빵이 되고 수많은 포도 알갱이가 뒤섞여 동일한 포도주가 되듯이, 각각의 신자가 모여 그리스도의 한 몸인 교회를 이루게 된다. 이것이 바로 그리스도의 신비한 몸인 교회이다. 멜키오르 호프만(Melchior Hoffmann) 같은 이는 세례를 약혼에 견주고 성만찬을 결혼에 비유하기도 하였다.[4] 이렇게 하여 그리스도의 몸 안에서 그의 생명은 세례와 성만찬을 통해 그와 하나가 된 신자들에게 풍성하게 공급된다. 성례전과 더불어 교회의 직제도 그리스도의 몸을 굳게 세우고 강화하는 역할을 한다. 몸의 건강을 적절하게 유지하기 위해 필요한 것이 바로 교회의 직분인데, 개혁교회에서는 칼뱅이 주창한 목사, 교사, 장로, 집사의 네 직제를 중요하게 여긴다. 그들은 각자 목양하고, 가르치고, 치리하고, 봉사하는 기능을 수행함으로써 그리스도의 몸을 바로 세우고 자라도록 해야 할 책임과 의무를 지니는 것이다.

그리스도의 몸이라는 이미지는 교회를 이해하는 데 매우 유용한 개념이다. 하지만 주의해야 할 점도 적지 않다. 먼저 교회와 그리스도를 동일시해서는 안 된다. 그리스도는 분명 교회의 머리이지만 교회에만 갇힌 분이 아니다. 그는 교회의 주시며 동시에 만유의 주이시다. 예수 그리스도는 교회이지만, 교회가 예수 그리스도인 것은 아니다. 예수 그리스도는 교회의 술어가 아니라 언제나 주어이다. 따라서 교회를 "성육신의 연장"으로 보는 관점은 오해의 소지를 지닌다. 이는 자칫하면 교회와 그리스도를 동일시하는 함정에 빠질 수 있기 때문이다. 칼 바르트(Karl Barth)는 교회를 "성육신의 계속이나 연장이라고 말하는 것은 부적절할 뿐만 아니라 신성모독"[5]이라고 비판했으며, 한스 큉(Hans Küng)은 그런 견해는 교회를 "그리스도의 대리자"로 만들고 결국 "그리스도를 쓸모없게 만드는" 결과를 초래하게 될 것이라고 경고하였다.[6] 교회는 그리스도의 몸이지만 그리스도 자체는 아니기 때문이다. 그렇기 때문에 사도신조나 니케아신조에서도 하나님과 그리스도와 성령에 대해서는 "믿는다"(believe in)라고 고백하지만, 교회에 대해서는 전치사(in)를 빼고 "믿는다"(believe)라고 말한다. 엄밀하게 말하면 교회를 믿는 것이 아니라 교회를 부르신 하나님, 교회의 머리되신 그리스도, 교회를 거룩하게 하시는 성령을 믿는다는 의미이다. 삼위일체 하나님은 완전하신 분이지만 교회는 불완전한 공동체요, 도상(途上)의 존재이다. 일찍이 아우구스티누스가 말한 것처럼 이 땅에 존재하는 역사상의 교회는 알곡과 가라지, 의인과 죄인이 섞여 있는 혼합된 몸(*corpus mixtum*)이다. 따라서 그리스도와 교회는 구별되어야만 한다.

또한 그리스도의 몸을 지탱하고 성장하게 하는 수단들을 절대화하는 오류도 주의해야 한다. 로마가톨릭이 교회를 '성례전 집행기관'으로 축소하여 이해하는 것이나, '성직자 중심주의'를 내세우며 자신들의 교회직제만을 절대적인 것으로 주장하는 것은 성례전이나 교회직제를 교회를 위한 수단이 아니라 목적으로 대체한 결과이다. 성례전은 교회에서 매우 중요한 의식이지만 교회는 성례전 이상이다. 감독제도는 오래된 교회직제이지만 여러 가지 제도 중 하나일 뿐이다. 오히려 성례전에 대한 다양한 이해나 교회직제에 대한 다양한 주장을 인정하고 수용하는 것이야말로 그리스도의 몸에 속한 지체의 다양성과 어울리는 것이다.

그렇다면 한국교회는 얼마나 진지하게 교회를 그리스도의 몸으로 받아들이고 있는가? 오늘날 한국 개신교회, 특히 장로교회의 가장 큰 스캔들은 분열이다. 케임브리지 대학에서 펴낸 『칼뱅』이라는 책에 실린 한 논문에 "분열은 한국 장로교회와 개혁교회의 현저한 특징"이라는 주장이 담겨 있다.[7] 이것이 외국 학자의 눈에 비친 한국교회의 모습이라는 사실이 참으로 안타깝다. 개혁교회의 설립자 중 한 사람인 칼뱅은 결코 분열을 주장하거나 지지하지 않았다. 그는 자신의 주저 『기독교강요』 제4권에서 교회론을 다루면서 제일 먼저 교회 연합과 일치의 필요성을 역설하고 있다. 그는 "그리스도께서 여러 갈래로 찢어지지 않는 이상 두 개나 세 개의 교회가 있을 수 없다."[8]라고 주장한다. 따라서 그는 "[참된] 교회로부터의 분리는 곧 하나님과 그리스도를 부인하는 것"이라고 단정한다.[9] 참으로 칼뱅은 16세기의 교회일치 운동가라고 불릴 만큼 그리스도의 몸의 일치를 위해 헌신하였다. 맥닐(John T. McNeill)이 말한 것처럼, 어느 누구도 칼뱅만큼 참된 교회로부터의 분리를 맹렬하게 비판하지는 못했다.[10] 따라서 한국 장로교회가 분열을 거듭하고 있는 것은 결코 조상 탓이 아니라 자기들의 욕심과 교만이 빚어낸 결과이다.

그렇다고 해서 아무하고나 아무렇게 연합하고 일치해야 한다고 말하는 것은 아니다. 칼뱅도 아무런 원칙도 없이 무조건적 연합을 주장한 것은 아니다.

그에게는 나름대로 연합을 위한 몇 가지 뚜렷한 기준이 있었다.[11] 첫째로 그는 말씀과 성례전이라는 교회 표지가 올바르게 유지되고 있다면 그 공동체를 배척해서는 안 된다고 믿었다. 둘째로 그는 본질적 교리와 비본질적 교리를 구별하면서 비본질적 교리의 경우에는 다양성을 인정해야 한다고 주장했다. 오늘날의 표현을 빌리자면 다양성 속의 일치를 주장한 것이다. 그는 예배에서 촛불 사용, 포도주의 색깔, 성만찬에서 유교병과 무교병의 사용, 영혼의 중간상태, 물뿌림과 침례, 심지어 목회자의 윤리적 흠결 문제까지도 비본질적인 문제로 보았다. 셋째로 그가 말하는 교회일치는 언제나 머리이신 그리스도와 연결되어 있었다. 그는 『사돌레토에게 보낸 답변』에서 "나는 언제나 일치를 얼마나 열망하는지를 말과 행동으로 증언하였습니다. 그러나 내가 말하는 교회의 일치는 그리스도와 함께 시작되고 그리스도 안에서 끝나는 것입니다."라고 말했다.[12] 그에게 그리스도의 진리야말로 교회의 진정성을 판단하는 시금석이었다. 넷째로 그는 대립적인 견해들 중에서 하나를 선택하여 따르기보다는 그것들을 중도의 입장에서 조화시키고 통합하고자 하였다. 이런 식으로 칼뱅은 루터와 츠빙글리를 중재하려고 했고, 로마가톨릭의 부족함과 재세례파의 과도함을 극복하고 복음적인 프로테스탄트 교회들의 연합과 일치를 이끌어내고자 하였다. 이러한 칼뱅의 에큐메니칼 정신과 원리는 오늘의 한국 장로교회에 중대한 도전인 동시에 유용한 지침이 된다.

분열과 더불어 개교회주의도 한국교회가 반드시 극복해야 할 병폐이다. 그리스도의 몸이라는 교회 개념은 성도의 교제(communio sanctorum)와 연결된다. 교회는 모든 시간과 공간을 뛰어넘어 존재하는 모든 성도의 사귐과 친교의 공동체이다. 보편교회와 개(個)교회는 결코 분리될 수 없으며 따로 존재할 수 없다. 개교회는 그 자체만으로도 온전한 공동체이지만 동시에 보편교회 안에서 보다 넓은 사귐을 가져야 한다. 개혁교회 전통은 개교회, 지역교회, 보편교회로 확장되는 동심원적 정치구조를 가진다. 그러나 한국 장로교회에는 개교회만 있고 지역교회나 보편교회는 없다는 목소리가 높다. 각 교회가 모두 각개전투에만 열심이지, 전체적으로 힘을 모아야 할 대(對) 사회적인 일에서 유기적인 협력을 잘 이루지 못한다. 물론 개신교회는 가톨릭처럼 일사불란한 위계질서를 가진 조직체가 아니다. 각자의 개성과 특성이 존중되는 것이 개신교회의 특징이다. 그럼에도 불구하고 개 교회는 보편교회와 사귐 가운데 있는 보편교회에 속한 지체이다. 따라서 모든 지체가 머리와 협력하여 몸의 유익을 도모해야 하듯이, 개 교회들은 보편교회의 전체적 유익을 위해 힘을 모아야 한다. 지금처럼 옆에 있는 교회 교인들을 수평이동 시키기 위해 교회들 간에 경쟁하는 행태는 그리스도의 몸인 보편교회에 아무런 도움이 되지 못하는 제 살 깎기에 불과하다. 혼자서는 도저히 할 수 없는 것이 두 가지가 있는데, 결혼과 그리스도인이 되는 것이라고 한다. 그리스도의 몸인 교회는 본질적으로 공동체이다. 개인주의가 하나님의 백성인 교회와 공존할 수 없듯이, 개교회주의도 그리스도의 몸인 교회와 어울리지 않는다.

4. 성령의 전

교회는 성령의 전(殿)이다. 2006년 세계교회협의회가 내놓은 신앙과 직제 문서인 "교회의 본질과 선교"에서는 이렇게 말하고 있다. "교회란 하나님의 집, 곧 성령께서 내주하시고 활동하시는 거룩한 전이다. 성령의 능력으로 믿는 사람들은 '주 안에서 성전'(엡 2:21-22)이 되어가고 '신령한 집'(벧전 2:5)으로 성장해 가는 것이다."[13] 다시 말해 교회는 성령의 피조물(creatura Spiritus)이며, 성령의 능력 안에 있는 공동체라는 것이다. 신약성서 사도행전 2장에서는 오순절에 제자들에게 성령이 임함으로써 교회가 시작되었다고 증거하고 있으며, 초대교회의 사도신조와 니케아신조에서도 교회를 성령에 대한 신앙고백과 연결하여 다루고 있다. 바르트는 "성령의 역사를 전혀 기초하지 않고서 교회에 관하여 말할 수 있다고 생각하면 화가 있을 것"[14]이라고 말하면서, 교회는 성령에 의해 소집되고, 건설되며, 파송되는 공동체라고 주장한다.

교회는 은사(charisma) 공동체이다. 성령은 각양 좋은 은사를 나누어주심으로써 교회를 세운다. 성령의 은사는 예외적인 것이 아니라 일상적인 것이며, 단일한 것이 아니라 다양하며, 특정인에게만 주어지는 것이 아니라 모든 신자에게 주어지며, 지나간 것이 아니라 현재에도 주어진다.[15] 성령께서 은사를 베푸시는 목적은 "공동의 유익"(common good, 고전 12:7)을 위한 것이며, "교회의 덕"(edification of the church, 고전 14:12)을 세우기 위함이다. 다시 말해 은사는 교회 공동체의 유익을 위한 봉사를 위해 주시는 성령의 선물이다. 은사는 지배가 아니라 섬김을 위해 주시는 것이다. 은사는 사명을 위한 것이다.

교회가 성령의 전이라는 것은, 교회가 제도라기보다는 영적인 실체라는 뜻이다. 전통적으로 로마가톨릭은 교회를 구원을 위한 가시적인 제도요 법적인 기관으로 여겼다. 이런 제도로서의 교회관을 역설한 대표적인 인물이 16세기 프로테스탄트 종교개혁에 정면으로 맞섰던 로베르토 벨라르미노(Roberto Bellarmino, 1542-1621)이다. 그는 "교회는 동일한 그리스도교 신앙을 선언하고, 정당한 사목자들, 특히 지상에서 그리스도의 대리자인 오직 한 사람 로마 교황의 통치 아래 동일한 성사를 통한 친교로써 결합된 사람들의 집단"[16]이라고 말한다. 벨라르미노의 정의에 따르자면 로마가톨릭교회만이 교회일 것이다. 이런 제도로서의 교회론에서 교회는 피라미드식 구조로 이루어진 불평등 사회이며, 법률에 기초한 불변의 조직이다. 그러나 바르트는 교회를 역사적 제도가 아니라 하나님과의 실존적 만남의 사건이 일어나는 공동체로 이해했다.

교회는 정적인 기구나 조직이 아니라 오히려 살아 움직이는 역동적인 영적 실체이다. 수직적 위계질서에 따르는 권력의 구조라기보다 수평적인 차원에서 서로 섬기며 봉사하는 공동체이다.

그러면 한국교회는 과연 성령의 전인가? 이것은 교회가 과연 사람의 뜻과 방법에 의해 유지되는지 아니면 성령의 뜻에 따라 세워지는지를 묻는 것이다. 이것은 교회가 몇몇 시람에 의해 지배되는 집단인지 아니면 성령께서 주시는 각양 은사를 받은 사람들이 서로 섬기며 공동의 덕을 세워가는 공동체인지를 묻는 것이다. 칼뱅은 『기독교강요』에서 정치구조에 대해 논하면서 "민주정치에 근접하는 귀족정치"를 이상적인 형태로 제시하였다.[17] 이런 전통에 입각하여 오늘날 개혁전통에 속한 개 교회의 정치구조는 당회와 공동의회가 서로 견제하며 조화를 이루는 방식으로 이루어져 있다. 그러나 실제로 한국 장로교회 안에서 이런 대의정치와 민주정치의 이상이 조화를 이루고 있는지 의심스럽다. 오히려 목회자 개인이나 영향력 있는 장로들에 의해 교회가 좌지우지되는 경우가 많은 것이 현실이다. 제직회나 공동의회가 요식적인 절차행위에 머물고, 신자들의 의견이 원활히 소통되는 구조가 미비한 것이 사실이다. 교회가 성령의 각양 은사에 기초한 공동체라면 수직적인 상명하달 구조가 아니라 수평적인 의사결정 구조가 되도록 교회의 체질을 개선해야 한다.

교회의 역사를 살펴보면 교회를 제도로 볼 것인지 영적인 공동체로 볼 것인지를 두고 늘 논쟁을 벌였다.[18] 2세기에 몬타누스(Montanus)에 의해 시작된 몬타누스주의도 교회의 제도화에 대한 항거였다. 몬타누스는 교회의 권위나 지도력이 임명이나 안수보다는 성령이 주신 카리스마, 즉 은사에 기초해야 한다고 주장하였다. 비록 그들의 운동이 자신들만을 영적 그리스도인이라고 내세우는 영적 교만에 빠져 분파주의로 흐르면서 교회의 정죄를 받기는 했지만, 초대교회의 교부 중 한 사람으로 인정받는 테르툴리아누스(Tertullianus)까지도 한때 몬타누스주의에 동참했을 정도로 많은 사람의 공감과 동조를 얻었다. 따라서 칼 호이시(Karl Heussi) 같은 교회사 학자는 몬타누스를 최초의 교회개혁자로 부르기도 한다. 17세기 영국의 조지 폭스(George Fox)도 교회의 제도화에 따른 폐해를 비판하면서 성령에 의한 '내적인 빛'(inner light)의 중요성을 강조하였다. 결국 그는 교회 내에 설교하는 사제나 성직자를 따로 둘 필요가 없으며, 성령의 내적인 빛의 조명을 받은 사람이라면 누구라도 말씀을 전할 수 있다고 주장하였다. 폭스에게 교회는 위계적인 제도가 아니라 영적인 공동체였다. 따라서 교회 내에서는 모두가 평등하며 존중받아야 한다고 그는 믿었다. 폭스를 따르던 퀘이커(Quakers)의 본래 명칭이 친우회(Society of Friends)인 것도 모든 사람이 하나님 앞에서 평등하다는 의미를 담고 있다.

교회를 제도와 조직으로 규정하고 나면, 교회는 자체 조직의 유지에 열중하게 되며 그 제도가 쉽게 화석화되어 성령의 역동적인 능력을 교회 내에만 가두게 된다. 그러나 성령은 결코 교회 안에 갇혀 있는 분이 아니다. 그리스도께서 교회의 머리일 뿐만 아니라 만유의 주이듯, 성령도 교회뿐만 아니라 만물을 새롭게 하시는 영이다. 교회만을 전부로 생각하고 그 조직을 유지하는 데만 열중하는 '교회주의'(churchism)는 결국 풍성한 성령을 제한하는 우를 범하는 것이다. 성서는 성령을 바람과 같은 분이라고 표현한다. 바람이 모든 경계와 담장을 넘어 자유롭게 불듯이, 성령은 자신의 원하는 때에 원하는 곳에서 역사하신다. 그렇다고 해서 교회의 제도와 조직을 완전히 부정해서는 안 된다. 분명 하나님의 성령은 교회의 제도에 얽매이는 분은 아니다. 그러나 교회라는 울타리를 완전히 허물어버리고 나면 그 속에 있는 보화도 밖으로 쏟아지고 말 것이고, 우리가 체험하는 영이 누구의 영인지 분별할 수 없으며 무질서에 빠질 우려가 매우 크다. 따라서 교회의 제도는 불가피하다. 그러나 그 구조가 우리를 살리고 섬기는 구조가 아니라 '조직의 쓴맛'만을 강요하는 구조라면 결코 은총의 통로가 될 수 없다. 따라서 성령과 제도는 서로를 자극하는 건전한 긴장관계를 유지해야 할 것이다.

한국교회는 과연 성령을 얼마나 정당하게 이해하고 있는가? 한국교회는 성령을 매우 강조하고 있지만 실상 성령은 개인과 교회의 영역 안에만 머물러 있다. 샤머니즘과 기복주의의 영향 때문에 성령을 마치 개인에게 복을 주고 교회를 성장시키는 탁월한 귀신쯤으로 여기는 듯하다. 뿌리 깊은 이원론적 인식은 개인과 사회, 교회와 세상을 나누고 성령은 마치 개인과 교회에만 관계하고 사회나 세상과는 아무 관련이 없는 것으로 이해하는 경우가 많다. 그러나 성령은 교회뿐만 아니라 세상까지도 주장하는 분이며, 개인적인 문제들뿐만 아니라 사회적인 문제들에도 적극 개입하는 분이다. 누가복음에 기록된 예수의 공생애 첫 메시지는 이 점을 분명히 보여준다. "주의 성령이 내게 임하셨으니 이는 가난한 자에게 복음을 전하게 하시려고 내게 기름을 부으시고, 나를 보내사 포로 된 자에게 자유를, 눈 먼 자에게 다시 보게 함을 전파하며, 눌린 자를 자유롭게 하고 주의 은혜의 해를 전파하게 하려 하심이라."(눅 4:18) 누가복음은 가난한 자, 포로 된 자, 눈먼 자, 눌린 자를 해방하고 치유하는 일이 성령의 사역이라고 말한다. 한국 장로교회에서 말하는 성령에 익숙한 사람에게는 성령이 이렇게 정치적이고 사회적인 일에 깊이 개입한다는 사실이 새삼 놀랍기까지 할 것이다. 이제 한국교회는 세상을 향한 성령의 역사에 깊은 관심을 가지고 세상의 변혁을 위해서도 동참해야 할 것이다.

5. 하나의 · 거룩한 · 보편적 · 사도적 교회

흔히 교회의 네 가지 속성을 말할 때 '하나의'(one), '거룩한'(holy), '보편적'

(catholic), '사도적'(apostolic)이라는 형용사를 꼽는다. 이것은 381년 니케아-콘스탄티노플 신조에 분명히 명시된 것이다. 종교개혁자들의 가르침을 따르는 개신교회는 순수한 말씀 사역과 순수한 형태의 성례전을 교회의 두 가지 표지(marks)라고 주장하지만, 앞에서 말한 네 가지 형용사가 교회의 속성이라는 것에는 이의가 없다. 하나됨, 거룩함, 보편성, 사도성이라는 교회의 본질은 언제나 하나님의 말씀과 성례전에 근거할 때 의미를 지닌다는 점에서 교회의 네 속성과 두 표지는 결코 배타적인 것이 아니다.

우리가 교회의 네 가지 속성을 논할 때 염두에 두어야 할 것이 있다. 먼저 그것들은 교회의 속성이지 그리스도인의 속성은 아니라는 사실이다. 교회는 삼위일체 하나님과의 관련성 때문에 하나이고 거룩하고 보편적이고 사도적인 것이지, 신자들 때문에 그런 속성을 가지는 것이 아니다. 거룩하지 못한 신자들이 모인 교회라 할지라도 거룩하다고 말하는 것은 교회가 하나님의 백성이요, 그리스도의 몸이요, 성령의 전이기 때문이다. 또한 교회의 네 가지 속성은 개 교회에 속한 것이라기보다는 보편교회에 속한 것이요, 현재의 모습이라기보다는 이루어야 할 과제이다. 그렇기 때문에 현실의 교회들은 찢기고 분열되어 있음에도 불구하고 그리스도의 몸인 보편교회는 여전히 하나라고 고백할 수 있다.

교회는 하나이다. 교회가 하나라는 것은 외적인 획일성이 아니라 영적인 일치를 의미한다. 신약성서에서 교회를 복수형으로 많이 사용하는 것은 다양한 교회의 존재를 전제하는 것이다. 수많은 교회가 있지만 교회가 하나인 이유는 머리이신 그리스도가 한 분이기 때문이다. 교회의 하나됨은 결코 다양성을 배제하지 않는다. 교회는 하나이지만 예배의식, 교회정치, 신학은 얼마든지 다양할 수 있다. 이와 같이 허용 가능한 다양성을 '화해된 다양성'이라고 말할 수 있다. 그렇지만 다양성의 한계도 분명히 있다. 예수 그리스도와 복음의 진리를 떠난 일탈은 다양성의 한계를 벗어난 것이다.

교회의 일치가 현실적으로 어려워 보인다고 해서 일치는 천상의 불가시적 교회에서만 가능하지 현실의 가시적 교회에서는 불가능하다고 단정하고 포기하는 태도나, 교회의 분열이 교회의 성장을 가져 왔으니 문제될 것이 없다는 태도나, 어떤 한 교회나 교파만이 진짜이고 나머지는 사실상 교회가 아니라는 배타적 태도로 교회 분열의 문제를 회피하려는 태도는 바람직하지 못하다. 현실 교회의 분열 자체보다 분열된 교회가 서로 사귀지 못하는 것이 진짜 스캔들이다.[19] 분열보다도 분열의 죄에 대해 둔감하거나 무관심한 것이 문제의 핵심이다. 그리스도의 몸인 교회는 하나이며 또 하나가 되어야 한다.

교회는 거룩하다. 교회가 거룩한 것은 신자들의 윤리적 행위 때문이 아니라 예수 그리스도와 성령 때문이다. 우리가 경험하는 교회는 거룩하지도 온전하지도 못하다. 그럼에도 교회가 거룩한 것은 예수 그리스도의 거룩하심을 반사하기 때문이며, 거룩하게 하시는 성령의 힘 때문이다. 그리스도의 몸인 교회는 거룩하지만, 현실의 교회는 오히려 죄인들의 교회이다. "의인인 동시에 죄인"(simul iustus et peccator)이라는 루터의 명제는 교회에도 그대로 적용된다. 교회사에서 종종 일컬어지는 것처럼 교회는 "순결한 창녀"(casta meretrix)이다.[20]

교회의 거룩성은 세상으로부터 초연이나 이탈이 아니라 세상 속에서 거룩성이어야 한다. 교회를 세상과 동일시하는 것도 잘못이지만, 교회와 세상을 완전히 분리하려는 것도 오류이다. 교회는 세상 속에 있지만 세상에 속하지 않은 공동체이다. 교회의 거룩함은 하나님의 사역에 관계되는 것이지 인간의 사역에 관계되는 것은 아니다. 그럼에도 하나님의 백성은 거룩한 삶을 살도록 부름을 받고 있다. 교회는 세속 안에서 거룩하게 살아가는 새로운 가능성을 보여주는 '대안 공동체'(an alternative society)여야만 한다. 성령의 전인 교회는 거룩하며 또 거룩하게 되어야 한다.

교회는 보편적이다. 교회의 보편성은 교회의 하나됨에서부터 시작한다. 교회는 예수 그리스도의 복음 안에서 하나이기 때문에, 복음에 충실한 교회는 어느 시대 어떤 장소에 있든지 동일한 교회이다. 칼뱅은 로마의 추기경『사돌레토에게 보내는 답변』에서 "교회란 모든 성도의 모임, 즉 온 세상에 편만하고 모든 시대에 존재했던 성도들이, 하나의 교리와 그리스도의 한 성령으로 함께 묶여져서, 신앙의 일치와 형제애적인 조화를 증진시키고 지키는 모임"[21]이라고 정의한다. 칼뱅은 로마가톨릭교회가 '가톨릭'(catholic)이라는 말을 독점적으로 사용하는 것에 대해 동의하지 않았다. 보편성(catholicity)은 로마교회라는 일개 교단에 속한 것이 아니라 모든 교회의 속성이기 때문이다. 게다가 로마교회는 그리스도의 복음의 진리에서 떠났기 때문에 그리스도의 몸의 일부로서 보편적 교회의 일원임을 주장할 근거조차 상실했다고 칼뱅은 보았다. 칼뱅에 따르면 교회의 보편성은 동일한 진리를 고백하고 동일한 성령의 인도를 받는 모든 공동체에게 해당되는 속성이다.

교회의 보편성에 대해 칼 바르트는『교회교의학』에서 "교회는 보편적, 즉 우주적이다. 교회는 어떤 경계로도 제한받지 않는다. 국가의 장벽도, 인종의 장벽도, 문화의 장벽도 교회를 한정하지는 못한다. 교회는 어느 하나에 배타적으로 속하는 것이 아니라 모두에게 속하는 것이다."[22]라고 주장한다. 교회가 시간적·공간적·문화적·인종적인 다양성에도 불구하고 보편적인 이유는 공통분모인 예수 그리스도 때문이다. 이런 점에서 보자면 교회는 기본적으로 세계주의(cosmopolitanism)적 성격을 가지고 있다. 따라서 교회 안에서는 배타적 민족주의나 차별적 인종주의나 성차별주의가 자리할 수 없다.

교회는 사도적이다. 이때 교회가 사도적이라는 것은 무엇을 의미하는가? 로마가톨릭교회는 자신들만이 베드로부터 지금까지 이어지는 사도성을 역사적으로 계승했다고 주장하면서, 개신교회는 사도적 계승에서 이탈했다고 말한다. 그러나 사도적 계승이란 사람의 연속성을 말하는 것이 아니다. 예수 그리스도에 의해 임명되고 파송된 사도직은 일회적인 것이며 더는 사도가 없기 때문이다. 오히려 사도적 계승이란 사도적 신앙과 사명의 연속성을 일컫는다. 사도가 전하고 가르쳐준 신앙과 사명은 한 개인이 아니라 온 교회에 계승된다.[23] 이것이 교회가 사도적이라는 의미이다. 따라서 민일 교회라고 불리는 공동체가 사도적 신앙과 사명을 올바르게 이어받고 수행하지 못한다면 그 공동체는 참된 교회라고 불릴 수 없다.

사도란 보냄을 받은 사람이라는 뜻이다. 따라서 교회가 사도적이라는 말은 교회가 세상을 위해 보냄을 받았다는 의미이다. 사도가 복음의 진리를 전하기 위해 보냄을 받은 것처럼, 교회는 예수 그리스도의 복음을 세상에 전하라고 보냄을 받은 공동체이다. 따라서 교회는 사도로부터 물려받은 그리스도의 복음을 세상에 전하고 나누는 통로가 되어야 한다. 로마교회에서는 교회를 공로의 보물창고라고 말하지만 사실상 복음이야말로 교회의 보화이다. 목사, 장로, 교사, 집사와 같은 교회의 직제는 모두 교회의 보화인 복음을 어떻게 하면 효과적으로 소통시킬 것인가에 초점이 맞추어져야 한다.

6. 하나님 나라를 위한 도구

교회는 무엇을 위해 존재하는가? 무엇보다도 교회는 인간의 구원을 위해 하나님이 허락해주신 은혜의 수단이다. 구원을 위한 외적인 수단으로 교회 개념을 제시한 칼뱅은 교회를 어머니와 학교라는 이미지로 묘사하였다. 교회는 어머니와 같다. 어머니가 아이를 낳고 양육하는 것처럼, 교회는 그리스도인을 잉태하고 자라게 하는 하나님의 도구이다. 이런 점에서 칼뱅은 하나님을 아버지로 모시는 사람들에게 교회는 어머니가 된다고 말한다.[24] 이와 같은 어머니로서의 교회 개념은 초대교회의 키프리아누스(Cyprianus)나 아우구스티누스(Augustinus)로부터 비롯된 것이다. 이것은 인간의 구원에서 교회의 역할이 얼마나 필수불가결한 것인지를 말해준다. 칼뱅은 또한 교회를 학교에 비유한다. 그는 "우리는 연약하기 때문에 평생토록 교회라는 학교의 학생으로 있어야 하고 거기서 벗어나서는 안 된다."[25]라고 단언한다. 우리말 교회(敎會)가 '가르치는 모임'이라는 뜻을 가진 것도 이와 일맥상통하다고 할 것이다. 하나님의 은혜가 교회 안에만 국한되는 것은 분명 아니지만, 그럼에도 "교회 밖에는 구원이 없다."(extra ecclesiam nulla salus)라는 오래된 명제는 상당 부분 진실을 말하고 있다. 인간은 어머니와 학교인 교회를 통해서 새로운 생명을 발견하고, 양육 받고, 성숙해 가면서 참된 경건과 구원의 도리에 이른다. 이처럼 하나님은 구원을 위한 하나의 중요한 수단으로 교회를 세워주신다.

동시에 아니 그보다 더 중요하게 교회는 하나님의 나라를 이루기 위한 수단이다. 교회는 그 자체가 목적이 아니라 이 세상에 하나님의 나라를 실현하고자 하는 하나님의 도구이다. 예수 그리스도가 이 땅에 와서 가르친 것은 다름 아닌 '하나님의 나라'(basileia tou theou)였다. 이것은 예수의 삶과 가르침에 대해 전해주는 복음서에 교회라는 말은 단 두 번밖에 나오지 않는 반면에 하나님의 나라 개념은 백 번 이상 나오는 것에서 분명히 드러난다. 그런데 이 하나님의 나라는 종말론적 성격을 지니고 있다. 예수 그리스도가 이 땅에 오심으로 하나님의 나라가 이 세상 안에 '이미' 시작되었지만 '아직' 완성되지는 않았다. 교회는 다가올 하나님 나라의 표징이요 전조이다. 교회는 하나님의 나라와 동일하지는 않지만 그 나라의 실현을 위한 도구요 수단이다. 따라서 도구인 교회가 마치 자기가 목적인 양 굴어서는 안 된다. 도구인 교회는 목적인 하나님의 나라를 위해 봉사해야만 한다.

　세계교회협의회의 문서인 "교회의 본질과 선교"는 교회가 "이 세상 안에 그리고 이 세상을 위해"[26] 존재하는 공동체라고 선언한다. 예수께서 직접 그리스도인들을 가리켜 "세상의 소금"(마 5:13)이요 "세상의 빛"(마 5:14)이라고 말씀하셨고, 요한은 "하나님이 세상을 이처럼 사랑하사 독생자를 주셨으며"(요 3:16) "하나님이 그 아들을 세상에 보내신 것은 세상을 심판하려 하심이 아니요 그로 말미암아 세상이 구원을 받게 하려 하심"(요 3:17)이라고 선언하고 있기 때문이다. 따라서 교회는 하나님의 뜻을 따라 세상을 위한 공동체가 되어야만 한다. 바르트가 말한 것처럼 "예수 그리스도의 공동체는 세상을 위한 공동체이다. … 처음부터 끝까지 세상을 위해 존재하시는 분이 바로 하나님이다. 그리고 예수 그리스도의 공동체는 처음부터 끝까지 하나님을 위해 존재하기 때문에, 세상을 위해 존재하는 방법 이외에 다른 선택의 여지가 없다."[27] 흔히 교회의 사명으로 말씀의 선포(*kerygma*), 친교(*koinonia*), 봉사(*diakonia*), 교육(*didache*)을 말하지만 이 모두가 궁극적으로는 하나님의 나라를 위한 활동일 뿐이다.

　필자는 한국의 교회들 안에 교회가 하나님의 나라를 위한 도구요, 세상을 위해 존재하는 공동체라는 인식의 회복이 절실하다고 생각한다. 그래야만 오로지 교회성장을 위해서라면 어떤 방법을 사용해도 상관이 없다는 식의 무비판적 교회지상주의에서 벗어날 수 있을 것이며, 교회와 세상을 이분법적으로 나누고 세상이라면 무조건 적대시하는 대결주의에서 해방될 수 있을 것이다. 많이 나아졌다고는 하지만 한국교회 안에는 아직도 교회와 세상을 나누는 분리주의적 가치관이 팽배하다. 그러나 하나님이 세상을 사랑하사 독생자를 보내시고 세상을 구원하기를 원하신다는 사실을 안다면 세상을 적대시하거나 포기할 것이 아니라 오히려 세상을 품고 그 안에 하나님의 통치가 실현될 수 있도록 변혁해야 할 것이다. 교회는 세상과 구별되어야지 분리되어서는 안 된다. 예수 그리스도는 교회의 주님인 동시에 세상의 주님이시다.

7. 맺는 말

필자는 지금까지 교회의 본질을 나타내는 중요한 개념들을 서술하면서 과연 한국교회가 그러한 본질에 얼마나 충실한지를 검토하였다. 하나님의 백성, 그리스도의 몸, 성령의 전, 하나의·거룩한·보편적·사도적인 공동체, 하나님 나라를 위한 도구라는 교회의 본질을 한국교회가 얼마나 진지하고 성실하게 지켜가고 있는지를 생각할 때 안타까운 마음이 앞선다. 이상적인 교회의 모습에 현실의 교회를 비추어 보니 흠과 티도 많이 보인다. 그러나 비관하거나 좌절하여 교회를 떠나거나 포기해서는 안 된다. 이 땅 위에 있는 교회는 아직 길 위에 있는 존재이다. "교회란 하나의 종말론적인 실재로서, 이미 하나님 나라를 예기하고 있다. 그러나 지상의 교회는 아직 하나님 나라의 충만한 가시적 실현은 아니다."[28] 도상(途上)에 있는 교회는 아직 불완전하며, 알곡과 가라지가 함께 섞여 있으며, 투쟁 중에 있는 교회이다. 따라서 끊임없는 회개와 자기 갱신의 노력이 필요하다. 그렇기 때문에 개혁교회의 표어처럼 "개혁된 교회는 계속 개혁되어야 한다."(ecclesia est reformata et semper reformanda)는 정신으로 교회의 개혁을 추구해야 한다. 교회의 개혁은 과거형(reformed church)이 아니라 여전히 현재진행형이다(reforming church). 이런 자기 갱신의 노력을 통해 하나님 나라의 현실화에 점점 더 다가서는 것이다.

지금까지 한국교회는 죄인을 구원하고, 상심한 자를 위로하고, 병든 자를 치유하며, 절망한 자에게 희망을 전하는 제사장의 역할에 주로 힘을 기울여왔다.

바라건대 이제는 제사장 역할을 넘어서 예언자적 사명과 왕적 소명에 관심을 기울임으로써 교회가 세상에 희망을 보여주고 대안을 제시하는 모범이 되기를 소망한다. 경제적 세계화와 양극화의 심화, 분단의 아픔과 전쟁의 위협과 같은 문제들에 대해서도 하나님의 정치경제 원리로 대답할 수 있는 교회가 되어야 한다. 바르트의 말처럼 세상을 향해 복음을 선포하고 설명할 뿐만 아니라 세상을 위해 복음을 적용하는 것이 교회의 교역이다.[29] 제사장이며 예언자이고 왕이신 예수 그리스도를 따르는 교회는 삼중직의 사명을 균형 있게 실천하는 일에 앞장서야 한다.

역사는 완결된 이야기가 아니라 끊임없이 형성되어 가는 과정의 이야기이다. 앞으로 21세기의 교회사가 어떻게 펼쳐질 것인지는 미지수이다. 새롭게 경건의 능력을 회복하여 스스로를 개혁하고 세상에 충격과 변화를 줌으로써 하나님 나라의 실현을 위한 도구가 될 것인지, 아니면 경건의 모양만 갖춘 채 무기력하게 답보와 퇴보를 거듭하면서 세상에 끌려다니며 세속화되고 세간의 조롱거리로 전락할 것인지는 누구도 알 수 없다. 우리가 하나님의 소명에 어떤 자세로 응답할지, 세상의 도전에 어떤 방식으로 응전할지에 따라 우리의 미래가 결정될 것이다. 미래의 한국교회가 어떤 위상과 역사를 지니게 될지는 오늘을 사는 우리 그리스도인에게 전적으로 달려 있다.

〈주〉

1) 『2010년 한국교회의 사회적 신뢰도 여론조사 결과발표 세미나 자료집』, 기독교윤리 실천운동 주최(바른교회아카데미/한국교회희망봉사단/한국기독교목회자협의회 협력, 2010년 12월 15일).
2) 교회라는 단어의 의미에 관해서는 E. G. Jay, *The Church: Its Changing Image through Twenty Centuries*, 주재용 역,『교회론의 역사』(서울: 대한기독교출판사, 1991), 11-19; Hans Küng, *Die Kirche*, 정지련 역,『교회』(서울: 한들출판사, 2007), 108-110을 참고하라.
3) Hans Küng,『교회』, 94-106.
4) George H. Williams, ed., *Spiritual and Anabaptist Writers*, Library of Christian Classics Vol. XXV (Philadelphia: The Westminster Press, 1957), 183.
5) Karl Barth, *Church Dogmatics*, IV, 3, 2, trans. G. W. Bromiley (Edinburgh: T. & T. Clark, 1962), 729.
6) Hans Küng,『교회』, 339.
7) R. Ward Holder, "Calvin's Heritage," *John Calvin*, ed. Donald K. McKim (Cambridge University Press, 2004), 254.
8) John Calvin, *Institutes of the Christian Religion*, ed. John T. McNeill, trans. Ford Lewis Battles (Philadelphia: The Westminster Press, 1960), IV권, 1장, 2절 (이후 IV, 1, 2와 같은 방식으로 표기한다).
9) IV, 1, 10.
10) John T. McNeill, *Unitive Protestantism: The Ecumenical Spirit and Its Persistent Expression* (Richmond: John Knox Press, 1964), 180.
11) 박경수,『교회의 신학자 칼뱅』(서울: 대한기독교서회, 2009), 98-104.
12) John Calvin, "Reply to Sadolet," *Calvin: Theological Treatises*, trans. J. K. S. Reid (London: SCM Press, 1954), 249.
13) 한국기독교교회협의회 신앙과직제위원회 편, 이형기·송인설 공역, "교회의 본질과 선교,"『신앙과 직제와 삶과 봉사의 합류』(서울: 한국기독교교회협의회, 2009), 358-359.
14) Karl Barth, 전경연 역,『바르트 교의학 개요』(서울: 대한기독교서회, 1992), 205.
15) Hans Küng,『교회』, 253-263.
16) Leo Elders, et al., 현석호 역,『제2차 바티칸공의회 문헌 해설총서 2』(성바오로출

판사, 1991), 23.
17) IV, 20, 8.
18) 박경수, 『교회사클래스』(서울: 대한기독교서회, 2010), 35-37, 261-263.
19) Michael Weinrich, *Die Reformation und die Ökumene Heute*, 조성기·조용석 편역, 『종교개혁과 현대 오이쿠메네』(서울: 한들출판사, 2010), 242.
20) Hans Küng, 『교회』, 467-468.
21) John Calvin, "Reply to Sadolet," 231.
22) Karl Barth, *The Faith of the Church*, trans. Gabriel Vahanian (New York: Meridian Books, 1958), 139.
23) Hans Küng, 『교회』, 508-509.
24) IV, 1, 1.
25) IV, 1, 4.
26) "교회의 본질과 선교", 398-404.
27) Karl Barth, *Church Dogmatics*, IV, 3, 2, 762.
28) "교회의 본질과 선교", 366.
29) Karl Barth, *Church Dogmatics*, IV, 3, 2, 844-854.

제4장

16세기 제네바 교회의
목회자 선발과 훈련에 관한 연구:
한국교회의 목회자 위기극복을 위한 모색

1. 시작하는 말

　한국교회의 위기를 말하는 목소리가 높아지고 있다. 그 위기론은 이제 단순한 이론이 아니라 피부로 체감할 수 있는 현상으로 드러나고 있다. 한국교회사에서 오늘날만큼 어려운 시기가 있었던가 싶을 정도로 위기론은 심각하게 다가온다. 도대체 왜 이런 위기가 온 것일까? 어디에서부터 이 위기가 연원된 것일까? 그리고 이 위기를 어떻게 극복해야 할 것인가? 아마도 이 위기의 이유에 대해서는 각자가 나름대로 진단을 제시할 수 있을 것이다. 교회의 제도와 조직, 교회의 사회를 향한 자세와 태도, 뿌리 깊은 개교회주의와 분파주의, 타종교에 대한 배타주의, 신학적 엄격주의나 혼합주의나 자유주의, 예배 예전의 빈곤이나 부재 등 다양한 이유를 위기의 원인으로 꼽을 수 있을 것이다. 그러나 위기의 근원을 깊이 들여다보며 성찰해볼 때, 오늘날 한국교회의 위기는 제도나 신학이나 의식의 문제보다는 사람의 문제, 특별히 교회에서 가장 중요한 위치를 차지하고 있는 목회자의 위기에서 비롯된 것이라고 생각된다.
　안타깝게도 한국교회에서 한 사람의 목회자가 교회 내에서 미치는 영향력은 가히 절대적이라 할 정도이다. 교회가 하나님의 백성 공동체요, 주님의 몸이요, 성령 안에서 성도의 교통이라는 우리의 신앙고백의 원리에 비추어볼 때 한 사람의 목회자가 교회에서 절대적인 위치를 가지는 것은 결코 바람직한 현상이라 말할 수 없다. 그것은 교회의 공동체성을 위협하고 해치기 때문이다. 그럼에도 현실적으로 한국교회에서 목회자는, 특히 대형교회의 목회자는 거의 절대적인 영향력을 행사하고 있다. 따라서 그 한 사람의 목회자가 잘못된 선택을 하거나 잘못된 방향으로 갈 때, 그 교회는 회복할 수 없을 정도의 타격을 입게 된다. 뿐만 아니라 그 충격은 한국교회 전체로 파급되어 한국교회의 신뢰도와 호감도의 하락으로 이어진다.

일찍이 로버트 킹던(Robert M. Kingdon)은 학자들이 개신교 종교개혁운동에서 가장 큰 영향력을 행사한 집단인 목사들을 연구하는 데 충분한 시간을 할애하지 않았다는 사실에 의아함을 표시한 바 있다.[1] 이런 상황은 오늘날 한국의 신학계에도 크게 다르지 않다. 교회에서 목회자에게 지나치게 모든 권한이나 의사결정이 집중되는 것이 잘못이긴 하지만, 동시에 교회에서 목회자가 다른 구성원들에 비해 보다 중요한 역할과 기능을 맡고 있는 것 또한 분명한 사실이다. 따라서 목회자의 수준은 곧 그 교회의 수준을 결정하는 가장 중요한 요인 중 하나가 된다. 그러므로 한국교회는 누가, 어떤 자격을 지닌 사람을, 어떤 절차와 방법을 통해 목회자로 선발해야 하는지에 대해 심각하게 고민하고 연구해야 한다. 또한 목회자의 교육과 훈련은 어떻게 이루어져야 하는지에 대한 구체적이고도 실질적인 지침이 필요하다.

필자는 이러한 지침을 세우는 데 도움을 주기 위해서 개신교회가 처음 출발했던 16세기, 특별히 개혁주의 전통의 요람이었던 제네바에서 어떻게 목회자를 선발하고, 목회자들이 어떤 교육과 훈련을 받았는지를 살펴봄으로써 오늘날 한국교회의 목회자의 선발과 훈련에 대한 통찰력을 얻고자 한다. 올바른 목회자상을 정립함으로써 오늘 한국교회의 목회자들이 겪고 있는 자기 정체성의 위기를 극복하고 이를 통해 한국교회가 참된 교회로 회복되는 계기가 되기를 바라는 마음이다.

2. 목회자의 선발

교회에서 목회자가 얼마나 중요한가에 대해서 16세기 제네바 교회의 목회자요 개혁자였던 칼뱅은 자신의 주저인 『기독교강요』에서 "현세의 생명을 유지하고 자라게 하기 위해서 태양의 빛과 열이 필요하고 음식과 물이 필요하듯이, 이 땅 위에서 교회를 보존하기 위해서 사도적이며 목회적인 직분이 필수적이다."[2]라고 말한다. 여기에서 강조되는 바는 '사도적이며 목회적인 직분'(apostolic and pastoral office)이 교회에 필수적이라는 사실이다. 목회자의 직무는 교회의 안전과 일치를 위해 하나님이 정하시고 세우신 방편이다. 칼뱅은 계속하여 에베소서 4장에 나오는 다섯 직분을 언급하면서 '사도', '선지자', '복음 전하는 자'는 그 당시의 필요에 따라 세운 임시적인(temporary) 직분이며, '목사'와 '교사'는 시대의 변화와 상관없이 항상 존재하는 항존적인(permanent) 직분이라고 구분한다. 그러므로 목사와 교사만이 지금도 여전히 교회에서 유의미한 직분이라는 것이다. 칼뱅은 목사와 교사의 직무를 다음과 같이 구분한다. "교사들은 치리나 성례집행이나 경고나 권면의 책임을 맡지 않고 단지 성도들 가운데서 교리를 온전하고 순수하게 지키기 위해서 성서를 해석하는 책임을 진다. 반면에 목사는 위에서 언급한 모든 역할을 다 감당해야 한다."[3] 그러면서 굳이 과거의 사도와 선지자를 오늘날의 직무에 비교한다면, "교사는 과거의 선지자에 해당하며, 목사는 사도에 해당한다."[4]라고 말한다. 이는 칼뱅이 사도를 목회자의 모델로 여겼음을 의미한다.

이처럼 교회의 존재를 위해 필수불가결한 직분이 목사직이기 때문에 어떤 목회자를 어떻게 선발해야 할 것인지는 이제 막 시작한 제네바의 프로테스탄트 교회에게는 대단히 중요한 문제였다. 칼뱅은 목회자를 언급할 때 빈번하게 "참되고 신실한(true and faithful) 목회자"라고 말한다. 참되다는 것은 합법적이고 정당한 방법으로 소명을 받아야 함을 뜻하고, 신실하다는 것은 자신에게 주어진 임무를 맡아 잘 수행해야함을 의미한다.[5] 이처럼 소명과 책임수행은 목회자가 반드시 지녀야 할 두 가지 표지라고 말할 수 있다. 칼뱅은 고린도전서 주석에서도 "목회자는 하나님에 의해 그 직무로 부르심을 받아야만 하며, 그 의무를 수행하는 데 신실해야만 한다."[6]라고 말하고 있다. 그러면 먼저 16세기 제네바에서는 누가, 어떤 사람을, 어떤 방식에 따라 목회자로 선발했는지를 살펴본 후에, 목회자들의 훈련을 어떻게 했는지를 살펴보기로 하자.

1) 목회자의 자격

무엇보다도 목회자는 소명을 받은 사람이어야 한다. 소명은 내적 소명과 외적 소명으로 나눌 수 있는데, 내적 소명이란 자신만이 아는 비밀한 하나님의 부르심이다. 자신의 어떤 야심이나 탐욕이나 이기적인 욕망 때문에 목사가 되려고 하는 것인지, 아니면 진심으로 하나님을 경외하고 교회의 덕을 세우고자 하는 소원 때문에 목사가 되고자 하는 것인지는 각자의 양심이 잘 알고 있다.[7] 이러한 내적 소명은 다른 사람들은 알 수가 없고 오직 자신만이 알고 있다. 목회자는 내적 소명과 더불어 외적인 소명도 필요한데 이것은 교회의 공적인 부름을 뜻한다.

그러면 교회는 어떤 사람을 목회자로 불러 세워야 하는가? 칼뱅이 1541년 제네바로 돌아오면서 제네바 의회에 제시한 『교회법령』(*Ecclesiastical*

Ordinances)은 교회의 네 가지 직분, 즉 목사, 교사, 장로, 집사에 대해 규정하고 있다. 여기서 칼뱅은 목회자의 자격조건으로 건전한 교리를 믿는 것과 거룩한 생활을 꼽는다. 칼뱅은 목회자가 되기 위해서는 두 가지 시험을 통과해야 한다고 말한다.[8] 첫째는 교리에 관한 시험이다. 목회자가 되려는 후보생이 성서에 대한 올바르고 건전한 지식을 가지고 있는지, 사람들을 교화하기 위해 그 지식을 잘 전달할 수 있는 적합한 능력을 갖추었는지를 검증하는 시험이다. 뿐만 아니라 교회가 승인한 가르침을 잘 수용하고 견지하는지, 잘못된 견해를 가지고 있지는 않은지를 점검하는 시험이다. 이를 알아보기 위해서 필요하면 목회자 후보생에게 질문을 하고, 주님의 가르침에 대한 자신의 견해를 피력하도록 하여 그가 말하는 바를 들어보는 것도 필요하다. 둘째는 생활에 관한 시험이다. 이것은 목회자 후보생이 좋은 습관을 가지고 있는지, 책망받을 일이 없이 행동하는지를 검증하는 시험이다. 생활이 거룩하지 못하다면 목회자로서의 권위를 가질 수 없을 뿐만 아니라 목회사역 자체가 망신거리가 되기 때문이다. 목회자는 회중의 좋은 모범이 되어야 하기 때문에 거룩한 생활은 대단히 중요하다. 칼뱅은 목회자의 가르침과 목회자의 생활이 일치되어야 한다는 사실을 매우 강조하였다.

오늘날 목회자들의 성적 추문, 물질적 부정행위, 명예욕과 야망으로 인해 겪는 한국교회의 고통을 생각해볼 때, 16세기 제네바 교회에서 목회자의 자격 조건으로 거룩한 생활을 강조했다는 구절이 유난히 눈에 띈다. 칼뱅은 제네바의 목회자들에게 높은 도덕 수준을 요구하였다. 특히 그는 목회자들에게 야망을 버리라고 충고한다. 칼뱅은 고린도전서 주석에서 "만일 누군가 야망에 사로잡힌다면 그는 추종자를 얻게 될 것이다. 그리스도를 따르는 추종자가 아니라 자신의 추종자를 얻게 될 것이다. 그러므로 목회자가 그리스도의 유익보다 자신의 이익에 탐닉한다면, 이것이야말로 모든 악의 뿌리이며, 모든 질병 중에 가장 해로운 것이며, 온 교회를 죽이는 독"[9]이라고 선언한다. 고린도 교회가 바울파, 베드로파, 아볼로파로 나뉘었던 것처럼, 회중이 어떤 특정한 목사를 선호하기 시작하면 자기를 추구하는 야망이 교회 안에 슬금슬금 들어오게 된다. 이때 목회자의 도덕성이 교회를 지키는 안전장치가 되어야 한다. 야망은 결코 하나의 작은 문제가 아니라 모든 문제의 근원이다. 모든 목사의 목표는 회중의 박수갈채를 추구하는 것이 아니라 주님을 기쁘시게 하는 것이다. 따라서 "이익을 위해서 목회자의 직무를 얻고자 하는 것은 나쁜 일이다. 그러나 더욱 나쁜 것은 성도의 충성심을 개인의 야망을 위해 자신에게로 돌리는 것이다."[10] 오늘날의 교회에서 특정한 개인에 대한 예찬을 조장하려는 시도는 대단히 위험한 행위이며 은밀한 죄이다.

물질에 대한 탐욕 또한 목회자들에게는 치명적인 위험이다. 칼뱅은 물질이 목회자와 목회자 후보생에게 어떤 영향력을 행사하는지 잘 알고 있었다. "물질에 대한 탐욕은 인간에게 보편적인 것인데 이것이 점차 교회의 목회자들에게도 현저하게 나타나고 있다. 목사들이 탐욕에 완전히 사로잡혀서 은이나 금의 반짝임에 눈이 현혹되어서 어떤 일도 서슴지 않고 있다니 이 얼마나 어리석은 일인가!"[11] 따라서 칼뱅은 목회자의 야망과 탐욕의 죄를 강도 높게 비판하였다. 목회자의 생활이 야망과 탐욕으로 얼룩진다면 그의 메시지 또한 힘을 얻지 못할 것이며, 목회사역 자체가 불신임을 받게 될 것이고, 결국 교회가 모욕을 당하고 하나님이 수치를 당하게 될 것이다. 따라서 "설교자에게 가장 중요한 것은 그의 입으로만이 아니라 생활로 설교해야 한다는 사실이다. 삶의 정직성과 청렴함으로 그의 가르침이 권위를 획득해야 한다."[12]

칼뱅은 "우리는 아무에게도 불의를 행하지 않고, 아무에게도 해롭게 하지 않고, 아무에게서도 속여 빼앗은 일이 없노라"(고후 7:2)는 말씀을 주석하면서 사람들이 목회자로부터 멀어지는 세 가지 이유를 들고 있다. 그것은 권위의 부당한 사용, 사람들을 오류로 이끄는 것, 그리고 탐욕이다.[13] 목회자들이 비상식적으로 행동하거나 자신의 권위를 전제적 억압을 위한 구실로 사용할 때 사람들은 목회자를 경원시할 수밖에 없게 된다. 그리고 목회자가 사람들을 잘못된 가르침으로 인도하게 되면 그 목회자는 신뢰를 받을 수가 없다. 또한 목회자가 무절제한 욕심을 내보이거나 다른 사람의 것을 시기한다면 사람들은 그를 따르지 않을 것이다. 목회자가 자신에게 주어진 힘을 남용하거나, 교리에 관한 지식에 있어서 정확하지 못하거나, 과도한 욕심에 빠진다면 그것은 스스로의 위신과 권위를 떨어뜨리는 행위이다. 목회자라면 성서와 교리에 관한 전문적이며 건전한 지식이 있어야 하며, 그 지식에 걸맞은 거룩한 삶이 뒤따라야 한다.

2) 목회자의 선발방법과 예식

칼뱅은 목회자를 세우는 일이 대단히 엄숙한 일이기 때문에 무엇보다도 경외심을 가져야 한다고 말한다. 따라서 목회자를 세우는 일에서 우리는 기도를 통하여 하나님께 지혜와 분별의 영을 허락해 주시기를 간구해야만 한다. 예수님도 열두 제자를 택하기 전에 기도하셨고, 안디옥 교회도 바울과 바나바를 택할 때에 기도했기 때문에, 오늘날도 목회자를 선택할 때에는 경외심을 지닌 기도가 동반되어야 한다. 제네바 목사회의 기록에서도 우리는 "하나님께 진심으로 기도한 후에 몇몇 좋은 후보자를 지명하였다."[14]라는 식의 표현을 자주 발견하게 된다.

전통적으로 목회자를 임명하는 예식은 손을 머리에 얹어 안수하는 방식이다. 칼뱅은 안수는 사도들이 사용한 예식이므로 이론상 이 방식을 준수하는 것이 가장 좋다고 생각한다.[15] 그러나 실제는 다소 차이가 난다. 제네바의 『교회법령』에서는 고대교회에서부터 지켜져 온 안수예식이 중세를 거치면서 너무나 많은 미신에 의해 왜곡되었고 수많은 스캔들이 야기되었기 때문에 오히려 안수를 하지 않는 것이 더 나은 지경이 되었다고 지적한다. 그렇기 때문에 칼뱅은 안수를 대신하여 목회자들 가운데 한 사람이 목사의 임무에 대해 선언하고, 주님이 은혜를 주셔서 그 임무를 감당할 수 있도록 해달라는 기도와 기원을 하는 것으로 대체할 수 있다고 주장한다.[16] 안수예식을 폐지할 수 있다고 생각했던 제네바의 입장은 고대교회의 관습에서 벗어난 경우 중 하나라고 할 수 있을 것이다. 이것은 칼뱅이 고대교회의 관습을 무조건 추종한 것이 아니라 16세기 제네바의 상황에 맞추어서 적절히 변용하여 받아들였음을 의미한다.

3) 목회자의 선발 주체

그렇다면 16세기 제네바에서는 누가 목사를 선발하는 권위를 가졌는가? 책임을 지닌 어떤 한 사람인가, 목사회인가, 장로들인가, 아니면 전체 회중인가? 칼뱅은 사도행전 14:23의 말씀을 주석하면서 "각 교회에서 장로들을 택하여"라는 구절에서 '택했다'는 단어를 회중의 투표 혹은 거수에 의한 것으로 해석하였다. 칼뱅은 교회정치에서든지 세속정치에서든지 개인보다 다수가 권위를 지녀야 한다는 견해를 항상 유지하였다. 그는 목회자를 선발할 때도 한 사람이 제한 없는 권위를 갖기보다는 모든 사람의 투표에 의해 결정이 이루어지기를 원했다.[17] 칼뱅은 고대교회에서도 회중의 찬성이 없이는 누구도 성직자들의 회(會)에 들어갈 수가 없었다고 주장한다.[18]

실제로 16세기 제네바에서는 다음과 같은 방법으로 목회자를 선발하였다. 1541년의 『교회법령』에 따르면 먼저 목사회가 질문이나 성서를 해설하는 것을 청취함으로써 후보자의 교리와 생활을 검증한 후에 적절하다고 판단되는 사람을 선택한다. 그런 다음 의회에 그 사람에 대한 승인을 요청한다. 의회의 승인이 이루어지면 설교를 통해 시민들에게 소개한다.[19] 1561년 『교회법령』에는 주일설교를 통해 목회자 후보가 시민들에게 소개될 때, 만일 시민들 중에 반대가 있으면 한 주간 이내에 이견(異見)을 제시하도록 규정하고 있다. 시민들이 특별한 반대 없이 침묵하면 승인한 것으로 간주하였다. 마지막으로 선택된 사람은 의회 앞에서 목회자로서 선서를 함으로써 선발절차가 마무리된다. 이것은 이론적으로는 시민들이 투표나 거수를 통해 목회자를 선발하도록 되어 있지만, 실제로 16세기 제네바에서는 목사회와 의회가 선발과정에서 중요한 역할을 하며 시민들은 침묵으로 받아들이는 것이 관례였음을 뜻하는 것이다. 목사회의 기록을 통해서 볼 때 당시 제네바에서 목회자를 임명하고 해임하는 최종적인 권한은 시의회가 가지고 있었지만, 대부분의 경우에 시의회는 목사회의 권고에 따라 결정하였음을 알 수 있다.

3. 목회자의 훈련

일찍이 로버트 킹던은 제네바 종교개혁의 두 가지 산물인 목사회와 컨시스토리에 대해서 다음과 같이 말한 바 있다.

> 이전에는 감독에 의해 전통적으로 행사되던 권한들이 칼뱅의 제네바에서는 이제 두 개의 새로운 기관에 의해 행사되었다. 목사회와 컨시스토리가 바로 그것이다. 목사회는 감독 개인이 가졌던 성례전적 권한을 집단적으로 행사하였는데, 특히 새로운 목회자를 임명하는 권한에 있어서 그랬다. 또한 감독이 가졌던 사법권의 일부, 특히 교리를 감찰하는 권한도 목사회가 행사하였다. 컨시스토리는 감독의 사법권 중 다른 측면의 권한을 행사

했는데, 특히 가족 문제와 부부 사이의 온갖 논쟁들을 해결하는 치리권을 행사하였다. 컨시스토리는 그 결정들을 시행하기 위해 종종 출교의 권한을 사용하였다. 목사회는 제네바의 도시와 시골 마을에서 설교하는 모든 목회자와 지역 아카데미에서 가르치는 교사들로 구성되어 있었다. 컨시스토리는 의회에서 선출된 평신도 장로들과 직권상 참여하는 목사들로 이루어졌다. 목사회의 의장은 흔히 조정자(moderator)로 불리는 목사였으며, 컨시스토리의 의장은 네 명의 행정장관 중 한 명인 평신도였다.[20]

이처럼 목사회는 컨시스토리와 함께 제네바 종교개혁을 이끌어가는 핵심 기관이었다. 목사회는 제네바의 모든 목사와 교사의 모임으로서 새로운 목회자의 검증과 안수와 교육과 복음전파를 책임졌고, 컨시스토리는 교회의 질서와 치리를 책임졌다. 칼뱅은 20년 이상을 목사회의 조정자로서 제네바 종교개혁의 방향을 주도하였다.

칼뱅이 활동하던 16세기 당시 제네바에 10,000-12,000명이 거주했으며, 제네바 도심과 주변 시골지역을 포함하여 적을 때는 5명, 많을 때는 20여 명 정도의 목회자가 있었다. 제네바 종교개혁의 초창기인 1536-40년 사이에는 제네바의 목회자는 5명 내외에 불과했다. 하지만 칼뱅이 1541년 제네바로 돌아온 후에는 교회가 점차 자리를 잡아가면서 1541년 『교회법령』에서는 8명, 즉 5명의 목회자와 3명의 목사보좌인을 두도록 규정하고 있다.[21] 목회자와 목사보좌인은 모두 제네바 목사회에 소속된 동일한 회원이었다. 목사회의 기록은 목회자의 수를 어느 정도 유지할 것인가를 두고 목사회와 시의회 사이에 갈등이 있었음을 말해준다. 예를 들면 1549년 목사 장 페롱(Jean Ferron)이 해임을 당하게 되자 목사회는 그를 대신하여 장 파브리(Jean Fabri)를 목사로 세우고자 했으나 시의회는 "제네바 교회는 6명만 있으면 충분히 잘 돌볼 수 있다."라고 주장하면서 새로운 목사를 임명하는 데 반대하였다.[22] 하지만 시간이 지날수록 제네바 교회에 점점 할 일이 늘어났고 따라서 목회자의 수가 부족하였다. 특히 1540년대와 1550년대에 프랑스를 위시한 여러 나라에서 종교적 이유로 피난을 온 사람들이 급격히 늘어나면서 목회자가 더 필요한 상황이 되었다. 윌리엄 내피(William Naphy)는 1538년부터 1554년까지 제네바에서 일했던 목회자의 이름과 숫자를 밝히고 있는데 〈표1〉과 같다.[23]

〈표1〉 제네바의 목회자들 (1538–54)

인물	연도																
	1538	1539	1540	1541	1542	1543	1544	1545	1546	1547	1548	1549	1550	1551	1552	1553	1554
Farel	dep																
Corault	dep																
Calvin	dep			G	G	G	G	G	G	G	G	G	G	G	G	G	G
Mare	G	G	G	G	G	R	R	R	dep								
Bernard	G	G	G	G	R	R	R	R	R	R	R	R	R	R	R	R	R
A. Rabier	R	R	R	res													
P. Denise	R	res															
Fr. du Pont	R	R	R	R	res												
Morand	G	G	res														
Marcourt	G	G	res														
Champereau			G	G	G	G	G	dep									
Viret				T	T												
Vandert				R	dep												
Blanchet					G	dec											

Geneston				G	G	G	dec							
Treppereaux				G	G	R	R	R	R	R	R	R	R	res
Ecclesia				G	G	R	R	R	R	R	R	R	R	dep
Baud					dep									
Poupin					G	G	G	G	G	G	G	G	G	G
Regalis						R	dec							
Ninaud					G	R	R	R	R	R	R	R	R	R
Cugniez						R	R	R	R	R	R	R	dec	
Moreau						R	dep							
Megret						R	R	dep						
des Gallars						G	G	G	G	G	G	G	G	R	R
Ferron						G	G	G	G	G	dep			
Delecluse						R	dep							
Petit						R	R	R	R	R	R	R	R	R
Chauvet							G	G	G	G	G	G	G	G	G
Bourgoing							G	G	G	G	G	G	R	R	R
Perier							R	R	R	R	R	R	R	R
Cop							G	G	G	G	G	G	G	G	G
St-André								R	R	R	R	R	G	G	G
Balduin								R	R	R	R	R	R	R	R
Chappuis								R	R	R	R	R	R	R	R
Macar									G	G	G	G	G	R	R
Fabri										G	G	G	G	G	G
Colladon														G	G

G=도시 목회자, R=지방 목회자, T=임시, res=사임, dep=해임, dec=사망

그렇다면 제네바 교회개혁에서 중추적인 역할을 감당했던 목회자는 어떤 교육과정과 훈련을 받아야 했을까? 제네바에서 목회자를 양성하기 위한 교육기관으로 세워진 것은 제네바아카데미였다. 제네바아카데미는 우여곡절을 겪은 후 1559년 6월 5일 생 피에르 교회에서 "참된 경건에 대한 지식과 과학으로 잘 준비되어서, 하나님의 영광을 최고로 높이기 위해"[24] 출범하였다. 제네바아카데미는 목회자 양성의 요람으로서 제네바 종교개혁에 큰 영향을 미쳤다. 하지만 필자가 다른 논문에서 이미 제네바아카데미의 역사적 배경에서부터 설립과정, 교육이념, 교과과정, 그리고 초기역사에 이르기까지 자세하게 다루었기 때문에 여기에서는 다시 논하지 않겠다.[25] 대신에 여기에서는 이미 목회자가 된 사람들과 목회자 후보생에게 더욱 중요한 훈련의 장을 제공했던 '성서연구모임'(congrégation)에 대해 자세하게 살펴보고자 한다.[26]

16세기 제네바에서 실시되었던 성서연구모임은 일종의 목회자 훈련과 재교육 제도였다.[27] 칼뱅이 작성한 1541년 제네바 『교회법령』에서는 이 모임의 목적을 "교리에 있어서 순수성과 일치를 목회자들 사이에 유지하기 위함"[28]이라고 밝히고 있다. 이를 위해서 제네바의 목회자들은 매주 금요일 오전에 모여서 성서를 읽고, 주석하고, 연구하는 모임을 가진 것이다. 처음에는 성서연구모임이 목회의 실제적 문제들을 논의하기 위한 제네바 교회의 목회자들만의 모임이었지만, 1541년 이후에는 점차로 평신도들도 함께 참여하는 모임으로 확대되었다. 단지 목회자는 참여가 의무였고, 평신도는 자원하는 사람들이 참여하였다. 이전에 로마 교황청의 대사이자 감독이었던 베르게리오(Pietro Paolo Vergerio)는 1550년 제네바를 방문한 후 작성한 편지에서 성서연구모임에 참석했던 소감을 이렇게 피력하고 있다.

매주 금요일 제네바에서 가장 큰 교회인 생 피에르 교회에서 모이는 모임에는 모든 목회자와 많은 평신도가 참여한다. 이 모임에서는 한 사람이 성서의 한 구절을 읽고 그것에 대해 간략하게 설명하면, 다른 사람이 성령의 인도하심에 따라 그것에 관해 생각하는 바를 말한다. 그 후 세 번째 사람이 자신의 의견을 개진하고 네 번째 사람이 그 문제에 대한 자신의 견해를 덧붙인다. 목회자들뿐만 아니라 모든 사람이 그렇게 한다. 이것은 바울이 고린도 교회에 말한 바를 따르고 있다. 형제들이 모였을 때 그들 중 누구든지 성령이 자신에게 계시한 바를 말하였다. 잠시 후 그가 잠잠하여 자리에 앉으면 다른 사람이 말하기 시작했다.[29]

제네바의 성서연구모임은 사실상 취리히의 '예언모임'(Prophezei)과 어느 정도 연속성을 가진다. 츠빙글리가 취리히의 종교개혁을 추진하면서 1525년 6월에 시작한 예언모임은 기본적으로 성서연구모임이었다. 취리히의 목회자들은 일주일에 다섯 차례나 모여 원어로 성서를 연구하고 토론하는 예언모임을 통해 개혁교회 전통에서 말씀의 중심성을 분명하게 표명하였고, 목회자의 교육과 동질성 확보의 기회로 삼았다. 본래 이 예언모임은 중세 가톨릭교회의 성무일과(聖務日課)를 대체하기 위해 시작되었으나 점차 개혁교회의 독특한 제도로 자리를 잡았다. 따라서 개혁교회가 전파되는 곳에서는 이름은 다를지라도 예언모임과 유사한 성서연구모임이 생겨났다. 취리히의 Prophezei, 스트라스부르의 Christliche Übung, 로잔의 Classis, 제네바의 Congrégation, 나아가 잉글랜드 청교도들의 Prophesying이 모두 성서연구를 위한 모임이었다. 취리히의 예언모임이 보다 학문적 성격을 지녔다면, 제네바의 성서연구모임은 보다 목회적이며 실제적인 성격을 띠었다.

제네바의 성서연구모임은 매주 금요일 아침예배가 끝난 후에 열렸다. 16세기 제네바에서는 주중 아침예배가 여름에는 6시, 겨울에는 7시에 있었기 때문에 아마도 금요일 성서연구모임은 여름에는 8시 경에, 겨울에는 9시경에 열렸을 것이다. 성서연구모임을 마치면 목회자는 따로 목회적인 문제를 논의하기 위해 정기적으로 목사회 모임을 가졌다. 따라서 제네바의 목회자들은 금요일에는 아침예배, 성서연구모임, 목회자 모임으로 하루를 보내야했다. 모임의 장소는 처음에는 학교인 콜레주 드 라 리브(Collège de la Rive)에서 모였지만, 1541년 이후에는 대체로 생 피에르 교회에서 모였다.

성서연구모임에서 칼뱅의 역할은 어떠했을까? 당시 출판업자이면서 성서연구모임에 참석했던 바디우스(Conrad Badius)는 이렇게 증언하고 있다. "주중의 한 날에 이루어지는 교회의 어떤 모임에서는 목회자 중 한 사람이 성서의 한 구절을 설교라기보다는 강의식으로 설명한다. 그 후 다른 목회자 중 한 사람이 이미 설명한 것을 보다 분명하게 이해하는 데 도움이 될 만한 어떤 것을 성령께서 조명해 주시면 자유롭게 그것을 이야기한다."[30] 바디우스는 목회자들이 성서연구모임에서 돌아가면서 말해야 하는 동등한 의무를 지고 있는 것으로 말하고 있다. 그렇지만 남아 있는 기록의 대부분이 칼뱅의 것임을 고려할 때, 성서연구모임에서 제네바 목사회의 조정자였던 그의 역할이 지배적이었던 것으로 보인다. 베즈는 『칼뱅의 생애』(*Vita Calvini*)에서 "칼뱅은 우리가 'congrégation'이라 부르는 성서연구모임에서 매주 금요일마다 거의 완전한 강의를 제공했다. 그는 엄청나게 아팠을 때 한 번을 제외하고는 죽을 때까지 끊임없이 이러한 일과를 지켰다."[31]라고 회고한다. 1550년에 제네바에 와서 이후 목회자가 된 콜라동(Nicolas Colladon)도 칼뱅은 성서연구모임에서 자신이 말씀을 설명할 차례가 아닌 때조차도 마치 강의를 하는 것처럼 압도적인 역할을 했다고 진술하고 있다. 이렇게 보면 성서연구모임에서 모든 목회자가 돌아가면서 성서를 설명하고 토론해야 할 의무를 지니고 있었지만, 칼뱅이 토론과

정에서나 전체 과정에서 보다 핵심적이며 중심적인 역할을 했다고 볼 수 있다.

성서연구모임에서 다룬 내용에 관한 기록은 그리 많이 남아 있지는 않다. 제네바에서 칼뱅의 설교를 기록하기 위해 라구에니어(Denis Raguenier)를 속기사로 임명한 1549년부터 칼뱅이 죽은 1564년까지 15년 동안 성서연구모임에 관해 남아 있는 기록은 모두 28개이다. 4개(요 1장에 관한 것 1개, 갈 2장에 관한 것 2개, 선택에 관한 것 1개)는 16세기 당시에 이미 출판되었으며, 5개의 설명(4개는 칼뱅의 것으로 출 1:1-8, 수 1:1-5, 수 11, 사 1:1-3에 관한 것이며, 1개는 미셸 콥의 것으로 수 1:6-11에 관한 것이다.)은 필사본 형태로 남아 있으며, 19개는 칼뱅과 베즈가 여호수아서에 대해 덧붙인 논평들이다. 15년 동안 대략 780회의 성서연구모임이 열렸으나 28개의 기록만 남아 있는 것은 매우 적은 숫자라 할 것이다. 이것만으로 성서연구모임에 대한 전체적인 윤곽을 그리기는 쉽지 않다.

그런데 다행하게도 칼뱅이 성서연구모임의 전체 윤곽에 대해 자세하게 기록하고 있는 편지가 있다. 로잔에서는 매주 수요일 목회자와 평신도가 모이는 성서연구모임(classis)이 있었는데 1549년 후반기에 로잔의 목회자들과 베른 의회의 갈등으로 말미암아 이 모임이 1년에 4번으로 축소되고 말았다. 이러한 갈등의 와중에 칼뱅은 목회자들의 성서연구모임에 대한 메모를 베른 의회 앞으로 보냈다. 칼뱅의 육필로 작성된 이것은 쓴 날짜가 기록되어 있지는 않지만 1549년 9월경의 것으로 추정된다. 이것은 성서연구모임에 대한 칼뱅의 생각을 잘 보여주는 사료이다. 칼뱅이 베른에 속한 도시인 로잔을 위해 제시한 조언은 다음과 같은 것들이다.[32]

먼저 실제적인 규칙들을 조언한다. 1. 로잔의 경우 지역의 크기를 고려할 때 3개의 성서연구모임이 있어야 한다. 2. 각 성서연구모임에서는 성서 중 한 권을 택하여 토론하는 것이 좋을 것이다. 3. 다루어질 성서구절은 서로 합의하여 한 주 전에 정해져야 한다. 4. 목회자와 신학교수는 자신에게 배정된 구절을 순서에 따라 설명해야 할 의무가 있다. 5. 설명을 제시한 사람이 실수를 범했다면 그는 자신의 실수에 대해 형제들로부터 개인적으로 훈계를 받을 수 있다.

다음으로 형식적인 규칙을 조언한다. 1. 논쟁이나 이견이 발생했을 때 무엇이 그 구절을 바르게 이해하는 것인지를 서로 간에 평화적으로 토론해야 한다. 2. 잘 확립된 개혁에 반하는 주제를 제기해서는 안 된다. 3. 누구든지 성서구절의 교리적 결과에 대해 문제를 제기하고자 한다면, 하나님이 이 문제에 대해 자신에게 주신 것이 무엇인지를 겸손하게 말하거나 권위를 지닌 사람이 이 문제에 대해 말할 때까지 기다려야 한다.

마지막으로 몇 가지 일반적인 의견을 제시한다. 1. 모든 목회자는 정당한 이유 없이 성서연구모임에 빠져서는 안 된다. 2. 모든 것은 성서에 대한 순수하고 단순한 이해에 도달하는 것을 목표로 해야 하며, 현학적인 교묘함이나 논쟁이 아니라 최선의 유익을 이끌어내기 위한 것이어야 한다.

칼뱅은 이 문제와 관련하여 무스쿨루스(Wolfgang Musculus)에게도 수차례 편지(1549년 10월 22일, 11월 28일, 12월 7일)를 보내 매주 성서연구모임을 다시 할 것을 강하게 촉구했는데, 이 모임을 통해 모든 설교자가 교육되고, 자극을

받고, 교정이 됨으로써 사람들에게 성서를 잘 가르칠 수 있도록 준비되기 때문이었다.[33]

그러면 제네바의 성서연구모임은 어떤 순서로 진행되었는가? 먼저 다음과 같은 기도로 시작한다.

> 우리의 선하신 하나님 아버지께 기도드립니다. 우리의 모든 죄와 허물을 용서하여 주시고 거룩한 성령으로 우리를 조명해 주셔서 우리로 하여금 당신의 거룩한 말씀을 온전히 이해하게 하시며, 우리에게 은혜를 더하셔서 우리가 당신의 말씀을 순수하고 신실하게 연구하게 하시고, 하나님의 이름을 영화롭게 하며, 하나님의 교회를 바르게 세우고, 우리가 구원에 이르게 하소서. 이 모든 것을 당신의 유일하시며 사랑하는 아들 우리 주 예수 그리스도 안에서 간절히 기도하옵나이다. 아멘.[34]

취리히의 예언모임에서 드렸던 기도는 다음과 같다.

> 전능하시고 영원하며 자비로우신 하나님, 당신의 말씀은 우리 발의 등이요 우리 길의 빛이십니다. 우리의 마음을 열어주시고 조명해 주셔서 순전하고 거룩한 당신의 말씀을 깨닫게 하시고, 우리가 올바르게 깨달은 그 말씀대로 변화되게 하셔서 당신의 위엄을 조금이라도 손상시키지 않도록 하옵소서. 우리 주 예수 그리스도의 이름으로 기도드립니다. 아멘.[35]

기도 후에는 그날 주어진 성서의 구절을 읽는다. 프랑스어로 읽은 것은 분명하지만, 히브리어나 그리스어로도 읽었는지는 분명하지 않다. 취리히에서는 독일어뿐만 아니라 히브리어와 그리스어로도 성서를 읽었다. 성서를 읽은 후에는 그날 지정된 목회자가 그 구절을 설명한다. 이것은 설교라기보다는 강의의 성격을 띤 상세한 해설이었다. 설명이 끝날 즈음 그는 동료들에게 논평을 요청한다. 예를 들면 칼뱅의 경우 이렇게 말하고 있다. "저는 이 문제에 관해서 마땅히 해야 할 정도로 충분히 말하지 못했습니다. 그러니 하나님께 더 좋은 은사를 받은 형제께서 전체 교회의 유익을 위해서 깨달은 바에 따라 제 설명에 의견을 더해주시기를 바랍니다."[36] 이것은 성서연구모임이 일종의 공동체적 토론과 연구의 장이라는 사실을 보여준다.

성서구절에 대한 설명 후에는 토론이 시작된다. 토론은 한 사람이 독점하는 형태가 아니라 서로 돌아가며 자신의 의견을 덧붙이면서 성서의 의미를 풍성하게 만드는 방식으로 진행된다. 마지막에는 요약 혹은 결론에 해당하는 진술을 도출한다. 그리고 마치는 기도를 드린다. 이 기도는 말씀을 깨닫도록 은혜를 주신 하나님께 감사를 드리고, 또한 프랑스의 박해받는 교회를 위한 중보기도를 포함한다. 성서연구모임의 핵심은 성서에 대한 해설과 토론이었다. 따라서 이 모임의 가장 중요한 목적은 목회자를 계속하여 훈련하고 교육하는 데 있었다.

제네바의 성서연구모임은 다양한 기능을 하였다. 무엇보다 이 모임은 칼뱅의 주석을 잉태한 자궁의 역할을 하였다. 1549년부터 1564년까지 성서연구모임에서 다루었던 책들을 보면 히브리서(1549), 공동서신(1549-50), 요한복음(1550-53), 공관복음(1553-55), 시편(1555-59), 출애굽기-신명기(1559-62), 갈라디아서(1562-63), 여호수아(1563-64), 이사야(1564)이다. 그런데 성서연구모임에서 함께 공부한 책들이 연이어서 칼뱅의 주석으로 출판되었다는 점은 주목할 만하다. 예외가 있다면 갈라디아서이다. 칼뱅의 갈라디아서 주석은 성서연구모임에서 다루어지기 전인 1548년에 출판되었다. 이처럼 성서연구모임의 열매가 곧 칼뱅의 주석서인 것이다. 이렇게 볼 때 칼뱅의 주석은 칼뱅의 것인 동시에 또한 제네바 목사들의 공동작업의 결실이라고 할 수 있을 것이다.

또한 성서연구모임은 목회자들의 설교훈련의 장이었다. 성서연구모임에서 논의된 성서구절에 대한 다양한 설명과 논평들은 곧바로 목회자들의 설교의 자료가 되었다. 동시에 성서연구모임은 제네바의 목사들이 적어도 성서를 해석하는 데 있어서 동질감을 가질 수 있도록 해주었으며, 따라서 제네바 목사들의 설교도 공동체적 성격을 가질 수 있게 만들어 주었다. 뿐만 아니라 성서연구모임은 자연스럽게 목회자 후보자의 자질과 능력을 검증하는 자리가 되었다. 이 모임을 통해 목회자 후보생이 목사로서 적합한 사람인지 아닌지를 확인할 수 있었다.

성서연구모임은 평신도들의 교육을 위한 기회이기도 하였다. 성서연구모임의 초기(1536-41)에는 목회자들만 참석했지만, 1541년 이후에는 많은 평신도가 이 모임에 참여하였다.[37] 적어도 두 곳에서 성서연구모임에 참석한 사람의 숫자가 언급된다. 1544년 5월 30일 금요일 성서연구모임에 관해 칼뱅이 파렐에게 보낸 편지를 보면 60명이 참석했다고 말한다.[38] 그리고 1551년 10월 16일 성서연구모임에 참석한 31명의 평신도 명단이 나온다.[39] 1551년 제네바 도시의 목회자는 8명이었고 외곽지역의 목회자는 10명이었으니[40] 아마도 50여 명이 참석했을 것으로 짐작할 수 있다. 따라서 성서연구모임의 인원구성으로 보면 목회자보다 평신도가 더 많았음을 알 수 있다. 칼뱅이 무스쿨루스에게 보낸 편지의 내용 중 "이와 같은 훈련은 목회자뿐만 아니라 성서를 이해하려는 뚜렷한 열심에 이끌린 많은 사람도 그 유용성을 경험하고 있다."[41]는 것을 보면 성서연구모임이 목회자뿐만 아니라 평신도의 교육에도 매우 중요한 역할을 했음을 알 수 있다.

그리고 성서연구모임은 목회자 서로 간에 잘못을 교정하고 충고하는 역할을 하였다. 어떤 경우에는 상호 비판과 견책도 이루어졌다. 제네바 목사회는 목사들의 삶을 점검하기 위해 3개월에 한 번씩 모였는데, 그 이유는 "목회자들이 존경을 받기 위해서, 그리고 목회자들에 대한 나쁜 평판 때문에 하나님의 말씀이 수치를 당하거나 모욕을 당하지 않기 위해서"였다.[42] 그리하여 용납할 수 없는 죄의 경우에는 컨시스토리로 회부하여 판결하고 면직이 필요하다면 그 결과를 시의회에 통보한다. 당시 제네바에서 목회자를 최종적으로 승인하고 해임하는 권한은 의회에 있었기 때문이다. 하지만 훈계로써 교정할 수 있는 보다 경미한 허물일 경우에는 주님이 명하신 바에 따라 조처를 취하고 교회의 판단에 맡겼다.[43] 필립 데클레시아(Philippe d'Ecclesia)의 경우가 성서연구모임에서 이러한 교정과 견책이 이루어진 경우이다. 1549년 2월 15일 금요일 성서연구모임에서 필립이 교회에 덕이 되지 않는 많은 의견을 고집하고 무익한 질문들을 제기하고 잘 입증된 것들을 모호하게 하거나 변질시켰을 때,[44] 그를 교정하기 위한 조처가 내려졌다. 필립에게는 3개월간 성서연구모임에서 성서를 해석하거나 토론하는 것이 금지되었다. 이러한 교정과 견책은 상호적인 것이었다. 또한 이것은 비난이라기보다는 계속적인 교육의 한 과정이었다.

제네바의 목회자들은 성서연구모임의 내용과 결정을 '제네바의 합의'(Consensus Genevenis)로 간주하였다. 이렇게 하여 성서연구모임은 제네바의 목회자들을 위한 계속적인 신학연구와 설교훈련의 요람 역할을 하였다. 또한 성서연구모임은 성서주석들을 저술하고, 새로운 목회자를 선발하고, 목회자의 신학과 생활을 검증하고, 평신도를 교육하고, 개혁교회의 공통된 신앙을 촉진하고 계승하는 중요한 역할을 하였다.

4. 맺는 말

왜 21세기 한국에서 16세기 제네바에 대해 관심을 가지는가? 그것은 16세기 제네바가 개신교의 목회자 상(像)에 대한 하나의 원형을 제공해주기 때문이다. 개신교가 처음 출발했던 그 당시에 개신교의 중심지였던 제네바에서는 어떻게 목사를 선발하고, 무슨 훈련을 시켰는지를 연구함으로써 오늘날 한국교회의 목회자 선발과 훈련을 위한 통찰을 얻고자 함이다. 물론 시간과 공간이 완전히 다르기 때문에 16세기 제네바의 것을 우리의 현장에 그대로 가져오는 것은 가능하지도 않고 적절하지도 않다. 단지 그들이 당시의 역사적 정황 속에서 어떤 정신을 가지고 어떤 원칙을 지키려고 했는지를 살펴봄으로써 오늘날 우리의 모습을 진단하고 우리가 나아가야 할 방향을 찾는 데 길잡이로 삼고자 하는 것이다. 이 연구는 제네바의 경우에서 발견한 좋은 의도와 원리를 우리의 시대적 상황과 교회적 상황 안에 새롭게 적용하기 위한 하나의 몸부림이다.

먼저 우리 스스로에게 반성적 질문을 던져보자. 과연 한국교회는 어떤 사람을 목회자로 선발하고 있는가? 어떤 면을 가장 중시하면서 목회자를 선택하는가? 어떤 방식으로 목회자를 세우는가? 혹시 목회자를 선발하는 기준이나 원칙 자체가 아예 없는 것은 아닌가? 칼뱅의 제네바는 목회자를 선발하는 분명한 기준과 방식과 절차를 가지고 있다. 제네바에서 목회자가 되려면 성서에 대한 충분한 지식을 갖추고 있어야 할 뿐만 아니라 그 생활이 거룩하고 순전해야 한다. 하나님으로부터 내적 소명을 받은 사람 중에서 교리와 생활의 외적 검증을 거친 사람만이 목회자가 될 수 있다. 목회자를 세울 때에는 제네바 목사회와 시의회와 전체 성도의 인정을 받아야만 하고, 기도와 안수와 선서를 통해 비로소 적법한 목회자로 선발될 수 있다. 제네바의 목회자 선발기준과 방식에 현재 우리의 실상을 비춰볼 때, 한국교회에서 목회자가 되는 길이 너무 쉽고

넓고 편안한 길은 아닌지, 목회자 후보생의 영성, 인성, 지성을 검증할 수 있는 제도적 장치가 아예 없는 것은 아닌지, 목회자를 안수하는 예식이 너무 형식적이거나 무미건조한 것은 아닌지 되묻지 않을 수 없다.

특별히 필자에게 매우 인상적인 것은 제네바의 '성서연구모임'이다. 제네바의 목사들은 매주 금요일 함께 모여 성서를 연구하고, 서로를 격려하며, 상호 비판하는 공동체 모임을 가졌다. 때문에 제네바의 목사들은 서로 간에 깊은 유대감을 가지고 있었고, 자기 점검과 통제의 수단을 지니고 있었고, 교회가 요구하는 최소한의 질적 수준을 유지할 수 있었다. 따라서 그들의 주석과 설교와 저술들은 어떤 한 개인의 것이라기보다는 공동체적 성격을 띤다. 오늘날 한국교회의 고질병인 개인주의와 개교회주의에 대한 대안으로서 제네바의 성서연구모임은 암시하는 바가 크다. 현재 한국교회에서는 목회자도 한 개인일 뿐이다. 목회자 개인에 따라 능력도, 수준도, 생각도 제각각이고, 목회자에 따라 교회의 목회방향이나 목회계획도 제각각이다. 한국교회가 덩치는 크지만 개인으로, 개교회로 파편화되어 있기 때문에 세상을 향한 교회의 사명을 감당하기에 역부족이다. 목회자 사이의 상호 교육, 상호 격려, 상호 비판, 상호 견책은 찾아보기 어렵다. 목회는 홀로 잘 할 수가 없다. 이것은 마치 베토벤의 합창을 혼자 연주하거나 부를 수 없는 것과 마찬가지다. 지금은 한국교회 안에 공동체성의 회복이 절실하다.

오늘날 한국교회에서 목회자들의 매주 모임은 거의 생각할 수가 없다. 그러나 만일 제네바에서처럼 목회자들이 규칙적으로 자주 만나 함께 성서를 연구하고 목양에 관한 진솔한 대화를 나눌 수만 있다면 그 유익은 대단할 것이다. 이와 같은 모임은 목회자들이 계속하여 성서를 연구하고 토론하는 재교육의 훈련장이 될 것이며, 목회자의 외로움과 고립을 막아주어 탈선을 예방하는 방지책이 될 것이며, 서로 격려하고 기도함으로써 정신적 스트레스를 해소하고 건강한 목회를 해가는 데 일조할 것이다. 미국 장로교(PCUSA)의 경우 약 15년 전에 제네바 목사회와 똑같은 이름의 목사회(Company of Pastors)를 만들었다.[45] 목사회는 자원하여 가입하는 회원들을 대상으로 목회에 도움이 되는 다양한 자료를 제공한다. 2년 주기의 성구집을 만들어서 매일 성서를 읽고 기도하게 도우며, 목회자에게 꼭 필요한 신학서적과 직접 만든 잡지를 1년에 4회 제공하여 읽게 한다. 그리고 지역 모임을 가져 회원들이 실제로 서로 만나 함께 연구하고 기도하는 모임을 가지고 있다.

한국교회의 경우 시찰회 모임을 성서연구, 기도, 독서, 상호 권면의 기능을 하는 모임으로 발전시킬 수 있으리라 생각한다. 시찰회는 지역 단위로 구성되기 때문에 교회들이 해당 지역사회를 위해 함께 연대하여 활동할 수 있는 계기도 자연스레 마련될 것이다. 총회와 신학교도 함께 연대하여 현장 목회자들이 일정 시간 동안 목회한 후에는 반드시 재충전과 재교육의 기회를 갖도록 제도적 장치를 마련하는 것이 필요할 것이다. 예를 들면 목회자가 6년을 목회한 후에는 자신이 가장 필요하다고 생각하는 연구를 가까운 지역 신학교에서 1학기 동안 할 수 있도록 후원하며, 다른 목회자들과 목회경험을 나누면서 자신의 목회방향을 재설정할 수 있는 기회를 제공하는 제도를 마련하는 것이 좋을 것이다.

이제 칼뱅의 유언을 들어보자. 그는 죽기 한 달 전쯤인 1564년 4월 25일에 마지막 유언을 남겼다. 그는 유언장에서 이렇게 말하고 있다.

> 나는 선언합니다. 주님이 내게 베푸신 은혜와 선하심의 분량을 좇아서, 나는 설교하는 일이나 저술과 주석 작업 모두를 통해 그분의 말씀을 순전하고 정결하게 전하고, 거룩한 성서를 충실하게 해석하고자 노력했습니다. 나는 또한 증언하고 선포합니

다. 내가 복음의 대적자들과 벌인 모든 신앙의 투쟁과 논쟁 중에 나는 어떠한 속임수도 쓰지 않았고, 사악하고 현학적인 기교도 부리지 않았으며, 오직 진리를 수호하는 일에 정직하고 성실하게 임했다는 것입니다."[46]

지금의 한국교회와 사회는 자신의 정체성이 분명하고 철저한 목회자를 요구하고 있다. 자신의 역할과 책임을 제대로 수행할 수 있는 믿을 만한 목회자를 양성할 때 비로소 교회는 교회다움을 회복하게 될 것이다. 참되고 신실한 그리고 건강한 목회자는 교회갱신에 필수적이고 본질적이다.

〈주〉

1) Robert M. Kingdon, "Calvin and the Government of Geneva," *Calvinus Ecclesiae Genevensis Custos*, ed. Wilhelm Neuser (New York: Peter Lang, 1984), 51.
2) John Calvin, *Institutes of the Christian Religion* (1559), ed. John T. McNeill, trans. Ford L. Battles (Philadelphia: The Westminster Press, 1960), IV권, 3장, 2절(이후로는 IV, 3, 2.와 같은 방식으로 표기한다).
3) IV, 3, 4.
4) IV, 3, 5.
5) IV, 3, 10.
6) 칼뱅의 고린도전서 1:1 주석. 본 논문에서 칼뱅의 주석은 John Calvin, *Calvin's Commentaries*, 22 Vols. (Grand Rapids: Baker Books, 1974)에서 인용하였다.
7) IV, 3, 11.
8) John Calvin, "Draft Ecclesiastical Ordinances(1541)," *Calvin Theological Treatises*, trans. J. K. S. Reid (London: SCM Press, 1954), 59.
9) 칼뱅의 고린도전서 1:12 주석.
10) 칼뱅의 고린도후서 12:14 주석.
11) 칼뱅의 디모데전서 6:9 주석.
12) 칼뱅의 빌립보서 4:9 주석.
13) 칼뱅의 고린도후서 7:2 주석.
14) *The Register of the Company of Pastors of Geneva in the Time of Calvin*, ed. and trans. Philip E. Hughes (Grand Rapids: William B. Eerdmans Publishing Company, 1966), 324.
15) IV, 3, 16. 칼뱅은 시민의 의견에 따라 목사를 선출해야 한다고 생각했지만, 안수 예식에 참여하는 것은 목사들이어야 한다고 말한다.
16) John Calvin, "Draft Ecclesiastical Ordinances(1541)," 59.
17) IV, 3, 15.
18) IV, 4, 10
19) John Calvin, "Draft Ecclesiastical Ordinances(1541)," 59.
20) Robert M. Kingdon, "The Episcopal Function in Protestant Churches in the Sixteenth and Seventeenth Centuries," *Miscellanea Historiae ecclesiasticae*

VIII, ed. Bernard Vogler (Brussels: Ed. Nauwelaerts, 1987), 207-220을 참고하라.
21) John Calvin, "Draft Ecclesiastical Ordinances(1541)," 62.
22) *The Register of the Company of Pastors of Geneva in the Time of Calvin*, 113.
23) William Naphy, *Calvin and the Consolidation of the Genevan Reformation* (Louisville: Westminster John Knox Press, 1994), 58.
24) *Discours du Recteur Th. de Bèze prononcé à l'inauguration de l'académie dans le temple de Saint Pierre à Genève le 5 juin 1559* (Originally published Geneva 1559, reprinted Geneva 1959), 19. Karin Maag, *Seminary or University?: The Genevan Academy and Reformed Higher Education, 1560-1620* (Scolar Press, 1995), 15-16에서 재인용.
25) 박경수, "개혁교회의 요람 제네바아카데미에 관한 연구," 『교회의 신학자 칼뱅』(서울: 대한기독교서회, 2009), 311-335.
26) 성서연구모임에 대해서는 Erik A. de Boer, "The Congrégation: An In-Service Theological Training Center for Preachers to the People of Geneva," *Calvin and the Company of Pastors* (Grand Rapids: Calvin Studies Society, 2004), 57-87에 많은 빚을 졌다.
27) 우리가 제네바의 '성서연구모임'에 대해 보다 상세히 알게 된 것은 1960년대에 출판된 두 가지 사료의 덕택이다. 첫째는 칼뱅 당시 제네바 목사회의 기록이 출판되었기 때문이다. *Registres de la Compagnie des Pasteurs de Genève au Temps de Calvin*, Vol. I(1546-1553), ed. Jean-François Bergier (Genève: Librairie Droz, 1964); Vol. II(1553-1564), ed. Jean-François Bergier and Robert M. Kingdon (1962). 이 두 권은 합쳐져 한 권의 영어책으로 번역되었다. *The Register of the Company of Pastors of Geneva in the Time of Calvin*, ed. and trans. Philip E. Hughes (Grand Rapids: William B. Eerdmans Publishing Company, 1966). 둘째는 칼뱅이 직접 쓴 *Deux congrégations et exposition du Catéchisme*, ed. Rodolphe Peter (Paris: Presses Universitaires de France, 1964)의 출판 때문이다.
28) John Calvin, "Draft Ecclesiastical Ordinances(1541)," 60. "모든 목회자가 그들 사이에 교리에 있어서 순수성과 일치를 유지하기 위해서 매주 어떤 날을 정하여 함께 모여 성서에 관해 토론하는 것이 좋을 것이다. 정당한 이유가 없는 한 누구든지

이 모임에 빠져서는 안 된다. 만일 모임에 소홀하다면 훈계를 받아야 한다."
29) Pietro Paolo Vergerio, *Epistola del Vergerio, nella quale sono descritté molte cose della Citâ, è della Chiesa di Geneva*, 15 July 1550. Erik A. de Boer, "The Congrégation," 59에서 재인용.
30) *Ioannis Calvini Opera Omnia Quae Supersunt*, eds. G. Baum, E. Cunitz and E. Reuss, 59 vols. (Brunsvigae: C. A. Schwetschke, 1863-1900). XXXV, 591(이후로는 CO, XXXV, 591.과 같은 방식으로 표기한다).
31) *CO*, XXI, 33.
32) *CO*, XIII, 435-436.
33) 1549년 11월 28일 무스쿨루스에게 보낸 편지. John Calvin, *Letters of John Calvin*, ed. Jules Bonnet (New York: Burt Franklin, 1972), Vol. II, 251-253.
34) *CO*, VIII, 93.
35) *Huldreich Zwinglis Sämtliche Werke*, IV (Berlin, Leipzig, Zürich, 1905-), 365.
36) Erik A. de Boer, "The Congrégation," 72.
37) 성서연구모임에 참석한 평신도들이 누구인지, 어떤 직업을 가진 사람들이었는지를 구체적으로 알기 위해서는 Erik A. de Boer, "The Presence and Participation of Laypeople in the Congrégation of the Company of Pastors in Geneva," *Sixteenth Century Journal* 35/3(2004), 651-670을 참고하라.
38) 1544년 5월 30일 파렐에게 보낸 편지. John Calvin, *Letters*, Vol. I, 418.
39) *CO*, VIII, 185.
40) William G. Naphy, *Calvin and the Consolidation of the Genevan Reformation*, 58.
41) 1549년 10월 22일 무스쿨루스에게 편지. *CO*, XIII, 433.
42) John Calvin, "Draft Ecclesiastical Ordinances(1541)," 60.
43) 『교회법령』은 용납할 수 없는 죄와 교정할 수 있는 허물을 구체적으로 밝히고 있다. 전자에 속한 것으로는 이단, 분파, 교회질서에 대한 반역, 신성모독, 성직매매와 부패, 다른 사람의 자리를 차지하려는 술책, 합법적인 절차에 따른 부르심이 없이 자신의 교회를 이탈하는 행위, 표리부동, 위증, 음란, 절도, 술취함, 폭행, 고리대금, 금지된 불쾌한 유희, 방탕한 춤, 시민권을 상실할 만한 범죄, 출교당할 만한 위법 등이다. 후자에 속한 것으로는 낯선 성서해석, 어리석은 호기심, 교회에서 받아들이지 않는 가르침이나 행동방식, 성서연구모임에 소홀한 행위, 악행을 질책하지 않는

행위, 직무에 대한 게으름, 욕설, 거짓말, 중상, 문란한 말, 모욕적인 말, 무모함과 악한 책략, 탐욕과 지나친 인색, 무절제한 분노, 다툼과 싸움, 목사로서 부적절한 태도나 행동 등이다. John Calvin, "Draft Ecclesiastical Ordinances(1541)," 60-61.

44) *The Register of the Company of Pastors of Geneva in the Time of Calvin*, 92.

45) 미국 목사회의 홈페이지 주소는 http://gamc.pcusa.org/ministries/companyofpastors/ 이다.

46) Théodore Bèze, *Vita Calvini*, in *CO*, XXI, 162. Philip Schaff, *History of the Christian Church*, Vol. VIII, 박경수 옮김, 『스위스종교개혁』(고양: 크리스챤다이제스트, 2004), 709에서 재인용.

제5장
칼뱅을 통해 본 목회자의 역할과 임무

1. 시작하는 말

한국교회를 염려하고 걱정하는 안팎의 목소리가 거세다. 왜 한국교회가 위기라고 말하는지, 왜 믿지 않는 사람들이 한국교회를 비판하는지, 왜 한국교회의 개혁을 말할 수밖에 없게 되었는지를 생각할 때, 다양한 이유를 제시할 수 있겠지만 무엇보다 그리스도인들이 자기 자리를 지키지 못한 것이 그 이유라고 여겨진다. 특별히 한국교회의 목회자가 목회자의 위치를 지키고 목회자의 임무를 제대로 수행하지 못한 것이 한국교회 위기의 근본적인 이유일 것이다. 자신의 자리를 굳건히 지키고 자신이 해야 할 역할을 바르게 수행한다는 것이 그리 쉬운 일은 아니지만, 하나님의 영광을 위해 살고 영혼들을 돌보는 목회자가 되기로 결심했던 처음 사랑을 잊지 않는다면 목회자의 정체성을 지켜갈 수 있을 것이다. 목회자가 자신의 임무를 바로 수행할 때, 성도들도 자신의 자리를 지켜내게 될 것이고 한국교회가 교회다움을 지키며 세상의 빛과 소금의 역할을 감당할 수 있게 될 것이다. 필자는 16세기 제네바의 목사로서 자신의 임무에 충실하며 목회자의 정체성을 지키기 위해 분투했던 칼뱅을 통해 오늘 목회자의 임무가 무엇인지, 목회자라면 어떤 역할을 감당해야 하는지를 살펴보고자 한다. 올곧은 목회자야말로 교회개혁의 출발점이기 때문이다.

2. 목회자의 역할과 임무

칼뱅에 따르면 하나님으로부터 내적 소명을 받고, 교회로부터 정당한 절차에 따라 외적 소명을 받은 목회자는 누구든지 사도적이며 목회적인 직무가 명하는 두 가지 임무를 신실하게 수행해야만 한다. 칼뱅은 목회자에게 부과된 두 가지 임무는 곧 주님이 마태복음 28:19과 누가복음 22:19에서 사도들에게 명하신 바, 복음을 전하고 세례와 성만찬의 성례를 거행하라는 명령으로서 이것은 "거룩하고 신성불가침의 영원한 법"(holy, inviolable, and perpetual law)[1]이라고 보았다. 칼뱅은 사도적 직무를 계승한 목회자에게는 "복음을 전하고, 성례를 집행하는 두 가지 특별한 임무"[2]가 주어져 있다고 보았다. 따라서 복음을 전하지 않거나 성례를 집행하지 않는 사람이라면 목사로 간주될 수 없다.

칼뱅은 말씀선포와 성례집행이라는 임무를 수행한다는 점에서는 사도와 목사가 동일하지만 차이점도 있다고 보았다. 그것은 초대교회의 사도는 온 세상을 다니면서 복음을 전하라고 명령을 받았지만, 목사는 특정한 교회에서 자신에게 주어진 임무를 수행하도록 임명을 받았다는 것이다.[3] 이러한 '정착목회'(settled ministry)에 대한 강조는 로마가톨릭의 떠도는 탁발수사들이나 유랑하는 재세례파 설교자들에 대한 반대를 내포하고 있다. 칼뱅은 『기독교강요』에서 목사는 자기 교회에 매여 있음을 분명하게 말하고 있다. "한 교회(장소)에 부르심을 받은 사람은 (자기에게 유리하다고 해서) 거기를 떠날 생각을 하거나 거기에서 풀려날 궁리를 해서는 안 된다. 만일 다른 곳으로 옮기는 것이 유리하다고 하더라도 여전히 자신의 개인적 결심으로 그렇게 해서는 안 되고 공적인 인정을 기다려야 한다."[4] 이 구절은 1543년 라틴어 『기독교강요』 3판에 새롭게 추가된 내용인데, 이것은 아마도 스트라스부르를 떠나서 제네바로 돌아오면서 자신이 겪었던 갈등에 대한 나름의 대답이었을 것으로 여겨진다. 정착 목회에 대한 칼뱅의 주장은 단지 이론적인 것이 아니라 제네바 교회의 실제적인 원칙이었다. 목사는 교회가 그 직무를 면제해주기 전에는 그 교회에 머물면서 자신의 직무에 충실해야만 할 의무를 지닌다. 『교회법령』에서도 "합법적인 절차에 따른 부르심이 없이 자신의 교회를 이탈하는 행위"를 관용할 수 없는 죄로 규정하고 있다. 따라서 칼뱅은 "사도들이 온 세상을 위해 수행했던 임무를 목사는 자기 자신에게 할당된 양떼들을 위해서 수행해야 한다."[5]라고 주장하였다.

그런데 칼뱅이 작성한 1541년 『교회법령』에서는 목사의 임무를 세 가지로 제시하고 있다. "목사의 임무는 하나님의 말씀을 선포하고 공적으로나 사적으로 가르치고, 훈계하고, 권면하고, 책망하는 것이며, 성례를 집행하며, 장로들과 동료들과 함께 형제애적 교정을 행하는 것이다."[6] 즉 말씀설교와 성례집행과 권징시행의 세 가지 임무가 목회자에게 주어져 있다는 것이다. 말씀과 성례에 덧붙여 장로들과 함께 권징을 시행하는 것도 목회자의 임무 중 하나임을 밝힌 것이다. 이러한 주장은 『기독교강요』에도 나타난다. "[목사들이] 교회에서 세움을 받은 것은 무위도식하라는 것이 아니라 그리스도의 교훈으로써 사람들을 참된 경건에 이르도록 가르치고, 거룩한 성례를 거행하고, 올바른 치리를 유지하고 실행하라는 것이다."[7] 이처럼 칼뱅은 목회자의 임무에 관해 어떤 때에는 말씀을 가르치는 것과 성례를 거행하는 것 두 가지를 언급하고, 어떤 때에는 말씀과 성례와 치리 세 가지를 지적하고 있다. 그런데 필자는 성도들을 권면하고 상담하는 일 또한 칼뱅의 목회활동 가운데 매우 중요한 부분이었음을 발견하였다. 특별히 그가 남긴 수많은 편지는 그가 성도들을 권면하고 상담하는 데 얼마나 많은 시간을 투자하고 노력을 기울였는지를 잘 보여주고 있다. 이처럼 16세기 제네바의 목회자는 교리를 가르칠 뿐만 아니라 성례를 집행하고, 치리를 행하며, 성도들을 권면하는 책임을 지니고 있었다. 따라서 아래에서는 목회자의 중요한 임무를 설교, 성례, 치리, 상담이라는 네 가지 주제로 분류하여 소개하고자 한다.

1) 설교

설교가 개신교 목회자의 가장 중요한 사역이 된 데에는 당시의 높아진 교육열, 인쇄술의 혁신과 더불어 인문주의의 교육운동과 깊은 관련이 있다. 인문주의자들은 무엇보다도 언어연구에 심혈을 기울였으며 또한 청중에게 적합한 방식으로 다가가려는 교수법에 깊은 관심을 가졌다. 이런 인문주의자들의 태도는 목회자의 설교기술에 큰 영향을 미쳤다. "근원으로 돌아가자"(*ad fontes*)는 인문주의의 표어에 따라 성서를 히브리어와 그리스어 원어로 읽으려는 움직임이 성서본문과 그것의 본래 의미에 집중하려는 노력으로 나타났으며, 나아가 성서가 인간의 구원을 위한 유일한 권위라는 생각으로 이어졌다. 그렇기 때문에 성서를 설교하는 일이야말로 목회자의 가장 중요한 임무로 간주되었다.

칼뱅은 하나님 말씀의 설교가 하나님의 임재를 현실화하고, 개인의 삶과 공동체 안에서 하나님의 역사를 이루게 하는 가장 중요한 수단이라고 믿었다. 따라서 그는 "목회자의 가장 큰 의무는 백성들에게 하나님의 말씀을 먹이며 공적으로나 사적으로 건전한 가르침으로써 교회의 덕을 세우는 것이라는 점은 교회의 오래된 원칙이었다."[8]라고 주장한다. 아마도 이것은 로마가톨릭교회를 염두에 둔 말이었을 것이다. 가톨릭교회에서 1년이 지나도록 설교라고는 한 번도 하지 않는 성직자들, 설교의 의무는 수행하지 않으면서 칼뱅 자신도 한때 그랬던 것처럼 성직록만 받고 있는 명목상의 성직자들, 다섯이나 여섯 교회에 동시에 임명된 허울뿐인 성직자들로 득실거리는 로마가톨릭교회에 대한 비판을 담고 있는 것이다. 칼뱅은 이사야 주석에서 "교황과 그 추종자들에 의해 임명된 사제들은 백성들을 가르치라고 세워진 것이 아니라 그리스도를 희생제물로 바치라고 세워졌다."[9]라며 말씀을 선포하고 가르치지 않는 로마가톨릭교회의 성직자들을 강하게 비판하고 있다. 또한 요한복음 21장에서 주님이 베드로를 만나 사랑을 확인하시고 목양의 사명을 맡겨주신 부분을 주석하면서 "그리스도에 대한 사랑을 무시하고 양을 먹이라는 임무는 내팽개쳐 버리면서, 베드로의 계승자라고 떠벌리는 것이 얼마나 부조리하고 바보 같은 짓인가?"[10]라며 반문하고 있다. 베드로의 계승자여서 당연히 목회자가 되는 것이 아니라 하나님의 말씀을 선포하고 성례를 합당하게 거행하는 임무를 감당할 때에라야 진정한 목회자가 되는 것이다.

　루터가 신학교수였다면 칼뱅은 교회의 목사였다. 루터는 기본적으로 신학교수의 역할을 수행하면서 몇 해 동안 목사로서 봉사했다. 반면 칼뱅은 기본적으로 목사의 역할을 감당하면서 신학교수의 일도 부분적으로 감당하였다. 칼뱅은 아플 때나 외부에 나가 있을 때를 제외하고는 항상 정규적으로 설교했던 제네바 최고의 설교자였다.

　칼뱅은 제네바에서 사역하는 동안(1536-38, 1541-64), 그리고 스트라스부르 체류 기간 동안(1538-41) 쉬지 않고 설교하였다.[11] 그러나 아쉽게도 칼뱅의 1549년 이전의 설교에 대해서는 거의 알려진 바가 없다. 1549년 이전의 설교 중 남아 있는 것은 두 편으로, 1545년 11월 4일 시편 115편을 본문으로 한 설교와 1545년 11월 11일 시편 124편을 본문으로 한 설교뿐이다. 이 두 편은 칼뱅의 동료였던 자크 쿠쟁(Jacques Cousin)이 기록하였고, 장 지라르(Jean Girard)에 의해 1546년에 출판되었다. 1549년 8월 25일 제네바 교회는 대단히 의미 있는 결정을 하였는데, 라구에니어(Denis de Raguenier)를 속기사로 임명한 것이다. 라구에니어는 1560년 죽을 때까지 칼뱅의 설교를 속기로 받아 적는 일을 성실하게 수행하였다. 칼뱅의 설교들이 우리에게 전해진 것은 전적으로 그의 노력의 결과라 해도 과언이 아닐 것이다.

칼뱅은 스트라스부르에서 제네바로 돌아온 1541년부터 1564년 죽을 때까지 쉬지 않고 설교하였다. 라구에니어의 목록(1549-60년의 설교목록)에는 칼뱅의 2,042편의 설교가 열거되어 있다. 1560년 이후에는 추가로 263편의 설교가 기록되었다. 칼뱅의 설교 중 일부는 그의 생전에 출판되었지만,[12] 대부분의 것은 사후에 빛을 보았다. 오늘날 우리가 알고 있는 칼뱅의 설교가 1,500편 정도이니 약 800편의 설교가 분실된 것이다. 1805-06년 당시 제네바 도서관에는 칼뱅의 설교원고들이 임시 제본된 2절판 책자로 44권이 보관되어 있었는데, 도서관의 서가가 부족해지자 칼뱅의 설교원고를 1권만 기념으로 남기고 폐품으로 팔아버린 것은 너무나 안타까운 일이다. 한참이 지난 1823년 몇몇 신학생이 그중에서 8권을 발견하고는 구입하여 도서관으로 가져왔다. 그 후 잃어버린 설교원고 중 일부가 더 발견되기는 했지만 대부분은 잃어버리고 말았다. 현재 칼뱅의 설교 중 874편이 『칼뱅전집』(*Calvini Opera*)에 수록되어 있고, 1961년 이후 칼뱅의 미간행 설교들이 『칼뱅전집보충』(*Supplementa Calviniana*)이라는 이름으로 출간되고 있다. 설교는 칼뱅의 전체 저술 중 대략 3분의 1에 달할 만큼 방대한 양이다. 칼뱅의 새로운 설교원고들의 출간은 앞으로 칼뱅 연구에 중요한 토대가 될 것임이 분명하다.

칼뱅의 설교는 대체로 1시간 이상 지속되었고 히브리어와 그리스어 성서를 가지고 강단에 올라가서 원고나 메모 없이 이루어졌다. 1549년 이후 제네바에서는 주일에는 3번의 예배와 1번의 교리문답 교육이 있었고, 주중에는 매일 1번, 수요일에는 특별기도회로 2번의 예배가 있었다. 그의 설교방법은 '연속 강해'(*lectio continua*) 방식이어서 한 권의 책을 택하면 처음부터 끝까지 빠짐없이 연속하여 설교하였다. 그는 주일 오전에는 신약, 오후에는 신약이나 시편, 주중에는 구약을 강해하였고, 성탄절이나 부활절과 같은 특별한 때에는 강해설교를 일시 중단하고 절기에 합당한 본문으로 설교하였다. 말년에 건강이 좋지 않아 거동이 불편해지자, 그는 의자에 앉은 자신을 설교단으로 데려가 달라고 다른 사람에게 부탁하면서까지 설교지의 책임을 다하였다.

칼뱅은 실제적이고 실천적인 설교자였다. 먼저 그는 성서본문을 꼼꼼하게 주석하였다. 목회자는 아버지가 아이들에게 먹이기 위해 빵을 작은 조각으로 나누는 것처럼 진리의 말씀을 나누고 분별하여 제시해야 한다. 주석이란 말씀을 올바르게 나누고 분별하는 작업이다.[13] 그런 다음에 칼뱅은 그 주석이 올바르고 정당한 이유를 설명하였다. 왜 성서의 가르침이 진리인지를 논리적으로 설명하고 논증하였다. 마지막으로 성서의 메시지를 오늘 여기의 삶에 적용하는 것으로 설교를 마무리 지었다. 설교와 주석이 다른 점이 있다면 주석은 본문에 대한 설명이 중요한 반면, 설교는 실제적 삶에 적용하는 것이 중요했다. 이러한 칼뱅의 설교 스타일은 후일 청교도들에게로 이어져서 청교도의 설교 구성이 교리(doctrine), 이유(reason), 적용(use)으로 이루어지게 된다. 오늘날 칼뱅을 연구하는 학자들이나 개혁교회 목회자들에게 매우 다행스러운 것은 칼뱅의 설교원고가 상당량 그대로 보관되어 있다는 사실이다. 칼뱅의 설교원고는 당시 현장에서 생생하게 전해진 그대로 남아 있다는 점에서 독특하다. 다른 대부분의 경우에는 현장에서 전해진 그대로가 아니라 뒤에 손질한 형태이기 때문에 칼뱅의 설교원고와는 차이가 있다. 칼뱅에게 설교는 자신이 몰두한 성서연구의 열매이자, 회중을 목양하기 위한 가장 중요한 수단이었다.

칼뱅의 설교문체의 중요한 특징은 단순성과 명료함에 있다.[14] 이것은 단지 칼뱅 설교의 특징일 뿐만 아니라 그의 신학과 삶의 특징이기도 하다. 그는 유식한 사람이나 무식한 사람이나 모두가 이해할 수 있는 설교를 하길 원했다. 따라서 불필요한 장황한 설명을 피하고 성서본문에 집중하였다. 칼뱅은 어렵고, 현학적이며, 이해할 수도 없는 말들을 나열하는 설교로는 설교 본연의 목적을 도무지 이룰 수 없다고 보았기 때문에, 그는 할 수 있는 한 성서의 메시지를 간단하고 분명하게 전함으로써 평신도들로 하여금 말씀의 의미를 쉽게 이해하고 하나님의 명령에 즉시 순종할 수 있도록 해야 한다고 믿었다. 물론 설교자는 웅변적일 수 있다. 만일 설교의 핵심이 믿는 자로 하여금 그리스도의 피가 자신의 눈앞에 흐르는 것처럼 느끼도록 만드는 것이라면, 설교자는 수사학적 웅변기술을 개발해야 한다. 그러나 그의 수사학적 웅변술이 믿는 자들의 마음을 움직이시는 성령의 진정한 웅변을 방해해서는 안 될 것이다. 다시 말하자면 인간의 화려한 웅변술은 성령의 단순한 웅변과 균형을 맞추어야 한다. 실제로 설교가 효력을 나타내도록 만드는 것은 인간의 수사학적 웅변술이 아니라 성령의 능력이다.

설교는 목회자의 유일한 임무는 아니지만, 가장 중요한 임무임은 분명하다. 복음을 선포하는 임무는 우리가 누릴 수 있는 가장 큰 특권이다. 칼뱅은 "도대체 복음을 선포하는 것보다 더욱 하나님을 기쁘게 하는 것이 어디 있겠는가?"[15]라고 묻는다. 칼뱅은 "사돌레토에게 보내는 편지"에서 목회자와 교사라고 자처하는 사람들에게 이렇게 충고하고 있다. "나는 단지 그 사람들에게 자기 자신을 한번 돌아보아, 자신들이 하나님의 말씀 이외에 다른 음식은 먹을 수 없는 그리스도인들을 얼마나 충실하게 먹이고 있는지 숙고해보라고 권고할 뿐입니다."[16] 칼뱅은 성서를 가지고 자신과 성도들을 양육하고 인도하려고 노력했던 목회자로 평생을 살았다. 칼뱅은 무엇보다 목사였고 설교자였다.

2) 성례

칼뱅은 교회를 교회되게 하는 두 가지 표지가 있다고 믿었는데, 그것은 바로 말씀과 성례였다. 『기독교강요』에서 칼뱅은 "순수한 말씀사역과 순수한 형태의 성례전 거행, 이 두 가지 표지가 있는 공동체를 교회라고 간주하는 것은 충분한 근거가 있다고 해도 틀림없을 것"[17]이라고 주장했다. 따라서 목회자는 말씀사역뿐만 아니라 성례를 집행해야 할 막중하고 고유한 책임이 있다. 칼뱅에 따르면 교회의 성례에는 두 가지가 있는데, 세례와 성만찬이 바로 그것이다.[18] 그는 성례란 "하나님이 우리의 연약한 믿음을 격려하기 위해 우리를 향한 하나님의 선한 약속을 우리 마음에 보증하시는 외적인 표징이며, 또한 우리 편에서는 하나님과 천사와 사람들 앞에서 하나님을 향한 우리의 충성을 증언하는 외적인 표징"[19]이라고 정의하였다. 하나님은 말씀뿐만 아니라 성례를 허락해 주심으로써, 말씀으로 주신 약속을 보증하시고 더욱 생생하고 확실한 것으로 만들어 주신다. 우리의 믿음은 하나님의 말씀으로 말미암는 것이지만 성례를 통해서 더욱 든든해진다.

하나님의 계시는 말씀설교를 통해 귀로 다가오기도 하지만, 성례를 통한 물질적 요소를 통해 눈으로 다가오기도 한다. 하나님이 우리에게 다가오시는 과정을 설명하면서 칼뱅은 "자기조절"(accommodation)이라는 용어를 사용한다. 칼뱅에 따르면, "하나님이 우리의 수준에 자신을 맞추어 조절하시지 않는 한, 우리는 하나님을 이해할 수가 없다."[20] 다시 말하면 하나님은 우리에게 말을 걸기 위해서 우리의 수준에 맞게 스스로를 조절하시는 분이다. 분명히 칼뱅은 "자기조절"의 개념을 고전 수사학의 전통에서 빌려왔을 것이다.[21] 칼뱅 자신도 한때 인문주의자로서 수사학을 공부했기 때문이다. 수사학의 목적은 청중에게 알맞은 방식으로 자신의 언어를 조절하고, 적응하고, 맞추는 것이다. 특별히 말씀과 성례를 통한 자기조절이 바로 하나님이 스스로를 계시하시는 방식이다.

　무엇보다도 하나님의 자기조절의 가장 놀라운 예는 성육신이다. 칼뱅은 『기독교강요』에서 "무한하신 아버지께서 아들 안에서 유한하게 되신 것은 우리 마음이 하나님의 광대한 영광에 압도되지 않도록 우리의 낮은 수준에 맞추어 자기를 조절하신 것"[22]이라는 고대교회의 교부인 이레나이우스(Irenaeus)의 말을 인용하고 있다. 성서 또한 하나님의 자기조절이다. 성서는 인간의 필요에 따라 하나님을 아버지, 교사, 의사로 다양하게 표현하고 있다. 하나님의 자기조절의 가장 생생한 형식은 말씀설교와 성례전이다. "하나님은 우리의 연약함에 따라 자기를 조절하시는데, 선포된 말씀이라는 '문서'와 물질적인 성례라는 '보증'으로써 그렇게 하신다."[23] 하나님은 우리를 가까이하시기 원하신다. 이를 위해서 하나님은 성육신을 통해, 성서안에서, 설교와 성례를 통해 스스로를 조절하시는 것이다.

　칼뱅은 성례를 세 가지 관점, 즉 의미, 본체, 효과라는 측면에서 이해하였다. 첫째, 성례는 하나님의 약속을 가리킨다. 칼뱅에 따르면 성례의 의미는 항상 하나님의 말씀과 연관되어 있다. 따라서 약속의 말씀과 분리된 성례는 아무런 의미도 없다. 칼뱅에게 분명한 것은 말씀의 약속이 없는 성례는 그저 "유치한 마력"(childish charms)[24]일 뿐이며, "아무 쓸모도 없는 상징"[25]일 뿐이다. 따라서 칼뱅은 성만찬이 거행되는 주일에는 목사가 설교 전체를 통해서 혹은 적어도 설교의 결론부분에서 성만찬 성례전의 의미를 설교해야 한다고 주장하였다.[26] 그는 말씀과 성례가 굳게 결합되어야만 한다고 믿었다.

　둘째, 성례가 지시하는 본체는 그리스도의 죽음과 부활이다. 칼뱅은 "세례는 우리가 깨끗하게 씻겼다는 것을 증언해주며, 성만찬은 우리가 구속받았다는 것을 증언해준다. 물은 씻음을 상징하고, 피는 속죄를 상징한다. 이것은 모두 그리스도 안에서 발견된다."[27]라고 한다. 이처럼 성례의 본질은 항상 그리스도와 관련되어 있다. 세례를 통해 "우리는 그리스도의 죽음에서처럼 우리의 욕망에 대해 죽어야 하며, 그리스도의 부활에서처럼 의에 대해서 살아야 한다는 사실을 권고받는다."[28] 성만찬을 통해 "그리스도는 빵과 포도주, 즉 그리스도의 몸과 피의 상징을 통해 우리에게 참으로 나타나신다."[29] 따라서 칼뱅은 "그리스도는 모든 성례의 본체 혹은 본질"[30]이라고 결론 내린다.

셋째, 성례의 효과는 구속, 의로움, 성화, 그리고 생명이다.[31] 이것은 곧 그리스도와의 연합을 뜻한다. 칼뱅은 세례와 성만찬의 성례를 그리스도와 우리의 연합의 표징이라고 말한다. "세례가 교회 안으로 들어가는 것이고 믿음에 입문하는 것이라면, 성만찬은 그리스도께서 믿는 자들을 영적으로 먹이시는 계속적인 양식이라고 할 것이다."[32] 세례는 그리스도와 우리의 연합의 상징이며,[33] 그리스도와의 연합은 주의 만찬의 특별한 결실이다.[34] 이 연합 안에서 칼뱅이 "놀라운 교환"(wonderful exchange)[35]이라고 부르는 일이 일어나는데, 그리스도의 것이 우리의 것이 되고 우리의 것이 그리스도의 것으로 교환되는 역사가 발생한다. 이 연합 안에서 우리의 죄는 그리스도에게로 전가되며, 그리스도의 은혜와 구속은 우리의 것이 되는 신비한 교환이 발생한다. 물론 이 모든 것은 오직 성령의 효과적인 사역을 통해서만 이루어지는 신비이다.

칼뱅은 성례가 신자의 영적 건강에 결정적으로 중요하다고 믿었다. 그에게 성례란 선포된 말씀과 마찬가지로 약한 믿음을 돕는 수단이요 도구이다. 칼뱅은 아우구스티누스를 따라서 성례를 눈으로 보이는 말씀(visible Word)이라고 말하기까지 한다. 그런데 성만찬의 경우 중세시대를 거치면서 평신도들은 1215년 제4차 라테란 회의의 결정에 따라 1년에 한 번 성만찬을 받는 것으로 만족했으며, 그마저도 잔은 받지 못하고 떡만 받았다. 칼뱅은 이런 관행을 비판하면서 성만찬은 떡과 잔 모두를 베풀어야 하며, "적어도 일주일에 한 번"[36]은 행하는 것이 좋다고 주장한다. 그러나 제네바 시의회가 매주 성만찬을 거행하는 데 강하게 반대하였기 때문에, 칼뱅은 시의회에 양보하여 제네바 시에서 적어도 한 달에 한 번 성만찬을 하는 것으로 조정하였다. 이후 수정된 『교회법령』에서는 성만찬을 1년에 네 번, 성탄절, 부활절, 성령강림절, 그리고 9월에 행할 것을 권고하고 있다. 칼뱅이 매주 성만찬에서 이렇게 양보한 것은 성만찬이 준비 없이 습관적으로 행해져서는 안 되며 그 의미에 걸맞는 합당한 성만찬이 되어야 한다는 그의 믿음 때문이었다. 16세기 제네바에서 성만찬은 적어도 일주일 전에 미리 공지되어야 했고, 어린이들과 방문자들은 적절한 교육을 받은 후에야 참여가 허락되었으며, "합당하지 못한"(고전 11:27) 사람들은 성만찬에 참여할 수 없었다.

3) 치리

칼뱅은 제네바가 개인 차원에서만 아니라 모든 영역에서 진정한 기독교 사회가 되기를 꿈꾸었다. 따라서 개인과 사회 모든 영역에서 기독교적 정신에 따른 질서가 수립되기를 바랐다. 이를 위해서 규율에 따른 정당한 치리는 필수적인 것이었다. 칼뱅은 치리가 없이는 가정에서든 교회에서든 사회에서든 순수한 상태를 유지할 수 없고 올바른 질서도 기대할 수 없다고 보았다. 칼뱅은 치리를 인간의 몸에 비유하면 "근육"(sinews)과 같은 역할을 한다고 주장했다. 사람의 몸에서 근육이 없으면 몸을 제대로 가눌 수 없는 것처럼, 교회와 사회에서 올바른 치리가 없다면 그 공동체는 바로 설 수 없고 무질서에 빠질 수밖에 없다. 그래서 칼뱅은 치리를 날뛰는 사람을 억제하는 "고삐"(bridle)로, 나태한 사람을 일깨우는 "박차"(spur)로, 타락한 아들을 온화하게 질책하는 "아버지의 회초리"(father's rod)에 비유하였다.[37] 이와 같은 치리가 있을 때에만 참으로 경건한 공동체가 존재할 수 있다.

이러한 믿음 때문에 칼뱅은 제네바에 처음 도착했을 때부터 교회에서 치리의 중요성을 강조하였다. 칼뱅은 제네바에 도착한 지 얼마 지나지 않은 1537년 1월 16일에 "제네바 교회와 예배의 체제에 관한 조항들"이라는 문서를 작성하여 시의회에 제출하였다. 이 문서에서 칼뱅은 악한 자들의 행동으로 인해 첫째는 예수 그리스도와 그의 교회가 멸시와 수치를 당하지 않기 위해서, 둘째는 악한 자들이 스스로 깨닫고 자신의 행실을 바로 잡을 기회를 주기 위해서, 셋째는 악한 행위를 하는 자로부터 공동체에 속한 다른 사람들을 보호하기 위해서 교회 안에서 교정과 치리를 실행해야 한다고 강력하게 제안하였다.[38] 칼뱅은 이런 치리를 실제로 실행하기 위해 "선한 삶을 살고 좋은 평판을 듣는 성실하고 신실한 사람들"[39]을 택하여 새로운 기구를 만들 것을 시의회에 제안하기도 하였다.

그러나 칼뱅이 시행하고자 한 치리에 대한 반발이 곧바로 나타났다. 1537년 11월 제네바 의회는 개혁자들이 제안한 내용들을 실행에 옮기기를 거부했고, 칼뱅과 파렐에게는 불순종하는 신자들을 파문할 수 있는 권리가 없다고 선언하였다. 칼뱅은 1538년 2월 21일 취리히의 종교개혁자 하인리히 불링거에게 보낸 편지에서 제네바 교회에서 치리의 중요성과 필요성을 이렇게 말한다. "이러한 사도적 치리원리가 온전하게 회복되지 않고서는 교회가 존재할 수 없다는 사실이 저에게는 분명해보입니다. 여러 측면에서 치리야말로 우리에게 반드시 필요한 문제입니다."[40] 이때에는 누가 치리권을 가져야 하는지를 두고 칼뱅을 비롯한 목회자들과 시의회가 한창 갈등하던 시기였다. 칼뱅은 치리권이 교회의 권한이 되어야 한다고 믿었지만, 시의회의 입장은 이와 달랐다.

그런 와중에 1538년 선출된 제네바 행정관들은 자신들의 불확실한 권력을 공고히 하기 위해 이웃 도시인 베른에 더욱 의존하려고 하였다. 그들은 목회자들과 상의도 없이 제네바에 베른식의 예식들을 급하게 채택하였다. 특히 베른은 세례반(洗禮盤)의 사용을 고집하고, 성만찬에서 발효시키지 않은 무교병의 사용을 주장했는데, 1538년 3월에 제네바 의회는 칼뱅과 파렐에게 이러한 베른의 예식들을 따르라고 통보하였다. 하지만 칼뱅과 파렐은 베른의 형식을 따르기를 거부하였다. 비록 베른의 예식들이 꼭 잘못된 것도 아니고 그리스도교 신앙에서 그리 중요한 의미를 지닌 것들도 아니었지만, 그런 것들을 강요하는 것은 이제 막 시작된 신생교회인 제네바 교회의 자유와 자율성을 침해하는 일이었기 때문이다. 제네바의 목사회는 자유롭게 말씀을 선포할 수 있는 권리와 세속 권력자들의 간섭 없이 교회가 자유롭게 치리를 행할 수 있는 권리를 주장하며 의회를 상대로 투쟁하였다. 결국 1538년 4월 22일 제네바 의회는 칼뱅과 파렐을 면직하고 3일 안에 제네바를 떠날 것을 명령한다.

칼뱅은 스트라스부르에서 3년을 보낸 후 제네바 교회의 요청에 의해 1541년 9월 다시 제네바로 돌아왔지만 그의 입지는 여전히 불안하였다. 칼뱅에 대한 노골적인 반대도 만만치 않았다. 어떤 사람은 자기 집 개 이름을 칼뱅이라고 지어서 불렀고, 또 다른 사람은 칼뱅(Calvin)의 이름에서 철자를 줄여서 가인(Cain)이라 부르기도 했다. 치리권을 교회와 의회 중 누가 가져야 하는지를 둘러싸고 또다시 갈등이 발생했으며, 도덕적이고 엄격한 생활을 요구하는 칼뱅에 대해서 소위 리버틴(Libertine)이라 불리는 방종주의자들과 제네바 토착 세력들의 반발이 심각하였다. 적어도 칼뱅을 지지하는 사람들이 의회의 다수를 차지한 1555년 선거 이전에 제네바에서 칼뱅의 위치는 매우 불안하였다. 칼뱅이 제네바에 자신의 이상을 충분히 실현시킬 수 있는 기회를 가진 것은 1555년 이후였다.[41]

칼뱅은 치리의 시행에서 신분을 막론하고 누구든지 예외가 있어서는 안 되며, 모든 위반자에게 동등하게 적용되어야 한다고 말한다. 또한 치리를 행할 때에는 해당 행위가 은밀한 것인지 공개적인 것인지를 구별하여, 후자일 경우에는 즉시 교회가 엄중하게 견책하고, 전자인 경우에는 먼저 개인적으로 찾아가 충고하고, 그것이 효력이 없을 때에는 몇몇 증인 앞에서 다시 충고하며, 그 후에는 장로회에 불러 공적 권위로 엄중히 경고하라고 한다. 칼뱅은 치리를 행할 때에 반드시 "온유한 심령"(갈 6:1)으로 행할 것을 특별히 당부한다. 치리를 행하는 목적은 죽이려는 것이 아니라 살리려는 것이며, 망치려는 것이 아니라 고치려는 것이기 때문이다. 칼뱅은 "출교의 목적은 죄인을 회개하도록 이끄는 것이며, 공동체 내에 나쁜 선례를 없앰으로써 그리스도의 이름이 비방을 당하거나 다른 사람들이 악한 자들을 모방하지 않도록 하려는 것"[42]이라고 말한다. 치리는 교정의 수단이기 때문에 완고한 엄격주의는 배제되어야 한다.

칼뱅은 아우구스티누스의 의견을 따라 교회의 치리에는 "엄격한 자비"(severe mercy)[43]가 필요하다고 주장한다. 그는 로마서 주석에서도 "복음 설교자들은 친절한 성격과 유쾌한 태도를 지녀야 하지만, 그렇다고 해서 공치사(空致辭)로 사람들을 속이거나 그들의 잘못에 대해 미온적이어서는 안 되며 잘못에 대해서는 분명히 지적할 만한 용기를 지녀야 한다."[44]라고 말한다. 이는 목사들이 극단에 치우치기보다는 균형감과 중용의 태도를 유지해야 함을 말하는 것이다. 온유함과 동시에 단호함을 지니는 외유내강(外柔內剛)의 태도가 필요한 것이다. 칼뱅은 "내가 너희를 부끄럽게 하려고 이것을 쓰는 것이 아니라 오직 너희를 내 사랑하는 자녀같이 권하려 하는 것이라"는 고린도전서 4:14의 말씀을 주석하면서도 비슷한 방식으로 말한다. "이 구절을 통해 가르치는 자들은 책망을 할 때에는 언제나 이런 온건함이 있어야 한다는 사실을 배워야 한다. '식초는 꿀과 기름과 섞여야 한다.'는 유명한 속담이 이야기하듯이 과도한 엄격함으로 사람들의 마음을 상하게 하지 말아야 한다. … 따라서 우리가 다른 사람들의 잘못을 교정하는 선한 일을 하기 원한다면, 우리의 비판은 친절한 마음에서 나와야 한다는 사실이 분명해야 한다."[45] 잘못에 대해서는 분명히 견책하고 비판하되 그 태도는 온유하고 부드러워야 한다는 것이다. 목회자는 극단적인 엄격함 이전에 허물을 바로잡기 위한 온건한 방책을 강구해야만 한다. 그래야만 치리의 목적을 달성할 수 있기 때문이다.

칼뱅은 이미 1537년 1월에 시의회에 제네바에서 치리를 담당할 기구를 설립하자고 제안한 적이 있다. 이 제안이 현실화된 것은 1541년 칼뱅이 제네바로 돌아온 이후였다. 이렇게 하여 만들어진 것이 바로 제네바 컨시스토리(consistory)이다. 컨시스토리는 제네바의 치리기관으로 12명의 평신도와 모든 목회자로 구성되었는데, 12명의 평신도는 소의회에서 2명, 60인 의회에서 4명, 200인 의회에서 6명이 선출되었다. 컨시스토리는 행정장관 중 한 사람이 의장을 맡았으며, 서기와 소환 책임자를 두고 있었다. 컨시스토리는 매주 목요일 정기적으로 모여 제네바 시에서 일어난 범죄나 나쁜 행실에 대해 심리하여 공적인 질책에 해당하는 충고(remonstrance 혹은 admonition)를 하였다.

하지만 놀랍게도 우리는 컨시스토리의 주례모임에서 실제로 어떤 일들이 일어났는지에 대해 별로 알지 못하고 있다. 컨시스토리의 기록이 없어서가 아니라 그것이 손으로 더욱이 고대 프랑스어로 속기한 것이기 때문에 그중요성에 비하여 학자들의 충분한 주목을 받을 수 없었던 것이다. 하지만 로버트 킹던과 그의 동료들이 1987년부터 제네바의 공문서 보관소(Geneva State Archives)에 잘 보존되어 있는 컨시스토리의 기록들을 면밀히 검토한 결과, 칼뱅 당시 컨시스토리는 강제적인 재판소의 역할과 동시에 교육과 목회상담의 기능을 담당하기도 한 기구였음이 밝혀졌다. 1542년부터 칼뱅이 죽은 1564년까지의 컨시스토리의 기록들은 새롭게 정리되어 현재 미국의 칼뱅신학교 내에 위치한 칼뱅연구소인 헨리 미터 센터, 프린스턴 신학교 도서관, 위스콘신-메디슨 대학, 그리고 스코틀랜드의 성 앤드류스 대학에 컴퓨터 자료화되어 보관되어 있다. 그리고 프랑스어로는 현재 6권까지 출판되었으며, 그중 제1권은 영어로도 번역출판되었다.[46] 이 새로운 자료의 연구에서 드러나는 칼뱅은 제네바의 독재자나 신학자라기보다는 자신이 맡은 사람들의 필요를 채워주는 목회자이다. 그는 무엇보다도 먼저 하나님 말씀의 설교자였고, 영혼들을 돌보는 목회자였다.

4) 상담

칼뱅은 목사들의 임무를 열거하면서 상담자로서의 임무를 강조했으며, 그 자신이 "즐거워하는 자들과 함께 즐거워하고 우는 자들과 함께 우는"(롬 12:15) 따듯한 마음을 지닌 목회상담자였다. 목회상담자로서 칼뱅의 모습은 그가 동료, 친구, 정치인, 교회 등에 보낸 1,200여 통의 편지 안에 잘 나타나 있다. 칼뱅은 그 편지들에서 그 시대의 정치적 문제에서부터 신학적 논쟁, 교회 내 갈등, 개인적 문제들에 이르기까지 수많은 주제를 다루었는데, 특별히 그의 이런 편지들은 하나님의 백성과 교회를 상담하는 역할을 하였다. 여기에서 소개하는 몇 가지 사례만을 보더라도 칼뱅이 얼마나 상심한 사람들과 공감할 수 있는 심성의 소유자였는지, 어려움을 당한 사람들에게 든든한 조언자요 상담자였는지를 엿볼 수 있다.

칼뱅은 병자들을 위로하고 그들에게 용기를 주기 위해 종종 편지를 썼다. 예를 들면 1563년 8월 5일 프랑스의 개혁교회 신자들인 위그노의 지도자였던 콜리니(Gaspard II de Coligny) 제독의 부인이 병들었을 때, 질병이 오히려 우리에게 주는 유익이 있음을 역설하면서 용기를 가지고 이겨내기를 바라는 편지를 보냄으로써 그녀를 위로하였다.

> 모든 병은 우리의 연약함을 직시하도록 함으로써 우리를 겸손하게 만들어줄 뿐만 아니라 우리의 내면을 드러다 볼 수 있도록 함으로써 우리의 가난함을 깨닫고 하나님의 자비만 의지하도록

도와줍니다. 더욱이 병은 우리로 하여금 세상에 대한 애착을 버리도록 만드는 약과 같으며, 우리 안에 있는 불필요한 것들을 제거해줍니다. 또한 병은 죽음의 전령사와 같아서 하나님이 원하실 때면 언제든지 세상을 떠날 수 있도록 한 발을 들고 있어야 한다는 사실을 배우도록 해줍니다. 그렇지만 하나님은 종종 우리를 병에서 구해주셔서 우리로 하여금 당신의 자비를 맛보도록 해주십니다. … 용기를 내십시오. 하나님이 당신을 위해 예비해두신 것을 생각하면서 잘 견디고 있지만, 조금만 더 하나님을 위해 당신 자신을 드리기를 애쓰십시오.[47]

칼뱅은 공적인 설교만으로 목사가 자신의 의무를 다했다고 생각해서는 안 되며, 목사에게는 성도들이 필요하다면 언제든지 개인적으로 그들을 찾아가 그 영혼을 돌보아야 할 책임이 있음을 강조하였다.[48] 특히 칼뱅은 환자들에 대한 관심과 심방을 중시하였다. 그는 정기적인 순회심방을 계획하고 실천하였다. 1541년 『교회법령』에서는 "어느 누구라도 목사에게 알리지 않고 3일 동안 침상에 누워 있어서는 안 되며, 환자는 목사를 적절한 시간에 초대해야 한다."[49]라고 규정하고 있다. 칼뱅이 제네바에서 쫓겨난 후 잠시 바젤에 머물고 있을 때인 1538년에 파렐의 조카가 페스트에 걸렸다는 소식을 들었을 때, 그는 위험을 두려워하지 않고 곧장 환자의 곁으로 달려가 복음으로 위로하고, 자비(自費)를 들여 그를 간호하였으며, 그가 죽자 장례비를 부담하기까지 하였다.[50]

칼뱅은 아내를 잃고 슬픔에 빠진 동료 목회자를 위로하기 위해서도 편지를 썼다. 1555년 11월 프랑크푸르트에 있는 프랑스인들의 교회에서 목회를 하던 리샤르 보빌(Richard Vauville)의 아내가 죽었을 때 칼뱅은 그를 위로하기 위해 편지를 보냈다.

나의 경험에 비추어볼 때, 당신이 아내의 죽음으로 인해 얼마나 마음에 깊은 상처를 받았을지 짐작하고도 남습니다. 7년 전 나도 이런 슬픔을 극복하기가 얼마나 힘들었는지를 생각해봅니다. 하지만 당신도 이런 깊은 슬픔을 달래줄 치유책이 무엇인지를 잘 알고 있습니다. … 우리에게 정말 위로가 되는 것은 하나님의 놀라운 섭리에 따라 우리가 생각하기에 불행한 일들조차도 우리 구원에 도움이 된다는 사실입니다. 또한 우리가 이 땅에서는 헤어지더라도 하나님의 나라에서는 다시 재회할 수 있다는 사실이 우리에게 무한한 위로가 됩니다. 이런 사실 때문에 당신은 신앙 안에서 이런 일조차도 묵묵히 받아들이며 이겨낼 수 있습니다.[51]

칼뱅은 자신도 아내가 죽었을 때 겪었던 상실감을 나누면서 아내를 먼저 보낸 보빌을 위로하였다. 또한 칼뱅은 기욤 드 트리(Guillaume de Trie)가 가족을 남겨두고 죽자 테오도르 베즈(Théodore Bèze)에게 보낸 편지에서 트리의 자녀를 자신이 맡아서 보살피겠다고 자청하기도 하였다.[52]

  칼뱅은 남편의 외도로 고통을 당하는 그라망(Grammant) 부인,[53] 세례도 받지 못한 어린 아이를 잃은 어떤 아버지,[54] 페스트로 인해 아들을 잃은 리슈부르(Richebourg) 씨를 위로하였다.[55] 특별히 칼뱅이 리슈부르에게 보낸 장문의 편지는 그가 얼마나 타인의 고통에 민감한 인물이었는지를 잘 보여주고 있다.

내가 처음 클로드(Claude Férey: 스트라스부르 아카데미의 교수였으며, 또한 리슈부르 씨의 아들의 가정교사였다)와 그대의 아들 루이(Louis)가 죽었다는 소식을 처음 들었을 때, 나는 너무 슬퍼서 며칠을 우는 일 외에 다른 아무것도 할 수 없었습니다.…그 대의 아들처럼 한창이며 미래가 기대되는 젊은이가 세상을 떠 나버리다니 나는 너무나 슬프고 안타깝습니다. 정말 이 아이는 내가 내 아들처럼 사랑했고, 또한 그도 나를 제2의 아버지나 되는 것처럼 존경했습니다.[56]

참으로 칼뱅은 "우는 자들과 함께 우는" 공감의 능력을 갖춘 상담자요 목회자였다.

칼뱅은 프랑스 파리에서 박해받는 형제들을 위한 모금을 위해 편지를 쓰면서 "이들은 돈을 쉽게 구할 수 없는 상황이며, 필요하다면 내 머리와 발이라도 전당 잡힐 각오가 돼 있습니다."[57]라고 말했다. 칼뱅은 자신이 박해를 받은 경험이 있는 사람으로서 그들의 어려운 처지를 누구보다 잘 이해하고 있었다. 따라서 제네바에서 매 주일 아침마다 예배를 드리면서 박해받는 자들을 위한 중보기도를 잊지 않았다. 칼뱅은 프랑스에 있는 개혁파 신자들에게 로마가톨릭 교회의 우상숭배적인 미사에 참여하거나 타협하지 말고 순수한 믿음을 지키라고 격려하는 편지를 쓰기도 하였고,[58] 박해받을 때일수록 기도와 성서의 말씀에 더욱 의지할 것을 권면하기도 하였다.[59] 특히 프로테스탄트 신앙을 지키기 위해 박해를 견디며 리옹에 수감된 다섯 젊은이에게 보낸 여러 통의 편지는 매우 감동적이다.[60] 또한 이 젊은이들을 만나기 위해 감옥을 방문했던 리너(John Liner)에게 진심으로 감사하는 마음을 담은 편지를 보내기도 했다.[61] 칼뱅은 젊은이들에게 모두가 그들을 위해 기도하고 있다고 말하면서 용기를 잃지 말고 박해 가운데서도 하나님이 도우신다는 확신 속에서 신앙을 지키라고 위로하며 격려하였다. 칼뱅은 젊은이들에게 주님이 갈보리에서 승리하신 것을 생각하면서 유혹 앞에서 흔들리지 말고 힘들고 어려운 시간을 이기라며 응

원하였다. 다섯 젊은이는 결국 자신의 신앙을 지키며 순교하였다. 이들의 순교 이야기는 1554년에 장 크레스팽(Jean Crespin)이 출판한 『순교자들』(Histoire des Martyrs)에 수록되어 박해 가운데 신앙을 지킨 모범으로 오랫동안 개혁교회 신자들에게 기억되고 있다. 그 외에도 칼뱅은 신앙을 위해 고난을 당하고, 감옥에 갇히고, 순교한 많은 사람에게 편지를 보내 그들을 지속적으로 위로하고, 격려하며, 용기를 주었다.

칼뱅은 흩어져 있는 개혁교회들이 겪고 있는 어려운 문제들을 상담하기 위해서도 편지를 보냈다. 칼뱅은 1554년 네덜란드 지역 베젤(Wesel)의 개혁교회 형제들에게 보낸 편지에서 그들이 당면한 문제에 대해 매우 실제적인 조언을 하였다. 당시 이 지역을 통치하고 있던 루터파는 개혁교회도 루터파의 의식을 따르라고 강요함으로써 개혁교회에 속한 성도들은 양심의 고통을 느꼈다. 이런 상황에 대해 칼뱅은 편지에서 "믿음의 본질과 상관없는 몇몇 의식 때문에 그곳에 세워진 프랑스인들의 개혁교회가 낭패를 당한다면 참으로 유감스러운 일"[62]이라며 예배의식의 차이에 대해서는 너무 얽매이지 말고 자유롭게 생각해도 괜찮다고 권면하고 있다. 그러면서 그는 "고려해야 할 가장 중요한 점은 이런 자유가 어디까지 허용될 수 있는가 하는 것입니다. 이 주제에 관해서는 우리의 신앙고백에 손상을 초래하지 않는 의식들의 경우에는 서로 양보할 수 있다는 점을 분명하게 해둡시다. 그래야만 우리의 과도한 엄격함이나 까다로움 때문에 교회의 일치가 파괴되는 일이 없을 것이기 때문입니다."[63]라고 말하였다. 소위 신앙에 있어서 '비본질적인 문제'(adiaphora) 때문에 교회의 일치와 존립이 위협을 받아서는 안 된다는 점을 분명하게 밝힌 것이다.

또한 칼뱅은 독일의 프랑크푸르트(Frankfurt)에 있는 프랑스인들의 개혁교회의 분열에 대해서도 중재하는 여러 통의 편지를 보냈다. 첫 번째 편지는 1554년 8월 27일 그곳의 목사였던 발레랑 풀랭(Valeran Poulain)에게 보냈다.⁶⁴ 풀랭은 후퍼(John Hooper)의 매부(妹夫)로 런던 인근의 글래스톤베리(Glastonbury)에서 목회하다가 메리 여왕의 박해로 추방되어 프랑크푸르트의 개혁교회 목회자로 온 사람이었다. 칼뱅은 그 편지에서 풀랭의 망명생활의 어려움을 위로하면서 프랑크푸르트 교회의 목회방향에 대해서 조언하였다. 그 후 칼뱅은 1555년 12월 22일에 두 번째로 프랑크푸르트 교회에 편지를 보냈는데, 목사였던 풀랭을 둘러싸고 성도들 간에 내분이 일어난 것에 대해 프랑크푸르트가 루터파의 지역임을 고려할 때 분열하기보다는 서로 돕고 이해해야 한다고 충고하였다.⁶⁵ 칼뱅은 세 번째로 1556년 3월 2일과 3일 연속해서 프랑크푸르트 교회의 목회자와 성도들에게 편지를 보내어 아직도 화합하지 못한 것에 대해 안타까움을 표시하면서 지나친 열정을 자제하고 겸손한 마음으로 서로 양보할 것을 주문하였다.⁶⁶ 네 번째로 칼뱅은 1556년 6월 24일 다시 펜을 들어 프랑크푸르트 교회의 장로들과 집사들에게 2통의 편지를 보내면서, 가능하면 중용의 자세를 유지하면서 교회의 안정을 위해 노력해 줄 것을 당부하였다.⁶⁷ 같은 날 칼뱅은 온건한 루터파 출신의 행정관인 요하네스 클라우부르거(Johannes Clauburger)에게도 편지를 보냈다.⁶⁸ 그는 프랑크푸르트 개혁교회의 분쟁을 어떻게든 해결하고자 애쓰는 사람이었다. 그 편지에서 칼뱅은 교회가 심한 갈등을 겪고 있음을 솔직하게 인정하면서 풀랭 목사가 교인들에게 신뢰를 잃었음을 지적한다. 여기에서 칼뱅은 매우 현실적인 제안을 하고 있는데, 비록 교인들의 압력에 굴복하여 목사가 사임을 하는 것은 나쁜 전례를 남기는 것이므로 지지할 수는 없지만 교인의 다수가 목회자를 싫어하고 목회자를 신뢰하지 않는다면 목회자는 교회의 덕을 위해 억울하더라도 교회를 사임하는 것이 좋다고 조언한다. 프랑크푸르트 교회의 상황은 결국 풀랭이 목사직을 사임하는 것으로 끝났다. 칼뱅은 마지막으로 1556년 12월 27일 편지에서 모든 교회의 성도가 하나가 되어서 지나간 어려움을 극복할 것을 당부하였다. 칼뱅이 프랑크푸르트에 보낸 연속적인 편지들은 한 교회에 대한 칼뱅의 지속적인 관심을 분명하게 보여주며, 그가 흩어져 있던 개혁파 교회의 신실한 상담자요 안내자였음을 확인시켜 준다.

칼뱅의 동료였던 니콜라스 데 갈라(Nicolas des Gallars)는 칼뱅의 목회를 다음과 같이 요약하였다. "나는 어떤 말로도 그가 다른 사람을 권면할 때 보여준 성실함과 겸손함을 표현할 길이 없습니다. 그는 자신을 찾아 온 모든 이를 친절하게 맞이하였습니다. 또한 그는 가장 중요한 문제에 대해 자신의 견해를 물어오는 사람들에게 분명하고 정확하게 대답해 주었습니다. 또한 그에게는 자기에게 제시된 어려운 문제들을 해결할 수 있는 능력이 있었습니다. 나는 그가 고통 받는 사람들을 위로하고, 타락에 빠져 괴로워하는 자들을 일으켜 세우기 위해 보여준 그의 관대함을 그 무엇으로도 표현할 수 없습니다."[69]

3. 목회자의 표상으로서 칼뱅

칼뱅을 가장 잘 정의하는 단어는 목사이다. 그는 신학자요 개혁자이기 이전에 제네바의 영혼들을 돌본 목회자였다. 장 다니엘 브누아(Jean-Daniel Benoit)는 칼뱅에 대해 이렇게 평가하였다. "사람들은 그를 제네바의 개혁자처럼 말하기를 좋아한다. 하지만 어쩌면 그를 제네바의 목사라고 지칭하는 것이 더 정확할 것이다. 칼뱅은 영혼들 속에 있는 목사였고 그의 개혁작업은 많은 점에서 그의 목회활동의 결과와 연장에 불과했기 때문이다."[70] 칼뱅은 분명 신학자였고 개혁자였지만 그것은 목사로서 설교하고 목사의 일을 제대로 하기 위함이었다. 이것은 칼뱅이 먼저 목회자였고 그 다음에 신학자요 개혁자였음을 의미한다. 브누아의 말처럼 칼뱅은 신학자보다는 '영혼의 인도자'인 목회자로서 역사에 가장 중요한 영향을 끼쳤다. 칼뱅의 마지막 유언도 목회자로서 그의 자의식을 보여주는데, 그는 스스로 자신을 "제네바 교회에서 하나님의 말씀의 사역자인 나 장 칼뱅"이라고 유언장에 서명하였다. 칼뱅의 사역에서 초점은 목회적인 돌봄이었고 영혼의 치유였다.

필자는 목회자인 칼뱅의 모습을 보여주기 위해 먼저 그의 주저로 꼽히는 『기독교강요』에 나타난 목회적 성격에 관해 논하고, 다음으로 목회자로서 그가 했던 설교와 강의와 주석들에 대해 소개하고, 마지막으로 그가 목사의 직무를 다하기 위해 한 주간을 어떻게 보냈는지를 실례로 소개하고자 한다. 이를 통해서 칼뱅은 뼛속까지 목사요, 우리가 본받아야 할 '참되고 신실한' 목회자의 표상임이 드러날 것이다.

1) 『기독교강요』의 목회적 성격

포드 베틀즈(Ford Lewis Battles)는 『기독교강요』 최종판을 영어로 번역하며 덧붙인 서문에서 다음과 같이 주장하였다. "우리는 칼뱅이 직업적인 신학자라기보다는 종교적인 영성이 깊은 사람이었다고 말할 수 있을 것이다. … 그는 자신의 『기독교강요』를 '신학의 대전'(summa theologiae)이 아니라 '경건의 대전'(summa pietatis)이라고 부른다. 칼뱅의 정신적 에너지의 비밀은 그의 경건에 있었다. 그의 경건의 산물이 그의 신학이었으며, 그의 신학에서 그의 경건은 충분히 표현되었다."[71] 이처럼 칼뱅의 정체성은 학문을 추구하는 신학자라기보다 경건을 지향하는 목회자였다. 제네바 교회의 목사요 교사였던 칼뱅은 설교하고, 가르치고, 글을 쓰는 일에 자신의 시간과 마음을 모두 바쳤다. 로날드 월리스(Ronald Wallace)에 따르면 칼뱅의 수많은 저작, 그의 『기독교강요』를 포함한 신학저술들, 편지, 심지어 논쟁적인 글조차도 그 목적은 철저하게 목회적이다.[72]

엘시 맥키(Elsie A. McKee)도 칼뱅의 목회적 경건에 관한 글들을 모은 책을 편집하며 덧붙인 서문에서 "일반적으로 경직된 교리의 총화로 여겨지는 『기독교강요』가 사실상 매우 강한 목회적 방향과 경건에 대한 많은 문구를 가지고 있다."73라고 말한다. 최근 맥키는 자신의 이러한 주장을 입증하는 매우 흥미로운 논문을 발표하였다. 맥키가 2009년에 한국을 방문했을 때 한국칼빈학회 정기발표회에서 "첫 번째 불어판 『기독교강요』(1541)에서 듣는 칼뱅의 목회적 음성"이라는 제목의 글을 발표하였다.74 이것은 그녀가 최초의 프랑스어 『기독교강요』(1541)를 영어로 번역하여 출판한 경험을 바탕으로 한 새로운 연구결과였다.75 맥키는 라틴어 『기독교강요』(1539)와 프랑스어 『기독교강요』(1541)를 비교할 때 몇 가지 차이점이 드러나는데, 이것은 라틴어를 모르는 보통 사람들을 고려한 칼뱅의 목회적 배려에서 나온 것이라는 설득력 있는 주장을 펼쳤다.

칼뱅이 항상 말했듯이 목회자는 성도의 수준에 맞게 자신의 눈높이를 맞추면서 그들에게 적절한 꼴을 먹이며 양육해야 한다. 다시 말하면 목사는 항상 청중에게 맞추어 자기를 조절하고 적응해야 한다. 칼뱅은 이것을 이론적으로뿐만 아니라 실제적으로 실천했다. 칼뱅은 자신의 주저인 『기독교강요』를 처음에 라틴어로 출판한 다음에 곧이어 프랑스어로도 출판하였다. 라틴어를 모르는 평신도를 위한 배려였던 것이다. 라틴어 초판(1536)에 대한 프랑스어판은 없다. 이것은 아마도 칼뱅이 제네바에 도착한 후 배타적인 환경 속에서 개혁활동을 시작하면서 너무도 분주했고, 실제로 프랑스어로 교리문답을 썼기 때문에 크게 필요성을 느끼지 않았기 때문일 수도 있다. 하지만 칼뱅은 『기독교강요』 2판부터는 항상 라틴어로 출판한 뒤 얼마 지나지 않아 직접 프랑스어로 번역하여 출판하였다. 라틴어 2판(1539)은 1541년에, 라틴어 3판(1543)은 1545년에, 라틴어 4판(1550)은 1551년에, 라틴어 5판 최종판(1559)은 1560년에 프랑스어로 각각 출판하였다.

　칼뱅의 라틴어판 『기독교강요』가 학자나 식자층을 위해 쓴 것이라면, 프랑스어판 『기독교강요』는 평신도를 위한 것이기 때문에 본질은 같을지라도 표현에서 차이점을 보인다.[76] 이러한 차이점은 청중의 차이에서 비롯된 것이다. 예를 들면 1539년 라틴어판과 1541년 프랑스어판은 같은 책이지만 제목이 다르다. 라틴어판은 제목이 『기독교강요, 그 제목에 맞는 분량』인 반면에 프랑스어판은 초판의 제목을 가져와서 『기독교강요, 모든 경건의 개요와 구원의 교리를 아는 데 필요한 기독교의 가르침』으로 하였다. 또한 칼뱅은 라틴어판의 독자를 남자로 상정하여 남성형을 사용한 곳에서 프랑스어판에서는 모든 믿는 자를 포괄하는 단어를 사용함으로써 남녀 모두를 포괄하고 있다. 라틴어판에서는 "칼리굴라," "세네카," "에우케리우스" 등으로 이름만 언급된 인물들에 대해 프랑스어판에서는 평신도의 이해력을 고려하여 "로마 황제 칼리굴라," "이방 철학자 세네카," "리옹의 주교 에우케리우스" 등으로 표현하여 그 사람에 대한 직함을 추가하기도 한다. 뿐만 아니라 불필요하다고 판단한 경우에는 과감하게 생략하거나, 필요하면 추가하여 쉽게 풀어 쓰거나 설명을 더하는 방식으로 평신도의 눈높이에 맞추려고 노력한 부분이 자주 등장한다. 어떤 곳에서는 순서를 바꾸기도 하는데, 믿는 자가 꼭 지켜야 할 것을 언급하면서 라틴어판에서는 "명예, 부, 생명"이라고 했던 것을 프랑스어판에서는 "생명, 부, 명예"라고 말한다. 이것은 아마도 엘리트에게는 명예가 부나 생명보다 값진 것이겠지만 보통 사람들에게는 생명이 부나 명예보다 소중하기 때문일지도 모르겠다. 그리고 프랑스어판에서는 라틴어판과 달리 히브리어와 그리스어를 사용하는 경우가 현저하게 줄어든 것도 바로 이런 이유 때문이다. 칼뱅은 라틴어판에서 사용된 어려운 단어도 의역하거나 쉬운 단어로 대체하여 사용했기 때문에 『기독교강요』를 프랑스어로 읽을 때에는 라틴어로 읽을 때보다 훨씬 쉽고 생동감 있게 읽을 수 있다. 우리는 이처럼 라틴어로 된 『기독교강요』를 프랑스어로 번역하는 과정에서 보여준 칼뱅의 노력에서 그의 목회자적 성격을 분명하게 본다.

목회는 목회자의 도덕성이나 성품과도 긴밀하게 연관되지만 동시에 전문적인 기술을 필요로 하기도 한다. 따라서 목회자는 목회사역을 감당하기 위해 필요한 전문적인 훈련을 받아야만 한다. 16세기 제네바에서 목사가 되기 위해서는 성서주석을 위해 히브리어나 그리스어를 알아야 하며, 학자로서 고전 라틴어에 익숙해야 하며, 가르치는 데 필요한 실제적인 기술들을 익혀야 했다. 칼뱅은 목회를 위한 실제적인 기술의 훈련을 위해서도 조언을 하고 있다. 칼뱅은 "내가 너희를 젖으로 먹이고 밥으로 아니하였다"(고전 3:2)라는 구절을 주석하면서 "목회자는 연약한 사람들에게는 조금씩 천천히 알려주어야 한다. 그렇지 않고 한꺼번에 너무 많은 것을 전해주면 실패를 초래할 수 있기 때문"[77]이라고 말한다. 이것은 목회자에게 가르치는 중요한 기술인 '자기조절' 혹은 '적응'(accommodation)의 중요성을 강조한 것이다. 어린아이에게는 우유를, 장성한 사람에게는 밥을 제공해야 한다. 다시 말해 일급 요리사라면 식사를 할 사람의 상황을 잘 고려하여 음식을 제공해야 한다. 마찬가지로 목회자들이 명심해야 할 사실은 단지 교리를 제시하는 것만으로는 충분하지 않다는 것이다. 오히려 목회자들은 듣는 사람들이 그 교훈을 받아들일 수 있도록 그들의 능력과 수준에 맞추어 설명하려는 노력을 지속적으로 기울여야 한다.[78] 이것은 목회자가 전하는 복음의 메시지가 청중의 마음 밭에 잘 뿌리를 내리고 열매를 맺기 위해서 결정적으로 중요한 목회의 기술이다. 칼뱅의 『기독교강요』와 저술들은 그가 자기조절의 기술을 잘 활용한 목회자였음을 분명하게 보여준다.

2) 칼뱅의 주석, 강의, 설교

제네바 교회의 목사요 교사인 칼뱅은 평생 설교하고, 강의하고, 글을 쓰는 일에 전념하였다. 우리는 칼뱅이 남긴 주석과 강의록과 설교원고만으로도 그가 얼마나 신실한 목회자였는지를 알 수 있다. 설교자와 교사로서의 칼뱅의 모습과 생각은 이미 앞에서 살펴보았으므로, 여기에서는 출판된 칼뱅의 주석과 강의록과 설교의 목록을 일목요연하게 제시하는 것으로 그의 목회사역의 열매를 확인하고자 한다.

먼저 칼뱅의 주석서에 관해 살펴보자. 칼뱅은 요한2서, 요한3서, 요한계시록을 제외한 모든 신약성서를 주석하였고, 구약성서의 많은 부분을 주석하였다. 욥기와 사무엘상, 사무엘하, 열왕기상의 경우에 주석서는 없지만 설교원고가 남아 있다. 칼뱅이 쓴 최초의 주석서는 로마서로 그가 스트라스부르에 머물고 있던 1540년에 출판되었으며, 최후의 주석서는 여호수아서로 이것은 칼뱅이 죽은 후에 출판되었다. 다음은 출판된 칼뱅의 주석서를 연대순으로 정리한 것이다.[79]

〈표1〉 주석서 목록

연도	주석서
1540	로마서
1546	고린도전서, 고린도후서
1548	갈라디아서, 에베소서, 빌립보서, 골로새서, 디모데전서, 디모데후서
1549	히브리서
1550	디도서, 데살로니가전서, 데살로니가후서, 야고보서
1551	베드로전서, 베드로후서, 요한1서, 유다서, 이사야
1552	사도행전

1553	요한복음
1554	창세기
1555	공관복음
1557	시편
1563	출애굽기, 레위기, 민수기, 신명기
1564	여호수아

칼뱅이 1536년 27살의 젊은 나이에 제네바에서 처음 사역을 시작했을 때 그는 교사로서 성서를 가르쳤다. 칼뱅은 1537년 이전에 목사가 된 것이 분명하다. 1537년 1월에 칼뱅은 목사의 신분h으로 시의회에 교회개혁을 요청하는 신앙고백서와 다른 문서들을 제시하였기 때문이다. 칼뱅이 제네바에서 쫓겨난 후 스트라스부르에 머물 때에도 그는 스트라스부르의 김나지움에서 신약성서를 강의하였고, 제네바로 돌아온 후에는 구약성서를 강의하였다. 하지만 우리는 1557년 이전에 칼뱅이 강의한 내용을 정확하게 알지 못한다. 이사야, 창세기, 시편 등을 강의했다는 기록은 남아있지만 출판된 책자로 존재하지 않기 때문이다.

칼뱅의 강의록 중에서 처음 나온 것은 호세아서 강의로 1557년에 라틴어와 프랑스어로 출판되었다. 원래 칼뱅은 자신의 강의를 출판하는 것에 대해 탐탁하지 않게 여겼지만 이것이 출판되었을 때 사람들의 반응은 뜨거웠다. 다음으로 출판된 것은 소선지서 강의로 1559년에 라틴어로, 1560년에 프랑스어로 나왔다. 그리고 다니엘서 강의가 라틴어로 1561년, 프랑스어로 1562년에 출판되었으며, 예레미야와 예레미야애가 강의는 라틴어판이 1563년에, 프랑스어판은 1565년에 출판되었으며, 마지막으로 에스겔 강의는 1564년 2월 2일 에스겔 20:44까지만 이루어졌고 미완성인 채로 칼뱅 사후인 1565년에 라틴어와

프랑스어로 출판되었다. 강의록의 목록을 정리해보면 다음과 같다.[80]

<표2> 강의록 목록

연도	강의록
1557	호세아
1559	소선지서
1561	다니엘
1563	예레미야, 예레미야애가
1565	에스겔

1537년 이전에 제네바의 목사가 된 칼뱅은 츠빙글리의 예를 따라 한 권의 책을 정하여 '연속 강해'(lectio continua) 설교를 하는 방식으로 하나님의 말씀을 선포하였다. 칼뱅이 1538년 4월 제네바에서 추방되었다가 1541년 9월 제네바로 돌아온 후, 1538년 중단되었던 설교에 뒤이은 본문을 가지고 설교했다는 것은 연속 강해설교의 진수를 보여준다. 칼뱅은 이후에 당시를 이렇게 회고하고 있다.

> 나는 설교하기 위해 시민들 앞으로 갔습니다. 각자는 큰 호기심에 사로잡혀 있었습니다. 그러나 모든 사람이 분명 기다렸던 사건들에 대한 언급은 완전히 침묵 속에 흘려보내고, 나는 나의 사역의 원리들을 간단하게 발표했으며, 그 다음 나를 부추겼던 신앙과 공명정대함을 상기시켰습니다. 이렇게 서두를 꺼낸 다음 나는 강해할 본문을 택했는데 그것이 내가 전에 멈추었던 바로 그곳이었습니다. 나는 그것을 통해 내가 가르치는 임무를 그만

두었다기보다는 잠시 중단했었다는 점을 보여주려 했습니다.[81]

이런 연속적 강해설교의 방식을 따라 123편의 창세기 설교, 200편의 신명기 설교, 194편의 사무엘상·하 설교, 159편의 욥기 설교, 343편의 이사야 설교, 174편의 에스겔 설교, 65편의 호세아 설교, 43편의 아모스 설교, 189편의 사도행전 설교, 176편의 고린도전·후서 설교, 43편의 갈라디아서 설교, 48편의 에베소서 설교, 46편의 데살로니가전·후서 설교, 86편의 디모데전·후서 설교가 연속적으로 이루어졌다. 다음은 칼뱅의 주일설교와 주중설교를 정리한 것이다.[82]

〈표3〉 설교 목록

1. 1549년 이전의 설교

날짜	설교
1545년 11월 4일(수)	시편 115편
1545년 11일 11일(수)	시편 124편
1549년	4편의 설교(시편 16:4, 히브리서 13:13, 시편 27:4, 시편 27:8)
1549년 8월 25일	데니스 라구에니어(Denis Raguenier)를 속기사로 임명

2. 주일설교

날짜	설교
1549년 8월 25일 시작	사도행전 1-15장에 관한 95편의 설교
1549년 11월 17일 시작	시편에 관한 72편의 설교(비연속적임)
1552년 11월 27일 시작	사도행전 16-28장에 관한 94편의 설교
1553년 1월 8일 시작	시편 119편에 관한 22편의 설교

날짜	설교
1554년 3월 26일 시작	데살로니가전서와 후서에 관한 46편의 설교
1554년 9월 16일 시작	디모데전서에 관한 55편의 설교
1555년 4월 21일 시작	디모데후서에 관한 31편의 설교와 디도서에 관한 17편의 설교
1555년 10월 20일 시작	고린도전서에 관한 110편의 설교
1557년 2월 28일 시작	고린도후서에 관한 66편의 설교
1557년 11월 14일 시작	갈라디아서에 관한 43편의 설교
1558년 5월 15일 시작	에베소서에 관한 48편의 설교
1558년 후반부터 1559년 초반까지 칼뱅이 병고에 시달림	
1559년 7월- 1560년 11월 17일	복음서의 조화에 관한 65편의 설교

3. 주중설교

날짜	설교
1549년 이전	예레미야 1-28장에 관한 180편의 설교(기록되지 못함)
1549년	예레미야 29-52장에 관한 91편의 설교 (라구에니어에 의해 기록 시작)
1550년 9월 6일 시작	예레미야 애가에 관한 25편의 설교
1550년 11월 12일 시작	미가에 관한 28편의 설교
1551년 2월 6일 시작	스바냐에 관한 17편의 설교
1551년 4월 2일 시작	호세아에 관한 65편의 설교
1551년 9월 5일 시작	요엘에 관한 17편의 설교
1551년 10월 28일 시작	아모스에 관한 43편의 설교
1552년 2월 5일 시작	오바댜에 관한 5편의 설교
1552년 3월 28일 시작	요나에 관한 6편의 설교 (라구에니어의 병으로 요나서, 나훔, 하박국, 다니엘서 초반부에 관한 칼뱅의 설교가 기록되지 못함)
1552년 7월 18일 시작	다니엘 5-12장에 관한 47편의 설교
1552년 11월 21일 시작	에스겔에 관한 174편의 설교

1554년 2월 26일 시작	욥에 관한 159편의 설교
1555년 3월 20일 시작	신명기에 관한 200편의 설교
1556년 7월 16일 시작	이사야에 관한 343편의 설교
1559년 9월 4일 시작	창세기에 관한 123편의 설교 (라구에니어 사망으로 누락된 부분 있음)
1561년 8월 8일 시작	사무엘상에 관한 107편의 설교
1562년 2월 3일 시작	사무엘하에 관한 87편의 설교
1563년-1564년	열왕기상에 관한 설교(얼마나 많이 설교했는지 알 수 없음)
1564년 2월 2일	칼뱅은 마지막 설교를 했다.

3) 칼뱅의 일주일 시간표

엘시 맥키는 2009년 한국을 방문했을 때 새문안교회에서 했던 강연 중에 칼뱅의 일상 중 한 달(1556년 3월 1일-4월 6일)을 추적하여 복원한 흥미로운 강의를 했다.[83] 맥키는 날짜가 표기되어 있는 칼뱅의 설교문, 목사회와 컨시스토리와 시의회의 회의록, 결혼식과 세례식 기록, 편지 등을 종합하여 칼뱅의 한 달 일정을 추적하였다. 이 한 달 동안의 일정 가운데 목사인 칼뱅의 삶에서 가장 중요하며 큰 비중을 차지한 것은 역시 설교와 강의이다. 칼뱅은 주로 생 피에르(St. Pierre)와 생 막들렌(St. Magdeleine) 교회에서 설교하였으며, 어떤 때에는 생 제르베(St. Gervais) 교회에서 설교하기도 하였다. 1556년 당시 제네바에서는 주일에는 오전 5시, 8시, 오후 3시에 예배가 있었고, 정오인 12시에는 교리문답 교육이 있었다. 주중에는 매일 오전 7시에 예배가 있었는데, 수요일은 특별기도회로 오전 5시와 8시에 두 차례 모여 예배드렸다. 수요일 주중 기도예배는 회개, 중보, 감사에 초점이 맞추어졌으며, 시편찬양도 불렀는데 주일에 부르는 시편이 기쁨에 찬 시편이었다면 수요일에 부른 시편은 주로 통회의 시편이었다. 부활절이 지나면 여름 일정에 따라 주일과 수요일 오전 5시 예배는 4시로

당겨지며, 주중예배도 오전 7시에서 6시로 앞당겨진다. 목사의 생활주기는 한 주간을 단위로 이루어지므로, 다음은 맥키의 연구결과에 따라 칼뱅의 한 주간의 일정(1556년 3월 1-8일)을 정리한 것이다. 이를 통해서 우리는 칼뱅의 삶을 마치 눈으로 보는 것처럼 보다 생생하게 들여다볼 수 있다.

〈표4〉 칼뱅의 한 주간 일정표

일 시		내 용	장 소
3월 1일 (주일)	08시	주일 설교. 고전 6:9-10(고린도전서 37번째 설교)	생 피에르
	오후	두 쌍의 결혼식 주례	
	15시	오후예배 설교. 고전 6:11-13	
3월 2일 (월)	07시	예배 참석	생 막들렌
	14시	호세아서 강의	칼뱅강당 (Auditoire)
		프랑크푸르트 교회의 루터교회 지도자들에게 보내는 편지 작성	
3월 3일 (화)	07시	예배 참석	
	14시	호세아서 강의	칼뱅강당 (Auditoire)
		프랑크푸르트의 프랑스 교회 교인들에게 보내는 편지 작성	
		동료 목사인 아벨 푸팽(Abel Poupin) 병문안	
3월 4일 (수)	08시	예배 설교. 신 27:16-23(151번째 설교)	생 피에르
	14시	호세아서 강의	칼뱅강당 (Auditoire)
		동료 목사인 아벨 푸팽(Abel Poupin) 병문안	
3월 5일 (목)	07시	예배 참석	
		컨시스토리 회의(Guillaume Le Cointe 문란한 성생활 사건을 포함한 몇 가지 의제를 다룸)	
		오후 아벨 푸팽 목사의 장례식(푸팽 목사가 오전에 죽었는데 당시 제네바에서는 사망 후 24시간 이내에 매장하도록 되어 있었다.)	
		루터파 행정관 Johannes Clauburger, 프랑크푸르트교회 목사 Valeran Poulain에게 편지	

3월 6일 (금)	07시	예배 참석	
	08시	성서연구모임 시편강해	
		목사회 모임	
3월 7일 (토)	07시	예배 참석	
		Jean Fabri 목사의 여성관련 소문 건으로 특별 컨시스토리 모였고 면직이 결정됨	
3월 8일 (일)	08시	주일 설교. 고전 6:13-17	생 피에르
	15시	오후예배 설교. 고전 6:18-20	

칼뱅의 친구 중 한 사람은 칼뱅을 가리켜 "언제나 팽팽한 활"과 같은 사람이라고 묘사하였다.[84] 그는 제네바 교회의 목사로서 설교하고, 가르치고, 다스리고, 권면하는 일에 최선을 다하였다. 에른스트 피스터러(Ernst Pfisterer)는 제네바가 존 녹스(John Knox)가 표현한 대로 "사도시대 이후 이 땅에 존재했던 가장 완벽한 그리스도의 학교"가 될 수 있었던 것은 "칼뱅의 지칠 줄 모르는 목회적 성실함과 하나님 말씀의 능력에서 비롯된 그의 영향력으로 인함"이었다고 말했다.[85] 칼뱅 한 사람이 제네바 교회와 사회에, 이후 온 세상에 미친 선한 영향력은 쉽게 가늠할 수 없을 만큼 크다. 제네바 교회에서 칼뱅이 어떤 위상을 지녔는지는 그가 죽은 후 제네바 목사회가 남긴 기록에서 엿볼 수 있다. "고 칼뱅 선생에 관해 말한다면 그는 목사회에서 그리고 목사들 한 사람 한 사람에게 아버지와 같은 분이셨다. 하나님은 그에게 풍성한 은총을 베풀어 주셨으며, 그에게 권위를 주셔서 우리 각 사람은 자신에게 부여된 직무를 보다 잘 수행할 수 있었다. 그래서 매년 우리가 지도자를 선택해야만 하는 상황에 처할 때마다 우리는 그 외에 다른 어떤 사람을 결코 생각할 수 없었다."[86] 제네바의 사람들은 어려운 문제를 만날 때면 언제나 칼뱅의 조언을 구했다. 그는 16세기 제네바에서 정관사를 사용해서 부를 수 있는 "바로 그 목사"(the Pastor)였다.

4. 맺는 말

　과연 한국교회의 목회자들은 자신들의 임무를 분명히 알고 있으며, 그 임무를 신실하게 감당하고 있는가? 한국의 신학교육은 목회자들이 임무를 수행할 만큼 전문성을 가질 수 있도록 교육하고 훈련시키고 있는가? 제네바에서 목사들은 하나님의 말씀을 설교하고, 성례를 거룩하게 집행하고, '엄격한 자비'로 치리를 행하고, 고통 가운데 있는 사람들을 상담하고 권면하는 목사로서의 임무를 수행하도록 훈련을 받았다. 지금의 한국교회와 사회는 자신의 정체성이 분명하고 철저한 목회자를 요구하고 있다. 자신의 역할과 책임을 제대로 수행할 수 있는 믿을 만한 목회자를 양성할 때 비로소 교회가 교회다움을 회복하게 될 것이다. 신실한 목회자는 교회갱신에 필수적이고 본질적이다.

　분명 지금 우리에게는 어떤 새로움이 요구된다. 참되고 신실하며 건강한 목회자는 한국교회의 위기를 극복하는 출발점이 될 것이며, 교회다움을 회복하는 첫걸음이 될 것이다. 2009년 맥키가 한국을 방문했을 때 「목회와 신학」과 대담하는 자리에서 기자가 맥키에게 한국교회의 목회자들에게 주는 조언을 부탁했을 때 그녀가 준 대답은 우리에게 많은 것을 생각하게 해준다.

> 목사가 된다는 것은 절대로 쉬운 일이 아닙니다. 꼭 기억할 것은 교회 공동체의 일원으로서 그 공동체에 속한 자들을 인도하고 있다는 점입니다. 그래서 가르치고 인도하며 말씀으로 그들에게 도전해야 하지만, 하나님의 공동체와 함께 일해야 함을 잊지 말아야 합니다. 즉 공동체 위에 군림하는 것이 아니라 함께 일해야 합니다. 그러나 또한 분명한 사실은 말씀을 통해 그들에게 도전하고 비전을 제공하고 그들을 이끄는 역할을 담당해야

한다는 것입니다. 칼뱅은 목회자가 교인들에게 도전할 뿐 아니라 자기 스스로에게도 도전해야 한다고 말합니다. 내가 남을 가르치면서 나를 가르치지 않으면 그것은 오히려 나에게 저주가 되기 때문입니다. 그러므로 자기 스스로에게 도전하면서 변화해야 합니다. 목회는 제자리걸음이 아니라 항상 역동적으로 나아가는 진행형이어야 합니다.[87]

〈주〉

1) John Calvin, *Institutes of the Christian Religion* (1559), ed. John T. McNeill, trans. Ford L. Battles (Philadelphia: The Westminster Press, 1960), IV권, 3장, 6절(이후로는 IV, 3, 6.과 같은 방식으로 표기한다).
2) IV, 3, 6.
3) 목사는 개 교회에 매여 있어야 한다는 이 원칙의 예외가 있다면 박해가 일어났을 때일 것이다. 칼뱅은 목사는 어떤 경우에도 자신이 맡고 있는 교회를 떠나서는 안 된다고 생각할 만큼 극단주의자는 아니었다. 자신도 박해를 피해 피난민으로 살았고, 프로테스탄트 교회가 박해를 받는 상황이었으므로 예외적인 경우는 인정하였다. 이는 주님도 복음서에서 "이 동네에서 너희를 박해하거든 저 동네로 피하라."(마 10:23)고 말씀해주셨기 때문이다.
4) IV, 3, 7.
5) IV, 3, 6.
6) John Calvin, "Draft Ecclesiastical Ordinances(1541)," *Calvin Theological Treatises*, trans. J. K. S. Reid (London: SCM Press, 1954), 58.
7) IV, 3, 6.
8) IV, 4, 3.
9) 칼뱅의 이사야서 61:6 주석. 이 논문에서 칼뱅의 주석은 John Calvin, *Calvin's Commentaries*, 22 Vols. (Grand Rapids: Baker Books, 1974)에서 인용하였다.
10) 칼뱅의 요한복음 21:15-19 주석.
11) 박경수, "칼뱅에게 나타난 참된 교회의 표지," 『교회의 신학자 칼뱅』(서울: 대한기독교서회, 2009), 69-70을 보완하였다.
12) 칼뱅의 설교원고 중 일부만이 그가 살아 있는 동안에 출판되었다. 이것은 아마도 칼뱅이 자신의 설교가 출판되는 것에 대해 그리 달가워하지 않았기 때문인 것으로 보인다. 칼뱅의 설교원고를 출판한 사람들 가운데 먼저 장 지라르(Jean Girard)가 있다. 그는 자크 쿠쟁이 1545년에 기록한 칼뱅의 설교 두 편(시편 115편과 124편)을 1546년에 출판하였다. 또한 라구에니어가 기록한 시편 119편 설교, 디모데전서 2:4-5를 본문으로 하여 '중보자 그리스도'를 다루는 2편의 설교도 지라르에 의해 출판되었다. 콘라드 바디우스(Conrad Badius)는 칼뱅이 신명기를 본문으로 한 십계명 설교를 1557년에 출판하였고, 1558년에는 기독론에 관한 설교를 출판하였다. 그는 칼뱅의 고린도전서 10장과 11장에 관한 설교, 목회서신과 갈라디아서 설교

등을 출판하겠다고 공개적으로 밝히기도 했다. 흥미로운 것은 제네바의 여성 설교자요 사역자였던 마리 당티에르(Marie Dentière)가 1561년에 칼뱅의 디모데전서 2:9-11에 관한 설교를 출판했다는 사실이다. 이것이 정말 당티에르에 의해 출판되었는지에 대해서는 논란이 있기는 하지만 이 설교집에 M. D.라는 서명이 있는데 이것은 일반적으로 마리 당티에르의 것으로 간주된다. 그녀는 가톨릭의 수녀였다가 프로테스탄트 신앙으로 돌아선 여성으로서 칼뱅보다 먼저 제네바에 와서 설교 사역을 하기도 하였다. 1537년 그녀의 남편인 앙투안 프로망(Antoine Froment)이 다른 곳으로 부름을 받아 부부가 함께 제네비를 떠나기는 했지만 그 후에도 당티에르는 제네바와 깊은 관계를 가졌다. 칼뱅의 설교를 출판하는 일에 관여한 또 다른 여성이 있는데 앤 로크(Anne Vaughan Locke)이다. 그녀는 잉글랜드 메리 여왕의 핍박을 피해 제네바로 망명한 여성으로서 1560년에 이사야 38장의 히스기야 왕의 병의 치유에 관한 세 편의 칼뱅 설교를 영어로 번역하여 출판하였다. Elsie A. McKee, 이정숙 옮김, "칼뱅의 설교: 그에 관한 보배로운 사실과 놀라운 사실들," 『칼뱅의 목회신학』(서울: 두란노아카데미, 2011), 85-96.

13) 칼뱅의 디모데후서 2:15 주석.
14) Richard C. Gamble, "*Brevitas et Facilitas*: Toward an Understanding of Calvin's Hermeneutic," *Westminster Theological Journal* 47(1985), 3.
15) 칼뱅의 로마서 1:9 주석.
16) John Calvin, "Reply to Sadolet(1539)," *Calvin Theological Treatises*, trans. J. K. S. Reid (London: SCM Press, 1954), 253-254. 이 편지 전문은 박경수, "사돌레토에게 보내는 답신," 『칼뱅: 신학논문들』(서울: 두란노아카데미, 2011), 264-308에 번역되어 있다.
17) IV, 1, 12.
18) 박경수, "칼뱅에게 나타난 참된 교회의 표지," 75-81을 요약하여 정리하였다.
19) IV, 14, 1.
20) 칼뱅의 에스겔서 9:3-4 주석.
21) David F. Wright, "Was John Calvin a 'Rhetorical Theologian'?" *Calvin Studies* IX, ed. John Leith and Robert Johnson (Davidson, NC: Colloquium on Calvin Studies, 1998), 46-69.
22) II, 6, 4.
23) Ford L. Battles, "God Was Accommodating Himself to Human Capacity," *Interpreting John Calvin* (Grand Rapids: Baker Books, 1996), 117-137.

24) 칼뱅의 출애굽기 24:5 주석.
25) 칼뱅의 창세기 31:47 주석.
26) John Calvin, "The Form of Church Prayers, Geneva 1542," *Liturgies of the Western Church*, selected and introduced by Bard Thompson (Philadelphia: Fortress Press, 1980), 204.
27) IV, 14, 22.
28) IV, 15, 5.
29) IV, 17, 11.
30) IV, 14, 16.
31) IV, 17, 11.
32) IV, 18, 19.
33) IV, 15, 6.
34) IV, 17, 2.
35) IV, 17, 2.
36) IV, 17, 46.
37) IV, 12, 1.
38) John Calvin, "Articles Concerning the Organization of the Church and of Worship at Geneva(1537)," *Calvin Theological Treatises*, trans. J. K. S. Reid (London: SCM Press, 1954), 51. IV, 12, 5절에서는 치리의 둘째와 셋째 목적이 순서가 바뀌어서 나타난다.
39) John Calvin, "Articles(1537)," 52.
40) 1538년 2월 21일 불링거에게 보내는 편지. John Calvin, *Letters of John Calvin*, ed. Jules Bonnet (New York: Burt Franklin, 1972), Vol. I, 66.
41) William Naphy, *Calvin and the Consolidation of the Genevan Reformation* (Louisville: Westminster John Knox Press, 1994), 189-199.
42) IV, 12, 8.
43) IV, 12, 13.
44) 칼뱅의 로마서 16:18 주석.
45) 칼뱅의 고린도전서 4:14 주석.
46) *Registres du Consistoire de Genève au temps de Calvin*, Vol. 1:1542-44 (Genève: Librairie Droz, 1996), Vol 2:1545-46(2001), Vol. 3:1547-48(2004), Vol. 4:1548-1550(2007), Vol. 5:1550-51(2010), Vol. 6:1551-52(2011). 영어로 번

역된 책은 *Registers of the Consistory of Geneva in the Time of Calvin*, ed. R. M. Kingdon, Vol. 1:1542-44, ed. T. A. Lambert and I. M. Watt, trans. M. W. McDonald (Grand Rapids: Wm. B. Eerdmans, 2000).

47) 1563년 8월 5일 콜리니의 부인에게 보내는 편지. John Calvin, *Letters*, Vol. IV, 331-332.

48) 칼뱅의 데살로니가전서 2:11 주석: "목사가 강단에서 전체 교인을 상대로 가르치는 일만 가지고는 충분하지 못한 만큼, 목사는 필요할 때마다 또는 기회가 올 때마다 개별적인 훈계를 더하지 않으면 안 된다." 사도행전 20:20 주석: "다른 사람들이야 어떻게 생각하든지, 우리는 설교를 한 다음에 마치 우리의 의무를 다한 듯 편히 쉴 수 있을 만큼 우리의 직분이 좁은 범위에 국한되는 것이라고 생각해서는 안 된다. 만일 우리가 훨씬 더 세밀하고 주의 깊게 돌보아야 할 영혼들을 우리의 태만 때문에 잃어버린다면 우리는 그들의 피에 대해서 책임을 져야 할 것이다."

49) John Calvin, "Draft Ecclesiastical Ordinances(1541)," 68.

50) 1538년 8월 20일 파렐에게 보낸 편지. John Calvin, *Letters*, Vol. I, 77-80.

51) 1555년 11월 보빌에게 보내는 편지. John Calvin, *Letters*, Vol. III, 236.

52) 1562년 2월 11일 베즈에게 보낸 편지. John Calvin, *Letters*, Vol. IV, 256-258.

53) 1559년 10월 28일 그라몽 부인에게 보낸 편지. John Calvin, *Letters*, Vol. IV, 70-72.

54) 1554년 9월 6일 프로방스의 한 남성에게 보낸 편지. John Calvin, *Letters*, Vol. III, 71-74.

55) 1541년 4월 리슈부르 씨에게 보낸 편지. John Calvin, *Letters*, Vol. I, 246-253.

56) 1541년 4월 리슈부르 씨에게 보낸 편지. John Calvin, *Letters*, Vol. I, 246.

57) 1557년 9월 모금을 위해 Lausanne, Moudon, Payerne의 교회들에 보내는 편지. John Calvin, *Letters*, Vol. III, 367.

58) 1554년 6월 19일 Poitou의 형제들에게 보낸 편지. John Calvin, *Letters*, Vol. III, 43-45.

59) 1547년 7월 24일 프랑스의 신자들에게 보내는 편지. John Calvin, *Letters*, Vol. II, 129-132.

60) 1552년 6월 10일, 1553년 3월 7일, 1553년 5월 15일 리옹에 수감된 Martial Alba, Peter Escrivain, Charles Favre, Peter Navihères, Bernard Seguin에게 보낸 편지. John Calvin, *Letters*, Vol. II, 350-353, 391-393, 404-408.

61) 1552년 8월 10일 리너에게 보낸 편지. John Calvin, *Letters*, Vol. II, 358-360.

62) 1554년 3월 13일 Wezel의 형제들에게 보낸 편지. John Calvin, *Letters*, Vol. III, 31.
63) 1554년 3월 13일 Wezel의 형제들에게 보낸 편지. John Calvin, *Letters*, Vol. III, 31.
64) 1554년 8월 27일 프랑크푸르트 교회의 목사 Valeran Poulain에게 보낸 편지. John Calvin, *Letters*, Vol. III, 65-66.
65) 1555년 12월 22일 프랑크푸르트 교회에 보낸 편지. John Calvin, *Letters*, Vol. III, 240-243.
66) 1556년 3월 2일과 3월 3일 프랑크푸르트 교회에 보낸 편지. John Calvin, *Letters*, Vol. III, 254-259.
67) 1556년 6월 24일 프랑크푸르트 교회에 보낸 편지. John Calvin, *Letters*, Vol. III, 271-277.
68) 1556년 6월 24일 프랑크푸르트 교회에 보낸 편지. John Calvin, *Letters*, Vol. III, 278-284.
69) *Ioannis Calvini Opera Omnia Quae Supersunt*, ed. G. Baum, E. Cunitz and E. Reuss, 59 vols. (Brunsvigae: C. A. Schwetschke, 1863-1900). XXXVI, 15-16. 1570년 니콜라스 데 갈라가 편집자인 Jean Crespin에게 보낸 『이사야주석』의 라틴어 서문으로 Ronald S. Wallace, *Calvin, Geneva, and the Reformation* (Grand Rapids: Baker Book House, 1988), 180-181에서 재인용.
70) Jean-Daniel Benoit, *Calvin, directeur d'ames* (Strasbourg, 1947). Richard Stauffer, *L'humanité de Calvin*, 『인간 칼빈』, 박건택 옮김 (서울: 엠마오, 1989), 87에서 재인용.
71) *Institutes*(1559), "Introduction," li.
72) Ronald S. Wallace, *Calvin, Geneva, and the Reformation*, 168-171.
73) Elsie A. McKee ed., *John Calvin: Writings on Pastoral Piety* (New York: Paulist Press, 2001), 19.
74) Elsie A. McKee, 이정숙 옮김, "첫 번째 불어판 『기독교강요』(1541)에서 듣는 칼뱅의 목회적 음성," 『칼뱅의 목회신학』(서울: 두란노아카데미, 2011), 120-146.
75) John Calvin, *Institutes of the Christian Religion* (1541 French Edition), trans. Elsie A. McKee (Grand Rapids: William B. Eerdmans Publishing Company, 2009).
76) Elsie A. McKee, "첫 번째 불어판 『기독교강요』(1541)에서 듣는 칼뱅의 목회적 음

성"의 내용을 요약하여 소개한다.
77) 칼뱅의 고린도전서 3:2 주석.
78) 칼뱅의 고린도후서 6:1 주석.
79) W. de Greef, *The Writings of John Calvin: An Introductory Guide*, trans. Lyle D. Bierma (Grand Rapids: Baker Books, 1993), 93-107의 내용을 정리하였다.
80) W. de Greef, *The Writings of John Calvin*, 107-109.
81) *CO*, XI, 365-366. 1542년 1월 말쯤의 것으로 여겨지는 이 편지는 Herminjard에 따르면 바젤의 히브리어 교수였던 Sebastien Münster에게 보내진 것이다. Richard Stauffer, 『인간 칼빈』, 79-80에서 재인용.
82) W. de Greef, *The Writings of John Calvin*, 111-113; Elsie A. McKee, "칼뱅의 설교: 그에 관한 보배로운 사실과 놀라운 사실들," 100-101.
83) Elsie A. McKee, 이정숙 옮김, "칼뱅의 한 달을 따라가 보다," 『칼뱅의 목회신학』, 38-60.
84) Ronald S. Wallace, *Calvin, Geneva, and the Reformation*, 207.
85) Ernst Pfisterer, *Calvin Wirken in Genf* (Buchh. des Erziehungsvereins, 1957), 18. Ronald S. Wallace, *Calvin, Geneva, and the Reformation*, 180에서 재인용.
86) *The Register of the Company of Pastors of Geneva in the Time of Calvin*, ed. and trans. Philip E. Hughes (Grand Rapids: William B. Eerdmans Publishing Company, 1966), 363.
87) Elsie A. McKee, 『칼뱅의 목회신학』, 219.

2부
칼뱅 신학의 다양한 측면들

제6장

칼뱅의 『교회개혁의 필요성』(1543)에 나타난 종교개혁의 정당성에 관한 연구

1. 시작하는 말

종교개혁자 칼뱅은 프로테스탄트 교회론의 발전에 결정적인 공헌을 하였다. 실제로 루터나 츠빙글리 같은 1세대 종교개혁자들은 로마가톨릭의 교회론과 구별되는 프로테스탄트의 교회론을 만들어낼 여유가 없었고 또 그럴 의지도 없었다. 가톨릭의 사제였던 그들에게는 로마교회가 자신들의 목소리에 귀를 기울여 교회를 개혁하기만 한다면 언젠가는 개혁된 로마가톨릭교회로 돌아갈 수 있을 것이라는 막연한 희망이 있었다. 그러나 종교개혁이 시작된 후 한 세대가 지나면서 이제 로마교회와 프로테스탄트 교회의 분리가 돌이킬 수 없는 현실이 되자, 프로테스탄트 신자들을 위한 독자적인 교회론이 요청되었다. 이 필요성에 부응한 사람이 바로 칼뱅이다.

제2세대 종교개혁자인 칼뱅은 프로테스탄트 종교개혁자들이 왜 로마교회를 떠날 수밖에 없었는지 그리고 프로테스탄트 종교개혁의 정당한 근거는 무엇인지에 대해 모든 사람이 수긍할 수 있도록 설명해야 할 필요를 절실히 느꼈다. 이런 절박한 필요성에서 나온 글이 바로 1543년 출판된 『교회개혁의 필요성』이다. 칼뱅은 이 저작에서 로마교회와 프로테스탄트 교회 중에서 "어떤 교회가 참된 교회인가?"라는 질문을 제기하고서, 하나님의 진리에 토대를 두고 있는 프로테스탄트 교회야말로 참된 교회라고 대답한다. 그는 이 글에서 프로테스탄트 종교개혁은 분파가 아니라 참된 교회를 회복하기 위한 운동이라는 점을 설득력 있는 방식으로 전개하였다. 칼뱅의 교회론은 로마 가톨릭주의자들의 비난에 대한 의미있는 변론인 동시에 프로테스탄트 교회를 위한 견고한 이론적 토대를 제공하였다. 이처럼 칼뱅이 프로테스탄트의 교회론을 확립하는데 결정적인 역할을 했기 때문에 미국의 저명한 칼뱅학자 맥닐(John McNeill)은 그에게 "교회 교사"(doctor ecclesiae)라는 명예로운 칭호를 부여하는 것이 마땅하다고 말한다.[1]

칼뱅의 『교회개혁의 필요성』은 당시 정치적인 이유 때문에 교회의 통일을 위해 전념하고 있던 신성로마제국 황제 카를 5세에게 바치는 진지한 공적 권고문이다. 이 문서는 매우 잘 정돈된 형식으로 프로테스탄트 종교개혁의 대의를 구체적으로 옹호하고 있다. 필자는 칼뱅의 이 글을 자세하게 분석함으로써, 칼뱅이 프로테스탄트 종교개혁의 정당성을 어떻게 주장하고 있는지, 그리고 종교개혁자들에게 가해졌던 분파주의자라는 비난에 대해 어떤 항변을 하고 있는지를 밝히고자 한다. 이를 통해 16세기 당시 로마가톨릭과 프로테스탄트의 차이점이 무엇인지가 보다 분명하게 드러날 것이다. 필자는 먼저 『교회개혁의 필요성』이 나오게 된 역사적 배경을 분석하고, 이어서 그 내용을 중요한 주제별로 정리한 다음, 마지막으로 이 글의 결과와 영향에 대해서 논할 것이다.

2. 『교회개혁의 필요성』의 역사적 배경[2]

신성로마제국의 황제였던 카를 5세는 '통합된 유럽'이라는 그의 정치적인 이상을 실현하기 위해서는 교회가 분열과 싸움을 중단하고 통합하고 일치해야 한다는 사실을 깨달았다. 사실상 그는 로마가톨릭의 편에 서 있었지만 투르크족과 프랑스의 위협에서 자신의 왕국을 지키기 위해서는 프로테스탄트 교회의 협조와 지지가 절대적으로 필요하다는 점을 잘 알고 있었다. 그래서 그는 여러 차례의 회담을 통해 가톨릭 신자들과 프로테스탄트 신자들 사이에 존재하는 뿌리 깊은 적대감을 해소하고자 노력하였다. 이런 목적으로 카를 5세는 1539-41년에 일련의 종교회의들을 개최하였다. 라이프치히 회담(1539년 1월), 프랑크푸르트 회담(1539년 4월), 하게나우 회담(1539년 6월과 7월), 보름스 회담(1540년 10월), 레겐스부르크 회담(1541년 4월과 5월) 등이 바로 이런 노력의 일환이었다. 그러나 불행하게도 이 종교회의들은 기대에 부응하는 결과를 만들어내지 못하였다.

카를 5세는 이후 좀 더 본격적으로 교회분열을 치유하기 위해 슈파이어 회의를 소집하였다. 황제가 이 회의를 소집한 데는 다양한 이유가 있었지만, 분명한 것은 종교적 분쟁이 계속된다면 프로테스탄트 진영에 속한 군주들의 관심이 프랑스와 투르크와의 전쟁에서 멀어지게 되리라는 점이었다.[3] 당시 프로테스탄트 진영은 슈파이어 회의에 참석해야 할지 말아야 할지를 두고 서로 의견이 갈려 있었다. 일부 사람들은 그 회의에 참석해서는 안 되고 오히려 프로테스탄트 측에서 대항적인 성격의 회의를 소집해야 한다는 생각을 피력하였다. 그러나 또 다른 사람들은 슈파이어 회의에 참여하여 프로테스탄트의 주장을 알리고 전파하는 무대로 삼아야 한다고 주장하였다.[4]

이런 상황에서 1543년 10월 25일 칼뱅은 스트라스부르의 개혁자 마르틴 부처(Martin Bucer)에게 한 통의 편지를 받는데, 그 편지에서 부처는 1544년 2월에 열릴 예정인 슈파이어 회의에서 로마교회와 프로테스탄트 교회 사이에 벌어지고 있는 상황에 대해 자세하게 설명해줄 것을 칼뱅에게 요청하였다. 이에 칼뱅은 현재 황제와 교황 사이에 정책 차이가 있으니 어쩌면 신성로마제국의 황제와 영주들이 교황청과의 관계를 끊고 프로테스탄트 종교개혁을 지지하도록 설득할 수 있을지도 모른다는 일말의 희망을 품게 되었다.[5] 이러한 희망이 칼뱅으로 하여금 『교회개혁의 필요성』을 작성하도록 만들었다.

3. 『교회개혁의 필요성』의 내용

칼뱅은 황제와 영주들에게 로마 교황이 소집하는 공의회 대신에 독일 국가가 교회를 개혁하기 위한 회의를 소집해 개최할 것을 촉구하였다. 또한 정치권력에 의한 공의회 소집은 초대교회 때부터 계속되어 온 방법임을 지적하였다. 칼뱅은 『교회개혁의 필요성』을 매우 쉽고 간결한 문체로 썼는데, 그것은 신학의 비전문가인 황제와 영주들도 쉽게 이해할 수 있도록 하기 위함이었다.

프로테스탄트 종교개혁이 얼마나 절실하고 시급했는지를 보여주려는 목적으로 칼뱅은 『교회개혁의 필요성』을 세 부분으로 구성하였다. 서론에서 칼뱅은 그가 이 글을 쓰는 세 가지 목적을 분명하게 밝힘으로써 글의 흐름이 어떻게 진행될 것인지를 알 수 있도록 해주었다.

> 첫째로 나는 우리로 하여금 치료책을 찾을 수밖에 없도록 만든 해악들을 간략하게 열거하지 않을 수 없습니다. 둘째로 나는 개혁자들이 채택한 구체적인 치료책들이 매우 적절하고 건전한

것이었음을 보여줄 것입니다. 셋째로 나는 문제가 당장 시정해야 할 만큼 시급하기 때문에 더 이상 팔짱을 끼고 한가로이 머뭇거릴 여유가 없다는 사실을 분명히 해야 하겠습니다.[6]

칼뱅은 먼저 로마교회가 심각하게 병들었음을 지적하면서 교회 내에 창궐한 해악들을 열거한다. 그 후 그는 교회의 치명적인 질병을 치유하기 위해 종교개혁자들이 어떤 적절한 치료책들을 채택했는지에 대해 말한다. 끝으로 왜 황제는 개혁자들과 함께 지금 즉시 합당한 조치를 취해야만 하는지를 언급한다.

1) 해악들과 치료책들

칼뱅은 『교회개혁의 필요성』에서 예배, 교리, 성례, 교회정치 영역에 만연해 있는 로마교회의 심각한 해악들을 비판하였다. 그런 다음 개혁자들이 하나님의 말씀과 초대교회 전통의 표준에 따라 채택한 치료책들에 대해 설명하였다.

첫째로 칼뱅은 무엇보다 하나님에 대한 예배의 타락을 지적하였다. 하나님은 올바른 예배를 요구하신다. 이를 통해 사람들은 하나님의 위대하심과 거룩하심에 합당한 경외를 표현하게 된다. 그러나 칼뱅이 볼 때 당시 로마교회의 예배는 참된 하나님에 대한 예배와 거리가 멀었다. 칼뱅은 먼저 성인들에 대한 숭배를 비판한다.

> 말로는 그들이 모든 선한 것의 영광을 하나님께 돌린다고 떠벌이지만, 실제로는 하나님께 속한 미덕들의 절반을 아니 그 이상을 강탈하여 성인들에게 분배하고 있습니다. … 성인들이 지고하신 하나님의 동료로 임명되기라도 한 것처럼 하나님의 역할

이 성인들에게 분할되고 있습니다.⁷

칼뱅에 따르면 당시의 가톨릭주의자들은 성인들이 하나님의 동역자라도 되는 양 온갖 복을 준 성인들을 칭송하였다. 성인들, 심지어 그들의 뼈, 의복, 신발, 화상(畵像) 등이 하나님의 자리를 차지하였음은 부인할 수 없는 사실이었다. 어떤 교황주의자들은 둘리아(*dulia*), 라트리아(*latria*), 하이퍼둘리아(*hyperdulia*) 같은 교묘한 단어를 사용함으로써 미묘한 변명들을 늘어놓았다.⁸ 하지만 칼뱅은 이런 변명들을 말장난이라고 비판하였다. 칼뱅은 로마교회의 예배를 "제 멋대로의 예배"(will worship)⁹로 간주하였다. 그것은 예배의 양식이 하나님의 말씀에서 유래되었다기보다 자신들의 의지에서 나왔기 때문이다. 따라서 칼뱅은 로마교회 안에서는 하나님에 대한 모든 예배의 형식이 부패되었고 변조되었다고 주장하였다. 칼뱅과 프로테스탄트 개혁자들은 이와 같은 우상숭배와 미신에 대항하여 로마교회의 부패한 의식들을 버리고 보다 단순하게 하나님을 예배하기를 원했다. 그들은 하나님 말씀의 규율에 따라 하나님에 대한 예배를 재건하기를 원했다.

둘째로 칼뱅은 가톨릭교회에 의해 구원의 교리가 심각하게 왜곡되었음을 비판하였다. 로마교회로부터 개혁자들을 분리시킨 가장 논쟁적인 주제는 칭의(justification)에 대한 교리, 즉 우리가 의롭게 되는 것이 믿음으로인지 아니면 행위로인지를 둘러싼 문제였다. 칼뱅에 의하면 로마교회는 이렇게 가르치고 있다. "우리가 하나님의 호의를 얻고 영생을 획득하는 것은 행위에 의해서이다. 선행에 의해 지지되지 않는 어떤 구원의 소망도 무모하고 뻔뻔한 것이다. 우리가 하나님과 화해하게 되는 것은 그저 죄를 용서하시는 무상의 은혜로 말미암는 것이 아니라 선행을 행함으로써 가능하다. 선행은 영원한 구원을 위한 공덕이다."¹⁰ 칼뱅은 선행이 구원에 결정적인 역할을 한다는 로마교회의 주장을 강하게 비판하였다. 루터와 마찬가지로 칼뱅도 구원에서 "은혜에 의한 믿음을 통한 칭의"라는 교리가 가지는 절대적인 지위를 확신하였다. 인간이 의롭게 되고 구원받는 것은 우리의 행위로 되는 것이 아니라 전적으로 그리스도의 희생으로 가능한 것이다. 우리가 어떻게 의로워지는가의 문제에 관한 한, 칼뱅은 우리 자신의 선행으로가 아니라 오로지 하나님의 은혜만으로 이루어진다고 확신하였다.

셋째로 칼뱅은 로마교회 안에서 성례가 끔찍하게 타락했다고 개탄하였다. 먼저 그는 가톨릭교회가 주장하는 일곱 성례를 부인하고 그리스도께서 직접 제정하신 세례와 성만찬 두 가지만 성례로 간주하였다. 그런데 칼뱅의 눈에 비친 로마교회의 세례와 성만찬은 끔찍하게 부패했을 뿐 아니라 거의 폐기되어 버린 정도였다. 세례는 "불필요한 첨가물들"로 가려졌고, 성만찬은 "아무런 의미 없는 의식들로 인해" 퇴락되었다.[11] 칼뱅은 특히 로마교회의 미사에는 하나님의 말씀은 온데간데없고 외적인 행위들로만 가득하다고 비판하였다. 그는 또한 미사가 희생제사라는 가톨릭교회의 관념에 반대하였다. "도대체 미사와 참된 주의 만찬이 무슨 유사점이 있는가? … 그리스도께서 이런 희생제사에 대해서 어디에서 한 번이라도 언급한 적이 있는가? 주님은 단지 우리에게 받으라, 먹으라, 마시라고 명하신다. 도대체 누가 받으라(taking)는 주님의 말씀을 바치라(offering)는 말로 변조하였는가?"[12] 칼뱅은 미사와 성만찬 사이에 아무런 공통점도 없음을 주장하였다. 더욱이 그리스도께서는 분명 모두에게 잔을 주면서 마시라고 명하셨음에도 불구하고 로마교회가 자의적으로 성도들에게서 잔을 마실 권리를 박탈해버렸다고 비판하였다. 이에 따라 칼뱅과 프로테스탄트 개혁자들은 성례를 거행할 때 반드시 하나님의 말씀을 해석하고 설명했던 초대교회의 관습을 재정립하였으며, 또한 주님이 명하신 대로 신자들이 성만찬에서 떡뿐만 아니라 잔을 받도록 하였다.

마지막으로 칼뱅은 로마교회 안에 있는 교회정치의 수많은 결점을 지적하였다. 그는 성직매매, 사제들의 타락, 교회정치 형태의 기형, 성직자 독신제도의 불순함 등의 오류를 논의하였다. 무엇보다 칼뱅은 영혼에 대한 폭정을 심각하게 다루었다. "무엇보다도 가장 지독한 해악은 그들이 지독한 폭정, 다시 말해 영혼에 대한 폭정을 행사하고 있다는 점이다."[13] 만일 누군가 이런 지독한 폭정에 대해 반대하는 태도를 취하기만 하면 로마교회는 즉시로 그 사람을 이단으로 혹은 분파주의자로 매도하여 버렸다. 또한 교황주의자들은 자신들이 초대교회로부터 끊어지지 않고 사도들의 권위를 계승해왔다고 주장했다. 그러나 칼뱅에 따르면 그들은 "사도들이나 혹은 초대교회의 거룩한 교부들과 어떤 유사점"[14]도 지니고 있지 않다. 칼뱅의 관점에서 볼 때 초대교회로부터 지금까지 마땅히 이어져야 할 핵심적인 요소가 있다면 그것은 바로 사도적 신앙과 사도적 진리이고, 직위의 계승이 중요한 것이 아니라 신앙의 계승이 중요한 것이기 때문이다.

칼뱅은 개혁자들에 의해 주도된 종교개혁운동이 예배, 교리, 성만찬, 교회정치에서 로마교회의 오류들을 비판하며 철폐하고, 하나님의 말씀과 초대교회의 전통에 따른 순수하고 온전한 형태의 예배, 교리, 성만찬, 교회정치를 확립하기 위한 헌신적인 노력이었다고 주장하였다.

2) 필요성과 긴급성

칼뱅은 로마교회의 이러한 해악들 때문에 종교개혁은 필연적으로 요청되었음을 강조하였다. 칼뱅에게서 종교개혁은 로마가톨릭교회의 비참한 상황 때문에 불가피하게 일어난 사건이었다. 개혁자들은 끔찍한 신성모독과 소름끼치는 우상숭배를 더 이상 참을 수 없었다. 이런 상황에서 개혁자들은 결코 조용히 침묵을 지키면서 가만히 앉아 있을 수 없었다. 만일 그들이 침묵을 지킴으로써 하나님의 말씀을 배반했더라면, 소위 교회의 평화는 유지되었을 것이다. 그러나 그런 평화는 하나님의 진리에 기초한 진정한 평화가 아니라 신성모독과 불의에 대한 암묵적인 동의에 따른 위장된 평화일 뿐이다.[15] 칼뱅은 이렇게 말한다. "만일 우리가 말해야만 할 그런 때에 침묵을 지키고 있었다면, 우리는 다만 하나님에 대해 불경하고 불충한 자들이 될 뿐만 아니라 사람들에 대해서도 무자비한 자가 되는 것입니다. 우리는 사람들이 올바른 길로 돌아서지 않는다면 그들에게 영원한 멸망이 임박했음을 너무나 잘 알고 있기 때문입니다."[16] 따라서 칼뱅은 하나님의 영광이 신성모독에 의해 위협을 받을 때, 그리스도께서 성전을 정화하는 이야기에 나오는 것처럼 모든 그리스도인이 거룩한 분노와 열심에 불타야만 한다고 믿었다.[17] "무슨 일이 있어도 우리가 꼭 지켜야 할 규칙이 있다면, 그것은 하나님의 거룩한 이름이 불경건한 신성모독으로 공격을 받는 일은 결코 참을 수 없다."[18]라고 그는 말하였다. 종교개혁자들은 자신들이 이와 같은 신성모독에 대항하지 않는다면 그것은 온유함이 아니라 직무유기요 무관심의 죄를 범하는 것이라고 생각했다.

칼뱅은 프로테스탄트 개혁운동의 정당성을 주장하기 위하여 엘리야의 예를 들었다. 사악한 이스라엘 왕이었던 아합은 엘리야가 이스라엘을 괴롭게 하는 자라고 비난하였지만, 엘리야는 "내가 이스라엘을 괴롭게 한 것이 아니라 당신과 당신의 아버지의 집이 괴롭게 하였으니 이는 여호와의 명령을 버렸고 당신이 바알들을 따랐음이라"(왕상 18:18)고 대답하였다. 이스라엘이 괴로운 일을 당하게 된 진짜 이유는 엘리야의 정당한 항의 때문이 아니라 아합의 악한 통치 때문이었다. 칼뱅은 "오늘날 기독교 세계에서 일어나고 있는 종교에 관한 격렬한 다툼의 원인을 온갖 악평으로 우리에게 뒤집어씌우는 것은 전혀 공정하지 못한 처사이다. 혹 엘리야에게 그런 비난을 가하는 것이 정당하다고 생각한다면 몰라도 말이다. 엘리야와 우리는 동일한 항변을 하고 있는 것이다."[19]라고 말한다. 가녹지(Alexandre Ganoczy)가 지적한 것처럼, 칼뱅의 개혁은 예언자적 관점에서 설명되어야만 한다. 개혁(reformation)은 여러 가지 "개악들"(deformations)로 인해 고통을 겪고 있는 교회의 운명에 대한 관심에서 시작된 예언자적 항변이었다.[20]

개혁자들은 로마교회의 악들에 항거하여 교회를 개혁하기를 원했던 것이다. 칼뱅을 비롯한 종교개혁자들은 교황 교회가 하나님의 말씀에 기초를 둔 그리스도의 참된 교회로 회복되기를 바랐다. 칼뱅에게 종교개혁이란 현재의 교회를 "재건설하려는 원대한 과업"[21]이었으며, 이것은 곧 참된 교회의 회복운동이었다.

또한 칼뱅은 개혁운동이 얼마나 긴급한 과제인지를 강조하였다. 16세기 초에 교회는 매우 위험한 상황에 처해 있었으며 방치할 경우에는 전체 교회가 붕괴될 지경에까지 이르렀다. 이와 같은 비상상황이었음에도 불구하고 교황주의자들은 전체 교회 공의회를 핑계로 교회개혁을 차일피일 미루고 있었다. 잘못된 것들을 긴급하게 치유하지 못하면 모든 것이 무너질 수도 있는 상황에서 종교개혁자들은 아무런 희망도 없는 교황주의자들의 공의회를 무작정 기다리고 있을 수 없었다. 오히려 칼뱅은 교회개혁의 과업에 대해 황제와 영주들에게 호소하는 편이 더 낫다고 판단하였다.

지극히 높으신 황제 폐하와 탁월하신 영주 여러분은 다음과 같은 확실한 사실을 마음에 새겨주시길 바랍니다. 교회는 목자들에 의해 배신당하고 버려지고 곤궁에 빠졌을 뿐만 아니라 극심한 재난으로 고통을 받아 멸망하기 직전에 놓이게 되어 이제 당신들의 보호를 요구하고 있다는 사실을 알아주시길 바랍니다. 한 걸음 더 나아가 하나님은 이제 하나님을 향한 여러분들의 확

고하고 분명한 충성심을 증거할 기회를 제공해 주셨음을 분명히 아시기 바랍니다.[22]

교회의 참혹한 상황을 보면서 칼뱅은 황제와 영주들에게 교황주의자들의 공의회 대신에 국가의 위정자들이 주도하는 자유로운 회의를 개최하여 교회를 도우라고 호소했던 것이다. 동시에 칼뱅은 만일 황제와 영주들이 이 시점에서 조금이라도 머뭇거리거나 지체한다면 신성로마제국 안에서 가시적인 교회는 완전히 사라지게 될 것이라고 경고하였다.[23] 칼뱅에게 교회의 개혁은 현 상황에서 가장 시급한 과제였던 것이다.

3) 분열과 일치

칼뱅이 『교회개혁의 필요성』에서 다룬 중요한 또 하나의 주제가 분열과 일치의 문제이다. 가톨릭교회는 교회의 결점을 개선하려는 시도들은 분열만을 초래할 뿐이라고 주장하였다. 교황주의자들이 개혁자들에게 가한 가장 심각한 비난은 바로 개혁자들이 교회의 분열을 시도하고 있다는 것이었다. 이런 비난에 대해 칼뱅은 "우리는 교회를 반대하는 자들이 아니며, 교회의 교제 바깥에 있는 사람들도 아니다."[24]라고 분명하게 대답하였다. 칼뱅은 예레미야의 예를 들어서 자신이 로마교회로부터 떨어져 나올 수밖에 없는 이유를 설명하였다. 지금의 프로테스탄트 종교개혁자들처럼 예레미야도 당시의 타락한 거짓 제사장의 무리에 대항하여 투쟁했다는 것이다. 칼뱅은 "선지자들과 사도들에 의해 전해진 하나님의 영원한 진리가 우리 편에 있다."[25]라고 주장하였다. 만일 개혁자들이 하나님의 진리로써 교황의 권위에 저항했다는 이유만으로 분파주의자들로 간주되어야 한다면, 우리는 예레미야도 분파주의자라고 불러야 할 것이다. 예레미야를 분파주의자라고 부를 수 없다면, 하나님의 진리에 기반을 두고 있는 종교개혁자들도 결코 분파주의자일 수 없다. 칼뱅은 진짜 분파주의자들은 개혁자들이 아니라 로마교회의 지도자들이라고 주장했다. 왜냐하면 그들이야말로 하나님의 진리에서 떠났기 때문이다.

칼뱅에게서 참된 교회와 교회의 일치는 전적으로 하나님의 진리에 매여 있는 것이다. 따라서 칼뱅은 "다음과 같은 사실이 변할 수 없는 요점이 되도록 합시다. 순수한 교리에 대한 동의가 이루어질 때 우리 안에 거룩한 일치가 존재하며, 우리는 오직 그리스도 안에서만 하나가 될 수 있다는 사실입니다."[26]라고 말했다. 교회일치에서 순수한 교리는 견고한 토대와도 같다. 그러므로 칼뱅은 만일 로마교회가 자신들의 교회가 참된 교회임을 증명하고자 한다면, 자신들 안에 하나님의 참된 진리가 있다는 것을 보여주어야 한다고 주장하였다. 칼뱅은 "만일 어떤 종류의 가르침이든 일치만 되면 된다고 한다면, 도대체 어떤 방식으로 하나님의 교회와 사악한 자들의 불경건한 파당을 구별할 수 있단 말입니까?"[27]라고 묻는다. 하나님의 참된 진리에 대한 가르침이야말로 그 교회가 참된 교회인지 아닌지를 분별하는 지표이다. 여기에서 칼뱅은 교회일치의 원칙 중 한 가지를 분명하게 제시하는데, 교회의 일치는 하나님의 진리 안에서의 일치여야 한다는 것이다. 칼뱅은 교회로부터 분리되기를 원한 것이 아니라 하나님의 진리 위에 서 있는 참된 교회와의 연속성을 재확립하기를 원했던 것이다.

4. 『교회개혁의 필요성』의 결과

칼뱅의 『교회개혁의 필요성』은 당시 프로테스탄트들에 의해 종교개혁의 대의에 대한 탁월한 설명이라고 열렬히 환영을 받았다. 단크바르(Willem F.

Dankbaar)는 칼뱅의 『교회개혁의 필요성』이 카를 5세로 하여금 슈파이어 회의에서 국가가 주도하는 공의회의 개최를 약속하도록 만들었으며, 이것이 교황 바오로 3세가 트렌트공의회를 소집하도록 촉발했을 것이라고 암시하였다.[28] 『교회개혁의 필요성』은 카를 5세로 하여금 프로테스탄트 개혁운동에 대해 보다 관용적인 태도를 취하도록 설득하였고, 이로 인해 1544년 6월 10일 슈파이어 회의에서 국가 주도의 공의회 개최를 약속받을 수 있었다. 황제의 이런 결정에 대해 교황 바오로 3세는 1544년 8월 24일 "아버지로서의 충고"(Paternal Admonition)라는 교서를 통해 혹독한 비난을 가하였다. 교황은 황제가 임시변통으로 프로테스탄트와 타협에 이른 것에 대해 강하게 질책하면서, 자신과 아무런 상의도 없이 국가 주도의 공의회를 약속한 것을 거세게 비난하였다.

칼뱅은 곧바로 교황의 교서에 자신의 비평적 견해를 덧붙였다.[29] 칼뱅은 비평을 통해 교회의 책임자들이 그 과업수행을 잘못할 때 그리스도인 위정자들은 교회에 대한 책임을 져야 한다고 주장하였다.[30] 그는 독자들에게 초대교회의 공의회들이 교황들이 아니라 황제들에 의해 소집되었음을 상기시켰다. 적어도 칼뱅의 『교회개혁의 필요성』이 카를 5세로 하여금 국가 주도의 공의회를 약속하도록 만들었고 바오로 3세의 교서를 촉발시켰음은 확실한 듯하다. 그러나 칼뱅의 『교회개혁의 필요성』이 트렌트공의회의 소집에 직접적인 영향을 미쳤다고 보기는 어렵다. 스틴캠프(J. J. Steenkamp)도 트렌트공의회가 1544년 9월 18일의 크레스피 평화조약(Peace Treaty of Crespy)과 특히 1544년 9월 19일에 카를 5세와 프랑수아 1세 사이에 맺어진 뫼동 비밀조약(Secret Treaty of Meudon) 때문에 소집된 것으로 믿고 있다. 카를 5세와 프랑수아 1세는 비밀회담에서 "황제가 소집하는 공의회를 트렌트, 캉브레, 메츠 중에서 개최하기로"[31] 합의하였다. 아마도 이런 정치적인 흐름에 대해 위기를 느낀 교황은 급히 교황 주도의 트렌트공의회를 소집하게 되었을 것이다. 따라서 스틴캠프에 따르면 뫼동 비밀조약이야말로 트렌트공의회 개최의 직접적인 원인이었다. 트렌트공의회의 개최는 유럽 내에서 로마가톨릭교회의 영향력을 유지하기 위해 교황이 취할 수 있는 유일한 방법이었던 것이다.

이처럼 칼뱅의 『교회개혁의 필요성』은 "종교개혁의 정당성을 강력하게"[32] 주창한 문서였다. 그는 이 글을 통해서 왜 프로테스탄트 교회가 세워질 수밖에 없었는지, 프로테스탄트 종교개혁이 무엇을 추구하는지를 누구나 이해할 수 있도록 증언하였다. 그리고 이것은 적어도 황제의 태도에 변화를 일으켰고, 교황이 새로운 교서를 발표하도록 만들었다. 테오도르 베즈(Théodore Bèze)는 칼뱅의 이 글을 "당대의 가장 강력하고 중요한 저술"[33] 중의 하나라고 평가하였다.

〈주〉

1) John T. McNeill, "John Calvin: *Doctor Ecclesiae*," *Readings in Calvin's Theology*, ed. Donald K. McKim (Eugene, OR: Wipf and Stock Publishers, 1998), 12. 칼뱅의 교회론에 관한 연구를 위해서 Herman J. Selderhuis, "Church on Stage: Calvin's Dynamic Ecclesiology," *Calvin and the Church*, ed. David Foxgrover (Grand Rapids: Calvin Studies Society, 2002)를 참고하라.
2) 역사적 배경과 관련하여 J. J. Steenkamp, "Calvin's Exhortation to Charles V (1543)," *Calvinus Sincerioris Religionis Vindex: Calvin as Protector of the Purer Religion*, ed. Wilhelm H. Neuser and Brian G. Armstrong (Kirksville, MO: Sixteenth Century Journal Publishers, 1997), 309-314를 참고하라.
3) John Calvin, *Calvin: Theological Treatises*, trans. J. K. S. Reid (London: SCM Press Ltd., 1954), 183.
4) J. J. Steenkamp, "Calvin's Exhortation to Charles V (1543)," 310-311.
5) John T. McNeill, *The History and Character of Calvinism* (New York: Oxford University Press, 1954), 205.
6) John Calvin, "The Necessity of Reforming the Church," *Tracts and Treatises on the Doctrine and Worship of the Church*, Vol. 1, tr. Henry Beveridge (Grand Rapids: Wm. B. Eerdmans Publishing Company, 1958), 126.
7) John Calvin, "The Necessity of Reforming the Church," 129.
8) John Calvin, "The Necessity of Reforming the Church," 131. "다양한 종류의 경배가 있다. 성인들이나 그들의 유골이나 화상에게는 둘리아(*dulia*)의 영예를 돌리고, 오직 하나님에게만 라트리아(*latria*)의 영예를 돌리고, 모든 성인보다 뛰어난 동정녀 마리아에게는 하이퍼둘리아(*hyperdulia*)의 영예를 돌린다." 이것은 하나님에게는 최상의 공경인 '흠숭지례'(欽崇之禮)를, 마리아에게는 '상경지례'(上敬之禮)를, 성인들에게는 '공경지례'(恭敬之禮)로 구별하여 드린다는 주장이다.
9) John Calvin, "The Necessity of Reforming the Church," 129.
10) John Calvin, "The Necessity of Reforming the Church," 135.
11) John Calvin, "The Necessity of Reforming the Church," 137.
12) John Calvin, "The Necessity of Reforming the Church," 137-138.
13) John Calvin, "The Necessity of Reforming the Church," 142-143.
14) John Calvin, "The Necessity of Reforming the Church," 172.

15) John Calvin, "The Necessity of Reforming the Church," 184.
16) John Calvin, "The Necessity of Reforming the Church," 194.
17) John Calvin, "The Necessity of Reforming the Church," 194-195.
18) John Calvin, "The Necessity of Reforming the Church," 198.
19) John Calvin, "The Necessity of Reforming the Church," 184.
20) Alexandre Ganoczy, *The Young Calvin* (Philadelphia: The Westminster Press, 1987), 8.
21) Alexandre Ganoczy, *The Young Calvin*, 23.
22) John Calvin, "The Necessity of Reforming the Church," 228.
23) John Calvin, "The Necessity of Reforming the Church," 231.
24) John Calvin, "The Necessity of Reforming the Church," 211.
25) John Calvin, "The Necessity of Reforming the Church," 212.
26) John Calvin, "The Necessity of Reforming the Church," 215.
27) John Calvin, "The Necessity of Reforming the Church," 215.
28) J. J. Steenkamp, "Calvin's Exhortation to Charles V (1543)," 312-313.
29) "아버지로서의 충고"와 이에 대한 칼뱅의 비평에 대해서는 *Tracts and Treatises on the Doctrine and Worship of the Church*, Vol. 1, 235-286을 보라.
30) W. de Greef, *The Writings of John Calvin: An Introductory Guide* (Grand Rapids: Baker Book House, 1993), 161.
31) J. J. Steenkamp, "Calvin's Exhortation to Charles V (1543)," 313. "뫼동 비밀조약의 중요한 결론들은 다음과 같다. 첫째로 프랑스의 왕 프랑수아는 독일에서 신성로마제국의 황제 카를이 종교적 어려움들을 해결할 수 있도록 돕는다. 둘째로 이 목적을 먼저는 설득을 통해 이루려고 노력하지만 불가피할 경우 무력을 사용할 수 있으며, 따라서 이를 위해 투르크족과 싸우기 위해 황제에게 빌려준 군대를 프로테스탄트에 대항하는 용도로 사용할 수도 있다. 셋째로 '황제'가 소집하는 공의회를 트렌트, 캉브레, 메츠 중에서 개최한다. 교황은 이 결정에 전혀 관계되지 않았으며 언급조차도 되지 않았다는 것은 교황의 수위권에 대한 황제의 태도에 변화가 있었음을 의미하는 것으로 매우 의미심장한 대목이다."
32) Thomas F. Torrance, "Historical Note," *Tracts and Treatises*, Vol. 1, 121.
33) J. K. S. Reid, "Introduction," *Calvin: Theological Treatises*, 183.

제7장
칼뱅의 통전적 신학방법론, *Via Media*

1. 시작하는 말

　오랫동안 신학자와 역사학자들은 칼뱅 신학의 전체를 관통하는 하나의 중심 사상이 있는지에 대해 관심을 기울여왔다. 칼뱅 신학에 등장하는 많은 중요한 주제들, 예를 들면 예정론, 하나님의 영광, 하나님의 주권, 종말론, 예수 그리스도의 신성, 성령 등 다양한 주제가 칼뱅 신학의 유일한 핵으로 제시되곤 했지만, 다수의 동의를 이끌어내는 데는 그다지 성공적이지 못하였다. 일찍이 헤르만 바우크(Hermann Bauke)는 칼뱅의 신학에서 모든 것의 근원으로 작용하는 중심사상이나 근본적 교리는 없다고 주장한 바 있다. 이는 칼뱅의 신학이 하나의 중심사상에 의해 정교하게 만들어진 닫힌 체계가 아니라 다양한 사상에 근거하여 균형을 잡고있는 체계라는 의미이다. 브라이언 암스트롱(Brian G. Armstrong)도 "칼뱅의 신학적 입장을 하나의 혹은 몇 개의 중심적 교리로 환원시키려는 시도에 대해서는 우리가 아무리 노력한다 해도 합의에 도달할 수 없을 것"이라고 말하면서 "칼뱅이 논하는 모든 신학적 주제 안에는 항상 양 측면, 양 극단, 두 개의 변증적이고 갈등을 유발시키는 요소가 있다."라고 주장하였다.¹ 『기독교강요』의 영어 번역자인 포드 베틀즈는 칼뱅의 신학적 방법론을 중용이라고 주장한다.² 베틀즈에 따르면 칼뱅 신학에서 중요한 사상들은 모두 과도한 극단 사이에 놓여 있다. 칼뱅은 "정도를 벗어난 로마주의라는 스킬라(Scylla)와 급진적 경향의 카리브디스(Charybdis) 사이의 중도의 길"을 헤쳐나갔다.³ 칼뱅은 자신의 신학을 전개하면서 언제나 "모자람"(defect)과 "지나침"(excess) 사이에 있는 중도의 길을 택하였다.

중도의 길(via media)은 칼뱅의 신학방법론의 핵심이다. 칼뱅의 신학을 관통하는 하나의 원리가 있다면, 그것은 칼뱅이 자신의 신학사상을 전개하면서 항상 잘못된 양 극단 사이에 있는 중도의 길을 택하였다는 것이다. 칼뱅은 루터와 츠빙글리의 중간의 길을, 더 넓게는 로마가톨릭과 급진주의 사이에 있는 중간의 길을 택하였다. 칼뱅의 독창성은 다양한 입장을 취하되 그것을 자신의 방식으로 자신의 사상 안에 녹여 통합시키는 능력에 있다. 윌리엄 부스마는 칼뱅의 전기에서 그의 신학을 "대립적인 충동들 사이의 일종의 대화"(a kind of dialogue between antithetical impulses)로 묘사하였다.⁴ 칼뱅은 대립하는 견해 중에서 하나를 선택하여 따르기보다는 그것을 중도의 입장에서 조화시키고 통합하고자 하였다. 이런 식으로 칼뱅은 로마가톨릭의 변질된 교회(ecclesia deformata)와 재세례파의 완전한 교회(ecclesia perfecta)의 중간에서 균형을 잡고 끊임없이 개혁되는 교회를 세우고자 하였다.⁵ 이처럼 중도의 길은 그의 신학을 전개하는 중요한 원리이자 방식이다.

필자는 중도의 길이 칼뱅의 핵심적인 신학방법론이라는 사실을 밝힘으로써, 칼뱅의 이 통전적인 신학방법이야말로 그에게 뿌리를 둔 개혁교회가 마땅히 이어받아야 할 유산임을 주장하고자 한다. 필자는 칼뱅의 신학에서 중요한 주제인 말씀론, 성례론, 국가론을 중심으로 그의 신학방법론이 중용의 길임을 입증하고자 한다. 이를 통해 한국 장로교회의 신학이 한쪽으로 치우치지 않고 중심을 잡고 균형을 유지하게 되기를 바라는 마음이다.

2. 말씀론에 나타난 칼뱅의 신학방법론

1) 중도적 성서해석 방법론

데이비드 푸켓은 『칼뱅의 구약성서 주석』이란 책에서 칼뱅의 주석이 유대교적 접근과 그리스도교적 접근 사이에서 중도의 길을 택하고 있다는 점을 설득하고자 노력하였다.[6] 푸켓에 따르면 칼뱅의 성서주석에서 두드러진 점은 은유적(allegorical) 성서해석에 대해 매우 비판적이라는 것이다. 칼뱅은 역사적 맥락을 무시하거나 직접적인 문자적 배경을 고려하지 않고 성서본문을 해석하려는 경향성을 은유적 해석이라 부른다. 은유적 해석을 선호하는 사람은 문자의 의미는 다분히 껍데기이고 그 안에 숨어 있는 진리의 영적 알맹이를 발견하는 것이 보다 중요하다고 본다. 칼뱅은 은유적 접근방식이 해석자의 영민함만을 나타내려고 하는 반면, 자신의 방식은 오직 신자들에게 유용한 것이 무엇인가에 관심을 가지는 것이라고 말한다.[7] 칼뱅은 "오리게네스가 사방에서 은유적인 해석을 뒤져냄으로써 성서 전체를 오염시키고 있다."라고 비판하였다.[8] 칼뱅은 은유적 해석방법을 사탄이 성서적인 가르침의 확실성을 무너뜨리기 위해 고안한 방법이라고 강하게 비판하였다.[9] 칼뱅은 다니엘서 주석에서 "교묘한 비유들이 많은 사람에게 매력적으로 다가오기는 하지만" 그리스도인은 무엇이 견실한 것인지에만 관심을 집중해야 하며, 비유를 찾는 경솔한 행동을 중단하고 "참된 단순성에 만족해야 한다."라고 강조한다.[10]

칼뱅이 예표론적(typological) 성서해석을 선호한 것은 이 해석이 극단으로 치우친 은유적 성서해석을 어느 정도 바로잡을 수 있는 대안이 되기 때문이다.

예표론적 성서해석이란 구약성서를 신약성서와의 연관성 안에서 해석함으로써 구약성서와 신약성서의 조화와 일치, 나아가서 지상의 것들과 천상의 것들의 통일성을 입증하고자 하는 해석학적 방법론이다. 이 해석은 본문의 역사적 의미를 무시하지 않는다는 점에서 은유적 해석과는 다르다. 한스 프라이는 "성서 전체 이야기의 관점에서" 볼 때 예표론적 해석은 사실상 문자적 해석이며, "문자적 해석의 자연스러운 확장"으로 간주할 수 있다고 말한다.[11] 토머스 데이비스는 예표론이 없다면 "칼뱅은 더 이상 칼뱅이 아닐 것"이라고까지 말하였다.[12] 예표론에서 사용되는 표상들이 비록 어느 정도 불명료하고 어둡기는 하지만 사람들을 진리로 향하도록 이끌어준다는 점에서 칼뱅에게 예표론적 성서해석은 참된 예언이다.[13]

칼뱅은 자신이 예표론을 사용하면서 매우 좁은 길을 걷고 있음을 알고 있었다. 칼뱅은 구약성서의 의식들이나 사건들이 예수 그리스도 안에서 궁극적으로 완성된다는 사실을 부인하는 유대교적 접근을 따르지도 않았고, 모든 곳에서 그리스도만을 찾으려는 열심 때문에 구약성서 역사의 중요성을 등한시하는 일부 그리스도교 성서주석가를 따를 수도 없었다. 칼뱅은 양 진영에 맞서, 유대교는 그리스도에게서 영광을 박탈하고 있고, 그리스도교는 옛 이스라엘 백성을 위한 구약성서의 중요성을 무시하고 있다고 비판하였다. 칼뱅은 양 극단 사이에서 균형 잡힌 중도적인 입장을 취하였던 것이다.

일찍이 베틀즈는 『기독교강요』를 꼼꼼하게 분석하면서 칼뱅의 신학방법론이 극단적 주장들 사이에서 중용을 취하는 것이라는 자신의 주장에 대한 수많은 증거를 제시한 바 있다. 리처드 갬블은 칼뱅이 중용의 사람이라는 베틀즈의 주장을 칼뱅의 설교와 주석에까지 확장하여 적용하였다.[14] 갬블에 따르면 칼뱅은 좌측 극단에 있는 은유적 주석과 우측 극단에 있는 인문주의적 주석의 중간에 서 있다. 칼뱅은 성서의 통일성과 역사적 의미를 부인하는 오리게네스와 중세 로마가톨릭의 은유적 성서해석을 비판하였다. 칼뱅의 갈라디아서 주석의 한 구절은 은유적 해석에 대한 그의 반감을 잘 표현하고 있다.

> 가톨릭주의자들은 성서는 풍성한 책이기에 다양한 의미를 가지고 있다고 말한다. 나도 성서가 가장 풍요로운 책이며, 모든 지혜의 끝없는 원천이라는 사실을 인정한다. 그러나 나는 성서의 풍성함이 곧 누구라도 성서를 자기 마음대로 해석해도 되는 여러 가지 의미를 뜻한다는 것에는 동의할 수 없다. 따라서 우리는 성서의 참된 의미는 단순한 것이라는 사실을 알고 그것을 단단히 붙들고 품도록 하자. 문자적 의미에서 벗어난 허구적인 해석들은 의심스러운 것이므로 무시해야 할 뿐만 아니라 치명적인 부패이기에 과감히 던져버려야 한다.[15]

또한 비록 자신이 한때 인문주의자였음에도 불구하고 하나님의 신비를 인간 이성 안에 가두려고 하는 인문주의적 주석의 시도를 거부하였다. 로마서 주석의 한 구절이 인문주의적 성서해석에 대한 그의 입장을 잘 대변해준다. "만일 우리가 하나님의 신비를 이해하기 원한다면, 무엇보다 우리 자신의 이성에서 벗어나려고 노력해야만 한다는 사실을 기억해야 할 것이다."[16]

칼뱅에 따르면 은유적 주석과 인문주의적 주석이라는 두 가지 잘못된 극단 사이에 두 가지 올바른 성서주석이 있다. 바로 멜란히톤(Philipp Melanchthon)의 『신학총론』(*Loci Communes*)에 나타난 성서해석과 부처(Martin Bucer)의 성서해석이다. 하지만 칼뱅은 이 두 해석에도 각각 한계가 있다고 지적하였다. 멜란히톤은 모든 성서의 본문을 살펴보지 않고 일부 본문만 선택적으로 주해하고 있다는 점에서 편파성을 지니고, 부처는 훌륭한 성서해석자이긴 하지만 그 해석이 너무 장황하여 평신도가 이해하기 어렵다는 결점이 있다는 것이다. 멜란히톤이 성서의 의미를 온전히 그리고 충분히 밝히지 못한 측면이 있다면, 부처는 지나치게 넘친다는 것이 칼뱅의 판단이다. 따라서 칼뱅은 모자라는 것과 넘치는 것 사이에서 중용을 취하고자 하였다. 칼뱅은 은유적 해석과 인문주의적 해석 사이에서, 또한 멜란히톤과 부처 사이에서 자신의 해석 방법을 찾았다. 이와 같은 중용의 입장은 칼뱅의 신학, 설교, 주석에 걸친 뚜렷한 특징이다.

2) 하나의 사례: 말씀과 성령의 균형

칼뱅은 말씀과 성령의 관계에서도 균형을 강조하였다. 그는 특별히 급진주의 분파들 중에서 영성주의자에 속하는 리버틴파의 극단적 주장에 대해 매우 우려하였다. 칼뱅이 반박하고 있는 리버틴들은 주로 캥탱주의자들(Quintinists)인데, 이들은 사색적 영성주의자들로서 프랑스어를 사용하는 개혁교회 공동체의 신앙과 삶을 위협하고 있는 자들이었다.[17] 칼뱅의 첫 번째 논박은 그들의 비도덕성에서 시작된다. 그들은 그리스도인은 하나님의 율법의 속박 아래 있지 않고 오직 성령에 의해 인도된다고 주장하면서, 성령의 인도라는 핑계로 하나님의 법에서 이탈하여 온갖 비도덕적 악행들을 합리화한다. 칼뱅은 그들이 성령을 죄의 종으로 만들어버릴 뿐만 아니라 모든 수치스러운 행위의 근원으로 변질시켜 버린다고 비판하였다. 칼뱅의 두 번째 논박은 그들의 무정부적 무질서에서 기인된다. 이는 1548년 칼뱅이 서머싯 공작인 에드워드 시모어(Edward Seymour)에게 보낸 편지에 잘 나타나 있다.[18] 칼뱅은 편지에서 사적인 계시들과 제멋대로의 개인적인 생각들에 휘둘리게 되면 교회의 통일성을 해치게 될 뿐 아니라 사회구조와 정치적인 공동체까지도 파괴될 수 있다고 주장한다. 1534년 뮌스터(Münster)에서의 참극은 칼뱅에게 이런 위기감

을 더욱 고조시켰을 것이다.[19]

칼뱅은 이런 위험들에 맞서 성서의 권위를 강하게 옹호하였다. 칼뱅은 더는 하늘로부터의 계시는 없다고 말하면서, 성령은 성서를 통해서만 말씀하시기 때문에 그리스도인은 성서의 약속을 묵상하고 거기서 성령의 조명을 발견해야만 한다고 주장했다. 여기에서 성서주석과 설교의 중요성이 두드러진다. 칼뱅은 설교자를 하나님의 입, 하나님의 전권 대사, 하나님과 인간 사이의 중매자로 간주하였다. 칼뱅은 개인이 하나님의 계시를 받거나 해석할 수 있다고 한다면 주관주의의 함정에 빠질 위험이 다분하다고 말한다. 이런 위험 때문에 칼뱅은 사적인 성서연구에 대해서도 찬성하지 않았다. 그는 교회에 모여 말씀의 설교자를 통한 공적인 성서해석에 귀를 기울일 것을 요청하였다. 칼뱅에 따르면 성서와 그에 대한 공적인 해석인 설교야말로 성령의 진정한 방편이며, 하나님은 개인에게 직접 말씀하시지 않으신다.[20]

칼뱅은 성서를 떠나서 하나님에게 이르는 어떤 방법이 있다고 상상하는 리버틴파에 반대하여, 성령은 성서를 통하지 않고서는 하나님의 비밀을 전달하지 않으며 성령과 성서는 뗄 수 없는 방식으로 결합되어 있다고 주장한다. 하나님의 말씀, 곧 성서와 성령은 상호적인 관계를 지닌다. 그 둘은 결코 나누어질 수 없고 나누어져서도 안 된다. 그럼에도 리버틴들은 이 둘을 분리하면서 소위 "죽은 그리고 죽이는 문자"(dead and killing letter)를 추종하는 사람들을 경멸하였다.[21] 칼뱅은 성령의 뜻은 성서 안에 계시되며, 성령은 성서를 통하지 않고서는 우리에게 전하지 않는다고 주장하였다.[22]

칼뱅이 볼 때 리버틴파에게는 두 가지 목적이 있다. "첫째로 성서의 자연스럽고 단순한 의미를 붙들지 않고 은유적 해석으로 성서를 농락하는 것이며, 둘째로 기록되어 있는 것에 만족하면서 그것을 받아들이지 못하고 오히려 더 높이 사색하여 새로운 계시를 찾으려는 것이다."[23] 이처럼 "성서를 은유들로 바꾸고 우리가 성서에서 발견하는 것보다 더 좋고 완벽한 지혜를 갈구하는 것"[24] 이 리버틴 분파와 교황파의 공통점이다. 칼뱅은 "치명적인 흑사병"(pernicious plague)[25]과 같은 리버틴 분파에 대항하여, "하나님이 성서를 통해 우리에게 드러내 주시고자 하는 것 외에 무엇을 알려는 욕망을 갖지 말자. 하나님의 거룩한 말씀을 우리의 지각이나 욕심에 종속시키지 말고, 오히려 그 말씀이 우리에게 말하는 것에 전적으로 동의하자.…새로운 것을 바라지 말며, 호기심에 빠지게 하는 솔깃한 귀를 갖지 말고, 오히려 유익하고 교훈적인 것을 추구하자."라고 권면한다.[26]

칼뱅이 볼 때 로마가톨릭교회도 하나님의 말씀을 정당하게 다루지 않는다는 점에서 리버틴과 같은 오류를 범하였다. 로마 가톨릭주의자들은 신학적으로 성서보다도 교회의 권위와 전통에 의존하는 우(愚)를 범하였다.

> [교황주의자들이] 교회는 오류를 범할 수 없다고 주장하는 것은 이런 의미이다. 교회는 하나님의 성령에 의해 다스려지기 때문에 말씀이 없이도 안전하게 나아갈 수 있고, 어디로 가든지 교회는 진리를 생각하거나 말할 수 있으며, 따라서 교회가 하나님의 말씀을 넘어서거나 벗어나는 것을 명한다고 해도 그것은 확실한 하나님의 계시로 받아들여져야만 한다.[27]

이처럼 성령을 자랑할 때 그들은 당연히 하나님의 말씀을 무시하는 경향이 있었다. 칼뱅은 말씀이 없는 성령의 위험성을 이렇게 지적하였다.

> 말씀은 없이 성령만을 자랑하는 것이 얼마나 위험한 일인지 알기 때문에, 주님은 교회가 실로 성령에 의해 통치되어야 한다고

선포하시면서, 그 통치가 모호하거나 불안하지 않도록 하려고 성령을 말씀과 한데 묶으신 것이다.[28]

만일 교회가 말씀은 없이 성령에 의해서만 인도된다면 그것은 분파나 카리스마적인 집단에 불과하다. 칼뱅은 로마가톨릭과 종교개혁자들의 차이를 이렇게 지적한다. "차이점은 이것이다. 우리의 적대자들은 교회의 권위를 하나님의 말씀 밖에 두지만, 우리는 그 권위가 말씀에 밀접하게 부속된 것이며 말씀으로부터 분리되어서는 안 된다고 주장하는 것이다."[29]

말씀과 성령에 대한 칼뱅의 분석은 중도의 길을 걷는 그의 정신과 신학방법론을 잘 보여준다. 리버틴파가 개인에 대한 성령의 영향력을 과장했다면, 로마교회는 교회 안에서 성령의 역할을 과장하였다. 리버틴과 가톨릭은 극단의 오류를 범했다. 이 두 극단은 모두 말씀과 성령의 올바른 관계와 통일성을 깨닫지 못하도록 만들었다. 칼뱅은 성령의 역사를 말씀의 역사로부터 분리하는 리버틴들의 오류와 성서보다도 교회의 권위를 우선시하는 교황주의자들의 오류를 모두 논박하면서 말씀과 성령을 긴밀하게 연관시킴으로써 한쪽으로 치우치지 않고 균형을 잡았다. 크렉(Walter Kreck)이 말한 것처럼 "칼뱅은 한편으로는 광신자들의 내적인 빛에 반대하여 말씀의 견고함을 옹호하고 다른 한편으로는 교황주의자들이 교회를 우상시하는 것에 대해 경고를 해야만 했다."[30]

3. 성만찬론에 나타난 칼뱅의 신학방법론

1) 중도적 성만찬론

로마가톨릭의 오류와 폐해를 비판하면서 종교개혁의 기치를 높이 들었던 독일 비텐베르크의 루터와 스위스 취리히의 츠빙글리가 서로에게 다가가지 못하고 불화하였다는 것은 참으로 안타까운 일이다. 루터와 츠빙글리의 불화는 결국 프로테스탄트 진영의 분열을 초래하고 말았다. 루터와 츠빙글리 사이의 불화의 핵심은 성만찬에 대한 견해 차이였다. 1529년 두 진영은 마르부르크 회담[31]을 통해 대부분의 주제에 대해 합의하였지만 성만찬에서 예수 그리스도가 임재하는 방식에 대한 문제만큼은 합의에 이르지 못하였다. 루터는 끝까지 "이것은 내 몸이다."(Hoc est corpus meum)라는 제정의 말씀을 문자적으로 받아들여 성만찬에서 예수 그리스도의 육체적 임재를 주장하였고, 츠빙글리는 그 말씀을 상징적으로 해석하면서 육체적 임재를 거부하였다. '오직 성서'(sola scriptura)라는 하나의 기치를 내걸고 종교개혁운동을 전개했던 개혁자들이 바로 그 성서해석 문제로 갈라서는 일이 벌어진 것이다.

이런 상황에서 칼뱅은 개혁운동의 선배였던 루터와 츠빙글리의 갈등을 중도의 입장에서 화해시키려고 노력하였다. 특히『성만찬에 관한 소논문』(Short Treatise on the Lord's Supper, 1541)이란 문서가 그의 이러한 노력의 대표적인 시도였다.[32] 폴 로렘에 따르면 칼뱅은 믿는 자들이 성만찬에서 "그리스도의 살과 피와 온전한 성례전적 교통을 나눈다는 것을 지지하면서도, 공간적 혹은 육체적인 임재에 대해서는 반대한다."[33] 칼뱅은 성만찬에서 빵과 포도주라는 표지를 통해 그리스도와 온전한 교통을 나눈다는 점에서는 루터와 의견을 같이 했지만, 그리스도가 승천한 후 그 육체는 하늘에 있기 때문에 성만찬에서 육체적으로 임재하는 것은 아니라는 점에서는 츠빙글리와 의견을 같이했던 것이다. 맥닐의 말처럼, 칼뱅은 "츠빙글리의 주석적인 명료함과 루터의 종교적인 깊이와 내면성을 결합시켰다."[34] 칼뱅은 두 진영의 유연하지 못한 적대적 태도를 안타깝게 여기면서, 루터의 정(thesis)과 츠빙글리의 반(antithesis)을 조화시켜 하나의 합(synthesis)을 만들고자 하였다.[35] 다시 말하면 칼뱅은 영적 임재설(spiritual presence)로써 루터의 육체적 임재설(corporeal presence)과 츠빙글리의 상징설(symbolism)을 통합하고자 했던 것이다.

칼뱅의 중재 노력에도 불구하고 루터파와 츠빙글리파의 갈등은 점점 격화되었다. 루터는 1544년 『거룩한 성례에 관한 간략한 고백』(Brief Confession Concerning the Holy Sacrament)을 출판하여 츠빙글리주의자들을 공격하였고, 츠빙글리의 후계자인 불링거는 1545년 『참된 고백』(True Confession)이라는 제목의 책을 통해 츠빙글리의 성만찬론을 옹호하고 루터의 책을 "악의, 비기독교적인 표현, 중상모략하는 말들, 다투려는 마음, 불순한 언사, 분노, 속임수, 격정과 격노로 가득 찬"[36] 것이라고 맞받아쳤다. 결국 칼뱅은 불링거를 대표로 하는 취리히 지도자들과 성만찬에 관해 먼저 합의하고, 뒤이어 루터주의자들과 일치에 이르는 것이 전략상 좋으리라 판단하였다. 그리하여 일차적으로 1549년 26개 조항으로 이루어진 『취리히합의』(Consensus Tigurinus, 1549)에 도달하게 된다.[37] 『취리히합의』는 칼뱅과 불링거를 연합하고, 제네바와 취리히 교회들을 하나의 개혁교회로 단단하게 결합했다. 하지만 이 합의를 바탕으로 루터주의자들과의 일치를 시도하려고 했던 칼뱅의 의도와는 달리 『취리히합의』는 루터주의자들과 새로운 불화의 불씨가 되고 말았다. 이로 말미암아 루터와 츠빙글리 사이에 벌어졌던 제1차 성만찬 논쟁에 이어서 소위 제2차 성만찬 논쟁이 불붙게 되었다.[38]

비록 성만찬에 대한 공통된 이해에 도달하는 데는 실패했지만, 칼뱅이 중간에서 루터와 츠빙글리를 화해시키기 위해 노력했던 점이나, 제네바와 취리히 사이에서 일치된 목소리를 내기 위해 노력했던 점은 높이 사야 마땅할 것이다. 필립 샤프의 평가처럼, "칼뱅은 루터와 츠빙글리의 중간에 서 있었고, 자신의 신앙을 통한 그리스도의 영적이며 실재적인 임재 이론으로 양측의 올바른 요소를 연합시키고자 노력하였다."[39]

2) 하나의 사례: 말씀과 성례의 균형

칼뱅은 교회를 교회되게 하는 두 가지 표지가 있다고 믿었는데, 그것은 바로 말씀과 성례였다. 1559년 최종판 『기독교강요』에서 칼뱅은 "순수한 말씀사역과 순수한 형태의 성례전의 거행, 이 두 가지 표지가 있는 공동체를 교회라고 간주하는 것은 충분한 근거가 있다고 해도 틀림없을 것"[40]이라고 주장했다. 이처럼 말씀과 성례는 교회의 정체성을 결정하는 핵심적인 요소이나. 중세 로마교회가 성례전에 치우친 경향이 있었다면, 다소 급진적인 프로테스탄트 진영은 말씀에만 치우치고 성례를 소홀하게 여기는 경향이 있었다. 분명 칼뱅도 하나님의 말씀의 우선성을 강조하기는 했지만, 동시에 성례의 중요성을 결코 가볍게 여기거나 소홀하게 생각하지 않았다. 교회를 지탱하는 말씀과 성례라는 두 기둥 모두를 소중하게 여겼던 것이다. 하나님은 말씀뿐만 아니라 성례를 허락해 주심으로써, 말씀으로 주신 약속을 보증하시고 더욱 생생하고 확실한 것으로 만들어주신다. 우리의 믿음은 하나님의 말씀으로 말미암는 것이지만 성례를 통해서 더욱 든든해진다. 따라서 말씀과 성령이 나누어질 수 없는 것처럼, 말씀과 성례도 결코 분리되어서는 안 된다. 하나님의 계시는 말씀의 설교를 통해 귀로 다가오기도 하지만, 성례의 물질적 요소를 통해 우리 눈으로 다가오기도 한다.

칼뱅에 따르면 성례의 의미는 항상 하나님의 말씀과 연관되어 있다. 성례의 역할은 하나님의 은혜와 구원의 약속을 우리에게 보증하고 우리 안에서 유효하게 하는 것이다. 따라서 약속의 말씀과 분리된 성례는 아무런 의미도 없다. 칼뱅에게서 분명한 것은 말씀의 약속이 없는 성례는 그저 "유치한 마력"[41]이자 "아무 쓸모도 없는 상징"[42]일 뿐이다. 칼뱅은 말씀이 더해지기 전에는 성례의 요소들이 효력이 없다고 생각했다. 칼뱅은 성례를 말씀의 부록이라고 칭함으로써 성례가 말씀에 종속된다는 사실을 분명히 하였다. "성례에는 반드시 선행하는 약속이 있고, 성례는 이 약속에 결합된 부록과 같은 것이다. 성례는 약속을 확증하고 보증하며, 약속이 우리에게 보다 분명하도록 비준해주는 역할을 한다."[43] 따라서 칼뱅은 성례의 표징을 원본문서의 내용을 확증하기 위해 도장을 찍는 것에 비유하였다. "정부의 문서나 공적 법령에 첨부되는 도장은 그것 자체로는 아무런 의미가 없다. 문서에 아무것도 기록되어 있지 않다면 도장을 찍는 것은 무의미한 것이다."[44] 칼뱅은 말씀이 없는 성례를 "우상이며 무의미한 그림자",[45] "전적인 부패",[46] "미혹하는 표징"[47]이라고 불렀다. 따라서 성례의 표징은 말씀에서 분리되어서는 결코 안 된다. 칼뱅은 로마교회가 말씀과 성례를 분리시킨 것에 대해서 강하게 비판하였다. 그는 말씀과 성례가 굳게 결합되어야만 한다고 믿었다.

말씀에 우선권이 주어진다면 성례는 어떤 지위를 가지는지 물을 수 있을 것이다. 칼뱅은 "성례들은 하나님이 당신 백성의 믿음을 자라게 하고, 각성시키고, 확증하시며, 또한 사람들 앞에서 신앙을 고백하도록 하시려고 사용하시는 의식들"[48]이라고 주장하였다. 선포된 말씀은 귀를 통하여 우리에게 호소해 우리 마음에 신앙이 생기도록 하는 반면에, 성례는 말씀의 호소력을 강화시켜 우리 신앙이 더 든든해지도록 만들어준다. 그러므로 성례는 우리의 감각에 더욱 가시적이고 구체적으로 전달되어서 말씀을 확증하는 역할을 한다. 성례는 이런 식으로 우리 믿음을 지지하고, 유지하고, 굳게 하며, 자라게 한다.

최근에 무어-케이시는 에모리 대학에 제출한 박사학위 논문에서 칼뱅의 성만찬론이 중도에서 균형을 잡기 위한 부단한 노력이었다고 주장하였다.[49] 말씀과 성례는 상호의존적이기에 말씀은 성례를 필요로 하고 성례는 말씀을 필요로 한다. 어느 것이든 홀로 설 수는 없다. 바로 여기에 말씀과 성례의 균형이 요구된다. 말씀과 성례의 균형이야말로 칼뱅의 교회론의 두드러진 특징이다. 하나님에 대한 참된 지식에 이르기 위해서 우리는 시각적이고 촉각적인 상징과 더불어 청각적인 말씀을 필요로 한다. 시편 24편 주석에서 칼뱅은 "말씀의 설교와 성례는 우리를 하나님과 연합시킨다. 우리는 이 두 버팀목을 공경하여 붙들어야만 한다. 만일 우리가 이것들을 불경건한 오만으로 경멸하게 되면 하나님은 우리에게서 멀어질 수밖에 없기 때문이다."[50]라고 말한다. 칼뱅은 들리는 말씀과 보이고 느껴지는 성례를 통해 믿는 자들이 하나님의 은사들을 더욱 온전하게 누리기를 원했다. 이것이 그가 가능하면 자주, 매주 성만찬을 행하기를 원했던 이유이다.[51]

4. 국가론에 나타난 칼뱅의 신학방법론[52]

1) 중도적 국가론

칼뱅은 1559년 『기독교강요』 최종판의 마지막 부분인 4권 20장에서 자신의 국가론을 제시하였다. 그는 먼저 국가와 교회, 즉 시민통치와 영적 통치가 적어도 이론적으로는 분명하게 구별된다는 사실을 지적하고 있다. 중세의 전성기에는 교황이 국가의 왕이나 황제보다 우위에 있다는 교황수위권을 주장하면서 사실상 국가를 교회에 종속시켰다. 반대로 16세기 독일에서는 통치자에 따라 그 지역의 종교를 결정하는 원칙을 세움으로써 교회가 국가에 종속되는 경향을 보였다. 칼뱅은 예수 그리스도의 신성과 인성이 서로 구별되듯이, 교회와 국가는 하나가 다른 하나에 종속되어서는 안 되며 상호 독립성을 유지해야 한다고 생각했다. 그렇다고 급진주의자들의 주장처럼 교회와 국가가 아무런 관련도 없는 것처럼 완전히 분리되어서도 안 된다. 교회와 국가는 하나님이 세우신 기관들로서, 서로 구별되지만 하나님의 나라와 영광이라는 대전제 아래 상호 보완적인 협력관계를 유지해야 한다. 제네바 의회의원과 목회자가 같은 수로 참여했던 제네바 컨시스토리는 교회와 국가의 협력관계를 잘 보여준다.

이런 인식 아래에서 칼뱅은 먼저 중세 로마가톨릭이 교회와 국가를 혼합하여 국가를 단지 교회에 종속되는 기구로만 취급하는 데 반대하였다. 그에게 혼합이란 용어는 자신이 아는 용어 가운데 가장 경멸적인 단어 중 하나였다.[53] 칼뱅에 따르면 교회와 국가는 서로 구별되어야만 한다. 교회는 "영적이며 내적인 인간에게 속하며 영원한 삶과 관계되는 것"이고, 국가는 "시민적 정의와 외적 도덕의 확립"과 관련된 것이다.[54] 그리스도의 나라는 영적이고 내적이며 영원한 것인 반면, 국가의 통치는 육적이고 지상적이고 일시적이다. 따라서 이 둘을 혼동해서는 안 된다.

그가 로마가톨릭보다 더 경계하고 반대한 것은 국가 자체를 아예 거부하려는 무정부적인 성향을 지닌 급진주의자들이었다. 칼뱅이 볼 때 급진주의적 재세례파들은 그리스도만을 바라본다는 핑계로 왕이나 통치자를 인정하지 않는 사람들로, 세상의 통치자들이란 복음이 약속하는 자유를 억압하는 존재에 불과하다고 주장하면서 아무런 구속도 받지 않는 방종 상태를 즐기려는 광신자들이었다.[55] 이들은 "모든 권세는 다 하나님께서 정하신 것"(롬 13:1)이라는 하나님의 말씀조차 무시해버리는 자들이었다. 칼뱅은 "국가통치의 본질은 완전 부패한 것이며 그리스도인들과는 아무런 상관도 없다."[56]라고 떠드는 급진주의자들에게 강력하게 반대하면서, 교회와 국가가 상호 연관성을 지닌 하나님의 도구라는 점을 분명히 한다.

이러한 칼뱅의 입장은 그가 로마가톨릭과 재세례파라는 양 극단을 피하고 균형을 유지하면서 중도의 길을 가고자 했음을 보여준다. 부스마의 표현을 빌리자면, 칼뱅은 "상반된 압력들 중 하나를 선택하기보다는 통합하는 것을 더 선호하였다."[57] 칼뱅은 『기독교강요』에서 다음과 같이 말하고 있다.

한편에서는 정신 나간 야만스러운 자들이 하나님이 세우신 질서를 전복하려고 맹렬하게 날뛰고 있고 또 다른 한편에서는 군주들에게 아첨하는 자들이 그들의 권력을 과도하게 찬양하느라 군주의 통치를 하나님의 통치에 맞세우고 있기에, 이 문제에 대한 논의가 절실하다. 이 두 가지 악을 단속하지 않으면, 믿음의 순수성이 무너지고 말 것이다.[58]

칼뱅은 하나님이 세우신 국가에 대해 반역하는 극단적 태도나 국가를 맹종하여 하나님의 통치에 맞서려는 극단적 태도 모두를 자기 시대의 악으로 규정하면서 양 극단의 중간에서 해결책을 모색하고자 하였다. 칼뱅은 좁게는 프로테스탄트의 여러 분파 사이에서, 넓게는 로마교회와 재세례파 사이에서 균형을 잡고 중도의 길을 걷고자 했다. 국가를 교회에 종속된 것으로 본 로마가톨릭의 견해나 국가를 적대시한 재세례파의 견해와 비교해 볼 때 국가까지도 하나님의 질서로 파악하면서 국가에 적극적인 역할을 부여한 것은 그의 신학의 통합성과 폭을 보여준다.

2) 하나의 사례: 통치형태에 있어서의 균형

칼뱅은 국가의 통치형태를 크게 세 가지로 보는데 왕정, 귀족정, 민주정이 그것이다. 그는 이런 통치형태들의 단점을 이렇게 비교한다. "왕정은 독재와 폭정으로 전락하기 매우 쉽다. 그러나 이에 못지않게 뛰어난 몇 사람에 의한 통치는 당파정치로 전락하기 쉽다. 하지만 무엇보다도 대중의 통치는 난동으로 전락하기가 가장 쉽다."[59] 어떠한 통치형태든 각각 장단점이 있기 때문에 어느 하나를 더 낫다고 말하는 것은 쉽지 않다. 그렇지만 칼뱅은 조심스럽게 "귀족정치 혹은 귀족정치와 민주정치를 혼합한 형태가 다른 것보다는 우월하다."

[60]라고 말한다. 물론 여기서 귀족정치란 혈통에 의한 몇몇 사람의 세습적인 지배를 말하는 것이 아니라 동료들에 의해 선출된 대표자들의 통치를 말한다.

무엇보다도 칼뱅은 왕이나 군주 혼자서 다스리는 통치형태에 대해 비판적이었다. 왜냐하면 역사적 사실과 칼뱅의 경험은 왕들이 예외 없이 폭군들이었음을 증언하고 있기 때문이다. 왕이 다스리는 정치형태에 대한 칼뱅의 반감은 『기독교강요』에서 뿐만 아니라 여러 주석과 설교에서도 나타난다. 프랑스의 앙리 2세나 잉글랜드의 메리 여왕과 같은 통치자들이 칼뱅의 이런 확신을 더욱 굳혔을 것이다.[61] 칼뱅은 잉글랜드나 독일에서 나타나는 에라스투스주의(Erastianism)[62]를 암묵적으로 비판하였다. 아모스 7장 주석에서 칼뱅은 잉글랜드의 헨리 8세가 자신을 교회의 머리라고 주장하는 것을 신성모독적인 행위라고 비판하였고, 독일 영주들이 교회의 후원자나 지지자로 자처하는 것도 못마땅하게 보았다.[63]

칼뱅이 왕정에 부정적인 태도를 취한 이유는 그 정치원리가 나빠서라기보다는 그 제도가 독재적인 남용으로 기울어지기 쉽다는 것을 경험으로 배웠기 때문이다. 따라서 그는 이념적인 이유보다는 실제적인 이유에서 왕정보다 귀족정이나 민주정으로 마음이 기울었다. "사람은 누구나 과오나 실수가 있기 때문에 한 사람보다는 여러 명이 다스리는 통치형태가 보다 안전하고 견딜 만하다. 여러 사람이 서로 돕고, 가르치고, 권면할 수 있기 때문이다. 또한 한 사람이 부당하게 행동할 때, 여러 사람이 한 사람의 고집을 제어할 수 있기 때문이다."[64] 로버트 킹던은 여러 사람에 의해 의사가 결정되는 대의정치 전통이 칼뱅이 남긴 정치적 유산 가운데 하나라고 꼽았다.[65] 교회정치에서도 칼뱅은 목사회가 제네바 교회의 여러 가지 규율이나 교리적 결정을 하도록 하였다. 목회자와 평신도로 이루어진 제네바 컨시스토리 조직도 집합적 통치구조를 보여준다. 이것은 제네바의 정치적인 통치구조에서도 마찬가지로 나타나는데, 25

명으로 이루어진 소의회, 60명으로 이루어진 60인 의회, 200명으로 이루어진 200인 의회, 모든 시민으로 구성된 총회가 제네바의 정치를 이끌어갔다. 이와 같이 칼뱅의 제네바에서는 교회에서든 국가에서든 권력의 행사가 집단적으로 이루어졌다. 칼뱅은 여러 사람이 다스리는 것이 왕정처럼 혼자서 모든 것을 결정하는 것보다 더 안전하고 좋다고 보았다.

그러나 구체적으로 칼뱅이 귀족정치를 선호했는지, 아니면 귀족정치와 민주정치가 혼합된 체제를 선호했는지는 논란이 있다. 칼뱅은 『기독교강요』에서 "민주정치에 근접하는 귀족정치"(aristocracy bordering on democracy)를 이상적인 통치형태로 암시하고 있고, "자유가 적절한 절제로 통제되는"(freedom is regulated with becoming moderation) 통치형태가 가장 행복하다고 역설한다.[66] 이에 비추어볼 때 칼뱅은 민주정치보다 오히려 귀족정치나, 양보한다고 하더라도 맥닐이 말하는 것처럼 보수적인 성격을 띠는 민주정치를 선호한 것으로 보인다. 그것은 칼뱅의 질서에 대한 열망과 무질서에 대한 혐오 때문이다. 칼뱅은 무엇보다도 질서의 회복을 중시하였다. 과도한 자유 혹은 고삐 풀린 자유는 무질서와 혼란으로 연결되기 때문에 칼뱅은 질서 잡힌 사회가 되기 위해서는 절제의 덕이 필수적이라고 보았다. 절제란 지나치게 많거나 지나치게 적은 양극단을 피하고 중용의 길을 택하는 것이다. 이런 자기통제로서 절제는 인간의 삶을 정해진 경계 안에 머물도록 해준다. 이것은 질서의 회복을 위한 필수 덕목이다. 칼뱅은 "질서를 위하여 각 사람은 자신의 소명 안에 머물러야 한다는 것을 강조"함으로써, "사회적 질서를 견고하게" 만들고, "사회적 삶의 불확실성을 감소"시켰다.[67] 이것은 칼뱅이 의도하지는 않았지만 현실을 유지하고 거기에 안주하려는 보수적인 태도를 낳은 측면이 있다.

5. 칼뱅의 균형-Via Media

앞에서 살펴본 대로 칼뱅의 신학방법론의 핵심은 통전적인 중도의 길이라고 할 수 있다. 많은 칼뱅 학자는 그가 대립적인 극단을 제시하고 그것을 비판한 후에 중도에서 건전하고 유익한 길을 발견하는 변증법적인 신학구조를 세웠음을 지적하였다. 일찍이 헤르만 바우크는 칼뱅 신학의 형식적인 특징 중 하나가 "대립되는 것의 복합"(complexio oppositorum)이라고 말한 바 있다.[68] 칼뱅의 신학체계는 하나의 중심 교리로부터 연역된 체계가 아니라 이미 존재하는 대립적 관계에 있는 개별적인 교리들을 묶어서 하나의 조직적인 통일성을 갖도록 하는 것이다. 이런 칼뱅 신학의 특징은 왜 칼뱅에 대한 서로 다른 해석이 그렇게 많이 존재하는지를 설명해준다. 해석자들마다 복합적인 것들 중 각기 다른 것에 강조점을 두기 때문에 다양한 칼뱅상이 가능한 것이다. 두메르그도 칼뱅의 신학방법론은 "대립적 방법"(méthode des contrariétés)이라고 기술하였다.[69] 칼뱅은 그리스도교 계시와 경험의 복잡성을 바르게 평가하기 위해서라면 논리적인 일관성을 희생할 준비가 되어 있었다. 칼뱅이 역설을 사용한 것은 그에 대한 모순적인 해석을 많이 낳을 수밖에 없었다.

로마가톨릭 학자 가녹지도 『청년 칼뱅』에서 칼뱅의 『기독교강요』 초판을 분석하면서 "칼뱅 사상의 변증법적 구조"라는 제목을 붙였다.[70] 하지만 이 주제에 대한 본격적인 연구는 베틀즈에 의해 이루어졌다. 베틀즈는 칼뱅 사상이 "대립적 구조"(antithetical structure)로 이루어져 있으며, 칼뱅은 잘못된 신앙의 극단들 사이에서 진리의 중도를 걸었다고 주장하였다. 베틀즈는 칼뱅이 프로테스탄트 신앙으로 회심한 후에 "교황주의와 영성주의(재세례파라는 이름으로 대표되는 급진적 경향들) 사이에서 중도를 찾는 일에 직면하였다."[71]라고 말한다. 그는 칼뱅이 『기독교강요』를 통해 "제도화된 로마가톨릭주의에 대한 반대와 동시에 당시 재세례파라는 이름으로 불리던 혁명적이고 분열적인 영성주의에 대한 반대" 사이에서 신학적 방향을 결정했다고 주장한다.[72] 칼뱅은 교황 교회의 거짓 복음으로부터 참된 복음을 구별하는 과업을 자신에게 부과하는 동시에 종교개혁운동을 급진주의자들로부터도 분리하고자 하였다.

베틀즈는 칼뱅 신학이 '대립적인 구조'로 이루어져 있음을 다양한 도표로 설명하였다.[73] 예를 들면 급진주의자들이었던 리버틴들은 천사가 존재하지 않는다고 주장한 반면에, 로마교회는 천사를 숭배해야 한다고 주장했는데, 칼뱅은 리버틴들의 모자람과 로마가톨릭의 지나침을 경계하면서, 천사는 연약한 인간의 능력에 적응하시는 하나님의 한 수단이라는 중도적 입장을 택한다. 이미 살펴본 것처럼 칼뱅은 성서주석과 말씀의 설교에서, 성례의 이해에서, 국가관에서도 중도의 길을 택하였다. 칼뱅은 언제나 모자람과 지나침의 양 극단을 거부하고 균형을 유지하였다. 이러한 베틀즈의 주장은 부스마, 힉만, 리드, 갬블 등에 의해서도 전개되었다.[74]

칼뱅의 신학방법론에 대한 최근의 이러한 연구는 그동안 칼뱅과 칼뱅주의자들을 편향적으로만 생각했던 사람들의 시각을 교정시켜 줄 것이다. 많은 사람이 아마도 예정론이나 소위 칼뱅주의 5대 교리라는 데 얽매여 칼뱅을 속 좁고 융통성이 없는 외골수로 오해하는 경향이 있다. 그러나 최근의 연구는 칼뱅의 신학체계가 다양한 사상을 포용하며 어떤 것도 배제하지 않는다는 것을 보여주고 있다. 칼뱅 신학에는 역설이 존재하며, 그의 최대 장점은 통합적 사고의 틀 안에서 역설들을 수용하고 그 가운데서 균형을 잡고 있다는 점이다. 균형감이야말로 칼뱅주의의 뚜렷한 특징이다. 이런 이유 때문에 카이퍼는 "칼뱅주의는 균형 그 자체이다."라고 주장하였다.[75]

카이퍼는 논문에서 칼뱅과 칼뱅주의에 대해 흔히 가지기 쉬운 오해들을 질문 형식으로 던지면서 그것에 대해 해명하고 있다. 칼뱅과 그의 후계자들이 삶은 무시하고 교리만을 중시하는가? 칼뱅은 그리스도인의 성화와 삶에 대해 누구보다 중시하였으며, 칭의와 성화를 배타적인 것으로 보지 않고 함께 가야 할 것으로 강조하였다. 칼뱅주의는 특정 국가나 민족과 연루되어 있는가? 루터 사상의 영향력이 독일과 스칸디나비아 반도에 머물렀다면 칼뱅 사상은 전 유럽(프랑스, 스위스, 독일, 네덜란드를 비롯한 저지대, 잉글랜드, 헝가리, 보헤미아 등)에 영향을 미친 그야말로 국제적이고 보편적인 사상이었다. 칼뱅주의는 개인주의에 치우치고 사회적 측면이 약한가? 개혁주의 전통은 예수 그리스도를 구세주인 동시에 왕으로 선포하고 있으며, 루터 사상과 비교할 때 공동체 윤리가 강한 것이 개혁교회의 특징이다. 칼뱅주의는 육적(자연적)인 것과 영적인 것의 이분법에 빠져 있는가? 칼뱅주의자들은 자연적인 것과 영적인 것 사이의 적절한 균형을 유지하고 있으며, 이것이야말로 칼뱅주의의 아름다운 균형이다. 칼뱅주의는 보수주의인가? 칼뱅주의는 보수적인 동시에 대단히 진보적인 특징을 공유하고 있다. 하나님의 관점에서 세상의 모든 것을 상대화할 수 있는 진보적 사상이 칼뱅의 신학에 내재해 있다. 칼뱅 사상이 퍼진 곳에서 저항의식이 표출된 것만 보아도 충분한 대답이 될 것이다. 칼뱅주의는 하나님의 주권만 강조하는가? 칼뱅의 신학은 하나님의 주권과 인간의 책임 사이에서 매우 적절한 균형감을 갖추고 있다. 그래서 카이퍼는 칼뱅주의는 균형 그 자체라고 결론지은 것이다.

6. 맺는 말

필자는 칼뱅의 신학방법론이 통합적이며 중도적이라는 사실을 말씀론, 성만찬론, 국가론과 같은 주제에서 그가 보여준 중도적 입장을 고찰함으로써 입증하였다. 칼뱅이 추구한 사상은 '이것이냐 저것이냐'(either A or B) 중에서 하나를 택하는 것이 아니라 '이것과 저것 사이에'(between both A and B) 있는 진리를 붙드는 것이었다. 그의 창조성은 루터, 츠빙글리, 부처, 심지어 가톨릭주의자들과 재세례파 진영의 사상까지 모두 흡수하고 그것들을 자신만의 틀 안에서 통합하여 융합하는 데 있다.

칼뱅의 중도적인 사상은 16세기의 역사적 상황의 산물이다. 그는 하나님의 참된 교회를 세우기 위해 한편으로는 로마가톨릭과 맞서야만 했고, 다른 한편으로는 재세례파나 리버틴과 같은 급진주의자들에 대항해야만 했다. 칼뱅은 언제나 두 개의 분명한 대립적 대상, 즉 로마가톨릭과 급진주의를 염두에 두고 자신의 신학적 입장을 정하였다. 그는 로마가톨릭의 변질된 교회(*ecclesia deformata*)에 대항해서는 변화와 개혁을 외칠 수밖에 없었지만, 동시에 이 세상에서 완전한 교회(*ecclesia perfecta*)를 추구하면서 급격한 혁명을 꿈꾸는 재세례파에 대해서도 비판하지 않을 수 없었다. 이처럼 칼뱅의 중도적 사상은 16세기 당시의 보수적이고 급진적인 사상들에 맞서면서 진리를 발견하고자 했던 그의 노력의 결과였다.

칼뱅의 통전적이며 중도적인 신학을 고려할 때, 개혁교회의 후예들이 그에게서 보이는 하나의 사상만을 전부라고 고집하면서 집착하는 것은 정당하지 못하다. 그것은 칼뱅을 올바르게 계승한 것이 아니다. 아집과 독선과 분파는 결코 칼뱅의 유산이 아니다. 오히려 칼뱅의 진정한 유산은 통합과 중도와 일치이다. 혼란과 대립과 분열의 상처를 안고 있는 한국교회에 칼뱅의 중도를 걷는 신학이 앞으로의 방향설정에 좋은 좌표가 되리라 생각한다.

⟨주⟩

1) Brian G. Armstrong, "The Nature and Structure of Calvin's Thought According to the *Institutes*: Another Look," *John Calvin's Institutes: His Opus Magnum*, ed. W. van't Spijker (Potchefstroom: Potchefstroom University for Christian Higher Education, 1986), 56.

2) Ford L. Battles, "*Calculus Fidei*: Some Ruminations on the Structure of the Theology of John Calvin," *Interpreting John Calvin* (Grand Rapids: Baker Books, 1996), 139-246.

3) Ford L. Battles, "*Calculus Fidei*: Some Ruminations on the Structure of the Theology of John Calvin," 140. 신화에 등장하는 스킬라는 아름다운 미녀였지만 벌을 받아 머리가 6개나 달린 흉측한 괴물로 변했고, 카리브디스는 바다의 신 포세이돈의 딸이었지만 역시 제우스의 벌을 받아 소용돌이를 일으키는 괴물이 되었다. 바다를 항해하는 선박들은 한쪽에서는 마녀 스킬라가, 다른 한쪽에서는 공포의 소용돌이를 일으키는 괴물 카리브디스가 위협하는 중간에서 진퇴양난을 겪기 일쑤였다. 이 신화에서 이러지도 저러지도 못하는 진퇴양난의 어려움을 겪을 때 '스킬라와 카리브디스 사이에서'라는 속담이 나오게 되었다. 역사학자 에드워드 카(E. H. Carr)는 『역사란 무엇인가』에서 스킬라와 카리브디스 사이에 있는 역사의 딜레마를 이렇게 설명했다. "역사란 사실을 해석하는 것보다는 사실 자체가 무조건 우월하다고 보는 잘못된 역사이론의 스킬라와, 역사란 역사가가 주관적으로 해석과정을 통해 역사의 사실들을 확정하는 것이라고 보는 그릇된 역사이론의 카리브디스 사이에서, 과거에 무게중심을 두는 역사관과 현재에 무게중심을 두는 역사관 사이에서 어렵사리 항해하고 있는 셈이다."

4) William J. Bouwsma, *John Calvin: A Sixteenth Century Portrait* (New York: Oxford University Press, 1988), 4.

5) Willem Balke, *Calvin and the Anabaptists Radicals* (Grand Rapids: Wm. B. Eerdmans Publishing Company, 1999), 112.

6) David L. Puckett, *John Calvin's Exegesis of the Old Testament* (Louisville: Westminster/John Knox Press, 1995). 이 책에서 푸켓은 칼뱅 주석의 두 가지 전제조건을 제시한 후, "유대교적" 해석과 "그리스도교적" 해석을 소개하고 결론적으로 "칼뱅의 중도적 성서주석"(Calvin's Exegetical *Via Media*)이라는 장을 통해 칼뱅의 주석이 양자 사이에서 중간의 길을 택했음을 주장한다.

7) 칼뱅의 레위기 1:1 주석: "교묘한 알레고리만을 찾으려는 자들은 그들이 탐내는 칭찬을 받도록 내버려두라. 나의 목적은 오로지 내 독자들의 유익함이다." 이후 칼뱅의 주석은 *Calvin's Commentaries*, 22. Vols. (Grand Rapids: Baker Book House, 1979)에서 인용한다.
8) 칼뱅의 창세기 21:12 주석.
9) 칼뱅의 창세기 2:8 주석: "우리는 오리게네스와 그와 비슷한 부류의 작자들이 주장하는 알레고리들을 단호히 거부해야만 한다. 그것들은 사탄이 아주 교묘하게 교회에다 들여놓은 것으로 성서의 가르침을 모호하게 만들고 확신과 견고함을 빼앗으려는 목적으로 고안된 것이다."
10) 칼뱅의 다니엘 7:9, 8:24-25 주석. 그는 스가랴 6:1-3 주석에서도 "예언적인 저술들을 경건하고 건전하게 해석해야만 하고, 구름 위로 날아다니지 말고 우리의 발을 견고한 땅에 고정시켜야만 한다."라고 말한다.
11) Hans Frei, *The Eclipse of Biblical Narrative: A Study of Eighteenth and Nineteenth Century Hermeneutics* (New Haven, Conn.: Yale University Press, 1974), 2.
12) Thomas M. Davis, "The Traditions of Puritan Typology," *Typology and Early American Literature*, ed. Sacvan Berkovich (Amherst, Mass.: University of Massachusetts Press, 1972), 38. 칼뱅과 조나단 에드워즈의 예표론적 성서해석에 대해서는 이 책 제11장 칼뱅주의 유산과 조나단 에드워즈의 예표론적 성서해석을 참고하라.
13) 칼뱅의 시편 122:4 주석: "우리 구원의 모든 것이 두 가지에 달려 있는데, 그리스도께서 우리의 제사장이라는 사실과 그분이 우리를 다스릴 왕으로 세움을 받았다는 사실이다. 하나님은 표상들로써 옛 사람들에게 이것을 보여주셨다. 시온산에 세워진 성전은 이스라엘 백성들의 믿음을 그리스도의 영적인 제사장직에 고정시키도록 의도된 것이며, 마찬가지로 다윗의 왕국도 그리스도 왕국의 모습을 그들에게 제시해 주기 위한 것이다."
14) Richard C. Gamble, "Exposition and Method in Calvin," *Westminster Theological Journal* 49(1987), 163.
15) 칼뱅의 갈라디아서 4:22 주석.
16) 칼뱅의 로마서 3:5 주석.
17) 카를 뮐러(Karl Müller)는 칼뱅이 리버틴 분파에 대해 잘못된 견해를 가지고 있었다고 주장하였다. 뮐러에 따르면 리버틴파는 범신론자도 아니고 도덕적으로 방탕

한 자도 아니며 오히려 『독일신학』에서 옹호하고 있는 종류의 정적주의적인 신비주의자들이었다. Karl Müller, "Calvin und die 'Libertiner'," *Zeitschrift für Kirchengeschichte* 40(1922), 83-129. 하지만 니젤(Wilhelm Niesel)은 뮐러의 주장이나 설명을 신뢰할 수 없다고 반박한다. Wilhelm Niesel, "Calvin und die Libertiner," *Zeitschrift für Kirchengeschichte* 48(1929), 58-74.

18) John Calvin, *Letters of John Calvin*, ed. Jules Bonnet (New York: Burt Franklin, 1972), Vol. 2, 182-198.

19) Klaus Bockmuehl, "The Struggle for Balance: The 'Great Warning' of the Protestant Reformers," *Listening to the God Who Speaks* (Colorado Springs: Helmers & Howard, 1990), 127-128.

20) Klaus Bockmuehl, "The Struggle for Balance: The 'Great Warning' of the Protestant Reformers," 129-130.

21) John Calvin, *Institutes of the Christian Religion* (1559), ed. John T. McNeill, trans. Ford L. Battles, Library of Christian Classics Vols. 20-21 (Philadelphia: The Westminster Press, 1960), I권, 9장, 1절(이후에는 I, 9, 1.과 같이 표기한다).

22) I, 9, 2. "성령은 성서의 저자이다. 성령은 그 자신과 다르게 변화할 수가 없다. 그러므로 성령은 자신이 예전에 성서 안에서 계시된 그대로 남아 있어야만 한다."

23) John Calvin, *Treatises Against the Anabaptists and Against the Libertines* (Grand Rapids: Baker Book House, 1982), 222.

24) John Calvin, *Treatises Against the Anabaptists and Against the Libertines*, 222.

25) John Calvin, *Treatises Against the Anabaptists and Against the Libertines*, 325.

26) John Calvin, *Treatises Against the Anabaptists and Against the Libertines*, 325.

27) IV, 8, 13.

28) John Calvin, *Calvin: Theological Treatises*, trans. J. K. S. Reid (London: SCM Press, 1954), 229.

29) IV, 8, 13.

30) Richard C. Gamble, "Calvin's Theological Method: Word and Spirit; A Case Study," *Calviniana: Ideas and Influence of Jean Calvin*, ed. Robert V. Schnucker (Kirksville, MO: Sixteenth Century Essay and Studies, 1988), 72.

31) 마르부르크 회담에 대한 자세한 보고는 "The Marburg Colloquy and the Marburg Articles, 1529," *Luther's Works* 38 (Philadelphia: Fortress Press, 1971), 5-89를 참고하라. 또한 박경수, "마르부르크 회담, 1529,"「교회와 신학」75 (2008년 겨울호): 36-44를 보라.

32) John Calvin, "Short Treatise on the Lord's Supper," *Calvin: Theological Treatises*, 142-166. 이 소논문은 1540년 스트라스부르에서 씌어졌고, 1541년 제네바에서 출판되었다. 여기에서 칼뱅은 성만찬과 관련된 많은 주제들, 즉 제정의 말씀, 성만찬의 유익들과 올바른 사용, 오류들, 논쟁들에 대해 다루고 있다.

33) Paul Rorem, *Calvin and Bullinger on the Lord's Supper* (Bramcote: Grove Books Limited, 1989), 7.

34) John T. McNeill, *Unitive Protestantism: The Ecumenical Spirit and Its Persistent Expression* (Richmond: John Knox Press, 1964), 187.

35) John T. McNeill, *Unitive Protestantism: The Ecumenical Spirit and Its Persistent Expression*, 186.

36) Timothy George, "John Calvin and the Agreement of Zurich (1549)," *John Calvin and the Church: A Prism of Reform*, ed. Timothy George (Louisville: Westminster Press, 1990), 46.

37) 『취리히합의』를 도출하기 위한 편지 왕래, 본문, 해설이 John Calvin, *Tracts and Treatises*, Vol. 2, 199-244에 수록되어 있다. 『취리히합의』에 대한 에큐메니칼적 입장에서의 분석은 박경수, "성만찬론에 나타난 칼뱅의 교회일치를 위한 노력," 『교회의 신학자 칼뱅』(서울: 대한기독교서회, 2009), 107-127을 참고하라.

38) 칼뱅과 엄격파 루터주의자 요아킴 베스트팔과의 문서 논쟁에 대한 자세한 내용은 박경수, "칼뱅과 베스트팔: 16세기 성만찬에 관한 일 논쟁,"『교회의 신학자 칼뱅』, 129-146을 참고하라.

39) Philip Schaff, *The Creeds of Christendom* (New York: Harper & Brothers, 1877), Vol. III, 232.

40) IV, 1, 12.

41) 칼뱅의 출애굽기 24:5 주석.

42) 칼뱅의 창세기 31:47 주석.

43) IV, 14, 3.

44) IV, 14, 5.

45) 칼뱅의 마태복음 28:19 주석.

46) 칼뱅의 이사야 6:7 주석.
47) 칼뱅의 출애굽기 24:5 주석.
48) IV, 14, 19.
49) Martha L. Moore-Keish, *Do This in Remembrance of Me: A Ritual Approach to Reformed Eucharistic Theology* (Dissertation of Emory University, 2000). 제1장의 제목이 "Struggling for Balance: John Calvin and the Reformed Tradition"이다. 이 논문은 2008년 Eerdmans 출판사를 통해 출판되었다.
50) 칼뱅의 시편 24편 주석.
51) IV, 17, 46. "주의 식탁은 적어도 일주일에 한 번은 그리스도인들의 집회에 진설하여 성만찬이 선언하는 약속으로 우리를 영적으로 먹이게 하는 것이 옳다."
52) 이 장의 내용은 필자의 논문 "칼뱅의 국가론," 『교회의 신학자 칼뱅』, 213-239를 정리한 것이다.
53) William J. Bouwsma, *John Calvin: A Sixteenth Century Portrait*, 35.
54) IV, 20, 1.
55) IV, 20, 1-2.
56) IV, 20, 2.
57) William J. Bouwsma, *John Calvin: A Sixteenth Century Portrait*, 231.
58) IV, 20, 1.
59) IV, 20, 8.
60) IV, 20, 8.
61) R. N. Carew Hunt, "Calvin's Theory of Church and State," *Church Quarterly Review* 108(1929), 63-64.
62) 국가가 교회를 지배해야 한다는 견해를 밝힌 정치이론가 토마스 에라스투스(Thomas Erastus)를 추종하는 사상을 일컫는다.
63) 칼뱅의 아모스 7장 주석.
64) IV, 20, 8.
65) Robert M. Kingdon, "Calvin's Socio-Political Legacy: Collective Government, Resistance to Tyranny, Discipline," *The Legacy of John Calvin*, ed. David Foxgrover (Grand Rapids, Calvin Studies Society, 2000), 112-116.
66) IV, 20, 8.
67) William J. Bouwsma, *John Calvin: A Sixteenth Century Portrait*, 74.
68) John H. Leith, "Calvin's Theological Method and the Ambiguity in His

Theology," *Reformation Studies: Essays in Honor of Roland H. Bainton*, ed. Franklin H. Littell (Richmond: John Knox Press, 1962), 107. 바우크는 칼뱅 신학의 형식적 특징을 세 가지로 정리한 바 있는데, 첫째는 합리주의(rationalism)요, 둘째는 대립되는 것의 복합(*complexio oppositorum*)이요, 셋째는 성서주의(biblicism)라고 말한다.

69) Emile Doumergue, *Le Caractère de Calvin* (Paris: Editions de Foi et Vie, 1921), 47.

70) Alexandre Ganoczy, *The Young Calvin* (Philadelphia: The Westminster Press, 1987)의 18장 제목이 "The Dialectical Structure of Calvin's Thought"이다.

71) Ford L. Battles, "*Calculus Fidei*", 152.

72) Ford L. Battles, "*Calculus Fidei*", 152.

73) Ford L. Battles, "*Calculus Fidei*", 164, 166.

74) William J. Bouwsma, *John Calvin: A Sixteenth Century Portrait* (New York: Oxford University Press, 1988); William Bouwsma, "Calvin and the Renaissance Crisis of Knowing," *Calvin Theological Journal* 17(November 1982): 190-211; Francis M. Higman, ed., *Three French Treatises of John Calvin* (London: Athlone Press, 1970); W. Stanford Reid, "Calvin's View of Natural Science," *In Honor of John Calvin*, ed. E. J. Furcha (Montreal: McGill University Press, 1987); Richard C. Gamble, "Exposition and Method in Calvin," *Westminster Theological Journal* 49 (1987), 153-165; Richard Gamble, "Calvin's Theological Method: Word and Spirit; A Case Study," *Calviniana: Ideas and Influence of Jean Calvin*, ed. Robert V. Schnucker (Kirksville, MO: Sixteenth Century Essay and Studies, 1988), 63-75. 리드는 자연과학에 대한 칼뱅의 입장을 설명하면서 "칼뱅은 그의 성서관에 기초하여 이신론과 범신론의 중간을 헤쳐나갔다."라고 말한다.

75) Rienk B. Kuiper, "The Balance that is Calvinism," *The Calvin Forum* 18(August-September, 1952), 9-13.

제8장
칼뱅과 재세례파의 관계

1. 시작하는 말

최근 국내에서 16세기 종교개혁운동 가운데 급진적 그룹에 속했던 재세례파에 대한 관심이 점차 고조되고 있다. 한편으로는 오래 전부터 한국교회의 갱신에 관심을 둔 사람들이 모여 참된 교회가 무엇인지를 고민하고 찾던 중에 재세례파 전통과 연결되면서 일종의 자생적 재세례파 교회(예수촌 교회)가 생겨났고, 다른 한편으로는 유럽과 미국에서 메노나이트(Mennonites), 후터라이트(Hutterites), 아미쉬(Amish)와 같은 재세례파 전통과 신학을 배우고 돌아온 사람들이 재세례파 교회(은혜와 평화 교회)를 세우기도 하였다. 이제는 그들이 하나의 네트워크를 형성하여 '한국 아나뱁티스트 센터'(Korea Anabaptist Center), '한국 아나뱁티스트 연대'(Korea Anabaptist Fellowship), '한국 아나뱁티스트 출판사'(Korea Anabaptist Press)와 같은 단체와 기구를 만들어 재세례파의 사상과 유산을 전하고 있다. 뿐만 아니라 대장간 출판사에서도 16세기 재세례파의 저술들을 비롯해 메노나이트 전통에 속한 20세기의 신학자 존 하워드 요더(John Howard Yoder)의 저술들과 현대 재세례파 전통에 속한 사람들의 책을 계속 펴내고 있다. 『이것이 아나뱁티스트다』, 『아나뱁티스트 성서 해석학』이라는 책이 한글로 번역되어 국내에도 익숙해진 스튜어트 머레이(Stuart Murray)가 한국을 방문하여 전국을 돌며 강연을 하기도 하였다.

재세례파는 16세기의 프로테스탄트 그룹들 가운데 가장 근본적이고 급진적인 개혁을 추진했던 한 무리의 사람들을 일컫는다. 이들은 루터, 츠빙글리, 칼뱅과 같은 '주류 종교개혁자들'(mainstream reformers)의 개혁이 미진할 뿐만 아니라 잘못되었다고 판단하고 '종교개혁에 대한 개혁'을 요구하며 보다 근원적이고 성서적인 변화의 필요성을 주장하였다. 일찍이 롤란드 베인튼은 재세례파를 포함한 급진 종교개혁자들을 "종교개혁의 좌익"(left wing of the Reformation)이라 불렀다.[1] 종교개혁운동을 전체적인 시각에서 볼 때 로마가톨릭교회가 맨 우측에 있다면 반대편인 좌측에 급진주의자들이 자리 잡고, 그 가운데 어디쯤엔가 주류 종교개혁자들이 위치하고 있다는 관점이다. 이것은 루터가 급진주의자들을 가리켜서 "광신자"(Schwärmer)라고 불렀던 것과 궤를 같이하는 것이다. 재세례파를 비롯한 급진주의 그룹을 종교개혁의 '제4의 분파'로 부르기도 한다. 이것은 루터파, 개혁파, 성공회와는 성격을 달리하는 또 다른 집단이라는 해석이다. 린더붐과 같은 사람은 급진주의자들을 "종교개혁의 서자"(stepchildren of the Reformation)라고까지 부르기도 했다.[2]

조지 윌리엄스는 자신의 책 『급진 종교개혁』(The Radical Reformation, 초판 1962, 1983, 1992)에서 급진적 종교개혁자들을 재세례파(Anabaptists), 영성주의자들(Spiritualist), 합리주의자들(Rationalists)의 세 집단으로 나누고 있다. 재세례파에 속하는 무리로는 메노나이트, 아미쉬, 후터파 공동체가 있고, 영성주의자들로는 슈벵크펠트(Kaspar Schwenckfeld)를 추종하는 무리들과 리버틴파(Libertines) 같은 이들이 있고, 합리주의자들의 범주에는 세르베투스(Michael Servetus)를 위시한 반(反)삼위일체론자들이 속한다고 할 수 있다.[3] 필자는 급진 종교개혁자들 중에서 재세례파에 국한하여 칼뱅과의 관계를 살펴보고자 한다. 필자는 먼저 칼뱅과 재세례파의 관계를 역사적 관점에서 추적한 후에, 재세례파의 초기 신앙고백인 「슐라이트하임 신앙고백서」와 그것에 대한 칼뱅의 논박인 『재세례파를 반대하는 간략한 가르침』을 신학적 관점에서 살펴보고자 한다.

2. 칼뱅과 재세례파의 관계

1) 역사적 관점에서

역사적으로 살펴볼 때 칼뱅이 재세례파를 직접 대면했던 것은 1차 제네바 사역 중이었던 것으로 보인다. 1537년 3월 9일에 재세례파에 속한 헤르만(Herman de Gerbihan)과 브누아(Andry Benoit)가 제네바에서 체포되었다. 그들의 공개논쟁 요구에 따라 리브(Rive)에 있는 프란체스코 수도원에서 이틀 동안 논쟁이 있었지만 칼뱅은 이 일에 관련되지 않았다. 논쟁의 결과 제네바로 왔던 두 명의 재세례파는 추방당했다. 1537년 3월 29일 제네바에서는 재세례파의 경향을 가진 무리와 또 다른 논쟁이 벌어졌는데, 이 때 칼뱅은 개인적으로 리에주(Liège)에서 온 보메로메누스(Jean Bomeromenus)와 스토르더(Jean Stordeur, 후에 칼뱅의 아내가 된 이들레트 드 뷔르[Idelette de Bure]의 첫 번째 남편)와 논쟁을 벌였다. 결과는 종교적 평화를 혼란케 하는 재세례파들을 추방하는 것이었다. 이처럼 제네바 1차 사역기간 동안에 칼뱅은 몇 차례 재세례파를 대면하고 논쟁할 기회를 가졌다.[4]

1538년 칼뱅이 제네바에서 추방되어 스트라스부르로 가는 도중에 메츠(Metz)에서 활동하는 광신자들에 대해 듣게 되었다. 거기에서 두 명의 재세례파가 수장당하였고, 한 명은 추방되었다. 칼뱅은 스트라스부르에 도착한 직후 기욤 파렐(Guillaume Farel)에게 보낸 편지에서 이 사건에 대해 말하고 있다. "메츠에 재세례파의 흑사병이 도져서 새로운 스캔들이 일어났습니다. 두 사람은 모젤(Moselle) 강에 수장되었고 또 한 사람은 불명예의 낙인이 찍혀 추방당했습니다. 제가 아는 한 헤르만의 동료인 그 이발사[5]가 그중의 한 명입니다. 저는 이런 유해한 가르침이 이 도시에 있는 순박한 사람들 사이에 광범위하게 퍼지는 것을 우려하지 않을 수 없습니다."[6] 이 편지에서 그가 제세례파를 어떻게 보는지가 분명히 드러난다. 재세례파의 가르침을 유럽 대륙을 휩쓸고 있던 그 무서운 흑사병에 비유하고 있으며, 종교개혁운동에 심각한 걸림돌이 된다는 점을 걱정하고 있는 것이다.

칼뱅이 스트라스부르에 머무는 동안 재세례파 문제에 보다 본격적으로 관계되었으며, 헤르만과 논쟁을 벌여 그를 설득하기도 하였다. 당시 칼뱅이 파렐에게 보낸 편지에 이 이야기를 전하고 있다. "수많은 어려움 가운데도 주님이 우리를 격려하시는 징조들을 보여주었습니다. 예전에 제네바에서 우리와 논쟁을 벌였던 헤르만이 제게 대화를 요청했습니다. 그는 유아세례, 그리스도의 인성, 그리고 다른 몇몇 신앙의 조항과 관련하여 자신이 심각한 오류에 빠졌었다는 것을 인정하였습니다. 다른 점들에 관해서는 아직 결단을 내리지 못하고 망설이고 있지만, 그가 이미 많은 어려운 문제에 대해 우리에게로 돌아섰기 때문에 희망을 가질 수 있습니다."[7] 3주 후인 1540년 2월 27일에 칼뱅이 파렐에게 보낸 또 다른 편지를 보면 헤르만이 분파주의에 빠진 잘못을 회개하고 지금은 예정론을 제외하고는 칼뱅의 가르침에 전적으로 동의하고 있음을 알 수 있다. 따라서 칼뱅은 헤르만의 2살 된 딸에게 세례를 베풀었다.[8] 이 편지에 따르면 울름(Ulm)에 사는 장(Jean Bomeromenus인지 Jean Stordeur인지 확실하지 않지만 대체로 전자라고 생각한다)도 마침내 자기 아들의 유아세례에 동의하였다. 만일 장 스토르더의 아들이라면 칼뱅은 자신의 미래 아들에게 세례를 베푼 셈이 된다. 이 당시 칼뱅의 여러 편지는 칼뱅의 폭넓은 시야와 태도를 잘 보여주고 있다. 칼뱅에게 중요한 교리인 예정론에 헤르만이 온전히 동의하지 않았음에도 칼뱅은 그가 하나님을 두려워한다는 것을 알았기 때문에 그를 교회의 교제 안으로 받아들였다. 이런 유연성이 프랑스인 멜히오르주의자들(재세례파인 Melchior Hofmann의 추종자들)을 제네바 교회로 돌아오게 만드는 요인이 되었을 것이다.[9]

칼뱅의 2차 제네바 사역 시기에 재세례파와 관련된 세 개의 중요한 문서가 출판되었다. 그중 첫 번째는 1542년에 출판된 『영혼수면설 논박』(Psychopannychia)이다. 사실 이것은 1534년에 그가 처음으로 쓴 신학적 저작인데 1542년에야 출판되었고, 1544년에는 『재세례파를 반대하는 간략한 가르침』의 뒷부분에 포함되어 함께 발행되었다. 영혼수면설을 주장하던 자들은 아마도 오를레앙의 프란체스코 수도회 집단이든지 프랑스에 피신해 있던 급진적 사상가들이었을 것이다. 이들은 죽음 이후에는 영혼이 무의식 상태에 빠진다, 몸과 함께 죽는다, 우주적 지성 안으로 흡수된다는 등의 주장을 했다. 이런 재세례파의 주장을 반박하기 위해 칼뱅은 "영혼이 고유한 실체를 가진다."라는 사실과 "죽음 이후에 영혼은 스스로의 상태와 형편을 자각하며 느끼고 있다."라는 사실을 논증하였다.[10] 그는 무엇보다 성서본문들을 인용하면서 영혼이 육체와는 다른 실체이며, 죽음 이후에도 영혼이 감성과 이성을 가지고 깨어 있다고 주장하였다.

칼뱅이 재세례파의 대표적인 가르침들을 보다 체계적으로 논박한 것은 1544년 제네바에서 발간한 『재세례파를 반대하는 간략한 가르침』(*Brief Instruction for Arming All the Good Faithful Against the Errors of the Common Sect of the Anabaptists*)에서였다. 이 책은 뇌샤텔에서 목회하던 기욤 파렐이 재세례파의 영향력이 점차 확대되는 것을 우려하여 칼뱅에게 재세례파를 반박하는 책자를 써 달라고 부탁하여 나온 결과물이다. 이때 파렐은 미카엘 자틀러(Michael Sattler)를 비롯한 재세례파가 1527년 슐라이트하임 대회에서 채택했던 「슐라이트하임 신앙고백서」(Schleitheim Confession) 사본을 칼뱅에게 보냈다. 파렐의 부탁을 받은 칼뱅도 재세례파에 대한 반론의 필요성을 절감하여 책을 저술하고, 그것을 뇌샤텔의 목회자들에게 헌정하였다. 이 책에서 칼뱅은 세례, 출교, 성만찬, 세상으로부터의 분리, 목사의 직분, 칼, 그리고 맹세에 관한 재세례파의 7개 조항을 검토하면서 일일이 논박한 후에, 성육신과 영혼수면에 관한 주제를 덧붙여 재세례파를 반박하였다.

1545년에는 크게 보아서는 급진주의자들에 속하지만 재세례파와는 또 다른 무리들인 영성주의자들에 속하는 리버틴 분파를 공격하는 칼뱅의 책자 『리버틴 분파 몽상가들과 방종주의자들을 반박하며』(Against the Fantastic and Furious Sect of the Libertines Who Are called Spirituals)가 출판되었다. 리버틴들은 반(反)율법적 신비주의 분파로서 방종을 조장하며, 범신론적 관념론에 빠져 예수 그리스도의 실재를 경시하고, 악마나 죄를 참된 실재가 아닌 환상으로 보는 등 교회사에서 등장했던 옛 이단적 요소들을 혼합해놓았다. 칼뱅은 리버틴들의 비도덕성과 공상적 경향을 이렇게 비판하였다. "사실 이 분파에 속한 거의 모든 자는 다음의 두 부류 중 하나에 속한다. 즉 엉뚱한 질문들에 둘러싸여 안절부절 못하거나 무익하고 쓸데없는 것들에서 즐거움을 얻으려는 몽상가들이거나, 예수 그리스도의 멍에를 지는 일에 식상해하고 대신에 아무런 양심의 가책이나 주저함 없이 사탄을 숭배하고자 자신들의 양심을 잠재우는 세속적인 자들이거나 둘 중 하나이다."[11] 칼뱅은 이 리버틴 분파야말로 세상에서 가장 유해하고 악독하다고 보았다.[12] 칼뱅은 이들이 예수 그리스도의 양떼를 위협하는 늑대요 도적이요 독살자라고 보았기 때문에 자신이 이들을 논박해야만 한다는 의무감을 가졌다. 칼뱅은 나바라의 마르가리타(Marguerite de Navarre)에게 보낸 편지에서 "개도 누군가 자기 주인을 공격하면 짖습니다. 만일 내가 하나님의 진리가 공격당할 때 침묵하고 아무런 소리도 내지 않는다면 겁쟁이가 될 것입니다."[13]라고 기록하면서, 자신이 리버틴파를 공격하는 것은 너무나 당연한 의무임을 강조하였다.

1545년 이후 칼뱅과 급진주의 분파 사이의 접촉은 별로 없었지만, 완전히 끝난 것은 아니었다. 1545년 1월에는 벨로(Thyvent Bellot)라는 사람이 제네바에 나타나서 재세례파의 사상을 담은 문서들을 팔기 시작했다. 벨로는 체포되어 투옥되었다가 심문을 받고 추방당했고, 책들은 불태워졌다. 1545년 1월 21일 칼뱅이 파렐에게 보낸 편지를 보면 벨로에 대한 감정이 드러나 있다.

> 최근에 어떤 재세례파가 공개적으로 어리석은 문서들을 팔았기 때문에 저의 권유에 따라 체포되었습니다. 당신은 그들이 어떤 부류의 작자들인지 경험으로 알고 있습니다. 저는 그 사람처럼 수치를 모르는 완고한 자는 본 적이 없습니다. 저는 처음에 제가 늘 그렇게 하듯이 정중하게 그에게 말했지만, 그는 저에게는 한마디 말도 할 가치가 없다고 간주하면서 저를 마치 개처럼 대했습니다. … 자신의 완고함을 충분히 과시한 후에 그는 도시에서 추방당했습니다. 이틀 후에 그가 다시 도시에 모습을 보였을 때 붙잡혀 매질을 당하였고, 그의 책들은 공개적으로 불태워졌으며, 다시 돌아올 시에는 교수형을 면치 못할 것이라는 선고를 받았습니다. 그는 정말 희망이 없는 지긋지긋한 자입니다. 아니 차라리 짐승이라고 불러야 할 것입니다.[14]

1551년 5월에도 칼뱅의 요청에 따라 파리에서 온 재세례파 게니에르(Guillaume Guegnyer)와 그의 동료인 금 세공업자 파울루스(Michel Paulus)가 투옥되는 사건이 있었다.[15] 전자는 추방되었고, 후자는 자신의 오류를 회개하고 참된 종교를 따라 살기로 약속하였다. 제네바 의회 회의록(Registers of the Council)이나 컨시스토리 문서(Registers of the Consistory)에도 이따금 재세례파와 관련된 기록들이 등장하는 것을 확인할 수 있다.[16]

칼뱅과 복음적 재세례파의 대표자인 메노 시몬스(Menno Simons)는 개인적으로 직접 접촉한 적은 없었다. 칼뱅은 1545년 3월 24일에 하르덴베르크(Hardenberg)가 보낸 편지에서 메노에 대해 처음으로 들었던 것으로 보인다. 하르덴베르크는 편지에서 메노와 요하네스 아 라스코(Johannes à Lasco) 사이의 논쟁에 대해 언급하였다. 칼뱅은 하르덴베르크에게 메노를 논박한 아 라스코의 책을 보내달라고 요청한 바 있었다. 그 후 우텐호브(Utenhove)는 1556년 3월 9일자 편지에서 미크론(Martinus Micron)과 메노 사이에 일어난 논쟁에 대해 알려주었다. 미크론은 칼뱅과 불링거(Heinrich Bullinger)에게 도움을 청하였다. 1558년 2월 28일 미크론이 칼뱅에게 재차 도움을 청하였고, 마침내 칼뱅은 메노의 기독론의 오류를 논박하기 위해 『메노파를 논박하며』(Contra Mennonem)라는 책을 저술함으로써 미크론의 요청에 응답하였다. 칼뱅은 이 책을 미크론에게 보냈지만 분실되어 전달되지는 못하였다.[17] 이 책에서 칼뱅은 메노가 마니교의 어리석음에 빠져 있다고 주장하였다. 논란의 초점은 성육신이었다. 칼뱅이 볼 때, 메노의 입장은 초대교회의 가르침을 괴기스럽게 왜곡한 것이었다. 초대교회의 어느 누구도 메노처럼 가르친 사람은 없었다. 메노를 향한 칼뱅의 거친 언사는 어떤 감정을 가지고 있는지를 보여준다. "이 당나귀(메노)보다 더 자만에 빠진 자도 없으며, 이 개(메노)보다 더 철면피도 없을 것이다."[18] "물과 불이 아무런 공통점이 없는 것보다 더욱 더 나와 메노 사이에는 공통점이 없다."[19] 메노는 자신의 저술에서 두 번 칼뱅을 언급한다. 그는 칼뱅을 피에 젖은 저술가, 신실한 하나님의 자녀들을 박해하는 일에 찬동한 피의 사람이라고 부르고 있다.[20] 칼뱅과 메노는 서로에 대해 정확히 인식하지 못했을 것이다. 만일 두 사람이 서로를 만나 직접 대화를 나누었다면 상황은 사뭇 달랐을 것이다.

2) 신학적 관점에서

(1) 「슐라이트하임 신앙고백서」(1527)

일반적으로 최초의 재세례파 신앙고백으로 알려진 슐라이트하임 신앙고백은 1527년 2월 24일 스위스 샤프하우젠 주의 슐라이트하임이라는 작은 마을에서 개최된 스위스와 남부 독일 재세례파의 모임에서 비롯되었다. 이 신앙고백 문서의 원래 제목은 『7개 조항에 대한 하나님의 자녀들의 형제애적 연합』(The Brotherly Union of a Number of Children of God Concerning Seven Articles)이다.[21] 이 문서는 이전에 프라이부르크(Freiburg im Breisgau) 근방의 장크트페터(St. Peter) 베네딕트 수도원의 수도사이자 수도원장이던 미카엘 자틀러(Michael Sattler)가 작성했다고 알려져 있다. 취리히의 종교개혁자 츠빙글리는 1527년 여름에 자신의 책 『재세례파의 책략에 대한 논박』(Refutation of Anabaptist Tricks)에서 이 신앙고백에 대한 반론을 제시한 바 있다.

엄격히 말해 슐라이트하임 문서는 신앙고백이라기보다는 7가지 특별한 관심사들에 대한 선언문이다. 7개 조항은 세례, 출교, 떡을 떼는 것, 세상으로부터 분리, 목회자와 회중의 역할, 칼, 그리고 맹세를 다루고 있다. 이 선언문의 최초의 인쇄본들에는 표지글이 실려 있는데, 이것은 이 선언문이 의도하는 목회적인 목적과 논쟁적인 목적 둘 다를 밝히고 있다. 표지글은 신앙에 관한 몇 가지 기본적인 교리에 관해 혼란을 겪고 미혹된 '사랑하는 형제자매들'에게 위로와 확신을 전해주려는 의도를 갖고 있다. 동시에 어떤 '그릇된 형제들'은 가려내어 정죄하고자 하는데, 다양한 영성주의 개혁자들과 뎅크(Hans Denck), 해처(Ludwig Hätzer), 후트(Hans Hut) 같은 재세례파 순례객들이 여기에 해당한다. 하지만 일부 학자는 이 신앙고백문의 일차적인 논쟁적 대상은 부처(Martin Bucer), 카피토(Wolfgang Capito), 츠빙글리(Huldrich Zwingli)와 같은 주류 개혁자들이라고 주장하기도 한다. 어느 쪽이든지 간에 슐라이트하임 신앙고백은 복음적 재세례파 운동에서 하나의 결정적인 전환점으로 작용하였다.

세례에 대한 조항은 특별히 자발적으로 요청하는 사람에게만 베풀 수 있다고 규정함으로써 유아세례의 관습을 거부한다. 세례는 오직 개인적인 회개와 신앙을 통해 변화된 생활을 입증하는 사람에게만 베풀어야 한다는 것이다. 이들은 '사도들의 저술과 관습'에 의지하여 유아세례를 부인하고 성인세례를 주장하였다.[22] 그리스도와 함께 죽고 부활한다는 바울 식의 세례에 대한 은유는 그레벨(Konrad Grebel), 만츠(Felix Mantz), 후버마이어(Balthasar Hubmaier)와 같은 초기 스위스 재세례파들의 저술들에서 매우 강조되고 있다.

교회의 출교 혹은 치리에 관한 조항은 세례에 대한 조항과 성만찬에 대한 조항 사이에 나온다. 이것은 세례를 받을 때 행한 약속을 깨트리고 새로운 생활 방식에서 벗어나 악한 길로 빠져든 사람을 다룰 교정책을 교회에 제시해주고 있다. 죄를 범하는 구성원에게 사적으로 그리고 공적으로 권고할 수 있는 성서적인 근거는 마태복음 18:15-20에 나오는 예수님의 말씀에서 찾을 수 있다. 이 과정에서 전체 회중의 책임이 강조되는데, 물론 제5조항은 목회자에게 특별한 역할을 부여하고 있다. 출교의 목적은 세례를 받은 공동체의 일치와 순수성을 드높여서 "우리 모두가 같은 영 안에서, 그리고 같은 사랑 안에서 같은 떡을 떼고 같은 잔을 마시게"[23] 되는 것이다.

그리스도의 몸 안에서의 일치라는 주제는 떡을 떼는 것을 다루는 제3조항에서도 계속되는데, 이는 초기 스위스 재세례파의 성만찬 관습을 반영해주고 있다. 종교개혁기의 성만찬을 둘러싼 논쟁과 관련해서 볼 때, 이 조항은 츠빙글리의 기념설을 분명하게 지지하고 있다. 그렇지만 이 조항의 진정한 취지는 성별된 빵과 포도주의 본질이나 그리스도의 임재의 방식에 초점을 맞추는 것이 아니고 빵을 떼고 잔을 마시기 위해 모이는 공동체의 성격에 주목한다. 성만찬 교제의 순수성은 다시금 세례의 결정적인 역할과 연결되어 있으며, 빛과 어둠, 그리스도의 식탁과 사탄의 식탁을 뒤섞어 버리는 것을 막아주는 장치인 출교와 밀접히 연관된다.

세상으로부터의 분리를 다루는 제4조항은 이 문서 전체에 흐르고 있는 교회에 대한 분리적인 견해를 가장 분명하게 밝히고 있다. 이 조항에 나타나는 고착화된 이원론은 훈육을 통해 정화되고 함께 빵을 떼면서 하나가 된 세례 공동체를 도덕적인 타락을 내포하고 있는 주변 문화로부터 선명하게 구별한다. "그러므로 이 세상의 피조물들은 선과 악, 신앙과 불신앙, 어둠과 빛, 세상에 속한 사람과 세상 밖의 사람들, 하나님의 전과 우상들, 그리스도와 벨리알이라는 두 범주에 들지 않는 것이 없고, 이 두 범주는 서로 간에 아무런 관련이 없다. 그런데 우리에게 주시는 주님의 명령 또한 명확하여, 그분은 우리에게 악한 것에서 떨어져 나오라고 명하시고, 이렇게 해서 그분은 우리 하나님이 되시고 우리는 그분의 아들과 딸이 되는 것이다."[24] 하나님의 자녀들은 "불신앙적인 보증과 서약들" 뿐만 아니라 위선적인 교회출석, 잦은 술집 출입 등과 같은 다양한 "로마가톨릭적인 행위들과 여전히 가톨릭적인 속성을 버리지 못하고 보존하고 있는 행위들[새로운 프로테스탄트 교회들 안에 남아 있는 개혁되지 못한 부분들을 가리킴]"을 피하라는 권고를 받는다.[25] 이 조항은 스위스 재세례파의 사상 안에서 이루어진 중대한 발전을 보여주는데, 초기 재세례파들은 츠빙글리 종교개혁의 맥락 안에서 생겨났지만 점차 급진적인 분리주의적 교회론으로 나아갔음을 알 수 있다.

제5조항은 하나님의 교회의 목사를 다루고 있는데, 목회자의 소명에 대한 지침을 확립하고, 이 직책과 관련된 의무를 설명하며, 또한 목회자에 대한 치리와 교체에 대해 규정하고 있다. 목회자의 책무에 해당하는 것은 성서를 읽고 가르치는 일, 기도와 떡을 떼는 일을 포함해서 예배를 인도하는 일, 그리고 치리의 과정을 관할하는 것이다. 목회자는 자신이 통괄하는 회중에 의해 부름을 받으며, 목회자 또한 품행이 좋지 않을 때는 공개적으로 견책을 받을 수 있다. 이 조항은 현 목회자가 내쫓기거나 "십자가의 고난을 받고 주님께 인도되었을 때,"[26] 즉 순교로 인해 공석이 되었을 때, 새로운 목회자를 곧바로 안수하여 세워야 한다는 교훈의 말로 마치고 있다. 이것은 슐라이트하임 신앙고백이 작성될 당시의 박해의 정황을 반영하고 있다. 상황의 긴박성은 바로 몇 주 전인 1527년 1월 5일에 만츠가 취리히 시의회의 지시에 따라 리마트 강에 수장당했다는 사실로 충분히 드러난다.

제6조항과 제7조항은 그리스도인과 행정 당국의 상호작용과 관련된 논쟁을 다루고 있다. 먼저 6번째로 나오는 칼에 대한 조항은 7개 조항 가운데 가장 긴 부분인데, 하나님께서 강제적인 힘이 '그리스도의 완전 바깥' 세상에서 사용되도록 정하셨다고 인정하고 있다. 그러나 세례를 받은 신자들의 공동체 안에서 허용되는 강제력은 오직 출교의 치리뿐이다. 그런 다음 이 조항은 그리스도인의 칼 사용에 관해 세 가지 질문을 제기한다.[27] "그리스도인이 선한 사람들을 보호하기 위해서 혹은 악한 자들에 대항하여 칼을 사용할 수 있는가?" "세속적인 문제들에 관한 논쟁과 다툼에 대해 그리스도인이 판단을 내릴 수 있는가?" "그리스도인이 정부의 관리로 선출되면 그 일을 감당해야 하는가?" 이런 질문에 대해 각각 부정적인 대답을 하고 있으며, 그 근거로 예수의 모범이 제시되

고 있다. 그리스도께 순종하려는 사람은 강압적인 사회체계에 직접적으로 개입하는 것을 삼가야 한다. "세상 사람들은 철과 동으로 무장하지만 그리스도인들은 하나님의 갑주, 즉 진리, 의로움, 평화, 믿음, 구원, 그리고 하나님의 말씀으로 무장한다."[28] 이러한 무저항의 태도는 초창기 츠빙글리에게 영향을 준 에라스무스의 인본주의 안에 있는 평화주의 경향, 농민들의 폭력적인 활동으로부터 거리를 두었던 취리히 재세례파들의 엄격한 성서해석, 그리고 자틀러의 수도사 전력 등이 일정 정도의 역할을 했을 것이다. 그러나 후버마이어와 같은 재세례파는 이들과 달리 그리스도인 행정관을 위한 여지를 찾고, 믿는 자들의 공동체와 세속사회 사이에서 보다 긍정적인 관계를 모색하고자 하였다.

마지막 제7조항은 맹세를 다루고 있는데, 맹세는 그리스도의 명령을 좇아 엄격히 금하였다. "그리스도께서 '너희는 예면 예라 하고, 아니면 아니라고 말할 것이니 여기에 무엇이든 덧붙여진 것은 악에서 오는 것이기 때문이다.'라고 말씀하실 때도 같은 것을 가르치고 있다. 주님은 우리가 예와 아니오로 말해서, 누구도 주님이 그 일을 허용하셨다고 생각하지 못하게 하라고 말씀하신다. 그리스도는 단순히 예와 아니오인 까닭에, 그분을 찾는 모든 사람은 그분의 말씀을 쉽게 이해할 것이다."[29] 스위스 형제단의 신약성서 중심의 문자주의는 그들이 구약성서의 거짓된 맹세 금지를 그리스도께서 일체의 맹세를 금하신 것과 대비하는 데서 분명하게 나타난다. 스위스의 주들과 제국 내의 도시 공화국들이 요구하는 연례적인 맹세에 대한 재세례파들의 거부는 16세기 유럽 사회에서 도시의 기대와 사회 규범으로부터 이들을 더욱 멀어지게 만들었다.

슐라이트하임 신앙고백은 재세례파 신앙에 대한 체계적인 해설도 아니고 균형 잡힌 신앙고백서도 아니다. 그렇지만 재세례파 운동이 초창기에 맞은 위기의 순간에 공포되고, 뒤이어 자틀러의 순교라는 사건이 일어나자 폭넓은 영향을 미치게 되었다. 슐라이트하임 신앙고백의 영향력은 이것이 16세기에 널리 알려졌을 뿐만 아니라 논쟁의 중심에 있었다는 데서 입증된다. 일찍이 1527년 츠빙글리의 논박과 더불어, 칼뱅도 『재세례파를 반대하는 간략한 가르침』(1544)에서 슐라이트하임 신앙고백의 각 항목에 대한 비판적 견해를 개진하였다.

(2) 『재세례파를 반대하는 간략한 가르침』(1544)

칼뱅은 서문에서 "배우지 못한 가련한 모든 신도에게 재세례파의 교리의 본질이 무엇이며 얼마나 위험한 독인지"를 밝히기 위해서, 성도들이 재세례파의 "유혹에 빠지지 않도록 하나님의 말씀으로 무장"시키기 위해서, "이미 재세례파의 그물에 빠진 사람이 있다면 그들을 옳은 길로 인도"하기 위해서 재세례파의 「슐라이트하임 신앙고백서」를 논박하는 글을 썼다고 분명하게 밝히고 있다.[30] 논쟁의 초점을 명확하게 하기 위해서 필자는 세례, 교회, 국가라는 세 가지 주제에 국한하여 살펴보고자 한다.

첫째로 세례 특히 유아세례를 둘러싼 논쟁에 대해 살펴보자. 유아에게 세례를 주는 것이 정당한가 하는 문제는 16세기에 일어난 논쟁 중 가장 첨예한 것들 가운데 하나이다. 16세기 급진 종교개혁자들은 교회에서 전통적으로 행해져 온 유아세례의 관습이 잘못된 것이라고 확신하였다. 그들의 입장에서 볼 때 세례란 개인이 명백한 회심의 경험을 한 후에 혹은 분명하고 의식적인 믿음을 가진 후에 베풀어져야 하는 것이었다. 재세례파 사람들에게 세례란 무엇보다 믿음의 고백을 인치는 상징적 행위였다. 따라서 회심의 경험을 하지 못했고 의식적인 믿음을 가지지 못한 유아 때에 받은 세례는 진정한 세례가 아니기 때문에 성인이 되어 세례를 다시 받는 것이 마땅하다고 주장하였다.

하지만 로마가톨릭이나 프로테스탄트 주류 종교개혁자들이 볼 때 그것은 반복할 수 없는 세례의 성례를 다시 행하는 재세례이기 때문에 인정할 수 없는 일이었다. 특별히 칼뱅은 유아세례를 하나님과 그의 백성들 사이에 맺은 언약의 징표로 보았기 때문에 그 관습을 정당한 것으로 간주하였다. 칼뱅은 아브라함의 예를 들어서 자신의 논지를 분명히 한다. "하나님이 아브라함과 언약을 맺으신 직후에 외적인 성례로서 유아들에게 그 언약을 인치도록 명하신 사실을 볼 때(창 17:12), 오늘날 그리스도인이 자기 자녀에게 그 언약을 증거하고 인치지 않을 이유가 무엇이란 말인가?"[31] 그는 또 다음과 같이 말하기도 한다. "인간이 하나님에 의해 믿는 자들과의 교제 안으로 받아들여질 때, 그에게 주어진 구원의 약속은 그에게만 해당되는 것이 아니라 그의 자녀에게도 주어지는 것이다. … 이런 이유 때문에 믿는 자의 자녀들은 이 언약의 효력으로 인해 세례를 받는 것이다."[32] 칼뱅에게서 유아세례는 하나님과 그의 백성 사이에 맺어진 언약의 근거 위에서 정당화되고 방어될 수 있는 것이었다. 재세례파가 세례를 개인적 회심이나 믿음의 확증이라고 본 반면에, 칼뱅은 세례를 언약의 공동체 안으로 들어가는 것으로 파악하였다.

뿐만 아니라 칼뱅은 유아세례가 단지 신학자의 논쟁의 주제가 아니라 성도의 삶에 실제적인 문제라고 말한다. 유아세례를 통해서 부모는 아이들이 하나님의 언약 안에 있음을 확인하고 마음에 위안을 받게 되며, 아이들도 자라면서 자신이 하나님의 자녀임을 자각하고 하나님을 떠나지 않는 삶을 살려고 애쓰는 실제적 유익이 있다는 것이다. 칼뱅은 "그러므로 마치 할례가 옛날에 유대 백성에게 요구된 것처럼, 오늘날 세례가 우리 몸에 구원의 약속을 보증하기 위한 목적으로 명해졌기 때문에, 성도의 자녀들에게 세례 베풀기를 거부하는 것은 그 부모에게서 특별한 위로를 빼앗는 것이다."[33] 이처럼 칼뱅에게 유아세례는 신학적 주제라기보다는 목회적 주제였다.

둘째로 재세례파와 칼뱅 사이의 진짜 갈등은 "성례론이 아니라 교회론"이었다.[34] 재세례파는 거룩한 자들과 사악한 자들 사이에는 어떤 종류의 교제도 가능하지 않다고 선언하였고, 의인과 죄인의 완전한 분리를 주장하였다. 재세례파 사람들에게 가시적 교회는 의로운 자들의 모임 혹은 성도들의 거룩한 교제였다. 그러나 칼뱅에게 가시적 교회란 성도들만의 공동체라기보다는 성도들과 죄인들이 혼합되어 있는 몸이었다. 분명 이 땅에 존재하는 가시적 교회에는 많은 위선자들, 악한 자들, 그리고 야심을 가진 사람들도 포함되어 있다. 따라서 칼뱅은 "교리와 신앙고백의 순수성에 대한 강조를 신자의 순수함에 대한 강조로 바꾸어버린"[35] 재세례파의 잘못된 완전주의를 격렬하게 반대하였다. 칼뱅은 자신의 고린도전서 주석에서 "완전한 순수함이 결여된 곳에는 교회가 없다고 생각하는 것은 위험한 유혹"[36]이라고 말한다.

    칼뱅에 따르면, 예수 그리스도 자신이 그물에 잡힌 물고기의 비유(마 13:47), 곡식과 가라지의 비유(마 13:24), 그리고 탈곡장의 알곡과 쭉정이 비유(마 3:12)를 통해서 우리에게 이러한 진리를 직접 가르치셨다. "그러므로 완전한 교회가 이 땅 위에 존재한다고 상상함으로써 우리 스스로를 속이지 않도록 하자. 왜냐하면 우리 주 예수 그리스도는 하나님의 나라는 좋은 곡식과 더불어 보이지 않는 잡초가 뒤섞여 있는 밭과 같다고 말씀하셨다. 또한 하나님의 나라는 그물과 같아서 그 안에는 서로 다른 다양한 종류의 고기가 잡힌 것과 같다. 이런 비유들은 비록 우리가 오점이 없는 순수한 교회를 원하고 그것을 이루기 위해 큰 고통을 치른다 하더라도 어떤 타락도 포함하지 않는 순수한 교회를 발견할 수는 없다는 사실을 가르쳐준다."[37] 칼뱅에게 이 땅 위에 존재하는 가시적 교회는 혼합된 몸(*corpus mixtum*)이며 불완전한 교회(*ecclesia imperfecta*)이다. 따라서 현실의 교회 안에는 항상 죄인과 위선자들이 존재한다. 칼뱅은 재세례파가 도나투스파(Donatists)나 카타리파(Catharis)처럼 흠 없는 교회라는 환상을 추구하는 오류를 범했다고 비판한다.[38] 재세례파는 교회의 순수성을 유지한다는 명분으로 스스로를 세상으로부터 그리고 주의 몸인 교회로부터 분리시킴으로써 혼란과 갈등을 초래했으며, 자신들만이 완전하고 거룩한 자인 양 교만에 빠지고 말았다는 것이다.

셋째로 국가에 대한 태도 또한 재세례파와 칼뱅 사이의 논쟁에서 중요한 근본적인 차이점 가운데 하나이다. 급진적 재세례파 사람들은 초대교회 시기의 사도적 교회가 타락한 것은 콘스탄티누스 황제 때부터 시작된 국가와의 결탁 때문이라고 주장하였다. 재세례파는 자기 시대의 기존 교회는 정치적 권력과의 결합 때문에 모두 타락했다고 보았기 때문에 기성 교회를 거부하였다. 윌리엄스는 주류 종교개혁 진영을 가리켜 "관주도적 종교개혁"(magisterial Reformation)이라고 부르고 있는데,[39] 이는 루터, 츠빙글리, 칼뱅과 같은 주류 종교개혁자들이 자신의 개혁을 진행시키면서 영주든, 의회든, 아니면 잉글랜드의 경우에는 왕이든 간에 세속권력과 연합전선을 형성하면서 국가의 도움을 받았다는 사실을 지적하는 것이다.

칼뱅은 재세례파의 정치적 입장과 가르침 모두를 거부하였다. 칼뱅은 재세례파를 논박하면서 국가의 권위를 옹호하였다. 그에게 행정관과 목회자는 서로 다른 영역에서 다른 행동양식으로 일하지만, 동일한 목표를 위해 일하는 같은 하나님의 대리인이며 종이다. 정치적 권위는 그 힘을 정의를 확립하는 일에 사용하며, 영적 권위는 덕의 증진을 위해 가르치는 사역을 하는 것이다. 그 둘의 책임은 상호 경쟁적이라기보다 상호 보완적이다. 때문에 행정관들의 지지와 조언을 확보하고 그들로 하여금 종교개혁운동에 호의적이도록 하는 일은 칼뱅에게 특별한 관심사였다. 칼뱅은 왕들, 영주들, 귀족들의 지지를 얻기 위해 수많은 편지를 통해 그들과 교제하였다. 그의 『기독교강요』 초판(1536)이 프랑스의 국왕인 프랑수아 1세에게 헌정된 점만 보아도 그런 사실을 충분히 알 수 있다. 이와 같이 완전한 교회에 대한 주장이나 교회가 국가로부터 철저하게 분리되어야 한다는 주장은 재세례파와 주류 종교개혁자들 사이에 넘을 수 없는 선을 그었다. 재세례파와 주류 종교개혁자들의 진짜 논점은 "세례가 아니라 반역이요 분파요 이단"의 문제였다.[40]

슐라이트하임 신앙고백은 칼을 다루는 제6조항에서 그리스도인이 칼을 사용할 수 있는지, 그리스도인이 세속적인 문제들에 대해 판단을 내릴 수 있는지, 그리스도인이 정부의 공무원으로 일을 할 수 있는지에 대해 모두 부정적인 대답을 제시하였다. 그리고 맹세를 다루는 제7조항에서는 어떤 맹세든지 상관없이 모든 맹세를 거부하였다. 그러나 칼뱅은 국가권력은 하나님이 세우신 것으로 질서와 평화를 확립하기 위해 정당하게 칼을 사용할 수 있는 권한을 위임받았다고 말한다. 또한 그리스도인이 국가를 위해 봉사하는 공무원이 되는 것은 결코 잘못된 것이 아니며, 공무원이 된 그리스도인은 세속적인 문제들에 대해서 선한 판단을 내림으로써 정의와 공평을 이루어야 할 책무를 가지고 있다고 주장한다. 칼뱅은 오히려 재세례파의 무정부주의적 경향이야말로 비성서적이며 이원론적 오류라고 논박한다. 또한 맹세를 무조건 거부하는 것도 성서적이지 못하다고 비판한다. 칼뱅은 적법한 맹세와 그렇지 못한 맹세를 구별하면서 "맹세의 사용이 그리스도인에게 허락된다."[41]라고 주장한다.

칼뱅이 볼 때 급진주의적 재세례파는 그리스도만을 바라본다는 핑계로 왕이나 통치자를 인정하지 않으며, 세상의 통치자들이란 복음이 약속하는 자유를 억압하는 존재에 불과하다고 주장하면서 아무런 구속도 받지 않는 방종 상태를 즐기려는 광신자들이었다.[42] 이들은 "모든 권세는 다 하나님이 정하신 것"(롬 13:1)이라는 하나님의 말씀조차 무시해버리는 자들이었다. 칼뱅은 "국가통치의 본질은 완전히 부패한 것이며 그리스도인들과는 아무런 상관도 없다."[43]라고 떠드는 급진주의자들에게 강력하게 반대하면서, 교회와 국가가 상호연관성을 지닌 하나님의 도구라는 점을 분명히 한다. 제네바 의회의 의원과 목회자들이 동수로 참여했던 제네바 컨시스토리(Consistory)는 교회와 국가의 협력관계를 잘 보여준다. 칼뱅에게 교회와 국가의 관계는 종속도 분리도 아닌, 서로 협력하는 구별된 기관이었다.

3. 맺는 말

필자는 칼뱅과 재세례파의 관계를 역사적 관점과 신학적 관점의 양 측면에서 고찰함으로써 칼뱅과 재세례파의 입장이 무엇인지, 그들 사이에 어떤 차이점이 있는지를 밝혔다. 16세기 종교개혁이라는 역사적 상황에서 칼뱅은 하나님의 참된 교회를 세우기 위해 한편으로는 로마가톨릭과 맞서야만 했고, 다른 한편으로는 재세례파를 비롯한 급진주의자들에 대항해야만 했다. 그는 로마가톨릭의 변질과 부패에 대항해서 개혁을 주장하는 동시에 자신들만의 울타리를 치려는 분리주의적 재세례파에 대해서도 비판하지 않을 수 없었다.

따라서 칼뱅은 세례, 교회, 국가라는 신학적 주제들을 둘러싼 재세례파의 오류를 지적하면서 「슐라이트하임 신앙고백서」를 자세하게 논박하였던 것이다. 우리는 칼뱅과 재세례파의 논쟁을 통해서 16세기 종교개혁이 하나의 단일한 운동이 아니라 복잡하고 다양한 성격을 지닌 운동이었다는 사실을 확인하게 된다. 루터, 츠빙글리, 칼뱅과 같은 '주류 종교개혁'뿐만 아니라 재세례파를 포함한 '비주류 종교개혁', 잉글랜드의 성공회, 심지어는 로마가톨릭도 제각기 종교개혁을 주창하고 나섰다. 이런 이유로 16세기 종교개혁이 대문자 단수(Reformation)가 아니라 소문자 복수(reformations)로 사용해야 한다는 주장이 힘을 얻게 된다.

필자는 개혁교회 전통에 속해 있다. 스위스 종교개혁에 뿌리를 두고 있는 종교개혁의 유산을 개혁교회 전통이라 부른다. 츠빙글리와 칼뱅은 개혁교회 전통의 뿌리에 해당한다. 그런데 재세례파 종교개혁운동도 스위스 형제단에서 시작되었다는 점을 생각할 때 필자는 재세례파 운동도 크게 보아 개혁교회의 유산에 속한다고 생각한다.[44] 16세기에는 칼뱅을 비롯한 '주류 종교개혁자들'과 재세례파라 불리던 '비주류 종교개혁자들'이 서로가 서로를 받아들일 수 없었는지 모르지만, 21세기를 살아가는 우리에게는 둘 중 하나만을 선택해야 하는 양자택일의 문제가 아니다. 재세례파 개혁자들이 보여준 교회를 거룩한 대안공동체로 만들고자 했던 열망, 진리를 삶으로 살아내고자 했던 몸부림, 제자도와 평화를 추구했던 결단 등의 값진 유산은 오늘날 21세기 한국교회가 비판적으로 배우고 계승해야 할 고귀한 정신이다.

〈주〉

1) Roland Bainton, "The Left Wing of the Reformation," *Journal of Religion* XXI (1941), 127.
2) J. Lindeboom, *Stiefkinderen van het Christendom* (The Hague, 1929); Leonard Verduin, *The Reformers and Their Stepchildren* (Grand Rapids: Wm. B. Eerdmans Publishing Company, 1964).
3) George H. Williams and Angel Mergal eds., *Spiritual and Anabaptist Writers* (Philadelphia: Westminster Press, 1957), 20. 급진 종교개혁에 대한 본격적인 논의는 George H. Williams, *The Radical Reformation* (Philadelphia: The Westminster Press, 1962)을 보라.
4) 칼뱅과 재세례파의 관계에 대해서는 Willem Balke, *Calvin and the Anabaptists Radicals* (Grand Rapids: Wm. B. Eerdmans Publishing Company, 1999)의 탁월한 연구가 도움이 된다.
5) Andry Benoit로 추정된다. 그러나 조지 윌리엄스는 누구인지 확실치 않다고 말한다.
6) 1538년 9월 10일 칼뱅이 파렐에게 보낸 편지. John Calvin, *Letters of John Calvin*, ed. Jules Bonnet (New York: Burt Franklin, 1972), Vol. 1, 82.
7) 1540년 2월 6일 칼뱅이 파렐에게 보낸 편지. John Calvin, *Letters of John Calvin*, Vol. 1, 172.
8) 1540년 2월 27일 칼뱅이 파렐에게 보낸 편지. "우리의 작은 공동체는 안정을 유지하고 있습니다. 제가 실수하는 것이 아니라면, 헤르만은 건전한 신앙 안에서 교회의 교제 안으로 돌아왔습니다. 그는 교회 밖에서는 영적인 복락을 찾을 수 없다는 것을 인정하고 있습니다. 또한 우리가 참된 교회이며 자신이 분파 집단과 함께 했던 것은 배교였다는 사실에도 동의하고 있습니다. … 그가 우리에게 동의하기를 주저하는 유일한 교리는 예정론입니다. 이 문제에서조차도 그는 거의 제 견해와 일치하며, 오직 예지(foreknowledge)와 섭리(providence) 사이의 구별에 관한 문제에서만 혼란스러워하고 있습니다. 그렇지만 그는 이것이 자신과 자기 아이들을 교회의 교제 안으로 받아들이는 데 걸림돌이 되지는 않을 것이라고 요청하였습니다. 저는 온유함으로 그를 교회의 교제 안으로 받아들였고 그가 용서를 구했을 때 전체 회중의 이름으로 교제의 악수를 건넸습니다. 그 후 곧바로 2살 된 그의 어린 딸에게 세례를 베풀었습니다. 내가 실수하는 것이 아니라면 그는 하나님을 두려워하는 사람

입니다."

9) Willem Balke, *Calvin and the Anabaptists Radicals*, 128.
10) John Calvin, *Treatises Against the Anabaptists and Against the Libertines*, trans. and ed. Benjamin Wirt Farley (Grand Rapids: Baker Book House, 1982), 120.
11) John Calvin, *Treatises Against the Anabaptists and Against the Libertines*, 208.
12) John Calvin, *Treatises Against the Anabaptists and Against the Libertines*, 190.
13) 1545년 4월 28일 칼뱅이 나바라의 여왕 마르가리타에게 보낸 편지. John Calvin, *Letters of John Calvin*, Vol. 1, 455-456.
14) 1545년 1월 21일 칼뱅이 파렐에게 보낸 편지. *CO*, XII, 255에는 이 편지의 날짜가 1546년으로 잘못 기록되어 있다. 범죄 기록을 담고 있는 의회의 회의록(Registers of the Council)에는 1545년으로 바르게 명시되어 있다.
15) *The Register of the Company of Pastors of Geneva in the Time of Calvin*, ed. P. E. Hughes (Grand Rapids: Wm. B. Eerdmans Publishing Company, 1966), 132.
16) Willem Balke, *Calvin and the Anabaptists Radicals*, 198.
17) 1558년 2월 28일 미크론이 칼뱅에게 보낸 편지. *CO*, XVII, 68; 1559년 2월 23일 칼뱅이 미크론에게 보낸 편지. *CO*, XVII, 443이하.
18) *CO*, Xa, 176. Willem Balke, *Calvin and the Anabaptists Radicals*, 206.
19) *CO*, Xa, 167. Willem Balke, *Calvin and the Anabaptists Radicals*, 207.
20) *Opera Omnia Theologica*, 604A, 615B. Willem Balke, *Calvin and the Anabaptists Radicals*, 207.
21) Timothy George, "Schleitheim Articles," *The Oxford Encyclopedia of the Reformation*, Vol. 4, ed. Hans J. Hillerbrand (Oxford: Oxford University Press, 1996)과 Global Anabaptist Mennonite Encyclopedia Online(http://www.gameo.org/encyclopedia/contents/S345.html/)에 수록된 "Schleitheim Confession"을 참고하라. 한글 번역은 뒤에 나오는 부록을 보라.
22) "Schleitheim Confession," 1항.
23) "Schleitheim Confession," 2항.
24) "Schleitheim Confession," 4항.

25) "Schleitheim Confession," 4항.
26) "Schleitheim Confession," 5항.
27) "Schleitheim Confession," 6항.
28) "Schleitheim Confession," 6항.
29) "Schleitheim Confession," 7항.
30) John Calvin, *Treatises Against the Anabaptists and Against the Libertines*, 37. 한국어 번역은 "재세례파 논박," 박건택 편역, 『칼뱅작품선집』 5권 (서울: 총신대학교출판부, 1998)에 있다.
31) John Calvin, *Institutes of the Christian Religion* (1559), ed. John T. McNeill, tr. Ford L. Battles, Library of Christian Classics Vols. 20-21 (Philadelphia: The Westminster Press, 1954), IV권, 16장, 6절(이후에는 IV, 16, 6과 같이 표기한다).
32) John Calvin, *Treatises Against the Anabaptists and Against the Libertines*, 46-47.
33) John Calvin, *Treatises Against the Anabaptists and Against the Libertines*, 51.
34) Willem Balke, *Calvin and the Anabaptists Radicals*, 11.
35) Willem Balke, *Calvin and the Anabaptists Radicals*, 230.
36) 칼뱅의 고린도전서 1:2 주석. 칼뱅의 주석은 *Calvin's Commentaries*, 22 Vols. (Grand Rapids: Baker Book House, 1979)에서 인용한다.
37) John Calvin, *Treatises Against the Anabaptists and Against the Libertines*, 58.
38) John Calvin, *Treatises Against the Anabaptists and Against the Libertines*, 70.
39) George H. Williams, *The Radical Reformation*, xxiv.
40) Franklin H. Littell, *The Anabaptist View of the Church* (Boston: Starr King Press, 1958), 14.
41) John Calvin, *Treatises Against the Anabaptists and Against the Libertines*, 101.
42) IV, 20, 1-2.
43) IV, 20, 2.
44) 일부 학자들은 재세례파의 기원이 스위스 형제단에게만 있는 것이 아니라(단수기

원설) 다양한 곳에서 다양한 집단에 의해 발생했다고(복수기원설) 주장하기도 한다. 하지만 「슐라이트하임 신앙고백서」가 스위스 형제단의 정신을 담고 있다는 사실은 분명하다.

부록

「슐라이트하임 신앙고백」(재세례파, 1527)[1]
원제: 7개 조항에 대한 하나님의 자녀들의 형제애적 연합

표지 글[인사말]

우리 아버지로부터 오는 기쁨, 평화, 자비가 예수 그리스도의 피의 속죄(atonement)[2]를 통해, 성령—아버지께서 모든 믿는 자들에게 힘과 위로를 주고 마지막 때까지 어떠한 고난에도 신실함을 잃지 않도록 하기 위해 보내신 분이다—의 은사와 더불어, 하나님을 사랑하는 모든 사람과 모든 빛의 자녀에게, 그리고 하나님 우리 아버지께서 지정하신(placed)[3] 대로 각처에 흩어져 살면서 한 분 하나님이시며 우리 모두의 아버지 안에서 한 마음으로 모이는 모든 사람에게 있기를. 여러분 모두에게 은혜와 마음의 평화가 넘치기를. 아멘.

주 안에서 사랑하는 형제자매들이여, 우리는 언제나 무엇보다 먼저 여러분의 위안과 (때때로 혼란 가운데 있는) 여러분의 양심의 확신에 관심을 가지고 있다. 그렇기 때문에 여러분은 항상 우리에게서 이방인[4]과 같이 분리되거나 거의 완전하게 배제되는 일 없이, 그리스도에게 접목된 참된 지체들의 도움을 받을 수 있을 것이다. 이들은 인내와 자기 자신에 대한 지식을 갖추고 있으며 거룩한 그리스도의 영 안에서 그리고 하나님을 향한 열망 안에서 우리와 연합한 자들이다.

사탄이 얼마나 다양한 간교함으로 우리를 미혹하여, 우리 안에서 자비와 은혜로 일부 시작된 하나님의 사역을 파괴하고 무너뜨렸는지 명백하다. 하지만 우리 영혼의 참된 목자이시며 우리 안에 이 일을 시작하신 그리스도께서 자신의 영광과 우리의 구원을 이루기 위해 마지막 때까지 동일한 것을 우리에게 명하시고 가르치실[5] 것이다. 아멘.

사랑하는 형제자매들이여, 주 안에서 랑덴 근처의[6] 슐라이트하임에 모인 우리는 하나님을 사랑하는 모든 사람에게 몇 가지 항목을 발표하는 바이다. 우리는 하나님의 충실한 자녀, 아들과 딸로서 변치 않고 주 안에 거하면서 지금까지도 그랬듯이 앞으로도 모든 것에서 세상과 구별된 자로 살기로 마음을 합하였으며, (오직 하나님께만 찬송과 영광을 돌릴 일은) 모든 형제가 아무런 이견 없이 완전히 평화 가운데 이 일을 이루었다는 것이다. 바로 이 점에서 우리는 한 몸을 이루신 아버지 하나님과 우리 공동의 그리스도가 성령 안에서 우리와 함께 하시는 것을 느꼈다. 바울이 말한 대로, 주님은 평화의 주님이지 다툼의 주님이 아니기 때문이다.[7] 여러분은 이것이 어떤 신조 항목으로 공식화되었는지 알기 위해 (다음의 내용을) 살펴보고 주목해야 할 것이다.

우리 가운데 일부 그릇된 형제들이 아주 엄청난 범죄를 들여왔고,[8] 그로 인해 몇몇 사람이 성령과 그리스도의 자유를 행하고 지킨다고 생각하면서 신앙을 떠났다. 하지만 그들은 진리에 미치지 못하고 (마땅한 정죄를 받아) 음탕함과 육체의 방종에 빠지고 말았다. 그들은 믿음과 사랑이 모든 것을 행하도록 허용하며, 자신들은 "믿는 자들"이기 때문에 그 어떤 것도 자신들을 해하거나 정죄할 수 없다고 생각했다.

그리스도 예수 안에서 하나님의 지체인 여러분은 예수 그리스도를 통해 하늘 아버지를 믿는 신앙이 그런 식으로 이루어지는 것이 아니라는 사실을 주목하라. 신앙은 이런 거짓 형제자매들이 행하고 가르치는 것과 같은 것들을 만들어 내거나 초래하지 않는다. 여러분을 지켜 이런 자들을 경계하라. 이들은 우리 아버지 하나님을 섬기는 자들이 아니라 자신들의 아비인 마귀를 섬기는 자들이기 때문이다.

그러나 여러분의 경우는 다르다. 그리스도의 사람들은 자신의 육체와 더불어 정욕과 욕망까지도 십자가에 못 박았기 때문이다.[9] 여러분은 내[10] 말을 잘 이해하고, 우리가 말하는 사람들이 누구인지 알고 있다. 그들은 그릇된 길에 빠진 자들이니 그들을 멀리하라. 그들이 회개에 이르는 지식을 얻도록 해달라고 주님께 기도하라. 그리고 우리를 위해서는 하나님과 그 아들 그리스도의 영광을 위해 우리가 들어선 이 길을 끝까지 지킬 수 있도록 해달라고 주님께 기도해 주기를 바란다. 아멘.[11]

7개 조항

우리가 논의를 통해 의견의 일치를 이룬 항목들은 다음과 같다. 세례, 출교, 빵을 떼는 일, 혐오스러운 것으로부터의 분리, 교회의 목사들, 칼의 사용, 맹세.

I. 세례에 대하여. 세례는 회개와 삶의 개선에 대해 가르침을 받은 자들로 자신들의 죄가 그리스도를 통해 사해진다는 것을 참으로 믿는 모든 사람과, 예수 그리스도의 부활 가운데 살기를 소망하면서 죽어 그분과 함께 묻혀 그분과 함

께 부활하기를 바라는 모든 사람에게, 그리고 이러한 모든 것을 이해하면서 자발적으로 우리에게 세례를 받고자 요청하는 모든 사람에게 주어질 것이다. 여기서 모든 유아세례는 제외된다. 유아세례는 교황이 만든 가장 혐오스러운 제도이다. 여러분은 사도들의 글과 의식을 통해 세례에 관한 여러 논거와 계명을 잘 알고 있다.[12] 우리는 단순하면서도 단호하게 확신을 가지고 그 내용을 그대로 고수하고자 한다.

II. 우리는 **출교**에 관해 다음과 같이 의견의 일치를 보았다. 출교는 주님께 헌신하여 주님이 명하신 대로 살아가는 사람들과 세례를 받고 그리스도의 한 몸에 속한 지체가 되어 형제와 자매라 불리게 된 사람들이 무심코 현혹되어 얼마간 실책과 죄를 범했을 때 행사될 수 있다.[13] 이것은 그리스도께서 명하신 대로(마 18장) 두 번까지는 조용히 사적으로 경고하지만 세 번째는 전체 회중 앞에서 공개적으로 훈계를 하게 된다. 그런데 이 일은 성령께서 정하신 대로 떡을 떼기 전에 행해짐으로써,[14] 우리 모두가 같은 영 안에서 그리고 같은 사랑 안에서 같은 떡을 떼고 같은 잔을 마실 수 있을 것이다.

III. 우리는 **떡을 떼는 것**에 대해서 이렇게 합의를 이루었다. 그리스도의 찢겨진 몸을 기억하면서 같은 떡을 떼기를 소망하는 모든 사람과 그리스도의 흘리신 피를 기념하면서 같은 음료를 마시고자 하는 모든 사람은 사전에 세례를 통해 그리스도의 한 몸 안에서, 다시 말해 그리스도를 수장으로 하는 하나님의 교회 안에서 하나가 되어야만 한다. 바울이 말하는 대로,[15] 우리는 주님이 베푸신 식탁과 사탄이 베푼 식탁에 동시에 참예하는 자가 될 수 없기 때문이다. 우리는 주님의 잔과 사탄의 잔을 동시에 받아 마실 수 없다. 다시 말해 어둠의 죽은 행위와 교제를 나누는 사람들은 빛과는 아무런 관련이 없다. 그러므로 사탄과 세상을 따르는 사람들은 하나님에 의해 세상으로부터 부르심을 받은 사람들과 아무 상관이 없는 것이다. 악 가운데 거하는 사람들은 모두 선과는 아무런 관련이 없다.

그러므로 하나님의 모든 자녀와 더불어 같은 믿음, 같은 세례, 같은 성령, 같은 몸을 이루도록 이끄시는 한 분 하나님의 부르심을 공유하지 않는 사람은 누구라도 하나님의 자녀들과 함께 한 덩어리의 떡이 될 수 없다. 누구든지 그리스도의 명령에 따라 진정으로 떡을 떼기를 원하면 참으로 그렇게 되어야만 한다.[16]

IV. 우리는 **분리**에 대해 이렇게 합의했다. 사탄이 이 세상에 심어놓은 악과 사악함으로부터 분리되어야 하는데, 여기서 우리는 그들과[17] 어떠한 교제도 해서는 안 되고, 그들의 가증한 짓거리에 미혹되어 행해서도 안 된다. 믿음의 순종 안으로 들어가지 않은 사람들, 그리고 하나님과 하나가 되어 그분의 뜻대로 행하지 못하는 사람들을 하나님은 매우 혐오하시고 싫어 하신다. 그러므로 그들로부터는 가증스러운 것들 외에 다른 어떤 것도 자라나거나 생겨날 수 없다. 그러므로 이 세상의 피조물들은 선과 악, 신앙과 불신앙, 어둠과 빛, 세상에 속한 사람과 세상 밖의 사람들, 하나님의 전과 우상들, 그리스도와 벨리알이라는 두 범주에 들지 않는 것이 없고, 이 두 범주는 서로 간에 아무런 관련이 없다.

그런데 우리에게 주시는 주님의 명령 또한 명확하여, 그분은 우리에게 악한 것에서 떨어져 나오라고 명하시고, 이렇게 해서 그분은 우리 하나님이 되시고 우리는 그분의 아들과 딸이 되는 것이다.[18]

더욱이 그분은 우리에게 바벨론과 세속의 이집트에서 나와서 주님이 그들에게 내리실 고난과 고통을 같이 당하는 일이 없도록 하라고 권고하신다.[19]

이 모든 것으로부터 우리는 그리스도 안에서 우리의 하나님과 연합되지 않은 것들은 모두 우리가 피해야 할 가증스러운 것에 지나지 않는다는 것을 배워야 한다. 이것들이 의미하는 것은 모든 로마가톨릭적인 행위들과 여전히 가톨릭적인 속성을 버리지 못하고 보존하고 있는 행위들(popish and repopish works)[20]과 우상숭배, 모임들, 교회출석[21], 술집, 불신앙적인 보증과 서약들, 그리고 이런 종류의 다른 일들을 뜻하는데, 이런 것들은 세상으로부터는 높은 평가를 받지만 세속적인 것으로 하나님의 명령에 명백히 반(反)하는 것들로서 이 세상의 모든 불법의 형태를 그대로 따르고 있다. 이 모든 것에서 우리는 분리하여 이런 것들과 아무런 관계도 맺지 말아야 한다. 이것들은 육체의 노예였던 우리를 자유하게 하사 하나님과 그분이 우리에게 주신 성령을 예배하기에 합당한 사람들로 삼아 주신 우리 그리스도 예수 앞에서 우리가 미움 받을 수밖에 없도록 만드는 가증스러운 것들에 불과하기 때문이다.

그러므로 검, 갑옷과 투구와 같은 악마적인 폭력의 무기들을 우리에게서 확실히 제해버리고, 또한 "악한 자를 대적하지 말라."[22]는 그리스도의 말씀에 따라, 친구를 보호하고 적에게 대항하기 위해서 그것들을 사용하는 것도 모두 금해야 할 것이다.

V. 우리는 **하나님의 교회의 목사들**에 관해 다음과 같이 합의하였다. 교회의 목사는 바울이 기록하고 있는 대로,[23] 분명 신앙 바깥에 있는 사람들에게 좋은 평판을 듣는 사람이어야 한다. 목사의 직무는 읽고 권고하고 가르치고, 경계시

키고, 훈계하고, 때로는 파문을 행하며, 기도와 떡을 떼는 일에서 형제자매들을 잘 인도하고, 모든 일에서 그리스도의 몸을 잘 살펴 그것이 세워지고 발전함으로써 우리를 통해 하나님의 이름이 찬양받고 영예롭게 되며, 조롱하는 자들의 입이 다물어지게 하는 것이다.

목사가 도움을 필요로 할 때 그를 선택했던 회중은 그를 도와, 복음을 섬기는 목사가 주님이 명하신 대로 복음으로 살 수 있게 해야 한다.[24] 목사가 견책을 받을 만한 일을 행했을 때는 두세 사람의 증언이 없이는 그에게 어떠한 일도 행해서는 안 된다. 만일 목사가 죄를 범하면 공개적으로 질책을 받도록 해서 나머지 사람들이 두려움을 갖도록 해야 한다.[25]

만약 목사가 내쫓기거나 십자가의 고난을 받고[26] 주님께 인도되어야 한다면, 그와 동시에 곧바로 다른 사람을 그 자리에 안수함으로써, 하나님의 어린 양들이 흩어지지 않고 보존되고 위로받도록 해야 한다.

VI. 우리는 **칼**에 대해 다음과 같이 합의하였다. 칼은 그리스도의 완전하심 바깥에 하나님이 정하여 두신 것이다. 칼은 사악한 자들을 벌하고 죽이며 선한 자들을 지키고 보호하여 준다. 칼은 율법에서[27] 악한 자들의 처벌과 죽임을 위해 제정되었고, 세속의 통치자들이 세워진 것은 바로 그것을 행사하도록 하기 위함이다.

하지만 그리스도의 완전하심 안에서는 오직 출교가 실시되는데 이것은 육체를 죽이는 일 없이[28] 범죄를 저지른 사람들을 훈계하거나 배척함으로써 더 이상 죄를 범하지 말라고 경고하고 명하기 위해서 행사되는 것이다.

그러면 우리를 향한 그리스도의 뜻을 깨닫지 못하는 많은 사람이 이렇게 물을 것이다. 첫째로 그리스도인이 선한 사람들을 보호하기 위해서 혹은 사랑을 위해서 악한 자들에 대항하여 칼을 사용할 수 있는가 질문할 것이다. 그에 대한 우리의 일치된 답은 이렇다. 그리스도는 우리에게 자신에게서 배우라고 가르치고 명하시면서, 그 자신은 마음이 온유하고 겸손해서 우리의 영혼이 쉼을 얻게 될 것이라고 말씀하신다.[29] 또한 그리스도께서는 간음하다가 붙잡힌 여인에게,[30] 아버지의 율법에 따라 돌을 맞아 마땅하다고 말씀하는 것이 아니라(그러면서도 그리스도는 "아버지가 내게 명하신 대로 내가 행한다."라고 말씀하신다), 자비와 용서와 권고로 "가서 다시는 죄를 범하지 말라."고 말씀하신다. 바로 이런 태도가 출교의 규율에 따라 우리가 취해야 할 방향이다.

둘째로 칼의 사용과 관련해서, 불신자들이 서로 간에 겪는 세속적인 문제들에 관한 논쟁과 다툼에 대해 그리스도인들이 판단을 내리는 것이 좋은지를 묻는 질문이 있다. 그에 대한 대답은, 그리스도가 유산 문제에 대해 형제들 사이에서 판단을 내리기를 원치 않으시고 그것을 거부하셨다는 것이다.[31] 그러므로 우리도 그렇게 해야 할 것이다.

셋째로 칼의 사용과 관련해서, 그리스도인이 정부의 관리로 선출되면 그가 그 일을 감당해야 하는가 하는 질문이다. 이에 대한 답은, 사람들이 그리스도를 왕으로 삼고자 했지만 그분은 피하셨고 그것을 아버지가 정하신 일로 보지 않으셨다는 것이다.[32] 그러므로 우리도 그분이 하신 대로 행하고 그분을 좇아서, 어둠 가운데 걷는 일이 없어야 할 것이다. 그분께서 "누구든지 나를 따라오려거든 자기를 부인하고 자기 십자가를 지고 나를 좇을 것이니라."[33]고 말씀하시기 때문이다. 주님은 "이 세상의 군주들은 세상 위에 군림하지만 너희들은 그렇게 하지 말라."[34]고 말씀하시면서 칼에 의한 폭력을 더욱 금하신다. 게다가 바울은 "하나님께서 미리 정하신 그들을 또한 예정하사 자기 아들의 형상을 입도록 하셨다."[35]라고 말한다. 베드로 또한 "그리스도가 (다스리신 것이 아니라) 고난을 받고 너희에게 모범을 남겨 너희로 하여금 그 발자취를 따르게 하셨다."[36]라고 말한다.

마지막으로, 여러분은 다음과 같은 점들에서 그리스도인이 행정관이 되는 것이 적합하지 않다는 것을 알 수 있다. 정부의 통치는 육체를 따르는 것이지만 그리스도인들의 통치는 성령을 따르는 것이고, 그들의 집과 거주지는 이 세상에 속하지만 그리스도인들의 집은 하늘에 있으며, 그들의 시민권은 이 세상에 있지만 그리스도인들의 시민권은 하늘에 있다는 사실이다.[37] 그들이 싸우는 무기는 오직 육적이고 또 육체를 대항할 뿐이지만 그리스도인들의 무기는 영적이고 사탄의 요새를 상대로 한다. 세상 사람들은 철과 동으로 무장하지만 그리스도인들은 하나님의 갑주, 즉 진리, 의로움, 평화, 믿음, 구원, 그리고 하나님의 말씀으로 무장한다. 한마디로 말해, 우리의 머리 되신 그리스도가 뜻하시는 대로, 그리스도의 몸의 지체들인 우리도 그분을 통해 같은 마음을 품어, 몸이 나뉘어 파괴되는 일은 없어야 할 것이다. 그리스도께서 자신에 대해 기록된 그대로인 것처럼 그리스도의 지체들도 그와 같이 되어서, 그분의 몸이 온전하게 하나가 되어 진보와 발전을 이루어야 할 것이다. 어떤 왕국이든지 내부적으로 분열이 있으면 망하고 말 것이다.[38]

VII. 우리는 **맹세**에 관해 다음과 같이 합의하였다. 맹세는 다투거나 혹은 약속을 하는 사람들 사이에서 발생하는 확언이다. 율법에서 맹세는 오직 하나님 이름으로만, 참되고 거짓 없이 하라고 명하고 있다. 율법의 완성을 가르치신 그리스도는 자신을 따르는 자들에게 진실한 것이든 거짓된 것이든, 하늘에 대고 하는 것이든 땅에 대고 하는 것이든, 예루살렘으로 하는 것이든 우리 머리로 하는 것이든 일체의 맹세를 하지 말라고 금하신다. 그분은 계속해서 맹세하지 말아야 할 이유에 대해 "너는 머리카락 하나도 희게나 검게 할 수 없기 때문이다."라고 말씀하신다. 그러므로 여러분이 알다시피 일체의 맹세가 금지되었다. 우리는 우리가 맹세하면서 약속한 것들을 이행할 수 없다. 우리는 우리 자신의 아주 작은 부분도 바꿀 수 없는 존재이기 때문이다.[39]

하나님의 단순한 명령을 믿지 못하고 이렇게 묻는 사람들이 있다. "그렇지만 (아브라함이 하나님의 명령을 지키면 하나님이 그에게 선을 행하고 그의 하나님이 될 것이라고 약속했을 때) 하나님은 자신이 하나님이기 때문에 자기 스스로에게 대고 아브라함에게 맹세를 했는데, 왜 나는 누군가에게 무엇인가를 약속할 때 맹세해서는 안 되는 것인가?" 이에 대한 답은 성서가 말하는 것을 들으라는 것이다. "하나님은 자신의 약속의 상속자들에게 자신의 뜻이 변하지 않을 것이라는 사실을 더욱 풍성하게 밝혀주고 싶은 마음에서 맹세라는 말을 거기 집어넣어 (하나님이 거짓말하는 것은 불가능하기 때문에),[40] 우리로 하여금 변하지 않는 두 가지 사실로 인해 더욱 큰 위로를 받을 수 있게 하신 것이다." 다음 구절의 의미에 주목해보라. 하나님께서는 모든 것이 가능하기 때문에 그분에게는 그 자신이 우리에게 금하시는 것이라도 다 행할 수 있는 힘이 있다. 하나님은 아브라함에게 맹세를 하셨다. 성서는 그것이 그분의 경륜이 불변한다는 것을 입증하기 위한 것이라고 말한다. 그것이 의미하는 바는 그 누구도 그분의 뜻에 대항하거나 그것을 방해할 수 없고, 그래서 그분은 자신의 맹세를 지킬 수 있다는 것이다. 하지만 앞에서 그리스도께서 말씀하신 대로 우리는 우리의 맹세를 지켜 수행할 수 없고, 그렇기 때문에 우리는 맹세를 해서는 안 된다는 것이다.

또 다른 사람들은 하나님이 구약성서에서 명하신 맹세를 신약성서에서 금하셨을리는 없고, 단지 하늘, 땅, 예루살렘, 그리고 우리 머리에 대고 맹세하는 것을 금하신 것뿐이라고 말한다. 이에 대한 답은 성서가 말하는 바를 들으라는 것이다. 하늘에 대고 맹세하는 자는 하나님의 보좌와 거기 앉으신 그분을 두고 맹세하는 것이다.[41] 단지 하나님의 보좌인 하늘에 대고 맹세하는 것도 금하고 있는데, 하물며 하나님 자신을 두고 하는 맹세는 얼마나 더 강력하게 금지되어야 하겠는가! 눈 먼 어리석은 자들이여, 보좌가 큰가 아니면 거기에 앉으신 그분이 더 큰가?

혹자는 진리를 위해 하나님 이름을 거론하는 것이 그렇게 잘못된 것이라면, 사도 베드로와 바울이 맹세를 한 것은 어떻게 된 것인가라고 말한다.[42] 이에 대한 답은 베드로와 바울은 하나님이 아브라함에게 약속하신 것, 즉 우리가 장차 받게 되는 그분에 대해 증언하는 것일 뿐이라는 것이다. 그들 자신은 아무것도 약속하고 있지 않다는 것이다. 증언하는 것과 맹세하는 것은 엄연히 다른 것이다. 어떤 사람이 맹세를 할 때는 무엇보다도 미래의 것을 약속하는 것이다. 아브라함에게 약속으로 주어진 그리스도를 우리가 오랜 시간이 지난 후에 받게 되는 것처럼 말이다. 그렇지만 사람이 증언을 할 때는 그것이 선한 것이든 악한 것이든 현재에 관해 증언하고 있는 것이다. 따라서 시므온은 마리아에게 그리스도에 관해 말하면서 이렇게 증언한다. "보라 이 아이는 이스라엘 중 많은 사람의 패하고 흥함을 위하여, 그리고 비방을 받는 표적으로 세움을 받았다."[43]

그리스도께서 "너희는 예면 예라 하고, 아니면 아니라고 말할 것이니 여기에 무엇이든 덧붙여진 것은 악에서 오는 것이기 때문이다."라고 말씀하실 때도 같은 것을 가르치고 있다. 주님은 우리가 예와 아니오로 말해서, 누구도 주님이 그 일을 허용하셨다고 생각하지 못하게 하라고 말씀하신다. 그리스도는 단순히 예와 아니오인 까닭에, 그분을 찾는 모든 사람은 그분의 말씀을 쉽게 이해할 것이다. 아멘.

표지 글

주 안에서 사랑하는 형제자매들이여, 이 항목들은 몇몇 형제가 이전에 잘못 이해하여 다소간에 참된 의미를 좇지 않았던 것들로, 이로 말미암아 많은 연약한 양심이 혼란을 겪었을 뿐만 아니라 하나님의 이름이 크게 훼손되었다. 이런 이유로 우리가 주 안에서 일치를 이루는 것이 절실히 필요했고, 결국 그 일이 실현되었다. 하나님께 찬송과 영광을 돌린다!

이제 여러분은 우리를 통해 지금 밝히 드러난 하나님의 뜻을 풍성하게 이해하게 되었으므로, 이제 알게 된 하나님의 이 뜻을 확고하게 꾸준히 성취해 나가야 한다. 여러분은 알고도 죄를 짓는 종이 어떤 대가를 치르게 되는지 잘 알고 있을 것이다.

여러분이 모르고 저질렀지만 이제 그 잘못을 고백하고 있는 모든 일은 우리의 모임에서 우리의 모든 약점과 죄에 대해 드린 믿음의 기도를 통해, 하나님의 은혜로운 죄사하심을 통해, 그리고 예수 그리스도의 보혈을 통해 사함을 받았다. 아멘.

우리 모임에서 나온 이 문서에서 밝히고 있는 거룩한 진리의 단순성 가운데 행하지 않는 모든 사람을 경계함으로써, 우리 가운데 있는 모든 사람이 출교의 규율을 적용받게 될 것이며, 이제부터는 그릇된 형제자매들이 우리 가운데로 들어오는 것이 예방될 수 있을 것이다.

악한 것을 멀리하면, 주님이 여러분의 하나님이 되실 것이고, 여러분은 그분의 아들과 딸이 될 것이다.[44]

사랑하는 형제들이여, 바울이 디도서에서 권고한 내용을 마음에 새기라.[45] "모든 사람에게 구원을 주시는 하나님의 은혜가 나타나 우리를 양육하시되 경건하지 않은 것과 이 세상 정욕을 다 버리고 신중함과 의로움과 경건함으로 이 세상에 살고 복스러운 소망과 우리의 크신 하나님 구주 예수 그리스도의 영광이 나타나심을 기다리게 하셨으니 그가 우리를 대신하여 자신을 주심은 모든 불법에서 우리를 속량하시고 우리를 깨끗하게 하사 선한 일을 열심히 하는 자기 백성이 되게 하려 하심이라." 이것을 깊이 생각하고 그 안에서 행하면 평안의 주님이 여러분과 함께 하실 것이다.

하나님의 이름이 영원히 거룩하게 여김을 받으며 높이 찬양을 받기를 바란다. 아멘. 주님이 여러분에게 평안을 주시기를 기도한다. 아멘.

슐라이트하임에서, 주후 1527년 성 마태의 날에[46]

회중 규율(Congregational Order)[47]

전능하시며 영원하시고 자비로우신 하나님이 자신의 놀라운 빛이 이 세상에 그리고 가장 위험한 이때에 뚫고 들어오게 하셨기 때문에, 우리는 하나님의 뜻의 신비를 깨닫게 되었다. 말씀이 주님의 적합한 질서에 따라 우리에게 설파되어,[48] 이로 인해 우리가 그분의 친구로 부름을 받았다. 그러므로 주님의 명령과 그분의 사도들의 가르침에 따라 우리는 그리스도의 질서 안에서 서로 사랑 가운데 새로운 계명을 지켜[49] 사랑과 일치가 유지될 수 있도록 해야 한다. 전체 회중의 모든 형제자매가 마음을 모아 지켜야 할 것들은 다음과 같다.

1. 형제자매들은 일주일에 적어도 서너 번 만나, 그리스도와 사도들이 가르치신 것을 배워 익히고[50] 각자가 서약한 대로 주님을 향한 신실함을 지키도록 서로서로 마음을 다해 권고해야 한다.

2. 형제자매들이 함께 있을 때, 그들은 함께 읽을 것을 택해야 한다.[51] 하나님께로부터 최고의 분별력을 받은 사람은 그것을 해설하고[52] 다른 사람들은 조용히 귀를 기울여, 누구라도 사적으로 속닥거려 다른 사람들을 방해하는 일은 없어야 한다. 시편은 매일 집에서 읽자.[53]

3. 누구라도 하나님의 교회에서 경솔한 언행을 하는 일이 없도록 하자. 이교도들 앞에서도 모두가 좋은 행동거지를 하도록 하자.[54]

4. 누구든지 자기 형제가 죄를 범하는 것을 보면, 그리스도가 명하신 대로[55] 그에게 경고하고, 그리스도인답게 형제다운 방법으로 권고해야 할 것이다. 우리 모두는 사랑으로 행해야 하는 의무가 있기 때문이다.

5. 이 회중에 속한 모든 형제자매 가운데 그 누구도 자신의 소유물을 지녀서는 안 되고, 사도들의 시대에 그리스도인들이 그러했듯이 모든 것을 공유하고, 특히 공동기금을 쌓아서 그것으로 가난한 자들을 그 필요에 따라 돕고,[56] 사도시대에 그러했듯이 어떤 형제도 궁핍에 처하도록 내버려 두어서는 안 된다.

6. 형제들이 함께 모였을 때는 일체의 폭음폭식을 피해야 한다. 수프 한 그릇 이나 최소한의 채소와 고기를 제공하라. 먹고 마시는 것이 하늘나라는 아니 기 때문이다.[57]

7. 형제들이 함께 모일 수 있는 한 성만찬을 거행해서,[58] 이로써 주님의 죽으심 을 선포하고, 우리 각자로 하여금 그리스도께서 어떻게 우리를 위해 자신의 생명을 주셨고 우리를 위해 보혈을 흘리셨는지 기념하도록 권고하자. 그리 하여 우리 역시 그리스도를 위해, 다시 말해 모든 형제를 위해 우리 몸과 생 명을 기꺼이 드릴 수 있도록 하자.

〈주〉

1) Global Anabaptist Mennonite Encyclopedia Online(http://www.gameo.org/)에 실린 내용을 번역한 것이다.
2) 미카엘 자틀러(Michael Sattler)의 사상에서 가장 중요한 개념 중 하나는 Vereinigung으로, 이것은 문맥에 따라 다양한 방식으로 번역되어야 한다. 제목에서 우리는 이것을 '연합'으로 번역하지만, 여기 인사말에서는 '화해'나 '속죄'로 번역하는 것이 가장 자연스러울 것이고, 나중에 본문에서 수동태로 쓰여졌을 때는 "일치에로 인도된다"는 의미를 지니게 될 것이다. 따라서 똑같은 단어가 예수 그리스도의 화해의 사역, 형제들이 한마음을 갖게 되는 과정, 형제들이 이루어 낸 일치의 상태, 그리고 그들이 도달한 일치에 대해 진술하는 문서에 대해서 모두 사용될 수 있다. 패스트(Heinold Fast)는 여기서 이 단어가 "그리스도의 보혈"과 관련하여 "친교"를 의미할 수 있다고 제안한다. 고린도전서 10:16 참조.
3) 혹은 문자적으로 "명하신"(ordered)으로 번역할 수 있다. 벵거(J. C. Wenger)의 번역 "하나님 우리 아버지가 정하신(ordained) 대로 각처로 흩어져"는 "ordained"라는 단어가 성례전적 혹은 예정론적인 함축 없이 이해될 수 있다면 좋은 의역이다.
4) "이방인"(aliens) 혹은 "외국인"(foreigners)이라는 이 단어를 크래머(Cramer)는 지리적 혹은 정치적인 의미로 해석하여, 스위스인이 아닌 사람들을 지칭하는 것으로 보았다(*BRN*, 605, note 1). 키빗(Kiwiet)도 의심의 여지없이 똑같은 의미로 받아들이면서, 더욱 과격하게 슐라이트하임에서 스위스 재세례파들이 독일 재세례파들과의 사귐을 깨뜨렸다고 말하고 있다(Pilgram Marpeck, Kassel, 1959, 44). 이러한 해석은 다음과 같은 몇 가지 이유에서 말이 안 되는 해석이다. 첫째, 1520년대 당시에는 분명한 지리적인 국경선에 의해 나뉘는 그런 강력한 의미의 국적 개념이 없었다. 둘째, 모임의 지도자들인 자틀러(M. Sattler)와 로이블린(W. Reublin) 모두 스위스인이 아니었다. 셋째, 슐라이트하임이 염두에 두었던 이방인들은 분명히 대부분 스위스의 리버틴들, 다시 말해 장크트갈렌의 열심당들(H. Fast, "Die Sonderstellung der Täufer in St. Gallen and Appenzell," *Zwingliana* XI, 1960, 223ff.)과 해처(Ludwig Hätzer)였다. 아마도 뎅크(H. Denck) 혹은 부처(M. Bucer)도 포함되었겠지만 말이다. 오히려 이 단어는 아주 다른 본문과 관련되어 있다. 이것은 에베소서 2:12와 19에 대한 하나의 암시로서, 이전에 불신앙으로 인해 멀어졌던 사람들에게 임하는 복음의 화해하는 능력을 증언하고 있는 것이다.
5) "명하다"(direct)와 "가르치다"(teach)는 "동일한 것," 다시 말해 "우리 안에서 일부 시작

된 하나님의 사역"을 그 목적어로 지닌다. 벵거(Wenger)의 의역인, "동일한 것을 명하시고 우리에게 가르칩니다."는 더 부드러운 번역이기는 하지만, 우리 안에서 "일부 시작되고", "무너지고", "명해지고", "가르쳐지는", "하나님의 사역"이라는 놀라운 이미지를 약화시킨다. 그렇지만 원문이 가르치다(teach)보다 오히려 인도하다(guide)로 읽혀질 수 있다는 뵈머(Böhmer)의 추측은 근거 있는 추측이다.

6) "Langer Randen"과 "Hoher Randen"은 슐라이트하임을 내려다보고 있는 구릉지대로, 현대 독자들이 생각하는 것처럼 슐라이트하임이 접경지역(정치적인 의미의 국경지대)이라는 사실을 말하는 것은 아니다. 원문에는 "Schlaten am Randen"이라 되어 있다. 남부 독일의 6개는 족히 넘는 마을들 이름에 Schlat, Schlatt, Schlatten이 포함되어 있다. 바덴의 엥겐 근처의 한 마을도 "am Randen"으로 밝혀졌으며, 최근까지도 몇몇 사람은 이곳을 7개 조항이 만들어진 지역이라고 주장하였다. 지금은 샤프하우젠 부근이 슐라이트하임이라는 믿을 만한 증거들이 충분하게 있으며 이것이 일반적으로 받아들여진다.

7) 고린도전서 14:33.

8) H. W. Meihuizen은 최근 "슐라이트하임 신앙고백에서 언급하는 '그릇된 형제들'이 누구였는가?"라는 질문을 매우 신중하게 제기하였다.(MQR, XLI, 1967, 200ff.) Meihuizen이 취한 방식은 종교개혁의 전체적인 그림을 살펴보는 것, 즉 종교개혁자들뿐만 아니라 모든 범주의 재세례파까지, 특히 최근에 자틀러가 떠나온 스트라스부르의 재세례파까지 모두 개관하는 것이다. 이들의 신학적인 입장을 슐라이트하임 신앙고백과 비교한 다음, Meihuizen은 슐라이트하임 신앙고백이 Denck, Hubmaier, Hut, Hätzer, Bucer, Capito에 대한 반대를 목표로 하고 있다는 결론을 내리고 있다. 이 모임이 초대받지 못한 특정의 몇몇 사람을 직접적으로 겨냥하고 있다는 것을 온전히 납득하지 않고서도, 우리는 이와 같은 견해표명에 동의할 수 있다. 만약 여기서 말하는 것이 특정한 한 사람을 의미한다면, 그것은 자틀러와 얼마 전까지 스트라스부르에서 함께 있었던 자로 유일하게 리버틴 경향이 강한 Hätzer일 확률이 가장 높다. 현재 우리의 목적이 이 문서의 의미를 밝히는 것인 만큼, (Meihuizen과 일치하는) 내적인 증거를 분명하게 하는 것으로 족할 것이다. 첫째, 이전에 정죄를 받은 몇몇 견해에 현혹되었던 일부 사람들이 "하나로 연합되는" 사건의 참여자가 되기 위해 슐라이트하임에 참석했다는 사실로 볼 때, 표지 글에서 언급하는 "그릇된 형제들"은 단지 관주도적 주류 개혁자들뿐 아니라 적어도 재세례파 안에 있는 일부 사람들까지 포함한다는 것이다. 둘째, 7개 조항은 개혁파로부터 근본적인 신학적 분리를 보이는 점들, 즉 세례, 파문과 성만찬의 관계, 칼, 맹세에 대해 매

우 강조하고 있다. 이 목록이 스트라스부르에서 나온 문서와 대비를 잘 이루고 있다는 사실에서, 우리는 자틀러가 스트라스부르에 있으면서 이미 그 개요를 작성했으리라고 짐작할 수 있다. 셋째, 표지 글과 7개 조항의 병렬적인 구조 안에서, 자틀러는 취리히-슐라이트하임 경향과 차이를 보였던 주변적인 재세례파 및 영성주의자들의 견해와 복음주의적인 개혁자들의 견해 사이의 내적인 연결성을 단언하고 있다.

9) 갈라디아서 5:24.
10) 여기서 일인칭 주어가 사용된 것은 어떤 개인이 아마도 모임이 끝난 뒤에 이 인사말을 썼다는 것을 말해준다.
11) 편지 형식의 표지 글이 여기서 끝을 맺는다. 이 표지 글은 베른 사본에는 들어 있지 않고, 7개 조항은 아마도 거의 대부분 이 표지 글 없이 유통되었을 것이다.
12) 마태복음 28:19, 마가복음 16:6, 사도행전 2:38, 8:36, 16:31-33, 19:4.
13) 이 구절은 두 가지로 해석될 수 있다. "무심코 현혹되어"는 죄에 빠지는 것을 묘사한 것으로, "얼마간 실책과 죄를 범한다."는 내용과 대구를 이룬다. 이것은 그리스도를 따르는 제자에게 죄가 부분적으로 무지와 부주의의 문제라는 것을 의미한다. Cramer와 Jenny는 모든 죄가 얼마간 무심코 저질러진다고, 즉 사람들이 죄가 되는 결정을 할 때 미혹당해서 그중대성을 충분히 알아채지 못하는 것이라고 설명하려고 애썼다. 칼뱅은 (프랑스어로 번역된 글의 문장구성에 근거하여) 이 본문을 잘못 이해하여, 재세례파들이 용서받을 수 있는 죄와 용서받지 못할 죄를 구별하고 있고, 오직 무심코 행해진 죄만이 회중의 화해의 관심 범주에 든다고 말하고 있는 것으로 파악하였다.
14) 마태복음 5:23, 고린도전서 11장.
15) 고린도전서 10:21.
16) 성례의 효력에 대한 대부분의 에큐메니칼 논쟁은 집례자의 성례전적인 지위에 초점을 두거나 상징들의 의미에 대한 교리적 해석에 관심을 두고 있다. 친밀한 성만찬(close communion)이라는 재세례파의 견해는 성례보다는 거기에 참예한 사람들과 관련이 있다는 것이 지적되어야 한다. 성례가 그 효력을 잃는 것은 권위를 갖추지 못한 집례자나 성례에 대한 불충분한 이해 때문이 아니라 그 자리에 있는 사람들 가운데 진정한 공동체가 이루어지지 않았기 때문이다.
17) 여기서 "세상"이 "그들"로 바뀌는 데 주목하라. "세상"이라는 말은 중생하지 못한 부류의 사람들과 관계되어 사용된다.
18) 고린도후서 6:17.

19) 요한계시록 18:4 이하.
20) 접두사 wider는 "counter" 혹은 "re-"로 이해할 수 있다. 물론 이 두 가지 의미가 모두 스트라스부르와 스위스 도시의 개혁교회에 적용될 수 있어, 여기서는 그들이 anti-popish(로마교회와 단절함)하고 동시에 re-popish(가톨릭의 특질들을 보유하고 있거나 회복하고 있음)하다는 의미가 된다. 초기의 번역에서는 "papist and anti-papist"를 주로 선택했지만 다른 해석이 그 의미를 보다 예리하게 밝히고 있어 츠빙글리의 번역도 이를 지지하였다. 따라서 새로운 프로테스탄트 교회들이 가톨릭의 잘못된 점들을 얼마간 좇아가고 있었다는 주장은 1527년 초에 이미 의심의 여지가 없는 일로 받아들여졌다.
21) 여기에서 말하는 교회출석(Kirchgang)이란 심정적으로는 재세례파에게 동조하면서도 공개적인 비난을 모면하기 위해 국가교회의 의식들에 정기적으로 참여하는 사람들의 행태를 말하는 것이다. 국가교회에 대한 가혹한 비판은 16세기의 역사적 상황 아래에서 이해해야만 한다. 당시 대부분 국가교회의 성직자들은 부덕하고 세속적인 사람들이었다. 모든 시민은 유아세례를 통해 그리스도인이 되었기 때문에 국가교회의 일원으로 간주되었다. 1527년 취리히에서도 국가교회 지도자들의 전적인 동의 아래 스위스형제단에게 사형선고가 내려졌다. 자틀러도 슐라이트하임 모임 이후 얼마 지나지 않아 화형을 당하였다.
22) 마태복음 5:39.
23) 디모데전서 3:7.
24) 고린도전서 9:14.
25) 디모데전서 5:20.
26) "십자가"는 이 당시에 이미 순교를 가리키는 일반적인 표현 혹은 '기술적인 용어'였다.
27) 여기서 "율법"은 구체적으로 구약성서를 가리킨다.
28) "육체를 죽이는 일 없이"는 가장 오래된 사본의 분명한 표현이다. 하지만 츠빙글리는 이 구절을 "육체의 죽음을 향해"로 이해하면서 고린도전서 5장에 대한 그럴 듯한 암시를 하고 있다.
29) 마태복음 11:29.
30) 요한복음 8:11.
31) 누가복음 12:13.
32) "아버지가 정하신 일로 보지 않으셨다."에 대해서는 두 가지 해석이 가능하다. 비록 국가의 존재가 신적인 법령이지만 예수께서는 왕으로서 나라를 섬기는 일을 자기

자신의 의무로 고려하지 않았다는 의미일 수 있다. 보다 그럴 듯한 해석은 예수가 자신을 왕으로 삼고자 하는 사람들의 행동을 아버지께서 명하신 것이라고 평가하지 않았다는 것이다.

33) 마태복음 16:24.
34) 마태복음 20:25.
35) 로마서 8:30.
36) 베드로전서 2:21.
37) 빌립보서 3:20.
38) 마태복음 12:25.
39) 마태복음 5:34-37.
40) 히브리서 6:7 이하.
41) 마태복음 5:35.
42) 츠빙글리의 번역본은 여기에 "맹세하는 것이 나쁘다면 혹은 진리를 확증하기 위해 주님의 이름을 사용하는 것이 잘못이라면, 사도 베드로와 사도 바울도 죄를 범한 것이 된다. 이들도 맹세하였기 때문이다."라는 주장을 적어넣고 있다.
43) 누가복음 2:34.
44) 고린도후서 6:17.
45) 디도서 2:11-14.
46) 2월 24일.
47) 이 문서에는 제목이 없다. 여기 채택된 제목은 베른의 국립기록보관소의 기록물 목록에 있는 명칭을 반영한 것이다.
48) 다음과 같은 두 가지 의미를 지닐 수 있다. "하나님의 섭리 안에서 말씀이 우리에게 설파되어"로 해석할 수 있는데, 여기서 "Ordnung"은 종교개혁과 복음설교를 불러일으키시는 하나님의 사역을 가리킨다. 혹은 "하나님의 말씀이 신적인 방식을 따라 설파되어"로 해석하여, 참으로 하나님이 뜻하시는 교회질서의 회복을 강조하는 것이다. 따라서 뒤이어 나오는 "이로 인해"(whereby)는 복음설교를 말하는 것일 수도 있고 혹은 적합한 질서를 칭하는 것일 수도 있다.
49) 요한일서 2:8.
50) 여기에는 아마도 복음 이야기와 가르침을 기계적으로 암기하는 것이 포함되었을 것이다. 당시 글을 아는 사람도 드물었고 성서를 소유하는 것도 무척 힘든 일이었기 때문이다.
51) 여기서 "읽기"는 해설을 포함한다. 재세례파 교회가 설립되기 전 취리히와 장크트

갈렌에서 열렸던 성서연구모임들을 가리키는 초창기 이름들 가운데 하나가 "읽기"(readings)였다.

52) "하나님께로부터 최고의 분별력을 받은 사람은 그것을 해설하고"는 개개의 구절에서 그 의미를 깨달은 사람은 누구나 거리낌 없이 이야기하는 것이 당연하다는 의미일 것이다. 그러면 우리는 고정된 지도자가 없는, 다시 말해 슐라이트하임 5조항에서 요청하고 있는 "목자"의 지배적인 역할이 없는 모임의 모습을 그려볼 수 있다. 여기서 우리는 이 본문이 슐라이트하임의 결정이 있기 전 시기에 대해 증언하고 있고, 그때는 지도자라 불리는 사람 없이 교회가 기능했다고 추론할 수 있을 것이다. 그렇지만 "하나님께로부터 최고의 분별력을 받은 사람"은 지역 모임에서 자연스럽게 인식되고 있는 지도자를 완곡하게 표현한 것일 수도 있다.

53) 이 "읽기"는 아마도 기계적인 암송일 것이다. 이와 같은 시편에 대한 언급은 초기 재세례파들이 사적인 경건훈련에 대해 언급한 매우 드문 경우 가운데 하나이다. 이것은 수도원제도(monasticism) 유산의 흔적일 수 있다.

54) 디모데전서 2:8.

55) 마태복음 18:15.

56) 여기서 공동기금은 특별한 필요를 위해 모아둔 특별한 자금으로 보이고, 머지않아 모라비아에서 확립된 것과 같은 소비의 전적인 공산체제 같은 것은 아니었다. 후터파에 속하지 않은 재세례파들 역시 자신들이 초기 예루살렘 그리스도인들의 경제에 관한 모범을 따르고 있다고 생각하였다는 것은 의미심장하다.

57) 로마서 14:17. 회중이 간단한 식탁을 마련해 두고 빈번하게 모였을 것이라는 가정은 그들이 사회적 친교모임이나 길드회합을 삼갔을 것이라는 사실과 연결될 수 있다(4조항).

58) 성만찬이라고 특별히 규정된 경우, 그것은 형제들이 함께 나누는 다른 식사들과는 명백하게 구별되었다. 하지만 그 둘 다 형제들이 모이는 대로 가능하면 자주 시행되었다는 점에서는 마찬가지다.

제9장

칼뱅의 브라질 '포트 콜리니' 선교에 대한 재평가

1. 시작하는 말

이 연구의 목적은 칼뱅의 선교사상과 활동에 대해 살펴보되 특별히 그가 1556년에 브라질 리우데자네이루의 과나바라(Guanabara) 만에 세워진 프랑스의 식민지령이었던 '포트 콜리니'(Fort Coligny)에 선교사를 파송했던 이야기를 자세하게 고찰하려는 것이다. 이를 통해 16세기 프로테스탄트 선교의 한 단면을 들여다보게 될 것이고, 오랜 논쟁거리였던 '프로테스탄트 종교개혁자들에게도 선교에 대한 사상이 있었는가?'라는 문제에 대해서도 간접적인 대답을 얻게 될 것이다. 필자는 이와 같은 연구를 통해 칼뱅 연구와 선교사 연구가 보다 풍성해 질 것으로 기대하며, 특별히 브라질 선교에 대해 사료비평적 해석을 시도함으로써 역사를 해석하는 방법론 측면에도 기여하는 바가 있기를 바라는 마음이다.[1]

교회사가 라투렛(Kenneth Scott Latourette)은 『그리스도교 확장사』(*History of the Expansion of Christianity*)에서 19세기를 프로테스탄트 선교의 "위대한 세기"라고 말한 바 있다. 이것은 역설적으로 그 이전에는 프로테스탄트 진영에서 이렇다고 내세울만한 선교운동이 없었다는 이야기가 된다. 일찍이 16세기에 로마가톨릭의 대변인 역할을 했던 로베르토 벨라르미노(Roberto Bellarmino, 1542-1621)[2]가 프로테스탄트 종교개혁자들에게는 선교에 대한 관심이 전혀 없었다고 선언한 이후로, 칼뱅을 위시한 프로테스탄트 개혁자들에게는 선교에 대한 사상이나 활동을 발견할 수 없다는 것이 중론처럼 여겨져왔다. 이런 견해는 프로테스탄트 선교학의 아버지라 불리는 구스타프 바르넥(Gustav Warneck)에게도 그대로 이어져, 바르넥은 종교개혁자들이 선교에 대해 유독 "이상한 침묵"[3](strange silence)을 지키고 있다고 말한다.

그러나 16세기라는 역사적 상황을 고려한다면 종교개혁자들이 선교에 대한 관심이 없었다는 주장은 설득력을 가지기 어렵다. 당시 프로테스탄트 교회는 로마가톨릭이라는 거대한 세력에 맞서 생존을 위한 투쟁을 하기에 급급했기 때문에 선교에 투신할 만한 여력을 지니고 있지 못했다. 강력한 가톨릭 세력에 의해 '이단'으로 정죄된 프로테스탄트 교회가 선교를 위해 나선다는 것은 불가능한 일이었다. 뿐만 아니라 선교를 감당할 만한 인적, 물적 자원도 제대로 갖추고 있지 못했으며, 스페인과 포르투갈과 같은 가톨릭 국가들이 해상권을 장악하고 있는 상황에서 프로테스탄트 선교의 통로조차 막힌 상태였다. 이런 시대적 상황에서 프로테스탄트 종교개혁자들이 할 수 있던 일은 자신들이 살고 있는 그리스도교 세계를 복음에 합당하게 개혁하는 것뿐이었다. 그들에게 자기 삶의 자리에서 참된 교회를 세우고 회복하는 일이야말로 선교였다. 해외에 나가 복음을 전하는 일만을 선교라고 주장한다면 분명 16세기 프로테스탄트 종교개혁자들은 충분히 선교하지 못했다고 말할 수 있을 것이다. 하지만 '하나님의 선교'(*missio Dei*)라는 관점에서 자신이 속한 사회를 하나님의 복음에 합당한 공동체로 만들고자 하는 노력 자체도 선교라고 본다면 칼뱅을 위시한 종교개혁자들은 곧 선교사이기도 했다. 선교를 좁은 의미만이 아닌 넓은 의미로 볼 때 16세기 교회개혁운동은 곧 선교운동이었다고 말할 수 있을 것이다. 이런 관점에서 최근 일부 학자는 칼뱅이 선교운동에 대단히 적극적이었다고 평가하면서, 칼뱅을 "선교 지도자"[4](director of missions)로, 제네바를 "선교 중심기지"[5](a missionary centre)로 제시하기도 한다.

실제로 칼뱅은 제네바에 머무는 동안 그곳의 교회를 바로 세우고 사회를 복음에 합당하게 개혁하는 선교사명을 위해 최선의 노력을 다하였다. 말씀과 성례의 표지가 분명하게 드러나는 참된 교회를 세우기 위해 분투하였으며, 컨시스토리(Consistory)를 통한 권징으로 제네바의 도덕성을 확립하였고, 종합구빈원(General Hospital)과 프랑스기금(Bourse Française)을 통해 구제사역을 전개함으로써 제네바를 프로테스탄트의 모범도시로 변화시켰다. 뿐만 아니라 제네바아카데미를 설립하여 고국인 프랑스를 비롯한 유럽 여러 나라의 복음화를 위해서 교역자를 양성하고 파송하는 등 자신이 할 수 있는 한 최선의 노력을 다하였다. 이런 이유로 칼뱅은 "유럽의 복음전도자"[6](an evangelist of Europe)로 평가되기도 한다.

칼뱅이 16세기의 상황적인 제약 때문에 제네바와 유럽에 자신의 역량을 집중할 수밖에 없었기는 하지만 해외선교에도 관심을 가지고 있었으며 기회가 주어질 때에는 기꺼이 해외로 선교사를 파송하고자 하였다. 그 예가 1556년 브라질로 선교사를 파송한 것이다. 칼뱅의 선교관에 대해 부정적인 사람들은 이를 하나의 에피소드로 취급하면서 평가절하하고, 칼뱅의 선교를 부각하려는 사람들은 이것을 지나치게 강조하는 경향이 있다. 필자는 주관적이며 극단적인 평가들을 지양하면서 그동안 별로 주목을 받지 못하고 있던 칼뱅의 브라질 선교에 대해 가능한 한 객관적인 관점에서 살펴보고 평가하고자 한다.

2. 브라질 선교

1555년 7월 16일 600명 정도의 프랑스 식민지 이주민들은 빌르가뇽(Nicolas Durand de Villegagnon)의 인도로 프랑스를 출발하여 4개월에 걸친 위험한 항해 끝에 11월 10일 브라질 리우데자네이루의 과나바라(Guanabara) 만에 도착하였다. 그들은 이 식민지 거류지를 프랑스 제독이자 식민정책의 가장 영향력 있는 후원자였던 콜리니(Gaspard de Coligny)를 기념하여 '포트 콜리니'라고 이름 지었다.

콜리니는 처음부터 프로테스탄트와 가톨릭 형제들이 함께 사이좋게 살면서 각자의 신앙을 자유롭게 지키는 식민지를 꿈꾸었다. 빌르가뇽도 처음에 종교개혁의 대의에 동조적이었고, 따라서 칼뱅에게 편지를 보내 식민지에서 경건의 질서를 바로 세우기 위해 목회자를 파송해달라고 요청하기까지 하였다.[7] 칼뱅은 이것이 제네바 교회의 확장을 위해 문이 활짝 열린 좋은 기회라고 판단하고 선교단을 조직하였다. 여기에는 피에르 리시에(Pierre Richier 혹은 Richer로 기록되기도 한다)와 기욤 사르티에(Guillaume Chartier)라는 2명의 목회자를 포함하여 모두 14명이 자원하였다.[8] 이때 참여한 평신도 중 한 명이 제화공(製靴工)이던 장 레리(Jean de Léry)였다.[9] 이 제네바의 선교단을 포함한 일련의 사람들을 브라질로 데려갔던 인솔자는 칼뱅과 콜리니의 친구였던 장로 필리프 뒤 퐁(Phillipe du Pont de Corguilleray)이었다. 이들은 1556년 9월 10일 제네바를 떠나, 11월 19일 프랑스 옹플뢰르(Honfleur)에서 사람들과 물자를 실은 후 브라질로 향하여 1557년 3월 10일 포트 콜리니에 도착하였다. 장장 6개월에 걸친 대장정이었다. 인솔 책임자였던 필리프는 자신들이 여기에 온 것은 "이곳에 하나님의 말씀에 따라 개혁교회를 세우고자 함"[10]이라고 말했다. 이에 대해 빌르가뇽은 "프랑스, 스페인, 그리고 유럽의 여러 지역에서 박해 받는 신자들의 피난처를 이곳에 마련하여 그들이 왕이나 황제나 권력자들을 두려워하지 않고 하나님의 뜻에 따라 순수하게 하나님을 섬길 수 있게 하는 것이 나의 뜻입니다."[11]라고 응답하였다. 빌르가뇽이 정치적이고 군사적인 지도자로서 역할을 맡고, 제네바에서 파송된 두 명의 목회자였던 리시에와 사르티에가 영적인 목자의 역할을 담당하였다.

초기에 브라질의 작은 프랑스 식민지는 제네바 신정정치의 모범을 따라 모습을 갖추는 듯했다. 신세계에서 프로테스탄트 예식에 따른 최초의 성만찬 예식이 1557년 3월 21일 거행되었고, 4월 3일에는 빌르가뇽의 수하 두 명이 리시에의 주례로 개혁교회의 의식에 따라 결혼식을 거행하였다.[12] 모든 것이 순조로워 보였다. 빌르가뇽의 경건생활이 분명해 보였기 때문에 리시에조차도 그를 "제2의 바울"[13]이라고 부르기를 주저하지 않았다. 새로운 프랑스 혹은 남극권의 프랑스로 불리던 브라질 식민지는 빌르가뇽의 세속적 권력과 리시에의 영적 권위가 결합된 프로테스탄트 공동체의 모범으로 여겨질 만했다.

그러나 얼마 지나지 않아 막강한 권한을 가진 빌르가뇽은 교회의 질서와 치리 문제에도 간섭하기 시작했으며, 신앙적인 문제에까지도 자신의 입장을 강요하려고 하였다. 그는 성만찬의 순서까지 일일이 지시하기 시작했고, 성만찬에 사용하는 포도주는 물을 섞어 사용해야 한다는 명령을 내렸다. 또한 화체설을 이론적으로는 거부하더라도 실제로는 적용해야 한다고 요구하기도 하였다. 뿐만 아니라 세례 때 물과 더불어 기름, 소금, 침을 함께 사용해야 한다고 주장했다. 이것을 제네바에서 온 개혁교회의 목회자들이 받아들일 수는 없었다. 날카로운 긴장과 대립이 발생한 것은 당연한 일이었다. 이제 유럽에서 일어났던 종교분쟁이 신세계에서 소규모로 재발되는 것이 불가피했다.

갈등을 해결하기 위해 사르티에를 프랑스와 스위스로 보내 그곳의 의견을 듣기로 했다. 처음에 빌르가뇽은 칼뱅의 견해를 따르겠다고 약속하였다. 그는 예전에 칼뱅에 대해 "사도시대 이후로 가장 학식 있는 사람들 중 한 사람이며, 지금까지 어느 누구에게서도 칼뱅만큼 성서를 순수하고 정당하게 설명하고 다룬 사람을 만나지 못했다."[14]라고 말한 바 있었다. 그러나 갑자기 마음을 바꾼 빌르가뇽은 칼뱅을 신앙에서 이탈한 이단자요 배교자라고 비난하면서 그의 어떤 조언도 받아들이지 않을 것이며 오로지 가톨릭 신앙의 본산인 소르본 신학자들의 의견을 따를 것이라고 천명하였다. 레리(Jean de Léry)는 이처럼 급격한 태도 변화는 빌르가뇽이 로렌의 추기경으로부터 프로테스탄트와 협력하지 말고 항상 가톨릭 신앙에 충실하라는 질책이 담긴 편지를 받고 겁이 났기 때문이든지, 아니면 빌르가뇽은 항상 로마가톨릭 신자였지만 위그노였던 콜리니의 지원을 얻기 위해서 잠시 자신을 위장하고 있다가 결국 본색을 드러낸 것이라고 평가하고 있다.[15] 결국 1557년 10월 말경 빌르가뇽은 리시에 목사와 필리프 뒤 퐁 장로를 위시한 제네바에서 온 사람들을 포트 콜리니에서 추방하였다.

포트 콜리니에서 추방된 제네바에서 온 사람들은 유럽으로 가는 배를 기다리기 위해 라틴아메리카 대륙에 2개월가량 머물렀다. 이때 대륙의 인디언들에게 복음을 전하고, 투피남바(Tupinamba)족의 문화와 삶을 경험하기도 하였다. 마침내 1558년 1월 4일 라틴아메리카에 온 최초의 프로테스탄트 선교사들은 자크(Jarques)라는 이름의 낡고 작은 배에 올라타고 고국으로 돌아가는 위험한 항해를 시작했다.[16] 그러나 본국으로 돌아가던 배에 문제가 생겼다. 배가 너무 낡았고, 사람과 물건이 배의 크기에 비해 과적이었던 탓에 배에 구멍이 나서 물이 들어오기 시작했다. 결국 모두가 살기 위해서 5명이 구명정을 타고 포트 콜리니로 돌아가기로 결정했다. 자원한 5명이 포트 콜리니에 도착했을 때 빌르가뇽은 그들이 다른 사람들에게 그들의 종교적 신념을 강요하지 않고 신앙의 문제에 대해 말하고 다니지 않는다면 받아줄 것이라 약속했다. 그러나 곧 빌르가뇽은 그들에게 스파이 혐의를 씌웠고 포트 콜리니를 전복시키려 한다고 비난하였다. 그리고 그들을 학대한 후에 신앙에 관한 몇 개의 문제에 답을 하라고 요구하였다. 5명의 프로테스탄트는 목회자나 훈련된 신학자가 아닌 평신도요 기술공들이었지만, 죽음을 무릅쓰고 자신의 신앙을 진실하게 고백하였다. 피에르 부르동(Pierre Bourdon), 장 뒤 보르델(Jean du Bordel), 마티어 베르뇌유(Matthieu Verneuil)는 순교를 당하였다. 앙드레 라 퐁(André Lafon)은 잠시 죽음을 피할 수 있었는데, 그것은 라 퐁이 재단사였기 때문에 옷을 좋아했던 빌르가뇽이 그를 개인적으로 부리기 위해서 잠시 살려두었던 것이다.[17] 순교의 피가 뿌려진 지 6년이 지난 1564년에 이 순교 이야기가 출판되었을 때, 그 책의 서문은 "우리 주 예수 그리스도의 순교자들의 죽음을 목격하고 놀란 이 미개한 땅은 언젠가 많은 열매를 맺을 것이다. 고귀한 피가 언제나 그렇듯이 말이다."[18]라고 적고 있다. 실제로 오늘날 브라질과 라틴아메리카에 그들의 열매가 도처에 있다.

　프랑스의 브라질 식민정책은 전략과 목표의식의 부재로 말미암아 처음부터 난항을 겪었다. 그 예로 빌르가뇽은 식민지에서 자급자족의 식량 공급계획을 수립하지 못하고 토착민들에게 전적으로 의존하였으며, 토착민 여성들과의 성적 접촉을 사형으로 다스리는 무리수를 둠으로써 원정대원들의 폭동을 유발하는 우를 범하였다. 콜리니도 식민지 수립을 통해 프랑스의 해외진출의 발판을 마련하고자 시도했지만, 국내 정치에 너무 깊이 연루되어 있어서 식민지에 거의 관심을 가질 수가 없었으며 정부로부터 식민지 개척에 대한 지속적인 지원을 받아내지도 못했다. 무엇보다도 브라질에 어떤 성격의 식민지를 수립해야 하는지에 대한 내부의 혼선과 불화가 문제였다. 사람들이 그곳에서 영구적으로 살 것인지, 이주민과 토착민과의 관계는 어떻게 설정할 것인지의 문제에 대해서 아무런 합의가 없었다. 여기에다 종교적인 문제로 인한 갈등이 더해졌다. 이것은 프랑스 내부의 종교적 분쟁에서 유래된 것으로서 결국 식민지를 와해시키는 데 일조하였다. 프랑스에서 벌어진 로마가톨릭과 프로테스탄트의 종교분쟁은 식민지에서도 계속되어 포트 콜리니가 16세기 프랑스 종교분쟁의 축소판이 되었다. 구조인류학자인 레비스트로스(Claude Lévi-Strauss)의 언급은 당시 식민지의 상황을 잘 보여준다.

> 고국에서 종교전쟁을 피하기 위해 온갖 위험에 직면하다가 마침내 신앙적인 문제에서 관용과 자유가 보장된 피난처를 발견한 일군의 프랑스 사람들은 스스로 자신들의 함정에 빠지고 말았다. 프로테스탄트들은 가톨릭 신자들을 회심시키려고 하였고, 가톨릭 신자들은 프로테스탄트를 회심시키려고 하였다. 그들은 생존을 위해 함께 일하기보다는 미사를 어떻게 해석해야 하는가? 물과 포도주를 혼합하는 것이 필요한가? 같은 어리석은 논쟁으로 수 주 동안 허송세월하였다.[19]

레비스트로스는 16세기 브라질에 이주한 프랑스 사람들이 식민지의 목적에 대한 분명한 의식이 없었으며 상호공존을 위해 협력할 수 있는 능력도 갖지 못했음을 지적하고 있다. 결국 포트 콜리니는 무엇보다도 내부의 불화로 인해 실패로 끝났고, 1560년 포르투갈에게 주도권이 넘어감으로써 불명예스러운 종말을 맞았다.

흥미롭게도 빌르가뇽은 유럽으로 돌아 온 이후에도 브라질 식민지에서 자기가 한 행동을 정당화하고 로마가톨릭의 입장을 옹호하기 위해 칼뱅과 논쟁을 벌이고자 하였다. 그리하여 빌르가뇽은 1561년 칼뱅의 성만찬 이론을 거부하면서 자신의 견해를 밝히는 소책자를 출판하기도 하였다. 이에 대응하여 리시에가 빌르가뇽의 신학뿐만 아니라 사람됨을 강하게 비판하는 책을 제네바에서 출판하였다.[20] 포트 콜리니의 갈등이 식민지가 와해된 후에도 유럽에서 계속되었던 것이다.

3. 브라질 선교에 대한 비판적 평가

그러면 프랑스의 브라질 식민정책이 과연 선교의 일환이었는가? 1555년 최초로 브라질 연안으로 건너가 포트 콜리니를 세운 프랑스 이주민들이 라틴아메리카 신대륙의 토착민들에게 복음을 전하고자 하는 열망과 기대를 가지고 있었는가? 빌르가뇽이나 콜리니 제독이나 프랑스 정부가 식민지를 선교활동의 관점에서 생각했는가? 우리는 이런 질문에 대해 그렇다고 대답할 만한 충분한 증거를 가지고 있지 못하다. 빌르가뇽은 토착민들에게 다가가려고 하기보다는 오히려 가능한 한 그들과 거리를 유지하고자 했으며 그들을 혐오하였다. 콜리니의 관심도 토착 인디언들을 회심키는 것보다는 프랑스의 위그노들을 위한 안전한 피난처를 해외에 확보하고 스페인과 포르투갈의 확장을 저지하는 데 있었다. 그는 종교적인 관점이 아니라 프랑스 제독의 입장에서 식민지를 바라보았다. 심지어 프랑스의 수도사였고 이후에는 왕립 천문학자였던 앙드레 테벳(André Thevet)도 브라질 식민지의 최초 이주자였지만 선교를 위해 어떤 노력과 헌신을 기울였다는 흔적이 보이지 않는다. 그는 토착민들을 그리스도에게 인도하려는 선교사라기보다 신세계와 토착민들에 대해 배우고자 하는 호기심을 가진 여행자였다.[21] 최초의 식민지 이주자들에게 토착민들은 새로운 책의 저술을 위한 잠재적 주제이거나, 포르투갈에 대적하는 잠재적 동맹자이거나, 이주민들을 위한 잠재적 식량 공급자였지, 결코 잠재적 그리스도인은

아니었다.[22]

   그렇다면 뒤늦은 1556년에 식민지에 온 사람들, 특히 제네바에서 파송된 목회자들의 경우는 어떠했는가? 제네바에서 파견된 사람들이 선교에 얼마나 관심을 가지고 있었는가를 알기 위해서는 제네바에서 식민지로 떠났던 사람들 중 한 사람이었던 레리의 증언에 귀를 기울일 필요가 있다. 그의 저술은 적어도 그가 왜 브라질에 갔으며, 토착 인디언들을 어떻게 생각했는지, 그리고 그들에게 선교적 관점으로 접근했는지에 대한 일단의 해답을 제공해준다. 레리는 자신이 브라질에 선교사로 파송되었다고 믿었다. 또한 자신과 동료 목회자들은 토착 인디언들에게 복음을 전하도록 파송되었을 뿐만 아니라 프랑스 식민지령에 진정으로 개혁된 신앙을 수립하도록 보냄을 받았다고 확신하였다. 레리는 그의 책 서문에서 이렇게 말하고 있다. "내 목적은 아메리카로의 항해에 대한 기억을 영원하도록 만드는 것이다. 우리는 앞서서 식민지로 건너 간 프랑스 사람들과 그곳의 미개한 토착민들 안에 하나님에 대한 예배를 분명히 세우고자 그곳으로 건너갔다."[23] 레리를 포함하여 제네바에서 파송된 사람들은 분명 식민지에 있는 프랑스 이주민들과 토착민들에게 참된 복음을 전하려는 의도를 가지고 브라질로 갔다.

   칼뱅과 제네바 교회도 복음전파라는 목적으로 선교단을 조직하여 파송하였다. 레리에 따르면 빌르가뇽으로부터 목회자를 파송해달라는 편지를 받은 제네바 교회는 그의 요청을 브라질 토착민들에게 복음을 전할 선교의 기회가 온 것이라 여겨 크게 환영하였다. "제네바 교회는 그의 편지에서 소식을 전해 듣고서 먼저 멀리 떨어진 미지의 땅에까지, 즉 참 하나님이 누구인지에 대해 전혀 무지한 민족에게까지 예수 그리스도의 통치가 확장된 것에 대해 하나님께 감사를 드렸다."[24] 칼뱅과 제네바 교회는 빌르가뇽의 요청이 식민지에 간 프랑스 이주민들에게 올바른 복음을 전할 수 있는 기회였을 뿐만 아니라 더 나아가

신대륙의 새로운 사람들에 대한 선교의 호기라 믿었다. 따라서 제네바 교회는 브라질로 갈 사람들을 모집하면서 이것이 아메리카 대륙의 인디언들에게 복음과 참된 신앙을 전할 수 있는 선교의 기회라고 강조하였다.

그러나 제네바에서 브라질로 건너간 사람들이 실제로 그들의 선교에 대한 꿈을 현실화할 수는 없었다. 그들이 식민지에 1557년 3월 10일에 도착하여 10월 말에 라틴아메리카 대륙의 본토로 추방당했으니 포트 콜리니에 머문 시간은 8개월이 채 되지 않는 기간이었다. 그 짧은 기간 동안도 비생산적인 논쟁과 갈등으로 말미암아 제네바에서 온 목회자들은 토착 인디언들에게 복음을 전할 여유나 여력도 갖지 못했다. 그나마 제네바의 사람들이 토착민들에게 복음을 전할 수 있었던 시기는 빌르가뇽에 의해 포트 콜리니에서 추방당한 후에 브라질 본토에서 프랑스로 돌아가기 위해 배를 기다리던 두 달 남짓한 기간뿐이었다. 이처럼 복음을 전할 기회가 시간적으로 너무나 제약되어 있었고, 인디언들도 열성적인 청중은 아니었기 때문에 그들은 인디언들 가운데서 단 한명의 회심자도 얻지 못하였다.

제네바에서 파송된 사람들은 상황적으로도 실제 선교사업을 벌일 수가 없었다. 레리의 보고에 따르면 인디언들은 하나님의 이름에 해당하는 단어도 가지고 있지 않았고, 최상의 존재에 대한 개념조차도 없었다. 이런 상황에서 하나님의 존재를 전한다는 것은 난감한 일이었다. 뿐만 아니라 언어의 장벽은 선교를 더욱 어렵게 만들었다.[25] 레리는 사용하는 언어가 다르고 의사소통의 상징이 다른 열악한 상황 속에서도 인디언들에게 복음을 전한 자신의 경험을 소개하고 있다. 그는 토착 인디언들에게 전능하신 하나님이 믿는 사람들을 지키시고 보호하여 주시기 때문에, 신자들은 현세에서나 내세에서나 악한 영들의 왕(Anhanga)을 두려워할 필요가 없다며 복음을 전했다. 레리는 "만일 빌르가뇽이 개혁신앙으로부터 등을 돌리지 않고 우리가 그곳에 좀 더 오래 머물렀다면, 우리는 그들 중 얼마를 그리스도에게로 인도했을 것이다."[26]라며 실패로 끝난 브라질 토착민 선교를 아쉬워했다.

비록 제네바에서 온 사람들이 선교에 실제적으로 성공하지는 못했지만 레리와 리시에의 글을 통해서 볼 때, 아메리카로 건너간 최초의 프로테스탄트 선교사들은 토착민들 사이에서 복음을 전하기 위한 강한 열망을 가지고 있었고 그 필요성을 절감하고 있었다는 것을 확인할 수 있다.

4. 일차문헌에 대한 비평적 고찰

16세기 중반 칼뱅과 제네바 개혁교회에 의해 이루어진 라틴아메리카의 브라질 선교 이야기는 종교개혁자들에게서 선교사상이나 선교활동을 발견할 수 없다는 견해가 잘못된 것임을 분명하게 증거하고 있다. 그러나 우리는 과연 브라질 선교를 말하고 있는 일차문헌들이 얼마나 신빙성이 있는가라는 또 다른 근본적인 질문을 제기할 필요가 있다. 왜냐하면 브라질 선교를 말할 때 주로 이용하게 되는 레리의 항해 기록이나 포트 콜리니에서의 순교 이야기를 담고 있는 장 크레스팽(Jean Crespin)의 기록은 모두 칼뱅주의적 입장을 옹호하려는 의도성을 가진 문헌들이기 때문이다. 이런 까닭에 최근 존 맥그래스(John McGrath)는 두 기록의 신빙성에 대해 의문을 제기하면서, 이 두 문헌들이 역사가에게 신뢰할 만한 증언이 될 수 없다고 주장한 바 있다.[27] 맥그래스는 저자들의 종교적·정치적·개인적 편견들로 말미암아 문헌에 기록되어 있는 사건들이 의도적으로 왜곡되었으며, 비논리적이며 불가능한 주장들을 포함하고 있다고 단정한다. 그는 브라질 선교역사의 실체를 올바르게 보기 위해서는 레리와 크레스팽의 과장과 오류를 감안해야 한다고 말한다.

맥그래스의 판단에 따르면, 레리와 크레스팽의 책들은 프랑스의 프로테스탄트가 처해 있던 특수한 정치적·종교적인 위기상황을 돌파하고자 하는 의도에서 출판된 선전물이다. 1564년 출판된 크레스팽의 『순교자 열전』(Acts des Martyrs)은 1550년대 후반과 1560년대 초반의 칼뱅주의 운동을 옹호하려는 가장 강력한 목소리였다. 순교자에 대한 두 개의 장을 포함하고 있는 크레스팽의 책은 프랑스 종교전쟁에서 위그노에게 가해졌던 박해에 항의하기 위해 출판되었다. 저 멀리 브라질에서 용감하게 순교한 프로테스탄트 신자들의 이야기는 위그노 진영을 하나로 묶고 신앙적 결단을 다지는 촉매제의 역할을 하였다. 레리의 책 또한 1572년 있었던 바르톨로뮤 축일 대학살 Massacre de la Saint-Barthélemy 학살사건 이후인 1578년에 출판된 것으로 로마가톨릭에 대항하는 성격을 지니고 있었다.[28] 따라서 객관적인 저술이라기보다는 주관적인 선전물이었기 때문에, 그것들을 무비판적으로 수용하거나 사용하는 것은 사실을 왜곡할 수 있다는 것이다. 우리는 다음과 같은 세 가지 점에서 크레스팽과 레리의 기록을 비평적으로 읽어야 할 이유를 발견한다.

첫째로 크레스팽과 레리의 이야기는 그 출처가 의심스럽다. 크레스팽의 책에 포함되어 있는 순교 이야기는 그의 책이 처음 나온 1564년 이전인 1561년에 작자 미상으로 이미 독립적으로 출판된 것이었다. 또한 1564년과 1565년에도 독자적인 형태로 출판된 바가 있고, 17세기에 이르기까지 작자 미상의 작품으로 여러 차례 출간되었다. 레리는 자신이 많은 사람으로부터 순교 이야기를 수집하여 크레스팽에게 넘겨주었다고 말하고 있다. 물론 레리가 자신의 역할을 과장했을 수도 있지만, 크레스팽의 책에 일정 정도의 역할을 한 것은 분명해보인다.[29] 어쩌면 두 사람의 책에 등장하는 1557년 전후의 이야기들이 모두 같은 자료에 의존했을 가능성도 있어 보인다. 이처럼 두 사람의 작품에 등장하는 이야기의 근거와 출처가 불확실하다는 점에서 우리는 그들의 기록의 진위를 조심스럽게 점검할 필요가 있다.

둘째로 식민지의 원래 목적이 종교적인 의도를 가지고 있었으며 칼뱅주의적 색채를 띠고 있었다는 두 사람의 증언은 과장일 수 있다. 맥그래스도 단지 위그노의 지도자였던 콜리니 제독이 식민지를 세우는 데 깊이 연루되었다는 사실 때문에 포트 콜리니를 곧바로 "위그노의 피난처"(Huguenot refuge)라고 생각하는 것은 잘못된 것이라고 말한다.[30] 당시 브라질 식민지는 프랑스의 국왕인 앙리 2세의 전폭적인 지원을 받았는데, 그 당시는 앙리 2세가 위그노를 이단으로 여겨 더욱 박해를 가하던 때였다. 그런데 어떻게 앙리 2세가 지원하는 브라질 식민지가 위그노의 피난처로 계획될 수가 있었겠는가? 뿐만 아니라 식민지가 세워졌던 1555년 당시에 콜리니 제독이 프로테스탄트의 지도자였다는 증거가 부족하다. 그가 위그노의 지도자로 분명하게 등장하는 것은 이후의 일이다.[31] 설혹 이 당시에 이미 콜리니가 프로테스탄트 신앙을 가지고 있었다고 가정할지라도 과연 그가 크레스팽이나 레리가 말하는 것처럼 왕을 속이면서까지 프로테스탄트 사업을 지원함으로써 스스로를 위험에 빠뜨렸다고 상상하는 것이 합리적인가? 최초의 브라질 이주자들은 과나바라 연안에 성채를 건설하여 프랑스의 경제적이고 전략적인 이익을 촉진하려는 목적을 가지고 있었지, 종교적 목적을 가진 것이 결코 아니었다. 물론 나중에 제네바에서 브라질로 건너간 선교단의 경우는 종교적인 의도를 가지고 있었다고 할 수 있지만 처음부터 식민지가 종교적 피난처나 칼뱅주의적인 의도를 가지고 시작되었다고 주장하는 것은 무리가 있어 보인다.

셋째로 식민정책이 실패한 책임을 전적으로 빌르가뇽에게 돌리는 것도 문제이다. 포트 콜리니에서의 경험은 칼뱅주의자들로 하여금 빌르가뇽에 대한 악담을 늘어놓게 만들었다. 특히 칼뱅주의자들은 1560년경 빌르가뇽이 자신들의 가장 큰 적인 로렌 가(家)와 연합하자 그를 더욱 공격하였다. 크레스팽과 레리가 주장하는 것처럼 빌르가뇽은 잔인했던 반면 인디언들은 매우 인간적이었다면 프랑스로 돌아가는 배에 문제가 생겨 브라질로 되돌아갈 수밖에 없었던 5명은 왜 주위의 인디언들이 있는 섬으로 피신하지 않고 다시금 포트 콜리니로 돌아갔는가? 그들은 분명 식인의 관습을 가진 토착 인디언들에게 가는 것보다 빌르가뇽에게 돌아가는 것이 훨씬 안전하다고 판단했기 때문에 포트 콜리니로 돌아갔을 것이다. 나중에 빌르가뇽이 포르투갈에게 포트 콜리니를 빼앗기자 칼뱅주의자들은 그를 "비겁자," "도망자," "배반자"라고 비난했다. 하지만 이런 비난은 정당하지 못하다. 차라리 이 비난은 식민지에 군사적이고 경제적인 지원을 제대로 하지 못한 콜리니나 프랑스 왕실에 돌려야 할 것이다. 사실상 프랑스가 브라질의 식민지에 충분한 지원을 하지 못한 이유는 첫째로 1557년 스페인과의 전쟁이 재발했기 때문이고, 둘째로 콜리니가 1557년 여름에 포로가 되어 1559년 봄의 평화조약 때까지 잡혀있었기 때문이며, 셋째로 1559년 봄에 스페인과 체결한 카토-캉브레지 평화조약에 프랑스가 라틴아메리카 대륙에서의 모든 권리를 포기한다는 조항이 포함되어 있었기 때문이다. 따라서 1559년 봄 이후에 포트 콜리니를 지원하는 것은 평화조약 자체를 위태롭게 하는 것이었기 때문에 프랑스의 입장에서는 그럴 수가 없었다.[32] 이런 역사적 배경에 대한 고려 없이 빌르가뇽에게만 실패의 책임을 묻는 것은 사실에 대한 왜곡이 될 것이다.

5. 맺는 말

필자는 칼뱅을 위시한 종교개혁자들에게는 선교사상도 선교활동도 없었다는 과격한 주장이나, 칼뱅이야말로 선교에 열정을 바쳤던 개혁자라는 과도한 주장 모두 역사적 사실을 왜곡하는 것이라고 본다. 예를 들어 칼뱅과 제네바 교회의 브라질 선교에 대해서 크레스팽과 레리의 주관적인 이야기만을 근거로 해서 "브라질 선교를 개혁교회의 위대한 선교적 노력으로 지나치게 확대 해석하는"[33] 것도 경계해야 하겠지만, 브라질 선교의 의미 자체를 아무것도 아닌 에피소드로 평가절하하는 것도 문제가 있다. 공정한 역사가라면 부정적 혹은 긍정적 선입견을 가지고 어떤 사건을 예단할 것이 아니라 역사의 사실을 가능한 한 그대로 보여주기 위해서 노력해야 할 것이다.

비록 오늘날의 관점에서 볼 때 칼뱅의 선교활동이 충분하거나 만족스러운 정도는 아니지만, 그는 분명히 선교의 필요성과 중요성을 인식하고 있었고 기회가 주어지는 한 선교하고자 노력하였다. 16세기 개혁자였던 칼뱅에게서 선교란 먼 곳에 가서 복음을 전하는 것만이 아니라 자신의 삶의 자리에서 복음의 가르침을 올바르게 전파하고 개혁된 교회를 세우는 것도 곧 선교였다. 그리하여 그는 제네바에 소위 '신정정치'를 확립하고자 노력하였고, 조국인 프랑스와 유럽 곳곳에 프로테스탄트 신앙을 전파하고 개혁된 교회를 세우려고 노력하였다. 뿐만 아니라 멀리 떨어져 있는 브라질에 선교할 수 있는 기회가 왔을 때에는 기꺼이 선교단을 파송함으로써 모든 민족에게 복음을 전해야 한다는 위임명령을 준수하였다.

분명 칼뱅은 16세기 종교개혁자들 중에서 돋보이는 선교관을 가지고 있었으며 선교활동에도 적극적이었다. 비록 칼뱅과 제네바 교회에 의한 브라질 선교가 한 명의 개종자도 얻지 못하고 금방 실패로 끝이 나고 말았지만, 이것이 최초의 프로테스탄트 해외선교라는 점에서 그리고 칼뱅이 직접적으로 관여했다는 점에서 그 의의가 크다고 할 것이다.

〈주〉

1) 칼뱅의 선교사상과 활동 전반에 대해서는 박경수, "칼뱅의 종교개혁과 선교," 『교회의 신학자 칼뱅』, 241-262를 참고하라.
2) 프로테스탄트 종교개혁 교리를 비판한 대표적인 로마가톨릭 신학자로서, 1560년 예수회에 입회하였으며 1570년 사제 서품을 받았고 1599년 추기경으로 임명되었다. 로마가톨릭교회의 가장 영향력 있는 변증가로 인정을 받은 그는 1931년 교황 피우스 11세에 의해 교회박사로 명해졌다. 그가 쓴 가장 중요한 저작은 3권으로 이루어진 『이 시대의 이단들에 대한 그리스도교 신앙논쟁 강의』(Disputationes de controversiis Christianae fidei adversus hujus temporis haereticos)라는 제목의 강의록으로, 여기에는 프로테스탄트 교리에 대한 신랄한 비판과 로마교회 교리에 관한 비타협적인 진술이 포함되어 있다.
3) Gustav Warneck, *Outline of A History of Protestant Mission from the Reformation to the Preset Time: A Contribution to Modern Church History*, tr. from the 7th German and ed. George Robson (New York: Fleming H. Revell Co., 1903), 9. 이 책은 독일어로 1881년 초판이 나왔고, 1884년 영역된 후로 여러 차례 증보되었다.
4) Philip E. Hughes, "John Calvin: Director of Missions," *The Heritage of John Calvin*, ed. John H. Bratt (Grand Rapids: William B. Eerdmans Company, 1993),40-54.
5) W. Stanford Reid, "Calvin's Geneva: A Missionary Certre," *Reformed Theological Review* 43, 3(September-December 1983), 65-74.
6) C. George Fry, "John Calvin: Theologian and Evangelist," *Christianity Today* Vol. 15(1970-71), 59.
7) 빌르가뇽이 칼뱅에게 편지를 보냈는지에 대해서는 논란이 있다. 빌르가뇽은 자신이 칼뱅에게 편지를 썼다는 사실을 일관되게 부인하였다. 그러나 제네바 선교단의 일원이었던 장 레리(Jean de Léry)는 그의 책(*Histoire d'un voyage fait en la terre de Bresil*)에서 빌르가뇽의 편지를 소개하고 있으며 또한 브라질로 파송되었던 목회자 중 한 명인 리시에도 그의 책(*La Refutation des folles resververies, exécrables blasphèmes, erreurs et mensonges de Nicolas Durand* (1561), 21에서 빌르가뇽의 편지에 대해 말하고 있다. 하지만 최근 존 맥그래스(John McGrath)는 그의 논문 "Polemic and History in French Brazil, 1555-1560," *Sixteenth Century*

Journal 27, 2(1996), 385-397에서 제네바 목사회의 기록에 "프랑스가 새롭게 정복한 섬들에 목회자들을 파송해 달라는 편지가 제네바 교회에 옴에 따라서"(Olivier Fatio and Olivier Labarthe, eds., *Registres de la Compagnie des Pasteurs de Genève, 1553-1564*, 68) 목회자를 파송했다고 기록되어 있긴 하지만 빌르가뇽의 이름은 나오지 않는다고 주장하면서 빌르가뇽의 말에 무게를 싣고 있다.

8) 브라질로 건너간 제네바 선교단의 정확한 인원이나 구성원이 기록에 따라 차이가 있기도 하다. 14명 혹은 15명이라고 말하기도 한다. 그리고 여성이 포함되어 있었는지 아닌지에 대해서도 의견차이가 있다. O. Reverdin, *Quatorze Calvinistes chez les Topinambous* (Geneva, 1957), 25-26에는 제네바에서 온 사람들의 고향과 직업에 대해서 말하고 있다. Jean de Léry, *History of A Voyage to the Land of Brazil, Otherwise Called America*, translation and introduction by Janet Whatley (Berkeley: University of California Press, 1992), 6에도 선교단에 속한 14명의 이름이 기록되어 있다.

9) 레리는 당시 항해의 상황과 브라질에서의 자세한 이야기를 우리에게 사료로 전해준 인물인데 그의 항해기는 초기 프로테스탄트 선교에 관한 고전으로서 1578년 파리에서 처음으로 출판된 이후 1680년까지 프랑스어로 7판, 라틴어로 3판이 나왔고 최근에는 1992년 파리에서 다시 출판되었다. 그는 후에 제네바에서 신학공부를 하고 개혁교회의 목사가 되었다. 레리의 항해기는 영어로도 번역되었다.

10) Jean de Léry, *History of A Voyage to the Land of Brazil*, 33. "to establish a Reformed Church according to the Word of God in that country."

11) Jean de Léry, *History of A Voyage to the Land of Brazil*, 34. "I intend to make here a refuge for the poor faithful who are persecuted in France, in Spain, and elsewhere across the sea, so that, fearing neither king, nor emperor, nor any other potentates, they can serve God purely according to his will."

12) Jean de Léry, *History of A Voyage to the Land of Brazil*, 35, 42.

13) Marc Lescarbot, *Histoire de la Nouvelle France* (Paris: Milot, 1609), 187. G. Baez-Camargo, "The Earliest Protestant Missionary Venture in Latin America," *Church History*, Vol. 21(1952), 136에서 재인용.

14) Jean de Léry, *History of A Voyage to the Land of Brazil*, 41: "Monsieur Calvin is one of the most learned personages who has lived since the Apostles: and I have not read any theologian who to my mind has better or

more purely set forth and treated Holy Scripture than he has."

15) Jean de Léry, *History of A Voyage to the Land of Brazil*, 45-46.
16) Jean de Léry, *History of A Voyage to the Land of Brazil*, 197.
17) 5명 중 마지막 한 사람의 이름이 자크 러발리어(Jacques Le Balleur)인지 자크 루소(Jacques Rousseau)인지 분명하지 않다. 레리도 혼동이 있는 듯하다. 처음에 출발한 14명에는 자크 루소가 포함되어 있지만(*History of A Voyage to the Land of Brazil*, 6), 나중에는 자크 러발리어로 이름이 바뀌어 나온다(*History of A Voyage to the Land of Brazil*, 200). 그가 어떻게 되었는지에 대해서는 알 수가 없다. 아마도 그는 개혁신앙을 포기했거나 다시 도망을 쳤을 것이다. 레리는 5명 모두의 순교를 암시하고 있지만 실제로는 3명만 순교한 기록이 나온다.
18) Jean Crespin, *Acts des Martyrs* (Geneva: Steiger, 1564), 881. G. Baez-Camargo, "The Earliest Protestant Missionary Venture in Latin America," 144에서 재인용.
19) Claude Lévi-Strauss, *Tristes Tropiques* (Paris, 1955), 66. Amy Glassner Gordon, "The First Protestant Missionary Effort: Why Did it Fail?", *International Bulletin of Missionary Research*, Vol. 8(January 1984), 13에서 재인용. 브라질 감독 넬슨 페레이라(Nelson Pereira dos Santos)가 1971년에 브라질에서의 프랑스인들의 경험을 영화로 만들었는데, 영화 How Tasty Was My Little Frenchman은 토착민들에 의해 잡힌 한 프랑스 포로에 관한 이야기를 담고 있다.
20) 이 논쟁에 대한 개요가 O. Reverdin, *Quatorze Calvinistes chez les Topinambous*, 68-72에 소개되어 있다. Amy Glassner Gordon, "The First Protestant Missionary Effort: Why Did it Fail?", 12에서 재인용.
21) 테벳은 자신의 경험을 *Singularitez de la France Antartique* (Paris, 1557), *Cosmographie universelle* (Paris, 1575)의 두 책으로 발표하였다. 테벳의 전기로는 Jean Adhémar, *Frère André Thevet* (Paris, 1947)이 있다.
22) Amy Glassner Gordon, "The First Protestant Missionary Effort: Why Did it Fail?", 13.
23) Jean de Léry, *History of A Voyage to the Land of Brazil*, Dedication, xli: "It is my intention to perpetuate here the memory of a voyage to America undertaken for the express purpose of establishing the pure service of God, both among the French who had retreated there, and among the

savages living in that land."
24) Jean de Léry, *History of A Voyage to the Land of Brazil*, 4-5: "When the Church of Geneva received his letter and heard his news, it first rendered thanks to God for the extension of the realm of Christ into so distant a country, even into so strange a land, and among a nation that was indeed completely ignorant of the true God."
25) Jean de Léry, *History of A Voyage to the Land of Brazil*, XVI장.
26) G. Baez-Camargo, "The Earliest Protestant Missionary Venture in Latin America," 144에서 재인용.
27) John McGrath, "Polemic and History in French Brazil, 1555-1560," *Sixteenth Century Journal* 27, 2(1996): 385-397. 크레스팽과 레리의 기록에 대한 비평적 입장에 대해서는 맥그래스에게 빚을 졌다.
28) John McGrath, "Polemic and History in French Brazil, 1555-1560," 385-386.
29) Jean de Léry, *History of A Voyage to the Land of Brazil*, 218. 자세한 이야기는 레리의 책 XXI장, XXII장에 수록되어 있다.
30) John McGrath, "Polemic and History in French Brazil, 1555-1560," 387-391.
31) Junko Shimizu, *Conflict of Loyalties: Religion and Politics in the Career of Gaspard de Coligny, Admiral of France, 1519-1572*, Travaux d'Humanisme et Renaissance, Vol. 114 (Geneva: Droz, 1970); Liliane Crété, *Gaspard de Coligny* (Paris: Fayard, 1988).
32) John McGrath, "Polemic and History in French Brazil, 1555-1560," 395.
33) Gustav Warneck, *Outline of A History of Protestant Mission*, 23.

제10장

세바스티앙 카스텔리옹의 생애와 저작들:
16세기 관용논쟁을 중심으로

1. 시작하는 말

한국 사회에서도 이제는 똘레랑스(tolérance)라는 프랑스어가 그렇게 낯설지 않게 되었다. 모더니즘 사회를 지나 포스트모더니즘 시대로 접어들면서 똘레랑스는 시대정신으로 자리를 잡았다. 객관적이고 보편적인 거대담론들에 대해 회의를 가지기 시작하였고, 모든 시대를 아우르는 진리가 있는 것인지에 대해서도 의문이 제기되고 있다. 타인에 대해서 그리고 다른 사람의 사상에 대해서도 용인하고 관용해야 한다는 것이 상식처럼 받아들여지고 있다.

똘레랑스는 '견디다' 혹은 '참다'라는 의미의 라틴어 동사 '똘레라레'(*tolerare*)에서 유래된 말이다. 사실상 이 단어는 16세기 종교적 갈등상황으로부터 역사의 표면에 등장하였다. 하승우는 "똘레랑스는 피의 연못에서 개화했다. 똘레랑스를 꽃피운 결정적인 계기는 성 바르톨로뮤 축일의 학살"이었다고 말하고 있다.[1] 우리는 흔히 똘레랑스를 관용이라고 번역하지만 사실상 이 단어가 처음 등장했을 때에는 나와 다른 사람을 적극적으로 관용하려는 의도보다는 소극적으로 참고 견디는, 다시 말해 어쩔 수 없이 용인하려는 태도를 의미하였다. 내가 믿는 것이 옳지만 내 것만 고집하면 파국으로 이어지기 때문에 어쩔 수 없이 다른 사람의 믿음도 용인할 수밖에 없다는 식이다. 하지만 오늘날에는 관용이란 단어를 보다 적극적이며 능동적으로 받아들여 다른 사람들과 더불어 살아가는 공존의 기술로 이해하고 있다.

오늘날 관용이라는 이념을 둘러싸고 다양한 목소리가 나오고 있다. 필리프 사시에(Phillippe Sassier)는 그의 책 『민주주의의 무기, 똘레랑스』에서 똘레랑스는 공존을 위한 윤리적 덕목이며, 민주주의의 성숙을 위한 투쟁에 있어서 중요한 무기라고 말한다. 그는 똘레랑스가 개인적 자유와 사회적 공익을 위한 유용한 윤리라고 긍정적으로 평가한다.[2] 그러나 반론도 만만치 않다. 우선 보수적인 관점에서, 조시 맥도웰(Josh McDowell)과 밥 호스테틀러(Bob Hostetler)는 『톨레랑스의 두 얼굴』에서 똘레랑스라는 새로운 이념이 참된 가치를 혼란케 하고, 모든 사람과 장소와 때에 적용되는 옳고 그름의 기준을 제거함으로써 개인과 사회는 도덕적 나침반을 완전히 상실하게 되었다며 부정적으로 평가한다. 이들은 똘레랑스라는 시대정신이 모든 진리를 상대화함으로써 진리가 죽었고, 미덕이 사라지고, 확신이 상실되며, 정의는 소멸되고, 신앙은 철저히 개인화되어 버렸다고 비판한다.[3] 이와는 달리 진보적인 관점에서, 웬디 브라운(Wendy Brown)은 『관용: 다문화제국의 새로운 통치전략』에서 똘레랑스라는 사상이 지배와 착취의 문제를 불관용의 문제인 것처럼 왜곡시킴으로써 사회적 갈등을 탈정치화하며 이를 통해 기존의 지배와 우월성을 안전하게 보존하려는 시도와 연결된다며 비판한다. 통치자들은 똘레랑스라는 '만병통치약'을 제국과 기득권자들의 권력을 유지시키는 새로운 통치전략으로 활용하고 있다는 것이다.[4]

관용과 관련하여 언제나 등장하는 질문은 "어디까지 관용할 것인가?"라는 것이다. "도대체 관용의 한계는 어디까지인가?"라는 질문이다. 이 질문이 중요한 이유는, 우리는 항상 '똘레랑스의 역설'에 직면해 있기 때문이다. 무한정으로 관용하게 되면 불관용까지도 관용해야 한다는 역설이 발생하는 것이다. 무제한의 관용은 약자들을 짓밟고 강자들을 보호하는 역기능을 하게 된다. 나치의 학살까지도 관용해야 하는가? 성범죄자들에게도 관용해야 하는가? 그렇다면 나치에게 희생당한 사람이나 성적 피해를 당한 사람들에게 관용이란 강한 자의 이데올로기요 억압의 다른 이름에 불과할 것이다. 따라서 관용이란 강자의 지배를 위한 도구가 아니라 약자의 권리를 지키는 수단이요 무기여야 한다는 주장이 힘을 얻는다.

우리는 흔히 똘레랑스라는 말을 들으면, 존 로크의 『관용에 관한 편지』나 볼테르의 『관용론』이나 존 스튜어트 밀의 『자유론』을 떠올리게 된다.[5] 그러나 이들보다 훨씬 먼저 관용을 주창한 사람이 있었으니 그가 바로 세바스티앙 카스텔리옹(Sébastien Castellion, 1515-63, 영어로는 Sebastian Castellio)이다. 카스텔리옹이야말로 관용사상을 역사의 전면으로 끌어낸 인물이며, 종교로 말미암은 갈등과 전쟁의 소용돌이 속에서 관용의 이상을 실현하고자 했던 인문주의적 성향의 개혁자였다. 세르베투스의 죽음이라는 사건을 두고서 벌어진 카스텔리옹과 칼뱅의 '관용논쟁'은 이후 역사에서 다른 형태로 부단히 되풀이되었으며, 관용의 주창자들에게 카스텔리옹은 시대를 앞서 살아간 선구자였다.

필자는 시대를 앞선 예언자였던 카스텔리옹의 생애와 저작들에 나타난 그의 사상을, 특히 관용이라는 주제에 초점을 맞추어서 소개하고자 한다. 먼저 카스텔리옹의 생애를 소개한 후, 그의 주요 저술에 나타난 핵심적 사상이 무엇인지를 살펴볼 것이다. 그리고 칼뱅과 카스텔리옹의 관계를 어떻게 보아야 할지에 대해서도 언급할 것이다. 사실상 아직 국내에서는 카스텔리옹에 관한 연구는 불모지에 가깝다고 할 수 있다.[6] 그저 슈테판 츠바이크의 역사소설인 『다른 의견을 가질 권리』에서 사실과 허구가 뒤범벅이 된 카스텔리옹과 칼뱅에 대한 이야기가 대중적으로 소개되었을 뿐이다.[7] 따라서 필자는 이 연구가 많은 사람으로 하여금 카스텔리옹이라는 인물과 그의 신학과 관용사상에 대한 진지하고도 학문적인 관심을 갖도록 만드는 계기가 되기를 바란다.

2. 세바스티앙 카스텔리옹의 생애

카스텔리옹은 1515년 동부 프랑스 앵(Ain) 주의 생 마르탱 뒤 프렌(Saint-Martin-du-Frêne)에서 태어났다. 사보이 공국에 속한 이 작은 마을은 리옹에서 제네바로 가는 길에 위치하고 있었으며 낭투아(Nantua)에서 7km 정도 떨어져 있었다. 카스텔리옹은 20살이 되던 해에 공부를 위해 리옹으로 가서 삼위일체 대학(College of the Trinity)에서 5년 동안(1535-40) 수학하였고 그곳에서 라틴어와 그리스어에 정통한 고전학자가 되었다. 리옹에 머물면서 그는 '리옹 인문주의'의 지도자였던 샹피에르(Symphorien Champier)를 위시한 수많은 인문주의자와 접촉하였고 그들을 통해서 '호전적 개혁'(militant reform)보다는 '평화적 개혁'(pacific reform)의 필요성을 배웠다.[8] 카스텔리옹은 1540년 1월 리옹에서 이단자로 몰린 사람들이 화형당하는 것을 목격하였고, 그때 로마가톨릭의 종교재판소의 잔인함을 절감하였으며 희생자들의 용기에 깊은 감명을 받았다. 이 경험은 그에게 지울 수 없는 인상을 남겼다.

그 후 카스텔리옹은 스트라스부르로 갔는데 거기서 칼뱅을 만났다. 당시 칼뱅은 1538년 제네바에서 쫓겨난 후 스트라스부르에 와서 프랑스어를 사용하는 피난민들이 모이는 교회에서 목회하면서 요하네스 슈투름(Johannes Sturm)이 설립한 스트라스부르 아카데미에서 가르치고 있었다. 카스텔리옹은 한때 칼뱅의 집에서 함께 살면서 우정을 다지기도 하였다. 이런 인연으로 인해 칼뱅이 1541년 다시 제네바로 돌아갔을 때, 카스텔리옹은 불과 26살의 나이에도 불구하고 제네바의 초등교육 기관인 '콜레주 드 라 리브'(Collège de la Rive)의 교장에 임명되었다.[9] 카스텔리옹이 앙투안 소니에(Antoine Sonier)와 마튀랭 코르디에(Mathurin Cordier)의 뒤를 이어 맡은 이 직책은 그에게 큰 책임을 부과하였다. 그는 교장 직무를 수행하면서 『거룩한 대화』(Dialogi Sacri)[10]라는 제목의 라틴어로 된 성서 이야기 모음집을 발간하였는데, 이것은 1540에서 1731년 사이에 라틴어와 프랑스어로 여러 차례 출판되었다. 이 책은 카스텔리옹의 작품들 중에서 가장 오랫동안 보존된 것이다.[11]

그러나 카스텔리옹과 칼뱅의 우정의 관계는 그리 오래가지 못하였다. 카스텔리옹이 안수를 받기 위해 제네바 목사회에 청원했을 때, 제네바 교회는 그가 아가서의 영감성을 부인하며, 사도신경에 있는 그리스도의 지옥강하에 대해 칼뱅과 다른 견해를 고집한다는 이유를 들어 안수를 거절하였다.[12] 이로 인해 카스텔리옹은 1544년에 제네바를 떠날 수밖에 없었다. 카스텔리옹은 아가서를 교회를 향한 그리스도의 사랑의 비유로 해석하지 않고 성(性)적이고 외설적인 시(詩)라고 보았다. 또한 그는 그리스도의 지옥강하를 그리스도가 우리가 당해야 할 영원한 고통을 대신하여 미리 경험하는 것으로 이해하는 칼뱅의 상징적 해석을 거부하였다. 칼뱅은 무엇보다 카스텔리옹이 아가서의 영감성을 부인하는 것은 성서의 권위에 대한 중대한 도전이라고 보았다. 이것은 종교개혁의 근본적인 원리 중 하나인 '오직 성서'라는 원리를 침해하는 것이며, 이런 태도는 성서 전체의 권위를 허물어뜨릴 위험이 있는 것으로 여겨졌다.[13] 뿐만 아니라 이와 같은 태도는 제네바에서 새롭게 시작하는 교회의 일치를 위협할 수 있는 것으로 판단하였다. 따라서 칼뱅과 제네바의 목사들은 카스텔리옹의 안수에 반대했으며, 결국 카스텔리옹은 교장의 직책까지 사임하고 제네바를 떠나게 되었다.

제네바를 떠난 카스텔리옹은 몇몇 도시를 거쳐 1545년 바젤에 도착하여 1563년에 죽기까지 그곳에서 살았다. 그는 두 번 결혼하였으며, 아홉 자녀를 두었고, 매우 가난한 삶을 살았다. 카스텔리옹이 제네바에 머무는 동안 파커롱(Huguine Paquelon)이라는 여인과 결혼하여 세 자녀(Susanna, Debora, Nathanael)를 두었다. 그렇지만 1549년 1월 바젤에서 아내가 죽게 되자 같은 해 6월에 마리아(Maria, 그녀의 성은 알려져 있지 않다.)라는 이름의 여인과 재혼하였고 슬하에 여섯 자녀(Anna, Barbara, Sara, Bonifacius, Thomas, Friedrich)를 두었다.

그중에서 첫째 부인과의 사이에서 태어난 드보라는 1549년에 일찍 죽었고, 조카였던 잔느(Jeanne)가 고아가 되는 바람에 1558년에 입양하여 결국 9명의 자녀와 함께 살았다.[14] 바젤에서 카스텔리옹은 성서를 고전 라틴어와 프랑스어로 번역하는 일에 매달렸다. 그의 라틴어 성서는 1551년에 선을 보였고, 프랑스어 성서는 1555년 출판되었다. 카스텔리옹이 성서 전체를 두 가지 언어로 번역했다는 것은 대단한 일임에 틀림없다. 하지만 칼뱅과 베즈는 카스텔리옹이 번역한 성서들이 성서를 세속화시키고 모독했다며 비판하였다. 칼뱅과 베즈는 카스텔리옹이 성서를 이교도인 키케로의 언어와 저급한 프랑스 농민들의 언어로 변질시킴으로써 신성모독을 범했다고 주장하였다.[15]

1559년에 카스텔리옹이 바젤에 살면서 얀 반 브루게(Jan van Brugge)라는 가명을 사용하고 있던 네덜란드 재세례파의 지도자인 요리스(David Joris)와 개인적 관계를 유지하고 있었다는 사실이 밝혀지게 되면서 그의 입지는 위험에 처하였다. 더욱이 1563년 그가 유니테리언주의와 일부다처의 경향성을 지닌 베르나르디노 오치노(Bernardino Ochino)의 책 『30개의 대화』(*Dialogi Triginta*)를 이탈리아어에서 라틴어로 번역했을 때 상황은 더욱 악화되었다. 카스텔리옹은 이 책을 번역했다는 혐의로 기소되었다. 그는 오치노의 책을 번역한 것은 그저 수많은 번역업무 중 하나였을 뿐이며 그 내용에 대해서는 자신이 책임질 일이 아니라고 항변하였다. 그러나 그가 오치노를 알고 지낸 것이 20년이 넘었고 오치노의 책을 여러 권 번역하면서 그 사상에 대해서도 잘 알고 있었기 때문에 그런 말은 변명으로밖에 들리지 않았다. 이 일로 말미암아 카스텔리옹은 정신적으로 극심한 스트레스와 노이로제에 시달렸으며, 육체적으로도 열병과 위장병으로 고통을 당하다가 1563년 12월 29일 48세를 일기로 세상을 떠났다. 만일 그가 죽지 않았더라면 그는 투옥을 당하거나 추방 당했을 것이 분명하다. 16세기의 바젤은 제네바에 비해 덜 엄격한 도시였고 에라스무스의 정신이 살아 숨 쉬는 도시였기는 하지만, 그럼에도 바젤의 관용적 분위기가 카스텔리옹을 품을 수 있을 정도는 아니었다.

3. 세바스티앙 카스텔리옹의 저작들

1) 라틴어 성서 번역판 서문(1551)

카스텔리옹은 바젤에 머무는 동안 라틴어와 프랑스어로 성서를 번역하였다. 1551년 출판된 라틴어 성서 번역판은 18세기까지 꾸준히 발행된 반면에 프랑스어 성서 번역판은 1555년 단 한 차례 출판되었을 뿐이다.[16] 카스텔리옹의 전기를 쓴 바젤의 역사학자 한스 구기스베르크(Hans R. Guggisberg)는 "만일 카스텔리옹이 1553년 세르베투스의 처형 이후 벌어진 논쟁에 그처럼 깊이 연루되지 않았더라면, 그리하여 그가 후대에 관용의 옹호자로 그토록 신봉되지 않았더라면, 그는 분명히 성서의 번역으로 말미암아 가장 오랫동안 기억되었을 것"[17]이라고 말하였다. 그만큼 그의 성서번역은 중요하고도 의미 있는 작업이었다. 사실상 카스텔리옹은 제네바에 있을 때 프랑스어 성서번역을 시작했지만 마무리를 하지 못하고 바젤로 오게 되었으며, 바젤에 와서는 라틴어 성서번역에 우선적으로 매달림으로써 라틴어 성서 번역판이 먼저 나오고 후에 프랑스어 성서 번역판이 출판되었다. 라틴어 성서번역과 프랑스어 성서번역은 서로 다른 청중들을 대상으로 삼았는데, 라틴어 성서번역이 교육받은 지식층을 대상으로 한 것이었다면 프랑스어 성서번역은 고전어에 대한 지식이 부족한 일반 백성들을 위한 것이었다.[18]

카스텔리옹이 쓴 라틴어 성서의 서문은 당시 14살이던 잉글랜드의 왕인 에드워드 6세에게 헌정되었다. 이것은 아마도 잉글랜드가 신앙 때문에 피신의 길을 떠나야 했던 종교적 난민들을 따뜻하게 맞아준 것에 대한 감사의 마음에서 나온 것으로 생각된다. 반면에 그의 프랑스어 성서 번역판의 서문은 종교의 자유를 억압하는 프랑스 왕 앙리 2세에게 헌정되었는데, 이를 통해 종교적 관용을 호소하기 위함이었다. 프랑스어 성서번역의 서문은 상대적으로 짧고 라틴어 성서 서문을 반복한 것이기 때문에 필자는 여기에서 라틴어 성서번역의 서문만을 다루고자 한다. 카스텔리옹은 라틴어 성서의 서문에서 종교적 관용의 옹호자로서 자신의 모습을 드러낸다. 그는 다른 신앙을 가진 사람을 박해하는 것은 그리스도를 향한 그릇된 열심에서 비롯된 것이라고 주장하면서 박해는 그리스도의 가르침과 모범을 오해한 데서 나온 것이라고 말하였다.

> 우리는 아무든지 죽이라는 허락을 받지 않았다고 선언하면서도 사람들을 빌라도에게 끌고가서 만일 그를 놓아주면 당신은 가이사의 친구가 아니라고 말하고 있다. 더욱 최악인 것은 우리가 이 모든 것을 그리스도를 위한 열정으로 그분의 명령과 이름으로 행한다고 말하는 것이다. 따라서 우리는 이리의 잔인함을 양의 옷으로 위장하는 것이다. 이런 세상에! 그리스도께서는 자신

의 피를 쏟으셨는데 우리는 그리스도를 위한답시고 피에 굶주려 있다. 그리스도께서는 알곡이 뽑힐까 염려하여 추수 때까지 가라지를 그냥 두라고 말씀하셨는데 우리는 그리스도를 위한답시고 가라지를 마구 뽑고 있다. 그리스도께서는 오른뺨을 맞으면 왼뺨도 돌려대라고 말씀하셨는데 우리는 그리스도를 위한답시고 박해를 하고 있다. 그리스도께서는 악을 선으로 갚으라고 가르치셨음에도 불구하고 우리는 그리스도를 위한답시고 악을 행하고 있다.[19]

카스텔리옹은 잔인한 박해를 그리스도를 핑계로 숨기려는 것이 가장 끔찍한 죄라고 주장하였다. 종교적 박해는 분명히 그리스도께서 주신 사랑의 계명에 상반되는 것이다. 모든 종류의 박해 가운데 종교적 박해가 최악인데 이는 종교적 박해가 양심이라는 신성한 권리를 침해할 뿐만 아니라 그리스도의 이름으로 행해지기 때문이다. 카스텔리옹의 라틴어 성서 번역판의 서문은 "관용 선언문"(manifesto of tolerance)[20]으로 간주될 수 있다.

카스텔리옹의 근본적인 주장은 살인, 강간, 도둑질과 같은 시민적인 문제들에 관해서는 하나님의 뜻을 분명하게 발견할 수 있지만, 종교적인 문제들에 있어서는 불확실한 것들이 많이 존재한다는 것이다. 카스텔리옹에 따르면 논란의 여지가 있는 교리적 문제들은 쉽게 판단하기 어려울 뿐만 아니라 모호한 것이 많이 있다. 그러므로 명확하지 않은 것들에 대해 의견이 다르다고 해서 서로를 죽이는 것은 어불성설이라는 것이다.

비록 자신이 살인자라 할지라도 살인을 옹호하는 사람은 없을 것이다. 하지만 종교와 거룩한 성서에 대한 지식에 관한 것이라면 문제가 다르다. 왜냐하면 성서에 기록된 것들 중에는 모호하게 주어진 것들이 있고 종종 수수께끼나 불가사의한 문제들도 있기 때문이다. 이런 것들은 천년 이상 동안 합의에 이르지 못하고 논쟁이 계속되고 있다. 이런 경우에는 사랑이 아니고서는 합의에 이를 수 없다. 사랑이야말로 모든 논쟁을 중단시키고 가라앉힐 수 있으며 무지를 몰아낼 수 있다.[21]

카스텔리옹은 실수로 진리를 정죄하는 일을 피하기 위해서는 사도행전 5:34 이하에 나오는 가말리엘의 충고를 따라야 한다고 주장한다. 아무든지 섣부른 판단으로 실수를 저지르기보다는 마지막 심판 때까지 기다리는 것이 옳다. "공정한 재판관에게 복종하고 추수 때까지 가라지를 내버려 두자. 우리가 혹시라도 주인보다 더 알기 원하는 열심 때문에 알곡을 뽑는 실수를 저지르지 않기 위해서라도 말이다."[22] 카스텔리옹에 따르면 누구라도 다른 사람에 대한 판단을 서둘러 내려서는 안 된다. 더군다나 마지막 날이 오기도 전에 다른 사람들을 속박하고 정죄하는 것은 잘못이다.

칼뱅은 1552년 이전에 카스텔리옹의 라틴어 성서의 서문을 읽은 것으로 보인다. 1552년 2월에 출간된 칼뱅의 『사도행전 주석』에 보면 가말리엘의 충고에 대한 비판이 나타나기 때문이다. 칼뱅은 만일 우리가 가말리엘의 충고를 충실하게 따른다면 "아무도 다른 사람을 벌할 수 없으며, 나아가 모든 죄가 교정되지 않고 활개를 칠 것"[23]이라고 주장한다. 가말리엘의 충고를 근거로 세르베투스와 같은 이단의 처형에 대해 반대하는 것은 적절하지 않다고 칼뱅은 말한다. 그런 충고는 시민적 질서와 교회의 질서를 모두 와해시킬 것이기 때문이다. 칼뱅은 만일 종교의 문제가 불확실하고 모호한 것이라고 한다면 도대체 참된 종교는 어떻게 될 것인지 반문한다. 만일 누군가가 그리스도의 본성과 인간의 운명은 알 수 없는 것이라고 한다면, 그것은 마치 하나님이 이런 것들을 우리에게 계시하고자 애쓰기는 했지만 실패했다고 말하는 것과 진배없다. 가말리엘의 충고에 대한 서로 다른 해석은 종교문제에 관한 카스텔리옹과 칼뱅의 근본적인 갈등을 보여주는 지점이다.

2) 『이단에 관하여』(1554)

카스텔리옹은 1553년 10월 27일 제네바에서 행해진 세르베투스의 처형에 대해 몹시 분개하였다. 따라서 그는 고대부터 자신의 시대에 이르기까지 종교적인 문제들 때문에 사형을 집행하는 것에 대해서 반대하는 의견을 개진한 책들에서 가려 뽑은 인용문들을 묶어 1554년 3월에 『이단에 관하여, 그들을 박해해야만 하는가?』(De haereticis an sint persequendi)라는 제목으로 책을 출간하였다.

이 책은 이단에게 사형을 선고하는 것이 합당한지를 둘러싼 논쟁을 유발시켰으며, "관용과 종교적 자유에 대한 요청의 역사에서 하나의 이정표"[24]가 되었다. 저자의 이름은 마르티누스 벨리우스(Martinus Bellius)로 되어 있었지만, 칼뱅과 베즈는 이 이름이 카스텔리옹의 가명임을 즉시 알아차렸다.[25]

이 책은 이단을 사형시키는 것에 반대하면서 종교적 관용을 옹호하는 많은 저술가의 견해를 연속적으로 인용하고 있다.[26] 흥미로운 것은 카스텔리옹이 칼뱅의 작품에서 가려 뽑은 두 개의 인용문을 싣고 있다는 사실인데, 하나는 칼뱅의 『사도행전 주석』(1552)의 서문이고, 다른 하나는 칼뱅의 『기독교강요』 초판(1536)의 내용이다.[27] 20개의 인용문 중에서 특별히 마지막 2개의 본문이 중요한데, 첫 번째 글의 저자는 게오르그 클라인베르크(Georg Kleinberg)로 되어 있고, 두 번째의 글은 바실 몽포르트(Basilius Montfort)의 것으로 나온다. 하지만 두 사람의 이름은 모두 가명임이 거의 확실하다. 지금은 클라인베르크와 몽포르트가 다름 아닌 카스텔리옹이라는 것에 대해 대부분의 학자들이 동의하고 있다.

이 책의 내용 중에서 가장 중요한 부분은 카스텔리옹이 뷔르템베르크의 공작인 크리스토프(Christoph of Württemberg)에게 헌정한 서문이다. 카스텔리옹은 책의 첫 장에서부터 기독교의 참된 진수는 교리의 정확성보다는 도덕적 삶의 순수성에 놓여 있다고 주장한다. 서문은 매우 인상적인 비유로 시작된다.

> 가장 탁월한 군주시여, 당신께서 당신의 신하들에게 "언젠가 내가 돌아올 때 흰옷을 입고 나를 맞을 준비를 하라."고 명령을 했다고 가정해보시기 바랍니다. 그런데 만일 당신에 돌아왔을 때 당신의 신하들이 흰옷에 대해서는 완전히 망각하고 대신에 당신에 대해서 논쟁만 하고 있는 것을 발견한다면 어떻게 하시겠습니까? 어떤 사람들은 당신이 프랑스에 있다고 말하고, 다른 사람들은 스페인에 있다고 말합니다. 어떤 사람들이 당신이 말을 타고 오실 것이라고 하고, 다른 사람들은 병거를 타고 오신다고 말합니다. 어떤 사람들은 당신이 많은 마차와 수행원을 거느리고 나타날 것이라고 하고, 다른 사람들은 당신이 오지 않을 것이라고 말합니다. 만일 이렇다면 당신은 기쁘시겠습니까?[28]

이 비유가 말하는 것은 그리스도인이라면 그리스도의 명령에 따라 흰옷을 준비해야 한다는 것이다. 여기서 흰옷이란 그리스도인다운 삶의 태도로 논쟁이나 다툼이 없어 서로를 사랑하며 사는 것을 의미한다. 이 비유의 핵심은 교리 문제로 인한 논쟁을 중단하고 그리스도께서 우리에게 주신 가장 큰 계명인 사랑을 따라 살라는 것이다. 기독교의 본질은 서로 사랑 안에서 사는 데에 있다.

카스텔리옹에 따르면 도덕적 삶이 종교적 교리보다 더 중요하고 앞서는 가치이다.

이 책에서 카스텔리옹은 이단에 대한 관용을 호소하기 위해 먼저 이단의 개념을 점검한다. 누가 이단인가? 카스텔리옹은 '이단'이라는 용어 대신에 종종 "분파"(sect) 혹은 "견해"(opinion)라는 단어를 사용한다.[29] 카스텔리옹에 따르면 우리는 이단을 단지 나와 다른 견해를 가진 사람으로 규정해야 한다. 이런 이유에서 가톨릭 신자이든, 루터교인이든, 개혁교회 교인이든 모두가 분파라고 할 수 있다. "문제는 모든 분파가 자기 신앙만이 하나님의 말씀에 따라 세워졌고 확실하다고 말할 때 발생하게 된다.…칼뱅은 자신이 분명하고 확실하다고 말하고 다른 사람들도 이처럼 주장한다."[30] 칼뱅은 자신의 입장이 옳고 다른 것들은 틀리다고 주장하고, 모든 분파도 같은 방식으로 자신의 정당성을 주장하고 있다. 만일 이런 상황이라면 도대체 누가 칼뱅을 모든 사안에 대한 재판관으로 삼았단 말인가? 카스텔리옹은 어떻게 칼뱅은 자신의 성서해석만이 옳고 자기와 다른 해석을 가진 사람은 화형대로 보내야 한다는 확신을 가질 수 있는지 질문한다. 이와 같이 종교적 문제들에 관한 카스텔리옹의 관용을 이해하는 출발점은 이단과 신성모독을 구별하는 그의 관점에 주목하는 것이다. 신성모독이 하나님의 위엄과 영광에 대한 침해라면, 이단은 단지 견해의 차이일 뿐이다.

> 내 생각에, 우리는 하나님을 부인하는 사악한 자들(the impious)과 단지 오류를 범하는 자들(the erring)을 구별해야만 한다. 왜 칼뱅은 이런 모든 것을 혼동하여 신성을 모독하는 자들 혹은 다른 신과 거짓 선지자를 숭배하는 자들에게 이단이라는 이름을 뒤집어씌우는가?…나는 거룩한 성서를 경멸하고 하나님을 모

독하는 자들을 이단이라 부르는 것에 반대한다. 내 판단에는 이런 자들은 마땅히 하나님을 부정하는 자들로 간주되어야만 한다. 만일 하나님을 부인하고 모독하고 공개적으로 기독교의 가르침을 위반하는 자들이 있다면, 만일 경건한 사람들의 거룩한 삶을 혐오하는 자들이라면, 그 사람들은 신앙의 오류 때문이 아니라 아예 신앙이 없는 자들이기 때문에 위정자들에게 넘겨져야 한다는 데 기꺼이 동의한다.[31]

신성모독자들은 하나님의 존재를 부인하기 때문에 벌을 받는 것이 마땅할 것이다. 그러나 이단자들은 잘못된 견해를 가지고 있다고 하더라도 하나님과 성서를 믿기 때문에 관용되어야만 한다. 카스텔리옹은 이단자들에게는 관용을 호소하였고, 신성모독자들의 경우에는 추방하거나 투옥할 수 있다고 보았다.

『이단에 관하여』는 라틴어로뿐만 아니라 얼마 후 프랑스어로도 출판되었다. 이 프랑스어 판에는 또 다른 서문이 포함되어 있는데 그것은 독일의 프로테스탄트 영주인 헤센의 윌리엄(William of Hessen)에게 보내는 헌사이다. 카스텔리옹은 이 서문에서 기독교인 위정자의 의무에 대해 기술하고 있다. 만일 이단자가 공적인 평화를 교란시킨다면, 위정자는 그들에게 벌금을 부과하거나 혹은 추방하거나 투옥할 수 있다. 그러나 어떤 경우에도 사람의 생명을 빼앗을 수는 없다. 혹시라도 무고한 사람이 사형에 처해질 위험이 항상 도사리고 있기 때문이다. 카스텔리옹에 따르면 "이단이라는 핑계로 의인 한 사람을 죽이는 것보다는 수백, 수천 명의 이단을 살려주는 것이 훨씬 나을 것이다."[32] 아무도 이단이라는 혐의 때문에 다른 사람의 생명을 빼앗을 수는 없다. 오히려 우리는 형제적 사랑으로 이단들이 진리의 길로 돌아오도록 이끌어야 할 것이다. 카스텔리옹에게서 기독교인의 윤리의 핵심은 하나님과 이웃을 사랑하라는 그리스도의 명령이었다.

카스텔리옹의 『이단에 관하여』는 칼뱅주의 종교개혁 지도자들의 즉각적인 반발을 불러왔다. 테오도르 베즈(Théodore Bèze)는 카스텔리옹의 책이 나온 지 6개월 후인 1554년 9월에 『이단에 관하여, 새로운 아카데미 학파의 뒤범벅에 대항하는 논박』이라는 제목의 책을 출간하여 카스텔리옹을 논박하였다. 베즈는 자신의 동료인 칼뱅의 입장을 지지하면서 한 치의 양보도 하지 않았다. 베즈는 종교의 자유를 말하는 것은 "모든 사람이 자기 마음대로 지옥으로 가도록 내버려두어야 한다는 것을 의미하기 때문에 가장 사악한 가르침"이라고 주장하였다.[33] 만일 카스텔리옹이 주장하는 것처럼 종교적 문제가 불확실하고 모호한 것이라면 도대체 우리는 어디에서 의지할 수 있는 견고한 기초를 발견할 수 있다는 것인지를 베즈는 반문한다. 만일 카스텔리옹의 주장을 따른다면 모든 설교자는 교리가 명백하게 밝혀질 때까지 말씀을 전하는 일을 중단해야만 할 것이다. 베즈는 카스텔리옹을 비판하면서 그를 그리스의 회의주의 철학자들을 흉내 내는 "새로운 아카데미 학파"[34]의 한 사람으로 간주하였다. 이런 의미에서 베즈는 그의 책의 부제를 "새로운 아카데미 학파의 뒤범벅에 대항하는 논박"이라고 이름 붙였다. 뿐만 아니라 베즈에 따르면 사랑의 계명 때문에 이단을 처벌할 수 없다는 논리도 말이 되지 않는 것이었다. 칼뱅과 더불어 베즈는 한 명의 이단자를 살리기 위해 온 세상에 이단이라는 독이 퍼지도록 방치하는 카스텔리옹의 사악한 관용을 비난하였다. 베즈는 또한 교회를 지켜야 하는 위정자의 종교적 의무와 권리를 옹호하였다. "위정자들이 종교적인 문제들에 간여하거나 특히 이단을 처벌하는 것을 원치 않는다면 그들은 하나님의 명백한 말씀을 거스르는 것이다. … 또한 교회를 무너뜨리고 완전히 파괴하는 행위이다."[35] 베즈는 카스텔리옹의 주장이 모든 교회의 제도를 뒤흔들고 교회의 일치를 약화시킬 것이라고 생각했다. 다시 말해 칼뱅과 베즈에게는 카스텔리옹의 항의는 결코 관용하여 넘길 수 없는 것이었다.

3) 『칼뱅의 책에 대한 반론』(사후 1612년 출판)

이단을 죽이는 것에 반대하는 카스텔리옹의 다음 작품은 『칼뱅의 책에 대한 반론』(Contra libellum Cavini)으로 세르베투스 사건에 대한 자세한 논의가 들어 있다.[36] 이것은 칼뱅이 세르베투스를 처형한 일의 정당성을 주장하며 1554년 2월에 출판한 책 『미카엘 세르베투스의 오류에 대항하는 정통 신앙의 변호』(Defensio orthodoxae fidei)를 논박하기 위해 카스텔리옹이 쓴 책이다. 따라서 이 책이 다루는 주제는 과연 위정자들이 이단을 사형시키는 것이 옳은가라는 것이었다. 카스텔리옹의 이 책은 그의 생애 동안에 출판되지는 못하고 원고 형태로 회람되다가 1612년에 가서야 네덜란드에서 출간되었다.

이 책에서 카스텔리옹은 네 가지 논점을 강조하였다. 첫째로 그가 이미 『이단에 관하여』에서 주장한 것처럼 기독교 신앙의 본질은 교리가 아니라 삶에 있다는 점이다. 이 주장은 전형적인 기독교 인문주의의 가르침이라고 할 수 있는데, 삶이 교리에 앞서며, 따라서 누가 얼마나 진실한 기독교인이냐 하는 것은 교리적 기준이 아니라 윤리적 잣대에 따라 평가되어야 한다는 것이다.[37] 칼뱅에게서 하나님의 말씀은 명료하여 우리에게 분명하고 객관적인 원칙을 제공해주는 반면, 카스텔리옹에게서 명료한 것은 기독교의 교리가 아니라 윤리였다. 따라서 카스텔리옹의 입장에서 볼 때 교리적 차이를 이유로 사람을 죽이는 것은 있을 수 없는 일이다.

둘째로 지금은 율법의 시대가 아니라 은혜의 시대이다. 카스텔리옹은 칼뱅이 은혜의 시대에 구약의 율법이 제시하는 엄격한 형벌을 적용하는 우를 범했다고 지적하였다. 자신의 논지를 옹호하기 위해 칼뱅이 구약에 호소했다면, 카스텔리옹은 신약에 호소하였다. 카스텔리옹은 이 책에서 『이단에 관하여』에서보다 더욱 분명하게 모세의 율법을 영적인 의미로 해석해야 한다고 강조하였다. 특히 카스텔리옹은 칼뱅의 성서 사용, 특히 이단을 죽여야 하는 기독교인 위정자들이 의무의 근거로서 모세의 율법을 제시하는 것에 대해 문제를 제기하였다.[38] 이단을 멸해야 한다는 칼뱅의 주장은 어디까지나 구약성서에 근거하고 있었다. 칼뱅은 신명기 13:6-9의 끔찍한 주장을 계속 유효한 하나님의 명령으로 이해하였다. 그러나 카스텔리옹은 우리가 이제는 은혜의 법 아래 살고 있기 때문에 구약의 율법을 악의적으로 적용하는 칼뱅을 강력하게 비판하였다.

셋째로 카스텔리옹은 칼뱅의 논리 안에 내재해 있는 기괴한 모순을 지적한다. 칼뱅이 자신의 논점을 옹호하는 과정에서 경건한 이스라엘 백성을 멸시하고 이방의 왕은 오히려 칭송하는 자가당착에 빠졌다는 것이다. 경건한 유대인이던 가말리엘은 "회의주의자요, 어둠 속에서 더듬거리는 소경"이라고 비판하면서, 왕의 명령에 대항하여 불경을 범하는 자를 사형에 처한 느부갓네살에 대해서는 오히려 칭송하는 모순을 지적한 것이다.[39] 카스텔리옹은 가말리엘의 지혜와 온유함을 더 선호하였다.

넷째로 카스텔리옹은 목사와 위정자의 역할을 구별한다. 카스텔리옹도 위정자의 권한이 전적으로 시민적 혹은 정치적 문제에만 국한되어야 하는 것으로 보지는 않았다. 그도 위정자가 교회의 치리와 행정에 관여하는 것에 대해 이의를 제기하지 않았다. 단지 그가 반대한 것은 교리를 옹호하기 위해 칼을 사용하는 것이었다. "사람을 죽이는 것은 교리를 옹호하는 것이 아니라 그저 살인을 하는 것일 뿐이다. 제네바의 사람들이 세르베투스를 죽였을 때, 그들은 교리를 옹호한 것이 아니라 살인한 것이다. 교리를 옹호하는 것은 위정자들의 일이 아니라 교사들의 몫이다. 도대체 공권력과 교리 사이에 무슨 관계가 있단 말인가?"[40] 카스텔리옹은 교리의 문제는 목회자에게 속한 것이며, 따라서 위정자들이 교리를 수호하기 위해 공권력을 사용하는 것은 부당한 행위라고 주장하였다.

칼뱅과 카스텔리옹 사이의 간격은 분명하였다. 칼뱅은 기독교인 위정자들이 이단을 처벌하기 위해 칼을 사용하는 것은 당연한 의무로 여겼고, 카스텔리옹은 교리에 대한 견해의 차이를 위정자들이 공권력으로 억압하는 것은 터무니없는 것으로 보았다. 칼뱅은 전체 교회의 안위와 평화가 먼저였고, 카스텔리옹은 개인의 신앙의 자유가 우선이었다. 제네바 교회를 책임지고 있던 칼뱅은 그 무엇보다 교회 공동체의 일치와 평화가 중요했다. 그러나 종교적 난민으로 떠돌았던 카스텔리옹은 개인적 양심의 자유가 무엇보다도 소중했다. 이처럼 어쩌면 두 사람의 차이는 그들이 처해 있는 삶의 자리의 차이에서 연원했을지도 모른다.

4) 『비탄에 빠진 프랑스를 위한 권고』(1562)

1562년 프랑스에서 '위그노 전쟁'이라 불리는 종교전쟁이 발발하자 카스텔리옹은 안타까운 마음을 담은 책 『비탄에 빠진 프랑스를 위한 권고』(*Conseil à la France désolée*)를 썼다. 물론 이 책의 첫 장에는 저자의 이름도 출판사도 표시되어 있지 않지만, 오늘날 이 96쪽의 작은 책자의 저자가 카스텔리옹임에는 거의 이의가 없다. 이 책에서 카스텔리옹은 가톨릭과 프로테스탄트 양 진영에게 오직 관용만이 프랑스에 평화를 가져다줄 것이라고 권면하였다. 그는 어떤 한쪽이 전적으로 진리를 소유하고 있다고 주장할 수 없으며, 양심을 강요해서는 안 된다고 주장하였다. 특히 개인의 양심이 이 책의 중요한 관심사였다.[41] 카스텔리옹은 종교전쟁의 뿌리에는 양심에 대한 억압이 자리 잡고 있다고 보았다.

카스텔리옹은 프랑스가 이런 비탄에 빠진 책임을 가톨릭과 프로테스탄트 신자들 모두에게 돌렸다.[42] 그는 양측의 가운데에 서서 양 진영을 동일한 무게로 비판하였다. 가톨릭 신자들을 향해서는 프로테스탄트 신앙에 대한 박해를 즉시 중단할 것을 요구했고, 프로테스탄트 신자들을 향해서는 무기를 들고 폭력적인 방식으로 해결하려고 하지 말라고 주장했다. 또한 프로테스탄트 종교개혁의 주창자들이 가톨릭교회의 전철을 밟아 신앙 양심의 자유를 억압해서는 안 될 것이라고 충고하였다.

카스텔리옹은 "무엇이든지 남에게 대접을 받고자 하는 대로 너희도 남을 대접하라 이것이 율법이요 선지자니라"(마 7:12의 황금률)는 말씀을 언급하면서, 왜 가톨릭과 프로테스탄트 신자들은 양심의 문제에 대해서는 이 원칙을 적용하지 않는지를 물었다.[43] 그는 양심을 강제하여 얻을 수 있는 것이 무엇인지 질문한다. 카스텔리옹은 이런 강압적인 방법으로 참된 신앙을 유지하거나 전파할 수 있다고 생각하는 것은 큰 오산이라고 말한다. 강압을 통해서 얻을 수 있는 것이라고는 위선적인 신자들밖에 없다는 것이다. 어리석은 사람은 자신이 조금 가지고 있는 포도주에 물을 잔뜩 더하면 포도주의 양이 늘어날 것이라 생각하겠지만, 실상은 포도주가 많아지기는커녕 조금 가지고 있던 포도주마저 못쓰게 만드는 꼴이 될 것이다.[44] 이처럼 강압에 의해 가톨릭이나 프로테스탄트로 개종을 했다고 해도 그것은 아무런 맛도 없는 맹물 같은 신자가 늘어난 것일 뿐, 맛과 향을 내는 포도주 같은 알짜 신자가 증가하는 것이 전혀 아니라는 것이다. 오히려 신실한 신자들마저 위선적 신자들에 의해 망가질 위험만 높아질 뿐이라는 것이다. 카스텔리옹은 양심은 강제될 수 없다는 점을 분명하게 했다. 이 원칙은 신앙의 문제를 폭력으로 해결하려는 시도에 대한 투쟁에 서 새로운 전망을 제시하였다.

카스텔리옹의 주장 중에서 가장 급진적인 것은 그가 결국 양심을 상대화시켰다는 사실이다.[45] 각자의 양심은 각자가 책임질 성질의 것이지, 그 누구에게도 강압을 받을 수 없다는 것이다. 아마도 카스텔리옹이 살던 시대의 기독교인들에게 관용이란 받아들이기 쉬운 개념은 아니었을 것이다. 필립 샤프(Philip Schaff)가 지적한 것처럼, "카스텔리옹은 자기가 살던 시대를 초월한 사람이었다. 합리주의가 등장하기 이전의 이성주의자요, 불관용의 시대를 살면서 종교적 관용을 옹호한 사람이었다."[46] 그는 분명 시대의 선구자였다.

5) 『의심과 신뢰의 기술에 관하여』(사후 1981년 출판)

카스텔리옹의 마지막 작품은 『의심과 신뢰의 기술에 관하여』(De arte dubitandi et confitendi)이다. 이 책은 그가 죽던 해인 1563년에 씌어졌지만, 정작 온전한 형태로 출판된 것은 1981년 엘리자베스 히르쉬(Elizabeth Feist Hirsch)의 편집에 의해서이다.[47] 카스텔리옹의 최후의 작품으로 추정되는 이 책은 2권으로 구성되어 있고 각 권은 각각 33장과 44장으로 이루어져 있다. 여기에는 그 당시의 신학과 시대에 대한 가장 폭넓은 비평이 담겨 있다.

이 책의 1권에서 카스텔리옹은 모든 신학적인 체계는 의심에 대해 개방되어 있으며, 오직 이성에 의해서만 진리에 이를 수 있다고 주장하였다. 칼뱅과 비교해볼 때 카스텔리옹은 성서에 절대적 권위를 부여하지 않았다. 카스텔리옹에 따르면 성서는 모호할 뿐만 아니라 어떤 점에서는 오류도 있다. 따라서 카스텔리옹은 인간의 이성이 종교적 진리를 분별하는 데 중요하고 결정적인 역할을 한다고 믿었다. 마치 신비주의자들이 신앙의 진리에 다다르기 위해서 성령에게 결정적 역할을 부여하는 것처럼, 카스텔리옹은 인간의 이성에 그러한 권위를 부여했다. 카스텔리옹에 따르면 인간의 이성은 '하나님의 딸'이다.

> 말하자면 이성은 하나님의 딸이다. 그녀는 문자와 예전보다 앞서며, 세상이 조성되기 이전에 있었다. 그녀는 문자와 예전 이

후, 세상이 변화되고 새롭게 된 이후에 있다. 그녀는 하나님이 사라지지 않는 것처럼 결코 사라질 수 없고 영원할 것이다. 나는 이성은 하나님의 영원한 말씀과 같은 것이라고 말하고 싶다.[48]

카스텔리옹은 이성을 인간 양심의 교사인 동시에 진리의 근원으로 간주하였다. 『의심과 신뢰의 기술에 관하여』에서 카스텔리옹은 인간의 이성을 부정적으로 보는 칼뱅의 견해를 강하게 논박하였다. 칼뱅이 인간 이성이 죄로 인해 완전히 타락했다고 보았다면, 카스텔리옹은 이성 때문에 사람은 성서 안에서 확실한 것과 모호한 것을 식별해낼 수 있다고 가르쳤다. 당대의 많은 사람들은 낙원에 있던 나무가 무지의 나무라고 생각했지만, 카스텔리옹은 그것이 지식의 나무라고 주장하였다.[49] 칼뱅이 인간의 부패와 무력을 강조했다면, 카스텔리옹은 이성을 인간이 가진 건설적이며 적극적인 재능이라고 주장하였다.

카스텔리옹은 이성에게 결정적인 역할을 부여함으로써 16세기에 이미 계몽주의 시대의 가장 중요한 주제 중 한 가지를 예견한 것이다. 따라서 윌리엄 렉키(William Lecky)는 카스텔리옹을 "합리주의의 가장 탁월한 선구자들 중 한 사람"으로 평가하였으며, 페르디낭 뷔송(Ferdinand Buisson)은 "자유주의 개신교의 기원"이 카스텔리옹에게로 거슬러 올라간다고 보았다.[50] 뿐만 아니라 카스텔리옹이 성서를 해석하는 데 이성의 역할을 강조했다는 점에서 성서비평의 선구자로 볼 수도 있을 것이다.

이 책의 2권에서 카스텔리옹은 그가 이전에 다루었던 특정한 신학주제, 즉 삼위일체, 믿음, 칭의, 은혜, 성만찬이라는 다섯 가지를 상세하게 다루고 있다.[51] 카스텔리옹은 책에서 아타나시우스와 자신의 대화 형식을 빌려 삼위일체 문제를 다루고 있는데, 그는 삼위일체 교리를 부인하지는 않았지만, 사도시대 이후로 이 교리가 쓸모없는 사변적 논쟁으로 변질된 것에 대해 비판하였다. 믿음과 관련해서는 카스텔리옹은 믿음을 '하나님의 선물'(*donum Dei*)로 보는 종교개혁자들과 달리 인간의 자유로운 의지의 성취로 간주하였다. 칭의의 문제는 2권의 7-29장까지 전체 44장 가운데 절반 이상인 23장을 할애하여 가장 비중 있게 다루고 있는데, 여기서 우리는 그의 인간에 대한 지나친 낙관주의가 죄인인 인간에게 하나님의 은총을 매개하시는 그리스도의 중보자로서의 역할을 약화시키고 있음을 발견할 수 있다. 은혜에 대해서 카스텔리옹은 중보자와 치유자이신 그리스도의 은혜보다는 죄로 물든 인류의 구원자이신 그리스도의 은혜를 강조하였으며, 성만찬과 관련해서는 그것은 단지 상징적 의식이며 명상하는 행동일 따름이라고 주장하였다. 마지막 부분에서 카스텔리옹은 다시 관용의 문제로 돌아간다. 그는 의심하는 사람들, 질문하는 사람들, 다른 견해를 가진 사람들을 이단으로 낙인찍고 박해하는 현실을 한탄하면서, 소위 이단에 대한 박해야말로 자신의 시대의 가장 심각한 악이요 비극이라고 말한다.

『의심과 신뢰의 기술에 관하여』는 분명한 결론이 없이 열린 채로 끝난다. 아마도 결론부가 계획되었으나 어떤 이유에서인지 그것이 기록되지 못한 것으로 보인다. 그렇지만 한 가지 확실한 것은 이 책은 카스텔리옹의 가장 과격한 신학 선언문이며 그의 합리주의적 경향성을 가장 분명히 드러낸 작품이라는 사실이다.

4. 카스텔리옹은 관용, 칼뱅은 불관용이란 도식은 정당한가

역사학자들은 전통적으로 중세가 종교적인 박해의 시기였던 데 반해 르네상스 시대로 접어들면서 관용의 정신이 태동했다고 보고 있다. 그러나 초기 근대의 종교적 관용이라는 주제를 다룬 여러 논문을 모아 편집한 『유럽 종교개혁에서 관용과 불관용』과 같은 책에서는 이런 전통적 해석에 대해 의문을 제기하고 있다.[52] 예를 들면 라우르센(John Laursen)과 네더만(Cary Nederman)과 같은 사람은 중세와 근대를 대립적으로 해석하는 전통적 인식에 대해 이것은 역사가 마치 "어둠에서 빛으로, 박해에서 관용으로, 낡고 퇴보적인 것으로부터 새롭고 근대적인 것으로" 단선적인 진보를 한다고 생각하는 것과 마찬가지라며 비판하였다.[53] 그러면서 그들은 관용의 역사는 과거와의 극적인 단절이라는 관점에서 이해하기보다는 연속성에 초점을 맞추어서 해석되어야 한다고 주장했다. 이러한 과거의 역사해석에 대한 수정주의적 관점은 박해와 관용의 역사가 예전에 생각하던 것처럼 그렇게 단순하지 않고 매우 복잡한 그림이라는 것을 보여주고 있다.[54]

관용이라는 주제와 관련하여 종교개혁자들의 태도를 살펴보면 처음에는 관용적이다가 나중에는 불관용적인 면모를 띠는 것이 사실이다. 이런 태도의 변화는 아마도 개혁자들의 지위가 아웃사이더(outsider)에서 인사이더(insider)로 바뀐 것과 관련이 있을 것이다.[55] 칼뱅의 경우도 1차 제네바 사역시기(1536-38)나 2차 제네바 사역의 초반기(1541-55)에는 쫓기는 약자의 지위였다면, 1555년 이후에는 제네바 교회를 건설하는 주도적인 지위로 바뀌게 된다. 주변부에 있는 약자일 때에는 관용을 요구할 수밖에 없는 상황이었지만, 중심부에 들어서게 되면서는 체제를 지키기 위해 어느 정도 불관용의 모습을 보일 수밖에 없었다. 따라서 프로테스탄트 교회의 위치도 관용을 요구하는 박해받던 교회에서 이제는 불관용의 원리를 수용하는 박해하는 교회로 변하게 된 측면이 있었다.[56]

그렇다고 하더라도 지금까지 칼뱅의 불관용 정신은 지나치게 과장되었으며 그의 관용의 활동과 범위는 종종 간과되었다는 점도 분명히 지적해야 한다. 칼뱅은 결코 로마가톨릭 신자들을 죽이려고 하지 않았고 이단을 화형시키는 것을 좋아하지도 않았다. 오히려 칼뱅의 공적 사역을 돌이켜보면 놀랍게도 그가 관용을 옹호하고 있음을 발견하게 된다. 그가 쓴 최초의 저술은 다름 아닌 세네카가 로마의 이단들에게 자비를 베풀어 달라고 네로 황제에게 호소했던『관용론』에 대한 주석이었다.[57] 그가 세네카의『관용론』에 대한 주석으로 자신의 학문적 여정을 시작했다는 것은 결코 우연이 아닐 것이다. 뿐만 아니라 칼뱅은 1536년『기독교강요』초판에서 프랑스의 왕 프랑수아 1세에게 바치는 서문을 통해 박해받는 프로테스탄트 신자들에게 관용을 요구하기도 했다. 로마의 추기경 야코포 사돌레토(Jacopo Sadoleto)의 편지 때문에 어려움에 봉착한 제네바의 사람들이 칼뱅에게 도움을 청하였을 때에도, 그는 자기를 추방했던 사람들을 위해서 기꺼이 펜을 들어 사돌레토를 반박하는 답변을 써주었다. 이런 사실은 칼뱅이 결코 꽉 막힌 사람이 아니었으며 관대하고 유연한 사람이었음을 말해주는 것이다.

그중에서도 칼뱅의 관용정신을 가장 두드러지게 드러내주는 예는 멜란히톤의『신학총론』(*Loci Communes*)를 다루는 태도에서다. 멜란히톤의 책은 프로테스탄트 진영에서 칼뱅의『기독교강요』와 쌍벽을 이루는 신학 책이었다. 멜란히톤의 책이 루터교 신학을 대변한다면, 칼뱅의 책은 개혁교회의 신학을 대표하는 것이었다. 비록 경쟁적 관계에 있었지만 칼뱅은 1546년 멜란히톤의『신학총론』이 대단히 탁월한 책이라 칭송하면서 제네바에서 출판되도록 해주었다. 뿐만 아니라 멜란히톤과 칼뱅 사이에는 구원에서 인간의 자유의지 문제에 대한 이견이 있었음에도 칼뱅은 멜란히톤의 책을 강력하게 추천하는 서문까지 직접 써주었다. 이처럼 제네바에서 멜란히톤의『신학총론』이 출판되었다는 사실은 칼뱅의 관용정신을 보여주는 훌륭한 예라고 할 수 있다.

칼뱅은 교회의 조직이나 교회의 법규나 의식과 같은 비본질적인 문제들에 대해서는 매우 유연한 태도를 가지고 있었다. 칼뱅은 "개 교회는 각각 자신에게 적합하고 유용한 교회조직을 선택하고 수립할 수 있는데, 이것은 하나님이 이 문제에 대해서는 특별한 지시를 하시지 않았기 때문이다."라고 주장하였다.[58] 따라서 칼뱅은 교회를 어떤 형태로 조직할 것인가 하는 문제는 각 교회의 다양한 필요에 맞게 선택할 수 있는 문제라고 보았다. 또한 칼뱅은 원칙적으로는 모든 교회가 하나의 동일한 교리문답을 가지는 것이 바람직하다고 생각했지만, 현실적으로는 각 교회가 처한 상황이 다르기 때문에 교리문답도 각자에게 맞는 것을 가질 수 있다고 보았다. 윌리엄 부스마(William Bouwsma)의 칼뱅에 대한 다음과 같은 평가는 시사하는 바가 있다. "칼뱅은 융통성이 있고, 정치적이고, 상황에 적응하고, 인간의 연약함과 필요를 고려하고, 무엇보다 실제적"이었다.[59] 그는 가시적 교회 안에서는 일정한 다양성이 불가피하게 용인되어야만 한다고 생각했다. 따라서 칼뱅은 단순한 의견 차이가 그리스도인 사이에서 불화의 이유가 되어서는 안 된다고 주장했다. 칼뱅의 이런 관용정신은 아마도 칼뱅을 제네바의 독재자요 폭군이라고만 생각했던 사람들에게는 매우 놀라운 일일 것이다.

그러나 칼뱅의 유연성을 지나치게 확대 해석해서는 안 된다. 비록 그가 중도적이고 관용적인 면을 갖춘 지도자이긴 했지만, 이런 유연성에는 분명한 한계가 있었다. 예를 들면 칼뱅은 베젤에 있는 교회에 편지하면서 교회의식의 경우에는 많은 것을 양보하고 허용할 수 있지만 신앙고백에 있어서는 타협해서는 안 된다고 충고하였다.

> 하나님의 자녀들이 승인되지 않은 많은 것을 따르는 것은 합법적이다. 그러나 숙고해야 할 핵심은 이런 자유가 어디까지 확장될 수 있는가 하는 것이다. 이 문제에 대해서는 다음과 같은 원

칙을 확립하자. 우리는 의식들에 대해서는 상호 양보해야 하지만, 신앙의 고백에 있어서는 어떤 손상을 입어서도 안 된다는 사실이다.[60]

이처럼 관용에도 한계가 있었다. 기본적으로 칼뱅은 비본질적인 문제에 있어서는 관용을 추구하였지만, 하나님의 진리가 걸린 문제라고 판단될 때에는 확고한 태도를 견지하였다. 그는 복음주의 교회 진영 내에서 예배형식의 차이에 대해서 유연성을 촉구하였으며, 프로테스탄트 진영 안에서 벌어진 성만찬에 대한 다양한 견해가 갈등을 빚을 때에도 중도적 입장에서 조정하고자 했고, 구체적인 주제에서 자신의 입장과 다른 생각을 가진 개혁자도 존중하였다. 반면에 그는 교황주의자들이 하나님의 말씀에 인간적인 생각을 덧붙여 하나님의 진리를 위협할 때에나, 극단적 영성주의자들이 성령론을 왜곡하거나, 합리주의자들이 삼위일체 교리를 부인할 때에는 이러한 오류에 대해 분명한 반대를 표시하였다.[61] 칼뱅은 하나님의 진리가 훼손될 때에는 관용해서는 안 된다고 믿었다. 칼뱅이 호소한 마지막 보루는 바로 하나님의 진리였던 것이다. 세르베투스 사건도 바로 이런 칼뱅의 원칙 아래에서 볼 때에만 비로소 바로 이해할 수 있을 것이다.

베인튼이 그랬듯이 사람들은 흔히 칼뱅을 불관용의 대표자로, 카스텔리옹을 관용의 옹호자로 대비시키곤 한다. 그러나 우리는 이 문제에 대해 린더붐(J. Lindeboom)의 경고에 주의를 기울일 필요가 있다.

만약 우리가 그들에 대해 어떤 판단을 내리기를 원한다면 우리는 16세기의 왜곡된 종교적 열심과 또한 현대의 판단과 견해에서 우리 자신을 떼어놓는 것에서부터 출발해야만 할 것이다. 이것은 무엇보다도 칼뱅에 대해 관대하게 이해하려는 태도를 요구한다. 일반적으로 세르베투스 사건에서 칼뱅의 태도와 행동에 대해서는 전혀 호감을 가질 수 없다. 그러나 동시에 우리는 칼뱅이 많은 '자유주의자'의 눈에 비친 것처럼 집요한 추적자나 무서운 귀신도 아니었다는 사실을 명심해야 할 것이다.[62]

카스텔리옹이 이단을 화형에 처하는 끔찍한 관습에 대해 항거한 것은 옳은 일이었다. 하지만 칼뱅이 삼위일체 교리와 성서의 권위를 부정하는 것은 종교개혁운동 전체를 와해시키는 행위라고 생각한 점도 정확했다. 우리가 관용논쟁을 다루면서 기억해야 할 또 다른 측면은 아웃사이더였던 카스텔리옹에게는 프로테스탄트 교회를 지켜야 한다는 책임감이 부족했다는 점이다. 카스텔리옹과는 달리 칼뱅에게는 종교개혁의 대의를 지키고 프로테스탄트 교회를 안정시켜야 할 책임이 있었다. 세르베투스 사건을 두고 벌인 칼뱅과 카스텔리옹의 논쟁을 보다 정확하게 이해하기 위해서는 이 점을 충분히 고려해야 한다.

5. 맺는 말

카스텔리옹이 죽은 후에도 그가 남긴 관용정신과 신학적 유산은 비록 소수의 사람에 의해서이긴 하지만 계속하여 맥을 이어갔다. 주변인으로 살았고 이단적 혐의가 있다고 기소를 당한 카스텔리옹의 유산을 이어받았다고 공개적으로 말하는 것은 분명히 위험천만한 일이었다. 그럼에도 불구하고 주류에서 소외되어 있던 많은 사람은 자신들처럼 이방인으로 평생을 살았던 그의 사상에 공감하였다. 그의 사후 16세기 말과 17세기 초에 카스텔리옹의 사상이 광범위하게 받아들여진 곳은 네덜란드였다. 그의 글들이 원고 형태로든 출판물로든 널리 유포되면서, 칼뱅주의에 충분히 공감할 수 없었던 많은 사람의 지지를 얻었다. 특별히 아르미니우스(Jacobus Arminius)와 그의 추종자들은 카스텔리옹의 사상에서 자신들의 주장을 뒷받침할 수 있는 사상적 근거를 발견하였으며, 그 때문에 아르미니우스의 반대자였던 고마루스(Franciscus Gomarus)는 아르미니우스주의자들을 "반역자 카스텔리옹의 제자들"[63]이라고 불렀다.

관용에 대한 카스텔리옹의 사상은 네덜란드를 넘어서 이탈리아의 신학자로 반(反)삼위일체 사상을 지녔던 소키누스(Faustus Socinus)의 추종자들에 의해 폴란드 지역에 널리 퍼졌으며, 헝가리의 유니테리언주의자들(unitarians)에 의해서도 폭넓게 받아들여졌다. 무엇보다도 독일의 경건주의자들은 카스텔리옹을 영성주의자 가운데 한 사람으로 받아들였다. 그들은 카스텔리옹이 번역한 라틴어 성서와 함께 그가 편집한 『독일신학』(Thelogia Deutsch)과 『그리스도를 본받아』(Imitatio Christi)를 부지런히 읽었다. 특히 급진적 경건주의자인 아놀드(Gottfried Arnold)는 카스텔리옹의 사상에 매우 공감하여 카스텔리옹이 쓴 "거짓 고소"(De Calumnia)[64]를 독일어로 번역하고 자신의 서문을 덧붙여 출판하기도 하였다. 아놀드의 카스텔리옹은 칼뱅의 적대자나 관용의 옹호자라기보다는 오히려 그리스도를 실제적으로 본받아 산 모범이었다. 아놀드가 볼 때 카스텔리옹은 경건주의의 이상을 체현한 인물이었다. 계몽주의 시대에 와서는 카스텔리옹의 이성에 대한 주장이 주목을 받았으며, 피에르 벨(Pierre Bayle)은 자신의 주저인 『역사적·비평적 사전』(Dictionaire historique et critique, 1702) 안에서 '카스텔리옹'이라는 항목으로 그의 성서번역과 생애와 저술들에 대해 상세하게 다루었다. 벨의 이 글은 1892년 뷔송(Ferdinand Buissson)이 2권으로 된 카스텔리옹의 전기[65]를 출판하기 이전까지 카스텔리옹을 연구하려는 사람들에게 가장 중요한 자료가 되었다.

우리는 카스텔리옹에게서 시대를 앞서 살았던 진정한 예언자의 모습을 발견한다. 그는 정교분리 이전 시대에 살았지만 이미 정교분리의 원칙을 설파하였고, 계몽주의 이전 시대에 살았지만 벌써 이성, 양심, 자유의 가치를 주창하였다. 그는 자신의 시대를 거슬러 다가올 시대를 먼저 살았던 것이다. 참으로 카스텔리옹은 시대를 향한 예언자요 시대를 앞선 선구자였다. 그가 평생을 주변인으로 살면서 부르짖었던 관용의 외침은 그 당시에는 매우 미약한 소리에 불과했지만 500여 년이 지난 오늘날에는 천둥과 같은 소리가 되었고, 이제 그의 관용사상은 21세기 시대정신의 원류가 되었다. 카스텔리옹은 한 사람이 역사에 얼마나 큰 영향력을 행사할 수 있는지를 잘 보여주고 있다.

⟨주⟩

1) 하승우, 『희망의 사회윤리 똘레랑스』(서울: 책세상, 2006), 24-25.
2) 필리프 사시에, 홍세화 옮김, 『민주주의의 무기, 똘레랑스』(서울: 이상북스, 2010). 이 책의 원제는 『왜 똘레랑스인가?』(*Pourquoi la tolérance*)이다.
3) 조시 맥도웰 & 밥 호스테틀러, 유정희 옮김, 『톨레랑스의 두 얼굴』(*The New Tolerance*)(고양: 스텝스톤, 2009).
4) 웬디 브라운, 이승철 옮김, 『관용: 다문화제국의 새로운 통치전략』(*Regulating Aversion: Tolerance in the Age of Identity and Empire*)(서울: 갈무리, 2010).
5) John Locke, 공진성 옮김, 『관용에 관한 편지』(*Epistola de Tolerantia*)(서울: 책세상, 2008); Voltaire, 송기형·임미경 옮김, 『관용론』(*Traité Sur La Tolérance*)(파주: 한길사, 2004); John Stuart Mill, 서병훈 옮김, 『자유론』(*On Liberty*)(서울: 책세상, 2006).
6) 이전의 연구들로는 박건택, "칼뱅과 카스텔리옹에 있어서 양심의 자유," 「신학지남」(1999 여름): 66-97; 김봉수, "카스텔리오의 종교적 급진사상," 홍치모 외 공저, 『급진종교개혁사론』(서울: 느티나무, 1993), 131-153; 강남수, "세바스티안 카스텔리오의 종교적 급진사상," 「건대사학」 7집(1989): 153-179; Young Chung Kim(김영정), "The Toleration Controversy in the Sixteenth Century: The Case of Michael Servetus and Sebastien Castellio," 「이대사원」 6집(1966): 1-26; 또한, 필자, "미카엘 세르베투스 사건에 대한 재평가: 칼뱅은 프로테스탄트 불관용의 대표자였는가?" 「한국교회사학회지」 17집(2005): 51-79에서 칼뱅과 카스텔리옹의 관용논쟁에 대해 간략히 다룬 바 있다.
7) Stefan Zweig, 안인희 옮김, 『다른 의견을 가질 권리(*The Right to Heresy: Castellio against Calvin*)』(서울: 바오, 2009). 이 책은 1998년에 자작나무 출판사를 통해 『폭력에 대항한 양심』이라는 제목으로 출판된 바 있다.
8) Hans R. Guggisberg, *Sebastian Castellio, 1515-1563*, trans. and ed. Bruce Gordon (Ashgate Publishing Company, 2003), 23.
9) Hans R. Guggisberg, *Basel in the Sixteenth Century* (St. Louis: Center for Reformation Research, 1982), 57-58.
10) Helena W. F. Stellwag, "Castellio Paedagogus," *Autour de Michel Servet et de Sebastien Castellion*, ed. Bruno Becker (Haarlem: H. D. Tjeenk Willink & Zoon, 1953), 181-194에 이 책에 대한 간략한 설명이 있다. 4부로 이루어진 이

책에는 137개의 대화가 실려 있는데 각각 33, 39, 18, 47개의 대화가 실려 있다.

11) Philip Schaff, *History of the Christian Church*, Vol. VIII (Grand Rapids: Wm. B. Eerdmans Publishing Company, 1910), 623.

12) Roland Bainton, "Sebastian Castellio and the Tolerance Controversy of the Sixteenth Century," *Persecution and Liberty* (New York: The Century Co., 1931), 184.

13) Ian Haslett, "Scripture, Tradition and Intolerance: An Introduction the Critique of Sebastian Castellio," *Irish Biblical Studies* 6(July 1984), 109. 카스텔리옹이 아가서의 영감성을 거부하긴 하였지만 그렇다고 하여 아가서를 성서에서 제외시킨 것은 아니다. 그가 번역한 라틴어와 프랑스어 성서에도 아가서가 포함되어 있다는 사실이 이를 증명한다.

14) Hans R. Guggisberg, *Sebastian Castellio, 1515-1563*, 165.

15) Hans R. Guggisberg, *Basel in the Sixteenth Century*, 62.

16) 카스텔리옹의 프랑스어 성서는 그가 죽은 후인 1572년 바젤에서 신약성서만 한 차례 더 출판되었다.

17) Hans R. Guggisberg, *Sebastian Castellio, 1515-1563*, 49.

18) Hans R. Guggisberg, *Sebastian Castellio, 1515-1563*, 65-66.

19) Sebastian Castellio, "Preface to the Latin Bible, Dedicated to Edward VI," *Concerning Heretics*, trans. and ed. Roland Bainton (New York: Octagon Books, Inc., 1965), 212-213.

20) Joseph Lecler, *Toleration and the Reformation*, Vol. 1 (New York: Association Press, 1960), 339.

21) Sebastian Castellio, "Preface to the Latin Bible, Dedicated to Edward VI," 215.

22) Sebastian Castellio, "Preface to the Latin Bible, Dedicated to Edward VI," 214.

23) 칼뱅의 사도행전 5:34 주석. 이후 나오는 칼뱅의 주석은 John Calvin, *Calvin's New Testament Commentaries*, ed. David W. Torrance and Thomas F. Torrance (Grand Rapids: Wm. B. Eerdmans Publishing Company, 1965)에서 인용한다.

24) Hans R. Guggisberg, *Sebastian Castellio, 1515-1563*, 81.

25) 칼뱅은 1554년 3월 28일 불링거에게 보낸 편지에서 이 책이 카스텔리옹의 것이라

고 말하고 있다. John Calvin, *Letters of John Calvin*, Vol. 3, ed. Jules Bonnet (New York: Burt Franklin, 1972), 34-35.

26) 카스텔리옹이 인용한 저술가들은 Martin Luther, Johannes Brenz, Erasmus, Sebastian Franck, Lactantius, Caspar Hedio, Johann Agricola, Jacob Schenck, Christoph Hoffmann, Jean Calvin, Otto Brunfels, Konrad Pellican, Urbanus Rhegius, Augustinus, Chrysostomus, Hieronymus(Jerome), Coelius Secundus Curio, Sebastian Castellio, Georg Kleinberg, Basilius Montfort이다.

27) Sebastian Castellio, *Concerning Heretics*, 202-203.

28) Sebastian Castellio, *Concerning Heretics*, 121-203.

29) Sebastian Castellio, *Concerning Heretics*, 131.

30) Sebastian Castellio, "Reply to Calvin's Book," *Concerning Heretics*, 281.

31) Sebastian Castellio, "Reply to Calvin's Book," 283-284.

32) Sebastian Castellio, *Concerning Heretics*, 139.

33) Roland Bainton, "The Remonstrator: Sebastien Castellio," *The Travail of Religious Liberty* (New York: Harper, 1958), 114.

34) Sebastian Castellio, *Concerning Heretics*, 97. 이 용어는 루터가 에라스무스를 공격할 때 사용한 것이기도 하다.

35) Joseph Lecler, *Toleration and the Reformation*, Vol. 1, 348.

36) 카스텔리옹의 이 글은 Roland Bainton에 의해 "Reply to Calvin's Book"이라는 제목으로 번역되어 Sebastian Castellio, *Concerning Heretics*, 265-287에 수록되어 있다.

37) Ian Haslett, "Scripture, Tradition and Intolerance," 113-114.

38) Sebastian Castellio, "Reply to Calvin's Book," 281. 그리고 Daniel Augsburger, "Castellio and the Mosaic Law," *Occasional Papers of the American Society for Reformation Research*, Vol. 1(December 1997), 167-175를 참고하라.

39) Sebastian Castellio, "Reply to Calvin's Book," 279-280.

40) Sebastian Castellio, "Reply to Calvin's Book," 271.

41) Joseph Lecler, *Toleration and the Reformation*, Vol. 2, 74.

42) Sebastian Castellio, "Counsel to France," *Concerning Heretics*, 258-260.

43) Sebastian Castellio, "Counsel to France," 260-261.

44) Sebastian Castellio, "Counsel to France," 262.

45) Roland Bainton, "Sebastian Castellio and the Tolerance Controversy of the

Sixteenth Century," 204.

46) Philip Schaff, *History of the Christian Church*, Vol. VIII, 624.

47) 이미 1937년에 엘리자베스 히르쉬에 의해 이 책이 편집 출판되긴 했지만 거기에는 2권의 7-29장이 빠져 있었다. 왜냐하면 2권 7-29장은 1613년 출판업자 Jasper Tournay에 의해 따로 출간된 적이 있기 때문이다. 그러다가 1981년에야 엘리자베스 히르쉬의 편집으로 전체가 포함된 책이 나왔다.

48) Sebastian Castellio, "Concerning Doubt and Belief," *Concerning Heretics*, 297. 그리고 Elisabeth Feist Hirsch, "Castellio's *De arte dubitandi* and the Problem of Religious Liberty," *Autour de Michel Servet et de Sebastien Castellion*, ed. Bruno Becker (Haarlem: H. D. Tjeenk Willink & Zoon, 1953)를 참고하라.

49) Elisabeth Feist Hirsch, "Luther, Calvin, and the Doctrine of Tolerance of Sebastian Castellio," *The Spanish Inquisition and the Inquisitorial Mind*, ed. Angel Alcalá (Highland Lakes, NJ: Atlantic Research and Publications, 1987), 635.

50) Joseph Lecler, *Toleration and the Reformation*, Vol. 1, 359.

51) Sebastian Castellio, "Concerning Doubt and Belief," 302-305; Hans R. Guggisberg, *Sebastian Castellio, 1515-1563*, 226-232.

52) Ole P. Grell and Bob Scribner, eds., *Tolerance and Intolerance in the European Reformation* (Cambridge University Press, 1996).

53) John Coffey, *Persecution and Toleration in Protestant England, 1558-1689* (Essex: Pearson Education, 2000), 5.

54) 관용이라는 주제를 둘러싼 전통적인 견해와 수정주의적 반응에 대해서는 John Coffey, *Persecution and Toleration in Protestant England, 1558-1689*, 1-3장을 참고하라.

55) Ole P. Grell and Bob Scribner, eds., *Tolerance and Intolerance in the European Reformation*, 5.

56) Ian Haslett, "Scripture, Tradition and Intolerance," 111.

57) *Calvin's Commentary on Seneca's De Clementia*, trans. Ford Lewis Battles and André Malan Hugo (Leiden: E. J. Brill, 1969).

58) 칼뱅의 고린도전서 11:2 주석.

59) William Bouwsma, *John Calvin: A Sixteenth Century Portrait* (Oxford:

Oxford University Press, 1988), 222.

60) 칼뱅이 베젤(Wezel)의 형제들에게 보낸 1554년 3월 13일자 편지. John Calvin, *Letters of John Calvin*, Vol. 3, 31.

61) Wm. Childs Robinson, "The Tolerance of Our Prophet," *John Calvin Contemporary Prophet*, ed. Jacob T. Hoogstra (Grand Rapids: Baker Book House, 1959), 39.

62) Willem Nijenhuis, "Calvin's Life and Work in the Light of the Idea of Tolerance," *Ecclesia Reformata: Studies on the Reformation* (Leiden: E. J. Brill, 1972), 126.

63) Hans R. Guggisberg, *Sebastian Castellio, 1515-1563*, 242.

64) 이 글은 카스텔리옹이 쓴 『네 편의 대화』(*Dialogi quatuor*)에 실려 있는 부록들 중의 하나이다.

65) Ferdinand Buisson, *Sébastien Castellion, sa vie et son oeuvre, 1515-1563*, 2 Vols. (Paris, 1892; repr. Nieuwkoop, 1964). 프랑스의 교육학자요 평화운동가요 저명한 프로테스탄트 신자인 뷔송은 1927년 독일의 평화운동가인 Ludwig Quidde와 함께 노벨평화상을 받기도 하였다.

제11장

칼뱅주의 유산과
조나단 에드워즈의 예표론적 성서해석

1. 시작하는 말

조나단 에드워즈(Jonathan Edwards, 1703-58)는 미국이 낳은 신학자 중에서 가장 중요하고 영향력 있는 신학자 중 한 사람으로 꼽힌다. 그의 학문적인 관심의 폭은 상당히 넓었는데, 10대 시절에는 거미에 관한 과학논문을 썼고, 예일 대학에서는 로크(John Locke)와 뉴턴(Isaac Newton)을 공부하였으며, 신학, 철학, 윤리학에도 조예가 깊었다. 하지만 에드워즈는 어디까지나 성서신학자였다. 젊은 시절 그는 "성서를 꾸준히 연구하여 성서를 아는 지식에 있어 진보를 이루겠다."[1]라고 결심하였다. 에드워즈는 성서의 빛 아래에서 기독교의 모든 교리와 과학적 원리를 판단하였다. 그에게 성서는 자신의 냉철한 사고의 유일한 준거였다. 에드워즈의 광범위한 성서인용과 성서에 대한 철저한 의존을 이유로 올드리지(Alfred O. Aldridge)와 같은 학자는 그를 "근본주의자"[2]로 간주하기까지 하였다.

성서해석 방법, 특히 예표론(typology)적 성서해석 방법은 에드워즈 저술에서 중심주제 가운데 하나로서, 에드워즈 신학의 전체 체계를 푸는 해석학적인 열쇠가 된다. 그는 구약성서와 신약성서의 조화와 일치, 지상의 것들과 천상의 것들의 통일성을 입증하기 위한 해석학적 방법론으로 예표론을 사용하고 있다. 성서를 예표론적으로 해석하는 전통은 초대교회 시기까지 거슬러 올라간다. 예표론은 그리스도인들에게 신약성서와의 연관성 아래에서 구약성서를 해석하는 방법을 제시하였다. 이 방법에 따르면 구약성서에 등장하는 인물, 제도, 사건들은 그리스도 혹은 천상의 것에 대한 예표 혹은 유형으로 간주된다. 에드워즈는 이러한 전통적인 예표론을 전적으로 수용하는 동시에 이것을 자신만의 방식으로 발전시켰다. 그는 예표론을 성서의 인물이나 사건에만 국한시키지 않고 자연현상이나 역사적인 사건들에까지 확장하여 적용하였다. 이러한 확장이야말로 예표론에 대한 에드워즈의 가장 중요한 공헌이다.

필자는 에드워즈 예표론의 특징이 무엇인지를 살펴보고, 그의 예표론적 성서해석 방법에 영향을 미친 요인들은 무엇이었는지 추적하고자 한다. 전자에 대해서 필자는 역사와 자연현상에까지 예표론을 확장시킨 점, 그리스도 중심적으로 적용한 점, 새로운 영적 감각의 필요성을 주장한 점을 그 특징으로 제시할 것이다. 후자에 대한 필자의 대답은 에드워즈의 예표론은 이신론(理神論)과 칼뱅주의적 청교도주의를 배경으로 할 때에만 올바르게 이해될 수 있다는 것이다.

2. 조나단 에드워즈 예표론의 특징

필자는 에드워즈 예표론의 특징을 세 범주로 나누어 정리하고자 한다. 첫째, 에드워즈는 전통적인 예표론적 해석을 받아들여 구약성서의 인물들이나 사건들이 신약성서의 예표 혹은 유형이 된다고 보면서 동시에 전통적인 예표론을 역사적인 사건이나 자연현상에 적용하는 데까지 확장함으로써 변화를 꾀했다. 둘째, 그의 예표론은 기본적으로 그리스도 중심적이다. 그리스도는 "모든 유형과 그림자의 실체"[3]이다. 셋째, 에드워즈는 예표론을 "일종의 하나님의 언어"(a certain language of God)[4]로 간주하였다. 그래서 예표의 숨은 의미를 식별하기 위해서는 우리에게 새로운 영적 감각이 필요하다는 것이다.

1) 역사와 자연의 예표론

전통적으로 예표론은 구약성서와 신약성서의 통일성을 확보하는 데 기여한 성서해석 방법론이었다. 다윗은 메시야를 예시하고, 유대인들의 출애굽은 그리스도의 광야여정의 전조이다. 이처럼 에드워즈도 신약성서의 관점에서 구약성서를 해석하였다.

> 아담에서 그리스도에 이르기까지 성서에 기록된 거의 모든 언행은 복음과 관련된 것들을 예시하는 예표이다. 인물들도 예표적인 인물들이고, 그들의 행동도 예표적인 행동이고, 등장하는 도시들도 예표적인 도시들이고, 유대민족이나 다른 민족들도 예표적인 민족들이며, 그들의 땅도 예표적인 땅이다. 그들을 향한 하나님의 섭리도 예표적인 섭리이고, 그들의 예배도 예표적인 예배이고, 그들의 가계도 예표적인 가계이고, 행정관들도 예표적인 행정관들이고, 그들의 의복도 예표적인 의복이며, 그들의 세상조차도 예표적인 세상이다.[5]

신약성서를 해설하는 또 다른 구절에서 그는 구약성서의 예표적인 특징을 다음과 같이 기술하였다.

성서 본문들은 구약성서에 등장하는 것들이 예표적인 것들이라는 우리의 가정에 충분한 근거를 제시해 주는 것으로 보인다. 율법의 의식들도 예표적이고, 민족의 역사와 제도, 그들의 상황도 예표적이다. 말하자면 예표적인 세계인 것이다.[6]

그러나 이런 성서에 대한 예표론적 해석은 에드워즈만 보이는 특징이 아니다. 예표론적 해석에서 에드워즈의 독특한 공헌은 전통적인 예표론적 해석법을 성서뿐만 아니라 역사와 자연에까지 확장한 데 있다.

에드워즈에 따르면 자연이나 인간역사에 나타나는 것들도 그리스도나 종말론적 사건의 예표, 그림자 혹은 전조이다. 예를 들어 그는 콘스탄티누스 황제 시대 이교도들의 파멸을 종말에 악한 자들이 멸망할 전조로 보았다.[7] 마찬가지로 그는 로마의 승리를 죄와 죽음에 대한 그리스도의 승리의 예표로 해석하였다.

로마의 승리는 그리스도의 승천에 대한 놀랄 만한 예표적 유형이다. 영광스러운 도시이자 세상의 수도인 로마의 군대 장군은 로마의 절대 권력자에 의해 제국의 적들과 싸우도록 변방으로 파견되었다. 마찬가지로 하나님 군대의 장군인 그리스도는 천국의 적들과 싸우기 위해 하늘의 절대 권력자에 의해 온 우주의 수도인 하늘로부터 멀리 적국의 나라로 파견되었다.[8]

더욱이 에드워즈는 망원경의 발명에서도 신적인 지식의 증가를 예견하였다.

최근 망원경의 발명으로 말미암아 하늘의 물체들을 더욱 가까

이 만나게 되고 더욱 분명하게 볼 수 있게 되었는데, 이것은 장
차 교회의 영광스러운 시기에 있게 될 천국의 것들에 관한 지식
의 상당한 증가를 예시해주는 예표이다.[9]

이처럼 에드워즈에게서 세속역사의 사건들은 종말론적 사건들의 예표였다. 특히 30편의 설교를 모아 묶은 『구속사』(History of the Work of Redemption)에서 그는 역사에 드러난 하나님 섭리의 연속성을 밝혔다.

에드워즈는 자연현상에도 예표론을 적용시켰다. 이것은 에드워즈 신학의 가장 중요한 측면 가운데 하나이다. 그는 하나님이 성서의 말씀과 자연현상을 통해 자신을 끊임없이 계시한다고 믿었다. "거룩한 것들의 이미지들: 성서뿐만 아니라 자연현상이나 세상의 구조 안에도 거룩한 것들의 예표들이 있다."[10] 에드워즈에게 자연현상들은 영적인 것들의 예표가 되었고, 지상의 것들은 천상의 실체들의 그림자가 되었다. 그는 자연에서 하나님의 신성과 섭리를 발견하였다.

> 실로 하나님의 그림자가 되는 모든 가시적인 창조물은 영적인 것들을 나타내기 위해서 만들어졌다.… 이렇게 되는 것이 하나님의 지혜에 어울리는 것이고, 그래서 그분의 사역의 열등하고 그림자적인 부분들은 직접적으로 그분 자신과 연결되는 것들과 그분의 사역의 최상의 부분들을 나타내는 것들이 되는 것이다. 영적인 것들은 모든 다른 것의 왕관이자 영광이고, 지혜이자 영혼이고, 목적이고, 알파요 오메가이다.[11]

비록 에드워즈가 하나님의 진리를 계시하는 데 성서가 최우선적인 지위를 점

한다는 것을 인정했지만, 그는 또한 성서에서의 계시와 자연을 통한 계시의 연속성을 믿었다.

> 성서(book of Scripture)는 두 가지 점에서 자연이라는 책(book of nature)의 해석자이다. 첫째로는 영적인 신비들이 자연계의 구조 안에서 나타나고 예시된다는 것을 우리에게 밝힘으로써, 둘째로는 실제로 많은 경우 영적인 신비들의 표출인 자연이라는 책 안에 표지와 예표들을 적용시킴으로써 그렇다.[12]

에드워즈의 『거룩한 것들의 이미지 혹은 그림자』(Images or Shadows of Divine Things)는 자연현상의 영적인 의미를 탐구한 독창적인 책이다. 이 책에서 가장 인상적인 사례는 태양이 뜨고 지는 것에 대한 예표론적 해석이다. 에드워즈는 일몰과 일출에서 그리스도의 죽음과 부활의 예표를 발견하고 있다. 그는 일몰시의 붉은 황혼에서 그리스도의 피를 보았고 일출시의 밝은 빛에서는 그리스도의 부활을 읽었다.

> 저녁에 태양이 붉은 빛으로 저문다면 다음날 날씨가 맑을 징조이다. 이와 같이 의로운 태양인 그리스도가 붉은 피를 흘리며 저물었다. 태양은 그리스도의 예표이다. 태양이 지는 것은 그리스도께서 피와 고통으로 죽으실 것에 대한 예표이자, 그로 인해 좋은 날이 올 것에 대한 예표이다. 이것이 의미하는 바는 그리스도께서 구름 한 점 없이 환한 빛 가운데 축복과 영광 속에서 자신뿐 아니라 그가 비추는 모든 사람을 위해 부활하신다는 것이다.[13]

그는 또한 "때가 제 육시쯤 되어 해가 빛을 잃고 온 땅에 어둠이 임하여 제 구시까지 계속하며"(눅 23:44)에 대한 주석에서 태양을 그리스도와 연결시키고 있다. 한낮이었음에도 그리스도가 고통을 당할 때 태양은 그 빛을 잃었다. 에드워즈에게 태양은 확실히 그리스도의 예표였다. 그렇기 때문에 그리스도가 십자가 위에서 고통을 당할 때 태양도 그 빛을 잃을 수밖에 없었으며, 그리스도가 죽었을 때 캄캄할 수밖에 없었다. 태양이 그리스도의 예표이기 때문에 그리스도의 부활은 해 뜰 무렵에 일어났을 것이다. 다시 말해 태양이 지는 것이 그리스도의 죽음의 예표이듯이 태양이 뜨는 것은 그리스도의 부활의 예표이다.[14] 다른 자연현상 또한 영적인 것들의 그림자나 예표이다. 올빼미의 울부짖는 소리는 에드워즈에게 악마가 무저갱에서 울부짖는 소리를 연상시켰다. 천둥소리는 하나님의 위엄의 그림자를, 무지개나 꽃들은 하나님의 온유함을 상기시켰다.[15] 에드워즈에게는 모든 자연현상이 하나님의 영광을 선포하는 것으로 보였다.

자연의 예표론은 에드워즈 사상에서 가장 두드러진 부분이다. 이러한 경향 때문에 에드워즈는 이따금 기독교 신비주의자나 종교적 자연숭배자로 오해를 받기도 하였다.[16] 심지어 그는 에머슨(Ralph Waldo Emerson, 1803-82)과 같은 초절주의자(Transcendentalist)[17]들의 선구자로 간주되기까지 하였다. 에드워즈는 예표론을 통해 구약성서와 신약성서의 통일성과 조화를 확보하였고, 더 나아가 성서와 역사와 자연이 깊은 연관관계 속에 있다는 것을 강조하였다. 그는 예표론을 성서와 역사와 자연의 통일성을 주장하는 하나의 해석학적 도구로 사용하였다.

2) 그리스도 중심성

에드워즈의 예표론은 그리스도 중심적이다. 엄밀한 의미에서 성서와 역사와 자연의 모든 것은 예수 그리스도의 구속사역과 그 나라의 예표이다. 그리스도는 "모든 유형과 그림자의 실체"[18]이다. 그리스도는 역사와 자연 안에 있는 "중심 표상"(central symbol)[19]이다. 에드워즈에 따르면, 구약성서의 예표는 세 개의 범주로 요약될 수 있다.

> 세 종류의 그리스도의 예표가 있다. 법률, 섭리, 개인의 예표가 그것이다. 희생 규례들은 가장 중요한 법률 예표이고, 이집트로부터의 구원은 가장 중요한 섭리 예표이고, 다윗은 가장 중요한 개인 예표이다. 그러므로 그리스도는 종종 성서의 예언서들에서 다윗으로 불린다.[20]

구약성서는 그리스도의 관점에서 볼 때에만 올바르게 해석될 수 있다. 예표(type)는 예표가 드러내는 것(anti-type), 즉 그리스도의 관점에서 해석해야만 의미를 지니는 것이다. "의미 되는 것(anti-type)이 없이는 의미하는 것(type)은 무의미하다."[21]

> 그리스도와 그의 구속은 처음부터 항상 구약성서 역사의 중요한 주제이다. … 구약성서와 신약성서의 모든 책은 복음으로 가득 차 있다. 구약성서는 복음을 베일로 가리고 있는 반면에 신약성서는 베일을 벗긴 복음을 제시한다는 점만 다를 뿐이다.[22]

이와 같은 그리스도 중심성 안에서 에드워즈는 성서의 "참된 정신, 계획, 생명과 영혼"을 발견하였고, 성서의 통일성과 조화를 보았다.[23] 오직 그리스도만이 구약성서와 신약성서의 핵심이다.

에드워즈의 자연의 예표론 또한 그리스도 중심성을 지니고 있다. 앞에서 살펴본 것처럼, 태양이 지고 뜨는 것은 그리스도의 죽음과 부활의 예표이다. 에드워즈에게 누에는 또 다른 예이다.

> 누에는 그리스도에 대한 놀라운 예표적인 유형이다. 누에가 죽을 때 우리가 화려한 옷을 만들어 입을 수 있는 실을 생산해낸다. 그리스도는 우리를 위해 한 마리의 누에가 되셨다. 그가 죽으심으로 믿는 자들이 입을 수 있는 의로움의 옷을 만드심으로써 우리로 영광의 옷을 입도록 해주셨다.[24]

모든 자연현상과 역사적 사건들이 하나님의 영광을 선포하는 것과 마찬가지로, 그것들은 또한 그리스도의 인격과 사역을 반영한다. 푸른 풀밭과 부드러운 산들바람은 "예수 그리스도의 감미로운 은혜"의 표상이고, "푸른 하늘은 그리스도의 관대함과 온유함"의 표상이며, 혜성과 천둥과 바위와 산은 "그리스도의 장엄한 위엄"의 표상이다.[25] 예수 그리스도는 에드워즈의 예표론에서 참된 실체이고, 성서와 역사와 자연을 통일시키는 끈이다.

3) 사물에 대한 새로운 영적 감각

에드워즈에게 예표론은 "일종의 하나님의 언어, 즉 하나님이 우리에게 말씀하실 때 사용하시는 언어"이므로, 예표들의 정확한 의미를 이해하기 위해서는 새로운 영적 감각이 필요하다.[26] "하나님은 소통하시는 존재"[27]라는 것이 에드워즈의 기본적인 신념이었다. 하나님은 언어와 행위를 통해 끊임없이 말씀하신다. 하나님의 음성과 계시를 식별하기 위해서 우리는 영적인 귀와 눈, 다시 말해 사물에 대한 새로운 영적 감각이 필요하다. 에드워즈는 이렇게 말한다.

이 새로운 영적 감각은 새로운 이해력이 아니라 영혼의 본성 가운데 놓인 새로운 토대이다. 동일한 이해력을 새롭게 행사하는 것이기 때문이다. 그러므로 이 새로운 감각을 수반하는 마음의 거룩한 성향은 새로운 의지력이 아니라 영혼의 본성 안에 놓여 있는 토대이다. 동일한 의지력을 새롭게 행사하는 것이기 때문이다.[28]

이 새로운 영적 감각은 일종의 신적이며 영적인 감식력, 다시 말해 하나님의 진리와 아름다움을 식별하는 능력이다.

> 중생한 사람들에게 주어지는 새로운 초자연적인 감각, 말하자면 일종의 신적이며 영적인 감식력은 이전의 모든 지각력과 전적으로 다르며, 이는 감식력이 오감과는 전혀 다른 것과 마찬가지다.[29]

이 영적인 감각은 "하나님의 성령에 의해 성도들의 마음속에 주어지고 유지되는"[30] 것이다. 성령의 은혜로 신자들은 자연적인 인간이 지닐 수 없는 사물에 대한 새로운 감각을 얻게 된다. 은혜는 믿는 자들에게 새로운 눈과 귀를 열어주어 그들로 하여금 자연 속에서 설교를 읽을 수 있고 일상생활 속에서 전조를 발견할 수 있도록 해준다.[31] 따라서 하나님의 뜻을 온전하게 이해할 수 있도록 해주는 것은 성령의 임재이다. 그렇기 때문에 사무엘 로건(Samuel Logan)은 "에드워즈의 신학은 성령지향적인 신학이다."[32]라고 결론을 내리기도 한다.

에드워즈는 예표의 중요한 가치가 의사소통의 매개체라는 사실에 있다고 보았다. 이와 같은 실제적인 유용성 때문에 그는 종종 자신의 설교에서 예표론을 사용하였다.

> 인간본성의 어떤 원리들이 예표들을 교육의 적절한 수단으로 만들어, 계몽하고, 설명하고, 감명과 확신과 기쁨과 더불어 교훈을 주고, 기억을 돕게 하는가. 이러한 일들은 모방적인 예술이나, 미술, 시, 이야기, 은유적인 언어나 연극 상연을 통해 인간의 자연적인 즐거움을 통해 확고해진다.[33]

에드워즈는 예표들이 일종의 신적인 언어라고 주장하였다. 성령에 의해서만 우리는 하나님의 언어를 이해할 수 있다. 하나님은 예표들을 통해 하나님의 백성들에게 계시하고 가르치고 교훈하신다. 하나님을 의사소통하시는 분으로, 성령을 새로운 영적 감각을 주시는 분으로 이해하는 것은 에드워즈의 예표론 사상에서 근본적인 것이다. 그에게 성서와 인간역사와 자연 사이의 연관성은 다양한 언어로 말씀하시는 하나님의 통일성에서 기인한다.

3. 조나단 에드워즈 예표론의 기원

에드워즈가 예표론을 어떻게 사용했는가 하는 것보다 더 논쟁적인 주제는 에드워즈 사상에서 예표론의 기원이 무엇인가 하는 것과 관계가 있다. 필자의 주장은 에드워즈의 예표론은 이신론과 청교도주의라는 배경에 비추어 이해해야 한다는 것이다.

에드워즈는 이신론의 주장을 반박하는 데 예표론을 사용하였다. 14세기 프랑스의 신학자이자 자연과학자였던 오렘(Nicole d'Oresme)이 사용하였던 시계 제작자로서의 하나님이라는 예시를 따라 이신론자들은 하나님이 태초에 세상의 시계태엽을 한번 감은 후에는 시계가 흘러가는 대로 내버려두었다고 주장하였다. 비록 이신론자들이 하나님을 최상의 존재로 믿기는 하였지만 그들은 성서의 신적 권위를 부인하였다. 에드워즈는 성서의 신적인 영감을 믿었고 자연과 인간역사에 개입하는 하나님의 섭리를 믿었기 때문에 이신론자들에게 반대하였다. 에드워즈는 성서와 역사와 자연에 대한 예표론적 해석을 통해 하나님의 끊임없는 개입을 밝히고자 노력하였다.

오히려 에드워즈는 청교도 전통에 서 있었다. 뉴잉글랜드의 청교도들은 예표론적 성서해석 방법을 그들 자신의 역사에 적용시키려는 경향이 있었다. 그들에게 예표론은 세계역사를 해석하기 위한 유용한 도구였다. 이런 점에서 에드워즈의 예표론은 청교도 전통의 빛 아래에서 올바르게 이해될 수 있을 것이다.

1) 이신론에 대한 반대

18세기 초는 성서해석학에 있어 격변의 시기였다. 종교의 합리성을 강조한 결과 이신론자들은 성서해석에 회의적인 방법을 채택하였다. 그들은 구약성서의 비합리적인 내용들과 신약성서의 기적 이야기들을 공격하였다. 이신론자들은 우주의 자연법칙과 모순되는 성서의 모든 구절을 부인하였다.[34] 하지만 이들에 대항하여 에드워즈는 성서의 권위와 무오류성을 주장하였다. 더욱이 그는 성서가 이야기하고 있는 것과 우주의 자연법이 모순되지 않고 조화를 이룬다고 믿었다. 온 세상의 실체는 하나님의 조화, 통일성, 그리고 질서에 기초하고 있다고 본 것이다.

이신론자들에 따르면 세상은 하나님이 아니라 자연법과 보편법에 의해 통제되고 유지된다. 창조가 완결된 이후에 최고의 존재인 하나님은 이 세상에 더 이상 간섭하지도 않고 간섭할 수도 없다는 것이다. 이들과 반대로 에드워즈는 하나님이 여전히 구속사역의 목적을 달성하기 위해 역사적 사건들과 자연현상에 개입하신다고 주장한다. 에드워즈에 따르면 하나님은 하늘에만 머무는 것이 아니라 자연 안에서 활동하고 현재의 사건 속에서 행동하신다. 하나님은 초월적일 뿐만 아니라 내재적이다. 물질세계의 법칙들은 그 자체적으로 설명이 되는 것이 아니라 하나님의 부단하고 계획적인 선택에 의한 결과라는 것이다. 에드워즈는 "모든 가시적인 창조물은 영적인 것들을 나타내기 위해서 만들어졌다."[35]라고 주장한다. 그는 하나님이 확립된 질서의 규칙들에 따라 세상을 창조하고 다스리시며, 자연법은 하나님과 그분의 계시와 별개로 이해될 수 없다고 믿었다. 그의 책 『거룩한 것들의 이미지 혹은 그림자』의 다른 제목이 "자연과 일반섭리에 관한 책"이라는 사실이 이 점을 확인해준다.[36] 또한 에드워즈는 이신론자들의 도덕적인 감각보다 영적인 감각을 더욱 강조하였다.[37]

에드워즈에게 예표론은 "우주가 무의미한 것이 될 수 있는 가능성을 막아주는 것이었다.… 예표론은 역사에 일관성과 통일성을 제공하는 고전적인 목적에 이바지하였다. 구약성서의 사건이나 사람이 구세주를 예시하는 것처럼, 에드워즈가 보기에 자신의 시대에 일어나는 모든 일들도 다가올 하나님 나라의 전조였다."[38] 예표론은 이신론자들의 주장에 대항하는 그의 방법론이었다. 페리 밀러(Perry Miller)는 "프로테스탄트들이 최고의 지휘관과 의사소통하는 새로운 방법으로 새롭게 정비되지 못했다면 이신론자들의 경기병(輕騎兵)들 앞에서 모두 흩어지고 말았을 것이다."[39]라고 지적하였다.

이신론자들에 대항해서 에드워즈는 성서의 신적인 권위를 주장하면서, 하나님이 자연과 역사 안에 계속 개입하신다고 주장하였다. 그에게 예표론은 구약성서와 신약성서의 계시의 통일성을 보여줌으로써 세계 안에서 이루어지는 하나님의 계속적인 활동을 강조하는 수단이었다.

2) 청교도주의의 유산

역사와 자연에 대한 에드워즈의 예표론은 청교도 전통에서 유래된다. 뉴잉글랜드의 청교도들은 자신들이 새로운 이스라엘이라 믿었으며, 자신들의 힘으로 거룩한 공화국을 새로운 땅 위에 세움으로써 온 세상을 고쳐시킬 본보기를 만들고자 하였다. 발레리(Mark Valeri)와 윌슨(John Wilson)은 이런 청교도 전통과 에드워즈의 관계에 대해 다음과 같이 주장한다. "이러한 동일시를 이루려는 청교도들의 시도는 결국 예표론의 발전을 촉진시켰다. 이것은 18세기 뉴잉글랜드에서 두드러졌으며, 특히 조나단 에드워즈의 사상에서 그러했다."[40] 청교도들은 예표론을 통해 고대 이스라엘과 새로운 이스라엘의 유사성을 확립하였고, 예표론적 방법을 자신들의 역사에까지 확장시켰다. 뉴잉글랜드의 청교도들은 옛 이스라엘 사람들이 그랬던 것처럼 자신들도 하나님을 예배하기 위해 광야로 나아가 방황을 경험하고 마침내 선민으로서 하나님의 약속을 받아야 한다고 믿었다. 뉴잉글랜드의 총독이었던 윈스럽(John Winthrop)은 이렇게 말하고 있다.

> 그러므로 하나님과 우리 사이에 모범을 세웁시다. 우리는 이 일을 위해 그분과 계약을 체결한 것입니다. 우리는 명령을 부여받았습니다.…우리는 이스라엘의 하나님이 우리 가운데 계심을 알게 될 것입니다.…왜냐하면 우리는 언덕 위의 도시와 같이 될 것이고, 모든 민족의 눈이 우리를 보게 될 것임을 생각해야만 합니다.[41]

이를 통해 알 수 있듯이 청교도들의 꿈은 세상에 본보기가 될 만한 거룩한 도시를 모두가 볼 수 있도록 언덕 위에 건설하는 것이었다. 그들에게 이 세상은 하나님의 뜻이 선민을 통해 이루어질 적극적인 장소였다. 베르코비치(Sacvan Bercovitch)는 이렇게 주장한다.

> 성서에 기록된 역사는 성서와 함께 끝나는 것이 아니다. 영적 이스라엘인 교회와 전형적인 그리스도인의 삶의 방식을 규정하는 것이 예표론의 임무가 되었다. 이런 관점에서 대형(anti-type)인 그리스도는 역사의 중심에 서서 뒤로는 구약성서를 통해서, 앞으로는 종말을 향해서 자신의 모습을 투영하고 있다. 모든 신자는 그리스도의 예표이고 형상이며, 교회의 편력은 옛 이스라엘의 편력처럼 요약인 동시에 예시이다.[42]

이런 청교도들의 역사관에 근거하여 에드워즈는 역사와 자연에 관한 그의 예표론을 발전시켰다. 후천년설 경향을 띤 그의 긍정적인 역사이해도 이런 청교도 전통과 연관이 있는 것으로 보인다.

뛰어난 에드워즈 학자인 밀러도 에드워즈에게 청교도주의가 영향을 미쳤다는 것은 인정하였다. 그럼에도 불구하고 밀러는 에드워즈의 예표론의 기원을 청교도 전통보다는 로크와 뉴턴의 사상에서 찾고 있다. 밀러는 에드워즈의 사상과 청교도 전통 사이에 보이는 불연속성을 강조하였다. 그는 에드워즈의 입장을 "청교도주의에 저항하는 청교도의 반란"[43]으로 규정하였다.

밀러는 일찍이 1935년에 쓴 "청교도 신학의 정수"라는 논문에서 에드워즈가 뉴잉글랜드의 청교도주의 전통을 거부하고, 칼뱅의 신학에 전적으로 헌신했다고 주장하였다. 밀러에 따르면, 뉴잉글랜드의 청교도 전통은 칼뱅의 사상과는 다른 것이었다. 밀러는 논문의 마지막 문장에서 이렇게 주장한다.

조나단 에드워즈는 전통의 첫 시발점이 된 교리로 돌아갔다. 뉴잉글랜드의 처음 사람들이 주장했던 것으로 돌아간 것이 아니라 칼뱅에게로 돌아갔다. 그리하여 그는 뉴잉글랜드 최초의 견실하고 확실한 칼뱅주의자가 되었다.[44]

그 당시 밀러는 에드워즈를 칼뱅의 제자로 생각했다. 이후에 밀러는 자신의 이전 견해를 철회하고 다음과 같이 주장하였다.

> [이전] 논문의 마지막 문장은 전적으로 잘못된 것이다. … 존 로크의 혁명적인 심리학으로 중세의 학문체계를 대체하고, 아이작 뉴턴 경의 새로운 과학으로써 중세의 자연과학을 대신함으로 말미암아 에드워즈는 비록 자신은 원했다고 할지라고 칼뱅의 본래의 입장을 회복할 수 없었다.[45]

밀러에게 에드워즈는 더 이상 청교도도 아니었고, 칼뱅주의자도 아니었으며, 로크와 뉴턴의 영향을 받은 근대 사상가였다. 그는 이런 입장을 1949년에 출간한 그의 책 『조나단 에드워즈』에서 분명히 하였다.

밀러에 따르면, 에드워즈는 뉴턴적이고 로크적인 어법 안에서 자연과 역사의 통일성을 찾기 위해 예표론을 사용하였다.[46] 밀러에게 에드워즈는 "그의 시대에 과학의 진정한 진보를 충분히 알고 이해한 몇 안 되는 미국인들 중 한 사람"[47]이었으며, "에드워즈가 과학과 종교 사이의 교전이라는 관념을 받아들일 수 없었다는 점에서 18세기 미국의 사상가들 중에서 독특한"[48] 인물이었다. 밀러가 볼 때, 에드워즈의 칼뱅주의는 그의 사상의 열쇠도 아니며, 그의 철학적 입장을 이해하기 위한 출발점도 아니었다. 오히려 에드워즈 사상의 열쇠와 출발점은 로크와 뉴턴의 사상이었다.

밀러의 해석은 에드워즈 사상 연구에 하나의 분수령이 되었다. 밀러는 예표론에 관한 에드워즈의 저서 『거룩한 것들의 이미지 혹은 그림자』를 편집하면서 긴 서론을 썼는데, 이것은 에드워즈의 글만큼이나 유명해졌다.[49] 그러나 몇몇 학자는 밀러의 견해에 대해 비판적인 입장을 취하고 있다. 그중에서 체리(Conrad Cherry)의 저서 『조나단 에드워즈의 신학』(The Theology of Jonathan Edwards)은 주목할 만하다. 체리의 책 서문에서 스타인(Stephen Stein)은 이 책을 "에드워즈의 칼뱅주의에 대해 가장 유익한 설명을 제시해주는"[50] 책으로 평가하였다.

체리는 에드워즈 사상과 칼뱅주의적인 청교도 전통 사이의 연속성을 강조하였다. 체리도 로크와 뉴턴이 에드워즈에게 미친 영향을 부인하지는 않았지만, 그는 "밀러가 에드워즈의 사려 깊은 관심의 중심에 있는 칼뱅주의 사상의 주제를 너무 자주 최소화시킨다."[51]라며 밀러를 비판하였다. 밀러와 달리 체리는 에드워즈 사상의 토대와 근원으로서 칼뱅주의와 청교도 신앙이 매우 중요하다고 강조하였다. 개혁교회 전통이 로크와 뉴턴의 과학사상보다 에드워즈에게 더 중요하다는 것은 체리에게 의문의 여지가 없는 것이었다.[52] 체리가 볼 때, 새로운 영적 감각으로서 은혜라는 에드워즈의 개념은 로크주의적이기보다는 성서적이고 개혁교회적인 것이었다.[53]

체리는 "에드워즈는 항상 칼뱅주의 신학자였다."[54]라고 믿었다. 에드워즈의 과학적이고 형이상학적인 관심은 신학적 목적에 따르는 것이었다. 실제로 에드워즈는 하나님의 영광을 선포하기 위해 역사와 자연을 연구하였다. 에드워즈의 관심은 과학적 사실 자체가 아니라 과학적 법칙 속에 있는 하나님의 영광이었다. 그는 칼뱅주의 신학의 중요한 주제인 하나님의 영광에 봉사하기 위해 자기 시대의 새로운 철학을 이용하였다. 에드워즈는 기본적으로 칼뱅주의자이고 청교도 신학자였다. 따라서 체리는 구속하는 믿음이라는 주제에 따라 에드워즈의 신학을 분석하였다. 에드워즈는 "18세기 개혁교회 전통의 아들이 었다."[55]

예표론과 관련하여 밀러는 청교도들이 예표론에 대해 의심의 눈초리를 보내었는데, 그것은 루터나 칼뱅과 같은 종교개혁자들이 스콜라 학자들의 예표론을 완강하게 거부하였기 때문이라는 것이다.[56] 따라서 밀러는 칼뱅주의적 청교도 사상보다는 로크와 뉴턴의 사상이 에드워즈 예표론의 기원이라고 주장했다. 하지만 필자가 보기에 프로테스탄트 개혁자들이 거부한 것은 예표론적인 성서해석 방법이 아니라 비유적(allegorical)인 해석이었다. 앤더슨(Wallace Anderson)은 "종교개혁자들이 예표론적 해석의 타당성을 전적으로 거부한 것은 아니었다."[57]라고 지적한다. 예를 들면, 칼뱅은 구약성서를 약속의 책으로 보았다. 칼뱅은 예표론적 성서해석을 지지했고, 구약성서와 신약성서의 관계를 그림자와 실체의 관계로 간주했다. 앤더슨에 따르면, 에드워즈는 이런 칼뱅주의 전통에 속했다.[58] 앤더슨은 예일 대학에서 펴낸 조나단 에드워즈 전집의 한 책 서문에서 "밀러는 조나단 에드워즈의 사상에 미친 뉴턴과 로크의 영향력을 너무 과대평가하였다. 밀러의 오해는 조나단 에드워즈의 전체 저작에 대한 해석을 왜곡시키고 말았다."[59]라고 주장하면서 밀러의 입장을 비판하고 있다. 웨인라이트(William Wainwright)도 에드워즈에 대한 로크와 뉴턴의 영향력에 대해 부정적인 입장을 취한다. 웨인라이트는 "밀러의 해석은 설득력이 떨어진다. 에드워즈가 동시대의 예표론을 공격했다는 주장을 입증할 만한 문헌적 증거도 없다. 더욱이 로크나 새로운 과학이 예표에 관한 에드워즈의 사상에 영향을 미쳤다는 문헌적 증거 또한 없다."[60]라고 주장한다. 체리 역시 "에드워즈가 사용한 예표론은 영국과 미국 청교도 선구자들이 선호한 성서주석 방법론을 정교하게 발전시킨 것이었다."[61]라고 주장하면서 밀러에 반대하였다.

예표론은 상상력을 결여한 문자주의나 공상적인 비유주의에 대한 합리적인 대안으로서 플라벨(John Flavel)이나 매더(Cotton Mather) 같은 청교도들이 널리 사용한 해석학적 방법이었다.[62]

더욱이 몇몇 다른 학자는 밀러가 에드워즈 사상에서 성서의 위치를 오해했다고 지적하였다. 밀러는 에드워즈에게 있어서 "성서는 예표적인 체계를 현시하는 여러 가지 중에서 하나"라고 말하면서, 에드워즈가 "자연을 계시와 동일한 권위를 가진 것으로" 고양시켰다고 주장했다.[63] 밀러는 이러한 자연의 고양이 그가 청교도의 선조들과 분리되었음을 보여주는 증거라고 주장했다. 그러나 에드워즈는 "성서(book of Scripture)는 자연이라는 책(book of nature)의 해석자"[64]라고 반격한다. 자연이라는 책은 성서라는 또 다른 원문이 없이는 읽을 수 없는 본문이다.[65] 성서는 예표론적 해석에서 믿을 수 있는 기준이다. 에드워즈는 예표론을 사용하는 데 두 가지 경고를 하고 있다. 여기에서 우리는 성서의 중요성, 특히 신약성서의 중요성을 알 수 있다.

> 첫째는 사람들이 예표들을 해석할 때 매우 주의를 기울여 열광적인 공상에 빠지지 않도록 해야 한다는 것이고, 둘째는 신약성서에서 참된 해석이라고 하는 암시가 주어지지 않는 한, 그리고 생생한 표상이나 표현을 담고 있거나 또는 확실한 근거를 바탕으로 우리가 해석하는 다른 예표들에 대한 유비로써 보증되지 않는 한, 하나의 해석에 매달려서는 안 된다는 것이다.[66]

성서에 대한 에드워즈의 철저한 의존 때문에 체리는 에드워즈 사상 전체를 "성서중심주의"[67](bibliocentrism)라고 부르기까지 한다. 결국 신학자요 설교자인 에드워즈에게 성서는 그 유일한 토대였던 것이다.

에드워즈는 어디까지나 뉴잉글랜드의 청교도 전통 안에 굳게 서 있었고 18세기의 가장 강력한 칼뱅주의 옹호자였다. 에드워즈의 자연의 예표론도 초기 청교도의 해석학적 실제를 배경으로 할 때에만 바르게 이해될 수 있다. 따라서 우리는 에드워즈의 예표론이 로크와 뉴턴의 과학사상보다 칼뱅주의적 청교도 전통에서 유래되었다고 결론지을 수 있다.

4. 맺는 말

필자는 에드워즈의 예표론이 성서, 역사, 자연의 통일성을 확립하기 위한 하나의 해석학적 방법이라고 주장하였으며, 에드워즈의 예표론은 이신론과 청교도 사상이라는 시대상황 속에서 바르게 이해할 수 있다고 주장했다.

에드워즈는 그의 예표론을 성서뿐만 아니라 역사와 자연에까지 확장하여 적용시켰는데, 이는 그가 성서만이 아니라 인간의 역사와 자연현상 안에서도 하나님의 다양한 언어를 듣고 하나님의 섭리를 발견하기를 원했기 때문이었다. 에드워즈의 주된 노력은 예표론적 해석학을 통해 성서와 역사와 자연 안에서 조화와 통일성을 발견하려는 것이었다. 그는 또한 하나님의 언어를 알아차리기 위해서는 새로운 영적 감각이 필요하다고 주장하였다. 하나님의 섭리, 그리스도의 구속 사역, 새로운 영적 감각은 에드워즈의 예표론에서 핵심적인 요소들이다. 이 점에서 에드워즈의 체계는 전통적인 삼위일체 개념에 뿌리박고 있다. 그는 분명 18세기 미국의 칼뱅주의 신학자였다.

에드워즈의 예표론은 성서의 권위에 대한 이신론자들의 공격에 대한 반격이었다. 그는 예표론이라는 해석학적 방법을 통해 구약성서와 신약성서의 권위와 조화를 주장했다. 에드워즈는 역사와 자연의 예표론을 옹호함으로써 당대의 사건들 속에 하나님이 계속적으로 개입하신다고 주장하였다. 이신론자들에 대항하여 에드워즈는 움직이지 않는 최고의 존재인 하나님이 아니라 인간사와 자연에까지 개입하시는 살아계신 하나님을 선포하였다. 에드워즈의 예표론과 신학은 칼뱅주의적 청교도 전통으로부터 강한 영향을 받았다. 로크의 사상이 에드워즈의 새로운 예표론에 활기를 불어넣은 것이 어느 정도는 사실이라 할 지라도, 그의 예표론에 직접적으로 영향을 미친 것은 하나님의 영광과 섭리를 강조하는 청교도주의라고 말하는 것이 보다 안전하고 정확할 것이다.[68]

에드워즈의 저작들은 18세기의 합리주의와 과학주의의 경향을 공격함으로써 위험에 빠진 청교도 사상을 구하려는 독창적인 변증이었다. 버그라프(Winfield Burggraaff)의 다음과 같은 평가는 주목할 가치가 있다.

> 에드워즈는 과학적 전망에 의해 파괴 직전에 있던 칼뱅주의를 구했다. … 그는 동포들의 목에 오늘날 우리가 알고 있는 청교도주의를 단단히 동여매어 주었다. … 에드워즈의 지적인 변호가 없었다면 청교도주의는 과학이라는 산(酸)에 의해 완전히 부식되었을 것이다.[69]

에드워즈는 근대과학의 영향을 받은 사상가라기보다는 칼뱅주의 청교도였다. 우리는 그를 21세기의 관점에서 판단해서는 안 된다. 조나단 에드워즈는 분명 "18세기 개혁교회 전통의 아들"[70]이었다.

⟨주⟩

1) Conrad Cherry, "Symbols of Spiritual Truth," *Interpretation* 39(July 1985), 263.
2) Conrad Cherry, "Symbols of Spiritual Truth," 264.
3) Jonathan Edwards, *A History of the Work of Redemption* (New Haven: Yale University Press, 1989), 218.
4) Jonathan Edwards, "Types," *Typological Writings* (New Haven: Yale University Press, 1993), 150.
5) Jonathan Edwards, *The "Miscellanies,"* (New Haven: Yale University Press, 1994), Entry no. 362, 435.
6) Jonathan Edwards, "Types," 146.
7) Jonathan Edwards, *Notes on Scripture* (New Haven: Yale University Press, 1998), 3.
8) Jonathan Edwards, *Images or Shadows of Divine Things*, ed., Perry Miller (Westport: Greenwood Press, 1977), 79-80.
9) Jonathan Edwards, *Images or Shadows of Divine Things*, 102.
10) Jonathan Edwards, *Images or Shadows of Divine Things*, 119.
11) Jonathan Edwards, *The "Miscellanies,"* Entry no. 362, 434-435.
12) Jonathan Edwards, *Images or Shadows of Divine Things*, 109.
13) Jonathan Edwards, *Images or Shadows of Divine Things*, 79.
14) Jonathan Edwards, *Images or Shadows of Divine Things*, 58-59.
15) Jonathan Edwards, *Images or Shadows of Divine Things*, 49.
16) Mason I. Lowance, Jr., "Images or Shadows of Divine Things: The Typology of Jonathan Edwards," *Early American Literature* 5 no.1(1970), 174.
17) 초절주의는 19세기 중반 에머슨(R. W. Emerson)과 소로(H. D. Thoreau) 등이 주장한 미국의 낭만주의 사상이다. 초절주의는 인간 내면의 신성과 신(神)·자연과의 교류, 개인의 무한한 가능성 등 인간의 밝은 측면을 주장하고, 일상적 경험을 초월한 직감에 의한 진리 파악을 호소하였다. 에머슨의 『자연』(1836), 소로의 『월든』(1854)에서 그 진수를 엿볼 수 있다.
18) Jonathan Edwards, *A History of the Work of Redemption*, 218.
19) Conrad Cherry, "Symbols of Spiritual Truth," 270.
20) Mason I. Lowance, Jr., "Typology, Millennial Eschatology, and Jonathan

Edwards," *Critical Essays on Jonathan Edwards*, ed. William J. Scheick (Boston: G. K. Hall & Co., 1980), 192.

21) Stephen H. Daniel, "The Discourse of Typology," *The Philosophy of Jonathan Edwards*(Bloomington: Indiana University Press, 1994), 47.

22) Mason I. Lowance, Jr., "Images or Shadows of Divine Things: The Typology of Jonathan Edwards," 145.

23) Stephen J. Stein, "The Spirit and the Word: Jonathan Edwards and Scriptural Exegesis," *Jonathan Edwards and the American Experience*, ed. Nathan Hatch and Harry Stout (New York: Oxford University Press, 1988), 127.

24) Jonathan Edwards, *Images or Shadows of Divine Things*, 51.

25) William J. Wainwright, "Jonathan Edwards and the Language of God," *The Journal of the American Academy of Religion*, 48/4(December 1980), 523.

26) Jonathan Edwards, "Types," 150.

27) Janice Knight, "Learning the Language of God: Jonathan Edwards and the Typology of Nature," *William and Mary Quarterly* 48(October 1991), 543.

28) Jonathan Edwards, *Religious Affections* (New Haven: Yale University Press, 1959), 206.

29) Jonathan Edwards, *Religious Affections*, 266.

30) Jonathan Edwards, *Religious Affections*, 283.

31) Janice Knight, "Learning the Language of God: Jonathan Edwards and the Typology of Nature," 533.

32) Samuel T. Logan, Jr., "The Hermeneutics of Jonathan Edwards," *Westminster Theological Journal* Vol. 43, No. 1(Fall 1980), 93.

33) Jonathan Edwards, "Types of the Messiah," *Typological Writings*, 191.

34) Jonathan Edwards, "Images of Divine Things," *Typological Writings*, 12.

35) Jonathan Edwards, *The "Miscellanies*," Entry no.362, 434.

36) Jonathan Edwards, *Images or Shadows of Divine Things*, 1.

37) Jonathan Edwards, "Images of Divine Things," *Typological Writings*, 19.

38) Mason I. Lowance, Jr., "Typology, Millennial Eschatology, and Jonathan Edwards," 189-190.

39) Jonathan Edwards, *Images or Shadows of Divine Things*, 11-12.

40) Mark Valeri and John Wilson, "Scripture and Society: From Reform in the

Old World to Revival in the New," *The Bible in American Law, Politics, and Political Rhetoric*, ed. James Turner Johnson (Philadelphia: Fortress Press, 1985), 16.

41) John Winthrop, "A Modell of Christian Charity," *The Puritan I*, ed., Perry Miller and Thomas Johnson (New York: Harper Torchbooks, 1963), 198-199.

42) Sacvan Bercovitch, *The Puritan Origins of the American Self* (New Haven: Yale University Press, 1975), 36.

43) Jonathan Edwards, *Images or Shadows of Divine Things*, 23.

44) Perry Miller, "The Marrow of Puritan Divinity," *Errand Into The Wilderness* (Cambridge: The Belknap Press of Harvard University Press, 1956), 98.

45) Perry Miller, "The Marrow of Puritan Divinity," 49-50.

46) Jonathan Edwards, *Images or Shadows of Divine Things*, 25.

47) Winfield J. Burggraaff, "Jonathan Edwards: A Biblical Essay," *Reformed Review* 18(March 1965), 31.

48) Winfield J. Burggraaff, "Jonathan Edwards: A Biblical Essay," 30.

49) Mason I. Lowance, Jr., "Images or Shadows of Divine Things: The Typology of Jonathan Edwards," 151.

50) Conrad Cherry, *The Theology of Jonathan Edwards* (Bloomington: Indiana University Press, 1990), ix.

51) Conrad Cherry, *The Theology of Jonathan Edwards*, 3.

52) Conrad Cherry, *The Theology of Jonathan Edwards*, ix.

53) Samuel T. Logan, Jr., "The Hermeneutics of Jonathan Edwards," 92.

54) Conrad Cherry, *The Theology of Jonathan Edwards*, 6.

55) Conrad Cherry, *The Theology of Jonathan Edwards*, xvi.

56) Jonathan Edwards, *Images or Shadows of Divine Things*, 8.

57) Wallace Anderson's introduction in Jonathan Edwards, *Typological Writings*, 5.

58) Wallace Anderson's introduction in Jonathan Edwards, *Typological Writings*, 5-6.

59) Wallace Anderson's introduction in Jonathan Edwards, *Typological Writings*, 17.

60) William J. Wainwright, "Jonathan Edwards and the Language of God," 527.
61) Conrad Cherry, "Symbols of Spiritual Truth," 264.
62) Conrad Cherry, "Symbols of Spiritual Truth," 265.
63) Jonathan Edwards, *Images or Shadows of Divine Things*, 27-28.
64) Jonathan Edwards, *Images or Shadows of Divine Things*, 109.
65) Stephen H. Daniel, "The Discourse of Typology," *The Philosophy of Jonathan Edwards*, 57.
66) Jonathan Edwards, "Types," 148.
67) Conrad Cherry, "Symbols of Spiritual Truth," 264.
68) Mason I. Lowance, Jr., "Images or Shadows of Divine things: The Typology of Jonathan Edwards," 148.
69) Winfield J. Burggraaff, "Jonathan Edwards: A Bibliographical Essay," 25-26.
70) Conrad Cherry, *The Theology of Jonathan Edwards*, xvi.

제12장

칼뱅은 자본주의의 창시자인가?:
베버 논지에 대한 재평가

1. 시작하는 말

『프로테스탄트 윤리와 자본주의 정신』(*The Protestant Ethic and the Spirit of Capitalism*)이라는 제목으로 1904-05년 처음 출판된 막스 베버(Max Weber, 1864-1920)의 논문들은 20세기 내내 끊임없이 학문적 논쟁의 대상이 되어왔다. 베버는 자신의 글에서 논쟁을 유발하는 중요한 질문을 제기하였다. 그는 "프로테스탄트 종교개혁, 특별히 칼뱅주의 전통이 근대 자본주의의 발전에 결정적인 영향을 미쳤는가?"라는 질문을 제기하였고, 이에 대해 그는 "그렇다."라고 답하였다. 그의 중요 논지는 프로테스탄티즘이 근대 자본주의의 발생에 필요한 조건을 제공했다는 것이다. 베버는 특히 칼뱅주의가 근대 자본주의 정신의 형성에 큰 역할을 했다고 주장한다. 근대 산업과 자본주의가 로마가톨릭 지역이나 루터주의를 배경으로 한 나라들이 아니라 칼뱅주의의 영향을 받은 네덜란드, 잉글랜드, 미국에서 발생했다는 사실이 이를 뒷받침한다는 것이다.

베버의 이와 같은 주장은 즉시 다양한 분야에 속한 학자의 관심의 대상이 되었다. 그의 가설이 사회학, 경제학, 역사학, 종교학과 같은 여러 분야와 밀접하게 연관되어 있기 때문이다. 몇몇 사람은 베버의 입장을 지지하였고, 어떤 사람들은 그것을 수정하여 받아들이고자 하였으며, 또 다른 사람들은 그의 주장에 반대하였다. 그러나 필자의 판단으로는, 베버의 주장을 지지하든 반대하든 간에 이들의 논평은 종종 베버의 의도나 방법에 대한 오해에서 비롯되었다. 베버의 의도는 프로테스탄티즘과 근대 자본주의 사이의 직접적인 인과관계를 증명하려는 것이기보다는 종교적인 관념이 경제제도에 영향을 미치는 독립적인 변수가 될 수 있다는 점을 보여주고자 한 것이기 때문이다.

필자는 먼저 베버의 『프로테스탄트 윤리와 자본주의 정신』에 나타난 베버의 논지가 무엇인지를 밝힌 다음, 그의 논지에 대한 다양한 비판을 살펴보면서 특별히 칼뱅과 자본주의의 관계에 대해서 고찰할 것이다. 그런 다음 베버가 살았던 시대의 상황과 그의 보다 폭넓은 저작인 『종교사회학』(*The Sociology of Religion*)을 충분히 고려하면서, 필자는 베버의 진정한 의도가 무엇이었는지 밝혀 보고자 한다.

2. 베버의 논지

사회학자로서 베버는 무엇보다 서구문명의 합리성에 깊은 관심을 가졌다. 서구문명이 어떻게 생겨났는지, 그리고 어떤 요인들이 서구문명을 만들어내었는지에 주의를 기울였다. 특별히 그는 근대 자본주의 정신에 나타난 합리성의 근원을 추적하는 일에 관심을 가졌다. 베버는 근대 자본주의를 "합리적인 자본의 기획을 통해 부단하게 이익을 추구하고 계속해서 새로운 이익을 창출하는 것"[1]이라고 규정하였다. 이와 같은 근대 자본주의는 서구문화 안에서 "자유로운 노동에 대한 합리적인 자본의 체계"[2] 위에 근거한 것이었다. 베버는 이와 같은 합리적인 자본주의가 왜 서구사회에서만 발생했는지를 묻고서, 프로테스탄트 윤리의 영향력을 하나의 개연성 있는 대답으로 제시하였다. 베버의 『프로테스탄트 윤리와 자본주의 정신』은 금욕적 프로테스탄티즘의 윤리가 서구 문명에서 나타나는 독특한 합리주의 정신, 즉 자본주의 정신의 발전에 일정 부분 영향을 미쳤다는 사실을 확인하려는 시도였다.

베버는 프로테스탄티즘 안에 있는 종교적 관념(idea)의 역할을 강조하였다. 그는 종교적 관념이 근대 자본주의의 발생을 촉진하는 일련의 경제적인 태도를 형성하는 데 영향을 미쳤다고 보았다. 베버에게 근대 자본주의 발전에 영향을 미친 가장 중요한 종교적 관념은 루터의 '직업소명' 사상과 칼뱅의 '예정론' 개념이었다.[3] 베버에 따르면 루터는 직업을 하나님의 부르심과 연결시켰고, 세속적인 활동의 가치에 대해 새로운 의미를 부여한 이 직업소명 사상은 모든 프로테스탄트 교파의 중심사상이 되었다.[4] 직업이 곧 하나님의 부르심이라고 말함으로써 루터는 세속적인 삶을 새롭게 평가하는 계기를 마련한 것이다. 하지만 루터는 여기서 더 나아가지는 못하였다. 이 새로운 사상 안에 잠재하고 있는 막대한 경제적인 함의와 가능성을 인식하고 발전시키지 못한 것이다.[5] 오히려 루터의 직업소명 사상은 칼뱅주의적 청교도주의 안에서 자본주의 정신의 핵심으로 꽃을 피웠다. 베버에 따르면, "이 세상에 대한 청교도들의 진지한 관심, 이 세상 안에서의 삶을 자신들의 과업으로 받아들이는 청교도들의 태도는 중세 저술가들의 글에서는 결코 찾아볼 수 없는 것들이었다."[6] 따라서 베버는 세계내적 금욕주의(this-worldly asceticism)의 보다 유력한 근원인 칼뱅주의와 청교도 분파들에게로 관심을 기울였다.

직업소명 사상과 더불어 근대 자본주의의 발생에 영향을 미친 또 하나의 중요한 종교적 관념은 칼뱅의 예정론 교리이다. 베버는 자신의 글에서 이렇게 말하고 있다.

> 한편으로 자신을 선택된 자로 여기고, 마귀의 유혹에서 비롯된 모든 의심에 대항하여 싸우는 것이야 말로 절대적인 의무가 된다. 왜냐하면 자기 확신의 결여는 부족한 신앙의 결과이고 그것은 불완전한 은총의 결과이기 때문이다. … 다른 한편으로 이와 같은 강렬한 자기확신에 이르기 위한 가장 적절한 방법으로서 세상 안에서의 직업활동이 권고되었다. 이런 세상 안에서의 활동만이 종교적 의심을 씻어내고 은총의 확실성을 제공한다.[7]

이렇게 하여 칼뱅주의자들에게 이 세상에서의 성공은 선택받았음을 보여주는 표시로 간주되었다. 예정론은 청교도 윤리의 교리적인 배경이 될 뿐만 아니라 흔히 경건주의로 알려진 금욕적 운동의 출발점이 되었다.[8] 리처드 백스터(Richard Baxter)는 청교도의 윤리성을 아래와 같이 요약한다.

> 만일 하나님이 (당신의 영혼과 다른 사람들에게 해를 입히지 않고) 다른 방법보다 더 많은 이익을 거둘 수 있는 합법적인 길을 당신에게 제시해 주셨는데도 당신이 그것을 거부하고 더 적은 이익을 얻는 방법을 선택한다면, 당신은 당신에게 주어진 소명의 목적들 가운데 하나를 저버리는 것이고, 하나님의 청지기의 사명을 거부하는 것이며, 이것은 하나님의 선물을 받아들여 그분이 요구하실 때 그분을 위해 그것들을 사용하기를 거절하는 행위이다. 당신은 육욕과 죄를 위해서가 아니라 하나님을 위해서 부자가 되려고 노력해도 괜찮다.[9]

백스터의 이러한 주장은 신약성서의 달란트 비유에 대한 주석에서 나타난다. 신실한 종은 주인이 맡긴 돈을 현명하게 투자하여 더 많은 이익을 남김으로써 큰 상급을 얻었다. 이로써 이익을 추구하는 행위가 성서적인 정당성을 획득하게 된 것이다. 자신의 직업활동을 통해 부자가 되려고 노력하는 것은 허용될 뿐만 아니라 칭찬할 만한 것이 되었다. 이와 같은 노동의 의무에 대한 강조는 특히 소비와 사치를 금하는 가르침과 합력하여 자본을 축적하는 결과를 낳았다. 이렇게 칼뱅주의와 청교도 분파들 안에서 직업소명설과 예정론은 근대 자본주의 정신을 위한 에토스를 제공하였다.

3. 베버 논지에 대한 비판들

근대 자본주의 정신에 미친 금욕적 프로테스탄티즘의 영향력에 대한 베버의 견해는 많은 학자로부터 비판을 받았다. 1909년 독일의 펠릭스 라흐팔(Felix Rachfall)은 자본주의가 프로테스탄티즘보다 더 오래된 제도이고, 무엇보다 근대 자본주의의 발생에 영향을 미친 더 중요한 요소가 많이 있다고 주장하면서 베버의 논지를 비판하였다.[10] 많은 역사학자는 자본주의 정신이 종교개혁 이전에 이미 널리 퍼져 있었다는 라흐팔의 주장을 지지하였다.

독일의 경제사가인 베르너 좀바르트(Werner Sombart)도 자본주의는 유대인들의 경제적인 태도와 관습에서 유래되었으며, 따라서 토마스 아퀴나스(Thomas Aquinas), 피렌체의 성 안토니노(St. Antonino), 시에나의 베르나르(Bernardino)와 같은 중세 시대의 학자들이 오히려 17세기의 청교도들보다 자본주의를 더 잘 이해하고 있었다고 주장하였다.[11] 좀바르트는 기존의 통설과 달리 "재산과 그것의 획득에 관한 후기 스콜라신학자들의 견해, 특히 고리대금에 관한 그들의 견해는 자본주의 정신의 성장에 장애물이었다기보다는 실제로는 대단한 정도의 추진력을 제공하였다."[12]라고 주장한다. 중세 가톨릭교회에 의한 고리대금업의 금지가 화폐가 자본으로 전환되는 것을 가능하도록 만들었기 때문에 오히려 자본주의 정신의 확장을 위한 강력한 추진력이 되었다고 그는 일견 역설적인 주장을 하고 있는 것이다. 그의 주장에 따르면, 자본주의의 발생에 영향을 미친 종교는 프로테스탄티즘보다 오히려 가톨릭이다.

> 프로테스탄티즘은 언제나 자본주의에 적대적인 입장을 지녔고, 특히 자본주의적 경제전망에 대해서는 더욱 그렇다. 어떻게 그렇게 되지 않을 수가 있겠는가? 자본주의는 세상적인 것이요, 이 땅 위에서의 삶을 위한 것이다.… 그렇기 때문에 지상에서의 삶이란 내세의 삶을 위한 준비일 뿐이라고 생각하는 모든 사람으로부터 자본주의는 미움과 비난을 살 수밖에 없다.… 종교개혁운동은 내면적인 생활에 자극을 주었고, 형이상학적인 열망을 강화시켰다. 결과적으로 자본주의는 종교개혁의 교리가 퍼져가는 데 비례해서 손해를 입게 되었다.[13]

이처럼 좀바르트는 프로테스탄티즘이 자본주의 정신의 발달에 기여했다기보다 해를 입혔다고 생각했다. 따라서 그는 자본주의 정신의 형성에 프로테스탄티즘이 영향을 미쳤다는 베버의 논지는 잘못된 것이라고 주장하였다.

  베버의 논지에 대한 비판 중 가장 자주 등장하는 것은 과도한 단순화와 관련된 것이다. 영국의 경제사가인 리처드 토니(Richard H. Tawney)는 자본주의 정신을 발생시키는 데 칼뱅주의의 독특한 역할에 대한 베버의 강조는 프로테스탄티즘과 근대 자본주의의 폭넓은 관계를 설명하기에는 부적합하다고 보았다. 토니는 다음과 같이 주장한다.

> 비록 종교개혁이 사회적 및 경제적인 문제들에 대한 종교사상의 전통적인 견해를 약화시키는 요인으로 작용한 것이 사실이라고 하더라도, 그것은 의도적인 것은 아니었고 또한 대부분 개혁자들의 의도와는 상반되는 결과였다. 사실상 16세기 금융 자본주의의 확장과 더불어 일어난 경제행위에서 혁신들이 아무리 놀라운 것이라고 할지라도, 경제윤리라는 주제에 관한 교리적인 발전은 돌발적인 것이 아니라 연속성을 지닌 것이었다.[14]

토니에 따르면 칼뱅주의는 근대 자본주의 정신을 발생하게 한 유일한 원인이 결코 아니었다. 하지만 그는 17세기 잉글랜드의 청교도주의가 자본주의 발전에 하나의 원인이 될 수 있다는 사실은 인정했다. 토니는 "자본주의 정신이라는 것은 역사만큼이나 오래된 것이며, 흔히 말하듯 청교도주의의 산물은 아니다. 그러나 자본주의 정신은 후기 청교도주의의 어떤 견해들 안에서 그 에너지를 분발하고 이미 존재하는 강력한 기질을 강화하는 강장제를 발견하였다."[15]라고 말함으로써 베버의 논지를 일부 인정하는 동시에 그 단순성을 비판하는 입장을 견지하였다.

교회사가인 윈스럽 허드슨(Winthrop Hudson) 또한 베버의 과도한 단순화를 비판하였다. 허드슨은 베버뿐만 아니라 토니조차도 역사적 운동인 칼뱅주의의 복잡성을 제대로 이해하지 못했다고 주장했다. 그는 베버가 16세기의 칼뱅주의와 17세기의 청교도주의를 동일시하는 오류에 빠졌다고 보았다.[16] 허드슨에 따르면 베버가 자신의 논지를 옹호하기 위해서 청교도주의의 대표적인 인물인 리처드 백스터에게 특별한 관심을 기울이긴 했지만, 사실 백스터의 전체적인 사상은 베버의 논지에 결코 우호적이지 않다. 오히려 백스터의 글에 나타나는 분명한 특징이 있다면 그것은 맘몬을 반대하는 강력한 정신이다. 백스터는 하나님과 맘몬을 함께 섬길 수 없다고 주장하였다.

> 하나님과 맘몬이 조화를 이룰 수 있다고, 하늘과 땅을 혼합시켜 행복에 이를 수 있다고, 이 세상을 최선의 것으로 사랑하면서 동시에 천국을 최후의 예비품으로 간직할 수 있다고 생각하지 않도록 유의하라. 만일 당신의 배[腹]가 당신의 하나님이 되고 세상이 당신의 천국이 된다면, 그것들을 섬기고 추구할 것이지 그리스도인인 것처럼 행세하지 말라. 외견상 그리스도인처럼 보이는 사람들이 다른 사람들과 마찬가지로 세속적이고 탐욕적이며 부와 명예를 최상의 것으로 삼을 때, 그들은 스스로를 속이기 위해 그리스도인이라는 이름의 가면으로써 탐욕스러운 세속적 정신을 가리고 있을 따름이다. 또한 그들은 그리스도인들의 믿음을 경멸의 대상으로 만들고 있으며, 거룩한 이름을 횡령하여 먹칠을 하고 있는 것이다.[17]

백스터에게 부와 세속적인 성공은 결코 하나님의 선택의 표지가 될 수 없다. 백스터에 따르면 어떤 사람의 세속적인 번영은 그 사람에 대한 하나님의 은혜의 표지이기는커녕 그 사람을 하나님에게서 떼어놓으려는 사탄의 유혹일 가능성이 더 높다. 허드슨은 베버가 의도적으로 백스터의 글에서 자신의 입장을 옹호하는 듯이 보이는 문구들만을 선택적으로 인용함으로써 과도한 단순화의 함정에 빠지고 말았다고 지적한다.

베버의 논지에 대한 보다 심각한 비판은 영국의 경제사가인 로버트슨(H. M.

Robertson)에게서 비롯되었다. 1933년에 출판된 그의 책 『경제적 개인주의의 등장에 관한 국면들』은 "막스 베버와 그 학파에 대한 비판"이란 부제를 달고 있다. 로브트슨은 베버의 글이 역사적인 분석을 결여하고 있다고 비판하였다. 로버트슨에 따르면 청교도의 소명이론이 근대 자본주의 정신의 발전에 영향을 미친 것은 18세기에 이르러서였다.[18] 따라서 베버가 소명교리를 16세기에 투사시킨 것은 잘못된 것이라는 주장이다. 더욱이 로버트슨은 경제적 관점에서 볼 때 청교도주의는 결코 새로운 종교운동으로 간주될 수 없다고 한다. 로버트슨은 "17세기 후반과 18세기 청교도들이 주장한 교리 중에 특별한 것은 전혀 없었다. 청교도의 교리는 모두 가톨릭에서도 가르치고 있는 것들이었고, 자본주의 정신을 고무시킨 교리들은 결코 청교도와 칼뱅주의 분파들만의 것이 아니었다."[19]라고 주장한다.

로버트슨에 따르면 엄밀한 의미에서의 자본주의는 종교개혁 시기보다 오히려 중세시대와 공통점을 지니고 있고 연속성이 있다. 그는 칼뱅주의보다 프란체스코파 수도회나 예수회가 자본주의에 보다 우호적이었다고 주장한다.[20] 뤼티(Herbert Lüthy) 또한 역사적 사실의 관점에 근거하여 베버의 오류를 지적하였다. 베버는 자본주의의 본질적인 특징으로 이윤추구를 들었는데, 뤼티에 따르면 "제네바에 대금업을 도입한 것은 칼뱅이 아니라 그보다 한 세기 반이나 빠른 가톨릭 감독 파브리(Felix Fabri)였다."[21] 이는 자본주의가 종교개혁 이전에 이미 중세 가톨릭 세계에서 태동되었음을 말해주는 것이다.

로버트슨의 주요 주장은 프로테스탄티즘이 자본주의에 영향을 미친 것이 아니라 오히려 자본주의가 프로테스탄티즘의 사회윤리에 영향을 미쳤다는 것이다. 그는 근대 자본주의의 발전에 결정적인 요인으로 작용한 것은 영적이라기보다는 물질적인 요소였다고 강조하였다. 로버트슨은 "나는 자본주의 정신이 종교적인 충동보다는 문명의 물질적인 조건에서 나왔다는 것을 보여주고

자 한다."²²라고 말한다. 예를 들면 로버트슨은 소명이나 예정론과 같은 종교적인 관념들보다는 과학적인 부기(簿記) 방식의 중요성을 강조하였다.

> 복식부기 없는 자본주의란 생각할 수도 없다. 양자는 형식과 내용처럼 서로 굳게 결합되어 있다. 우리는 자본주의가 그 자신의 힘을 활성화시키는 도구로 복식부기를 만들어 낸 것인지 아니면 복식부기가 그 자신의 (합리적이고 체계적인) 정신으로부터 자본주의를 처음 만들어낸 것인지 알 수가 없을 정도이다.²³

로버트슨은 역사적이고 경제적인 증거에 근거하여 베버의 논지를 비판하였으며, 자본주의의 발전에 있어서 종교적인 요소보다 물질적인 조건을 더욱 강조하였다.

베버에 대한 가장 강력한 공격은 역사학자이자 북유럽 인문주의와 종교개혁 연구의 전문가인 알버트 하이머(Albert Hyma)에 의해 이루어졌다. 하이머는 역사적 사실에 근거하여 베버의 논지를 비판하면서 그에 대한 인신공격성 발언도 주저하지 않았다. "막스 베버도 그의 유명한 추종자(에른스트 트뢸치)도 칼뱅의 삶과 사상에 대해 철저하게 연구해 본 일이 없는 사람들이다. 그렇기 때문에 자본주의에 대해 루터주의자들과 칼뱅주의자들이 파악하고 있던 개념에 대해 매우 이상한 견해가 만들어지는 것은 불가피한 일이었다."²⁴ 하이머는 잘 알려진 칼뱅학자인 에밀 두메르그(emile Doumergue)의 권위에 의지하여 베버를 계속 공격하였다.

> 에밀 두메르그는 그의 탁월한 『칼뱅 전기』 제5권에서 어떻게 막스 베버처럼 서구 유럽의 모든 나라에서 높이 존경을 받는 학

자가 칼뱅주의자들의 정신을 그토록 왜곡하고, 예정론 교리와 그 사회적 결과에 대해 혼란스럽게 만들었는지 이해할 수가 없다고 말한다.[25]

이자를 받고 돈을 빌려주는 것과 관련된 가톨릭주의자들과 종교개혁자들의 이론을 검토한 후에 하이머는 다음과 같은 결론을 내린다.

> 오늘날 실제로 교회사나 신학에 대해 아무런 지식을 갖추지 못한 일부 연구자들이 프로테스탄티즘과 자본주의의 관계에 대한 허황된 이론을 짜내고 있긴 하지만, 양심적인 역사가라면 초기 프로테스탄티즘의 본래적 근원에로 돌아가야만 한다. 그때 그는 프로테스탄트 신자들이 소위 '자본주의 정신'을 고취시키기는커녕 그 길에 수많은 거침돌을 쌓았다는 사실을 발견하게 될 것이다. … 또한 초기 프로테스탄티즘이 중세 가톨릭이든 근대 가톨릭이든지를 막론하고 가톨릭 사상보다 덜 진보적이었다고 추론하는 것도 역시 타당하다고 할 수 있을 것이다.[26]

하이머의 공격의 핵심은 경제적 행위에 관한 프로테스탄티즘의 가르침은 결코 진취적이지 않았고, 따라서 프로테스탄티즘이 근대 자본주의 발전에 결정적인 역할을 할 수도 없었다는 것이다.

지난 한 세기 동안 베버의 논지와 주장에 대해 이루어진 다양한 반대를 정리해 보면 다음과 같이 요약할 수 있다. 첫째로 자본주의는 종교개혁 이전에 이미 나타났기 때문에 프로테스탄티즘이 자본주의 정신의 형성에 영향을 미쳤다고 볼 수 없다. 둘째로 베버는 자신의 주장을 지지해 줄 만한 사례에만 관심을 집중하고 다른 경우는 애써 무시했다. 예를 들어 그는 가톨릭 지역에서 나타난 합리적인 자본주의의 활동들에 대해서는 침묵한다. 사실상 자본주의의 생성과 발전에서 중요한 은행제도는 종교개혁 이전에 가톨릭 국가인 이탈리아에서 융성했다.[27] 셋째로 베버는 자신의 주장을 입증해 주는 이상적인 인물로 17세기 잉글랜드 청교도 리처드 백스터를 제시했는데, 사실 윈스럽 허드슨이 지적한 것처럼 백스터는 베버의 주장에 꼭 들어맞는 인물이 아니다. 넷째로 예정론 교리가 세상에서 직업을 통한 성공으로 연결된다는 주장의 논리성이 취약하다. 뤼티가 말한 것처럼, 예정론이 세상에서 열심히 일하도록 자극했다는 베버의 논제는 "가장 유명하고, 가장 매력적이고, 가장 연약한 부분이다."[28] 다섯째로 칼뱅과 칼뱅주의자들은 차이가 있는데 베버는 그 점을 인식하지 못했다. 칼뱅의 사상은 자유방임적인 자본주의와는 거리가 멀다. 그는 자유시장경제에 반대했고 오히려 정부의 강력한 통제를 주장했다. 칼뱅은 개인의 이익보다 공익을 항상 우선시하였다. 토니가 지적한 대로 칼뱅의 사상은 자본주의보다 오히려 기독교사회주의에 더 가깝다.

4. 칼뱅은 자본주의의 옹호자였는가

베버가 『프로테스탄트 윤리와 자본주의 정신』에서 칼뱅주의와 근대 자본주의 사이의 "선택적 친화력"(an elective affinity)에 대해 언급한 후, 사람들은 종종 칼뱅과 오늘날의 자본주의가 직접적인 연관성을 지니는 것으로 오해하는 경향이 있다. 그러나 엄밀히 말하자면 베버는 칼뱅이 아니라 칼뱅주의와 근대 자본주의의 연관성을 주장한 것이다. 많은 사람이 베버가 칼뱅의 사상을 다루었다고 믿고 있지만, 실제 그가 다룬 것은 17세기 리처드 백스터로 대표되는 청교도적 칼뱅주의이며, 이것은 칼뱅의 사상과 상당한 차이가 있다. 신학자가 아니었던 베버는 청교도에 미친 재세례파의 영향력을 제대로 인지하지 못하였고, 백스터가 신율법주의(Neo-Nomianism)로 경도됨으로써 칼뱅의 사상을 적절하게 대변하지 못한다는 사실 또한 간과하였다.[29] 또한 청교도주의가 하나님의 영광을 위해 열심히 노동하기를 원했다면, 칼뱅에게 노동이란 우리를 다른 사람들에게 의존하지 않고 독립적으로 살아가도록 해주고, 품위 있게 살게 해주며, 가난한 자를 도울 수 있게 해주는 구체적인 수단이다. 다시 말해 노동은 인간이 인간답게 살고 자아를 성취하도록 만들어 주는 하나님의 은혜이다.[30] 이와 같이 청교도와 칼뱅 사이에는 노동에 대한 이해에도 차이가 있다.

베버는 어쩌면 프랑스어를 읽지 못했기 때문인지 칼뱅의 저작을 직접 읽고 다루지 않았다. 『프로테스탄트 윤리와 자본주의 정신』은 각주만 100쪽에 이르는데, 그 방대한 분량 중에서 칼뱅을 언급한 것은 단 한 차례뿐이다. 결국 베버가 자신의 책에서 분석한 것은 칼뱅의 사상이 아니라 후대 칼뱅주의자들의 사상이었으며, 이 점은 베버 자신도 인정하고 있다.[31]

그렇다면 칼뱅과 자본주의의 관계는 어떻게 보아야 할 것인가? 학자들 대부분은 자본주의가 칼뱅 이전에 이미 유럽에 등장했다는 데 동의한다. 리드(W. Stanford Reid)는 칼뱅과 자본주의의 관계를 분석한 논문에서 칼뱅은 결코 자본주의의 창시자나 옹호자가 아니었다고 지적하면서, 그는 "새로운 질서의 창시자나 옹호자라기보다 오히려 이미 존재하던 질서에 대한 비판자"였으며, "제네바의 칼뱅주의는 자본의 축적을 옹호하기보다는 가난에 대해 비판하였다."라고 주장한다.[32] 칼뱅은 자본주의의 창시자라기보다는 오히려 성서가 가르치는 사랑과 정의의 법칙에 따라 자본주의를 엄격하게 규제함으로써 당시에 팽배하던 불공정하고 부당한 관습을 막아야 한다고 주장하였다. 굳이 칼뱅의 사상을 자본주의와 연결시키고자 한다면, 그것은 착취적이고 자유방임적인 자본주의가 아니라 사회적 책임에 입각하여 가난한 자와 약한 자를 옹호하는 "성서적인 자본주의"[33]라고 규정할 수 있을 것이다.

칼뱅은 분명 아담 스미스가 주장하는 자유방임주의 방식의 경쟁적 자본주의 이론과는 다른 입장을 취하고 있다. 아담 스미스의 이론이 자연법사상에 근거하고 있다면 칼뱅의 주장은 성서적 방향성을 지니고 있다. 칼뱅은 재산에 대한 사적인 소유를 인정하기는 했지만, 공적인 이익과 관련될 경우에는 국가가 사적인 소유도 통제할 수 있는 권한이 있다고 생각했다. 그리스도인들이 최선을 다해 일해야 하는 이유도 자신이 선택받은 사람임을 증명하기 위해서가 아니라 사회의 공익을 위해서이다. 이처럼 칼뱅은 직업이 개인의 이익만을 추구해서는 안 되고 반드시 공동체의 유익을 위한 것이어야 한다고 주장한다. 칼뱅이 근면, 검약, 신중과 같은 덕목에 대해 말한 것은 사실이지만, 동시에 그는 부의 획득에 한계를 두고자 하였으며, 주어진 부를 어떻게 사회적 공익을 위해 선용해야 하는지에 대해서도 언급하였다. 따라서 근대 자본주의의 특징인 급진적 개인주의는 칼뱅의 사상과는 전혀 어울리지 않는다. 칼뱅의 사회윤리의 중심에는 개인의 자기중심적 행복이 아니라 공동체의 참살이(well-being)가 자리 잡고 있다.[34] 이런 점에서 볼 때 개혁주의 전통의 신학사상이 20세기 기독교사회주의 운동에 큰 영향을 미친 것은 결코 우연이 아니었다.

칼뱅이 착취적인 자본주의를 고안한 것이 아니고, 오히려 사회적 책임경제(socially responsible economy)라는 개념 안에서 약자와 가난한 자들의 이익을 대변하였다는 것은 이자에 대한 그의 견해에서 잘 드러난다. 앙드레 비엘레(André Biéler)에 따르면 칼뱅은 이자를 받는 것을 허용하면서도 동시에 몇 가지 유보조항을 제시하였다. 첫째, 가난한 사람들에게 이자를 부과해서는 안 된다. 둘째, 돈을 빌려주기 위해 자선을 소홀히 해서는 안 된다. 셋째, 자연적 정의와 황금률에 어긋나는 일이 있어서는 안 된다. 넷째, 돈을 빌린 사람이 돈의 가치보다 많은 것을 남겼을 때에만 이자를 요구할 수 있다. 다섯째, 세상의 관습이나 부당한 기준에 따를 것이 아니라 하나님의 말씀에 따라 우리의 관습을 평가해야 한다. 여섯째, 공익이 사적인 이익보다 앞서야 한다. 일곱째, 공정성을 유지해야 한다.[35] 이처럼 칼뱅은 정의와 사랑의 법칙에 모순이 되지 않는 범위 안에서 이자를 허용하였다. 가난한 사람에게 돈을 빌려준 경우에는 이자가 아무리 세상의 법에서는 합법적일지라도 사랑의 법칙에는 어긋나기 때문에 정당화될 수 없다. 또한 터무니없이 높은 이자는 그리스도께서 말씀하신 황금률에 어긋날 뿐만 아니라 공익을 해쳐 정의의 법칙에 위배되므로 잘못된 것이다. 이처럼 칼뱅은 언제나 성서가 말하는 사랑과 정의의 법칙이 우리의 사회·경제적인 삶의 원리가 되어야 함을 반복적으로 강조하였다.

칼뱅주의와 자본주의 정신을 긴밀하게 연결하려는 시도는 칼뱅주의와 사회주의를 동일시하려는 것만큼 어리석은 시도이다. 개혁주의 사상은 복음의 빛 아래에서 성서의 정신에 어울리는 사회와 경제체제를 형성하려는 노력이다. 이 기준에 의해 자본주의든 사회주의든 잘못된 것이 있으면 비판하는 것이다. 개혁전통은 알투어 리히(Arthur Rich)가 말한 것처럼 하나님 나라의 전망 안에서 믿음, 소망, 사랑에 기초한 인류의 윤리를 지향한다. 리히에 따르면 경제가 사람을 위해 존재하는 것이지, 사람이 경제를 위해 존재하는 것은 아니다. 따라서 경제윤리에서 근본적인 주제는 무엇이 인류에게 최선의 봉사를 할 수 있는가 하는 것이다. 모든 경제제도와 활동의 근본적인 목표도 인간의 삶에 대한 봉사이다. 이런 관점에서 리히는 자유시장경제나 사회주의적 계획경제가 아닌 사회적 시장경제(social market economy)를 바람직한 모델로 제안한다.[36] 사회적 성격을 띤 시장경제를 개혁전통이 택할 수 있는 대안으로 제시하는 것이다. 이것은 칼뱅의 사상과 궤를 같이하는 것이다. 비엘레에 따르면 칼뱅은 극단적인 개인주의와 극단적인 공산주의 사이에서 균형을 유지하고 있다. 그리하여 비엘레는 칼뱅의 사상을 "사회적인 개인주의"(social personalism) 혹은 "개인적인 사회주의"(personalist socialism)라고 규정한다.[37]

5. 베버 논지에 대한 재평가

베버의 주장을 올바르게 이해하기 위해서는 그가 살았던 시대적인 배경을 살피는 동시에 종교에 관한 그의 사상을 보다 광범위하게 담고 있는 『종교사회학』을 고려해야만 한다. 먼저 우리가 『프로테스탄트 윤리와 자본주의 정신』에 나타난 베버의 논지를 정당하게 이해하려면, 우리는 그가 살았던 시대적 맥락 안에서 그의 본래 의도를 숙고해야 할 것이다.[38] 이 시점에서 필자는 베버가 살았던 시대의 마르크스주의적 전통이라는 배경에 주목하고자 한다. 베버의 시대에 마르크스주의 전통은 종교적 형식과 교리는 경제적인 조건을 반영하는 것으로 간주하였다. 베버 또한 종교적 관념과 윤리에 미치는 경제적 요인의 근본적인 중요성을 충분히 인정하였다. 하지만 그는 동시에 종교가 경제제도 안에서 하나의 창조적인 원천이 될 수도 있음을 보여주고자 하였다. 베버는 사회과학의 영역에서 마르크스주의의 유물론적 방법론의 유용성을 잘 알고 있었지만, 그것만을 절대적인 것으로 삼으려는 시도에 대해서는 반대한 것이다. 경제가 모든 사회현상을 결정한다는 마르크스주의자들의 일방적인 주장에 반대하여 베버는 다양하고 다각적인 이론을 제시하고자 하였다.

『프로테스탄트 윤리와 자본주의 정신』에서 베버는 주로 근대 자본주의 정신에 미친 종교적 관념의 역할에 집중하였다. 베버도 종교적 요인이 근대 자본주의 발전에 영향을 미친 유일한 요소라고 생각하지는 않았다. 그는 『프로테스탄트 윤리와 자본주의 정신』을 최종적이고 결론적인 공식이라고 생각하지 않았다. 그것은 어디까지나 자신의 전체적인 연구에 있어서 하나의 예비적인 탐구일 뿐이었다. 베버 자신도 책 마지막 부분에서 "한 걸음 더 나아가서 프로테스탄트 금욕주의가 그 발전과 특성에 있어서 사회적 제반 조건들, 특히 경제적인 측면에 의해 어떻게 영향을 받았는가 하는 점도 더 연구되어야 한다."[39]라고 말함으로써 자신의 연구를 보완하는 진전된 연구의 필요성을 이미 자각하고 있었다.

사실상 베버는 유물론적 결정론뿐만 아니라 정신주의적 결정론에 대해서도 비판적인 태도를 지니고 있었다. 역사와 문화에 대한 유물론적 해석이 일방적인 만큼, 정신적인 요인만을 강조하는 해석도 일방적이기는 마찬가지기 때문이다. 그는 결코 정신주의적인 역사와 문화 해석으로 유물론적인 해석을 대체시킬 의도를 지니고 있지 않았다. 단지 베버가 의도했던 것은 마르크스주의의 유물론적 결정주의가 결론적이고 최종적인 주장일 수는 없고, 오히려 정신과 사상과 관념이 경제와 사회체제를 변화시키는 원동력이 될 수 있다는 것을 보여주는 것이다.

베버는 결코 프로테스탄티즘과 근대 자본주의 사이에서 단순한 인과적 관계를 주장하고자 했던 것이 아니다. 이것은 그 자신의 말에서도 분명하게 드러난다.

> 우리는 자본주의 정신이 오로지 종교개혁의 일정한 영향의 결과로서 태동될 수 있었다든지 혹은 경제제도인 자본주의는 종교개혁의 산물이라는 식의 어리석고 교조적인 주장을 하려는 의도를 조금도 가지고 있지 않다. … 단지 우리는 세상에 널리 퍼져 있는 자본주의 정신의 질적인 형성과 양적인 팽창에 종교적 영향력이 작용하였는지, 작용했다면 어느 정도인지를 확인하고

자 하는 것이다. 나아가 자본주의적 문화의 어떤 구체적 측면을 종교의 영향으로 볼 수 있는지를 확인하고 싶은 것이다.[40]

베버의 의도는 프로테스탄티즘과 근대 자본주의 사이의 직접적이고 인과적인 관계를 탐구하고자 하는 것이 아니라 단지 종교적 관념이나 사상이 경제제도를 규정하는 독립변수가 될 수 있다는 사실을 보여주고자 하는 것이다. 그의 계획은 금욕적 프로테스탄티즘과 자본주의 정신 사이에 존재하는 '선택적 친화력'을 보여주려는 것이다. 에프라임 피쇼프(Ephraim Fischoff)가 지적한 것처럼, 만일 베버를 비판하는 사람들이 베버의 논지를 자본주의의 발전에 칼뱅주의가 미친 필연적인 인과적 영향력을 밝히는 것으로 생각한다면, 그들은 모두 베버를 심각하게 오해한 것이다.[41] 따라서 베버의 논지를 과도한 단순화라든지 혹은 일방적인 주장이라고 비판하는 대부분의 주장은 사실상 베버의 원래 의도에 대한 오해에서 비롯된 것이라고 할 수 있다.

뿐만 아니라 로버트슨, 허드슨, 하이머와 같은 역사학자의 비판도 베버의 사회과학적 연구방법론에 대한 오해에서 비롯된 것으로 보인다. 역사학자들과 달리 사회학자인 베버는 비교분석적 연구를 위해 "이념형"(ideal type)을 사용하였다. '자본주의자'나 '칼뱅주의자'와 같은 이념형 개념들은 구체적 사례들에서 유사점과 차이점을 확인하기 위한 가늠자로서 연구자들을 돕는 분석 도구가 된다. 그러므로 사회학자들은 사물의 일반적인 개념을 구체적인 사실보다 더욱 중요하게 여긴다. 이 문제와 관련하여 피쇼프의 언급은 정곡을 찌른다.

베버의 논지에 대한 대부분의 비난은 심지어 최근 10년 동안 나온 글에서조차도 대부분 베버 이론을 오해하거나 단순화시킨

데서 비롯되었다. 베버는 그와 같은 비난에 대해 별로 책임이 없다. 분명 베버는 자신의 세대에서 법학과 경제학의 역사에 관한 한 최고의 석학이었다. 그는 자본주의의 기원이 매우 복잡하고 다양하며, 정신적 견해의 변화와 경제적 과정의 변화에 영향을 받는다는 점을 잘 알고 있었다. 베버를 비판했던 대부분의 사람은 그의 관심의 방향을 제대로 알지 못했으며, 그의 목표의 온건성이나 과정의 신중성에 대해서도 충분히 인식하지 못했다. 극히 소수의 비판자만이 베버의 주장과 비슷한 수준에 이르렀고, 베버의 오류나 단점들이 그의 특별한 방법론에서 비롯된 것임을 인식하였다. 또한 베버의 방법론을 공격한 몇몇 사람도 사회과학의 본질과 사회과학에 적합한 방법론에 관한 그의 저술들에 대해 무지한 채로 비판을 일삼았던 것이다.[42]

베버는 독일 역사주의가 지닌 개별적이고 특수한 접근 방식에서 벗어나고자 이념형의 개념을 발전시켰다.[43] 만일 누군가가 논란 중인 현상을 특수화시켜 버린다면, 그 사람은 관련된 현상들과 비교할 수 있는 여지를 허용하지 않는 것이라고 베버는 생각했다. 이런 점에서 이념형은 비교연구를 위한 기본적인 방법론을 제공할 수 있다.

서로 다른 분야의 학자들은 베버의 본래적인 견해를 제시하기보다 그의 주장을 일반화시킴으로써 자신들의 입장을 옹호하였다. 예를 들면 로버트슨은 베버를 비판하면서 자본주의의 발생에서 프로테스탄티즘의 윤리보다 과학적인 부기의 중요성을 더욱 강조하였다. 하지만 베버 역시도 근대 자본주의의 발전에서 부기의 중요성을 잘 알고 있었다. 그는 『프로테스탄트 윤리와 자본주의 정신』에서 이 점을 언급하였다.

자본주의적 기획에 대한 근대의 합리적 체계는 그 발전에 있어서 두 가지 다른 중요한 요인이 없이는 가능하지 못했을 것이다. 첫째로 가정 경제로부터 상업의 분리는 근대적 경제생활을 전적으로 좌우하는 요소이며, 둘째로 이와 매우 밀접하게 연관되어 있는 합리적인 부기이다.[44]

베버의 의도와 방법론을 고려할 때 우리는 베버의 논지를 단지 근대 자본주의의 발생에 미친 프로테스탄트 윤리의 인과적 영향을 추적하려는 노력으로만 간주해서는 안 될 것이다. 그것은 오히려 프로테스탄트 윤리와 자본주의 정신 사이에 '선택적 친화력'이 있음을 보여주려는 시도로 보는 것이 정당할 것이다. 이와 같은 베버의 견해는 그의 책 『종교사회학』에 의해 보완된다.

『종교사회학』에서 베버의 주된 관심은 종교와 사회경제적 행위 사이에 존재하는 상호관계였다. 그의 임무는 "사회적 행위의 특수한 유형에 대한 조건과 효과들을 탐구하는 데"[45] 있다. 베버는 종교와 사회적 행위는 서로 연관되어 있다고 주장하였다.

> 종교 혹은 마술적 요소들에 의해 유발된 가장 초보적인 행위의 형태들은 이 세상을 지향하고 있다. … 그러므로 종교적 혹은 마술적 행위나 사고는 일상의 목적지향적인 행위의 범주로부터 분리될 수 없으며, 특히 종교적 혹은 마술적 행동들의 목적조차도 주로 경제적인 것이다.[46]

어떤 사람이 처해 있는 전반적인 상황을 도외시하고서 그의 종교를 이해할 수 없는 것과 마찬가지로, 그의 종교를 제외하고서는 그의 삶을 올바로 이해할 수 없다. 종교적 실체는 경제적 상황의 영향을 직접적으로 받지만, 종교 또한 사회적이며 개인적인 삶에서 실제적인 역할을 하는 것이다.

베버는 『프로테스탄트 윤리와 자본주의 정신』에서 제시하였던 논지를 『종교사회학』에서도 그대로 유지하였다. 그는 여전히 경제적 사고와 제도에 금욕적 프로테스탄티즘이 영향을 미쳤음을 강조하였다. 그는 "누구든지 경제적 합리주의와 기업가 정신을 위한 일종의 윤리적 재가를 발견하고자 한다면 금욕적 프로테스탄티즘의 윤리를 찾아가야만 할 것"[47]이라고 주장하였다. 그는 여전히 금욕적 프로테스탄티즘과 근대 자본주의 사이의 친화력을 강조하였다.

> 서유럽과 동유럽 모두에서 금욕적 프로테스탄티즘과 분파주의의 모든 형태에 의해 윤리적 종교와 합리적 경제발전(특히 자본주의) 사이의 긴밀한 결합이 이루어졌다. … 이 시점에서 우리는 경제적 합리주의와 엄격한 윤리적 종교를 내세우는 어떤 분파들 사이에 존재하는 친화력을 입증하고자 할 따름이다.[48]

금욕적 프로테스탄트 분파들에 의해 합법적인 방식으로 획득된 부는 하나님의 은혜의 표지들 중 하나가 되었고, 세속적 활동들은 오로지 프로테스탄티즘의 소명 윤리 안에서 종교적인 의미를 획득하였다.[49]

베버에 따르면 종교는 사회적·경제적 상황에 의해 영향을 받지만, 동시에 종교가 경제제도와 개인의 행위에 독창적인 영향력을 행사할 수도 있다. 베버는 종교를 사회적 변동의 한 원인으로 간주함으로써 종교적 사상과 이념의 중요성에 대해 새로운 관점을 제시하였다. 그는 이념이 어떻게 인간의 행동을 형성하는지를 설명하였다. 베버는 근대 자본주의에 관한 논의에 종교적 요소를 도입함으로써 종교학과 사회학의 연구에서 큰 진전을 이루었다. 이것이야말로 베버가 종교사회학에 기여한 핵심적 공헌이다.

『종교사회학』에 나타나는 또 다른 흥미로운 점은 사회계층들, 특히 중간계급과 프로테스탄티즘의 관계에 관한 것이다. 베버는 중간계급이 합리적이고 윤리적인 종교의 형성에 매우 결정적인 역할을 했다고 보았다. "중간계급이 자신들의 독특한 경제생활의 양식을 통해 합리적이고 윤리적인 종교의 발생을 위한 조건들이 마련되어 있는 곳에서는 언제나 합리적·윤리적 종교로 기운다는 이론은 여전히 사실이다."[50] 프로테스탄티즘은 도시적 환경에서 자라났으며, 그 추종자들은 주로 기술공, 장인, 중산계급의 사람들이었다. 베버에 의하면 이런 도시 중산계급 사람들은 본래 합리적이고 윤리적인 경향성을 지니고 있으며, 이는 종교적 태도에 있어서도 마찬가지다.[51] 좀바르트나 토니와 같은 학자들도 칼뱅주의의 도시적 성격을 지적한 바 있다. 베버는 『프로테스탄트 윤리와 자본주의 정신』에서 "상업인과 자본가, 높은 수준의 숙련공, 기술적이고 상업적으로 고도의 훈련을 받은 근대 기업의 사람들은 압도적으로 프로테스탄트 신자들"이라는 점에 주목하였다.[52] 이런 이유에서 베버는 프로테스탄티즘과 근대 자본주의 사이의 친화력을 주장한 것이다.

6. 맺는 말

필자는 베버에 대한 비판이 많은 경우 그의 사회학적 방법론이나 그의 본래 의도를 오해하거나 잘못 해석한 데서 비롯되었다고 주장하였다. 베버의 주된 목적은 프로테스탄티즘과 근대 자본주의 사이의 단순한 인과관계를 밝히는 것이 아니라 종교적 관념이 경제사상에 중대한 영향을 미칠 수 있다는 것을 밝히는 것이었다. 이러한 베버의 논지는 역사적 유물론이라는 교조적 논리에 대한 도전이었다. 마르크스는 경제적 요건이 다른 분야, 정치, 사상, 종교적 현상을 결정하는 힘이라고 간주하였지만, 베버는 근대 자본주의가 칼뱅주의적 청교도주의의 종교사상의 영향을 강하게 받았음을 보여줌으로써 경제결정론에 반격을 가하고자 하였다. 베버는 종교와 사회사상에 미치는 경제적 요인의 중요성은 인정했지만, 사상이 단지 물질적 조건의 반영일 뿐이라고 보는 견해는 거부하였다. 베버는 유물론적 결정론이든, 관념론적 결정론이든 간에 일방적인 견해는 거부하고 다원적 상호작용의 이론을 중시하였다. 『종교사회학』과 『프로테스탄트 윤리와 자본주의 정신』에서 베버는 종교적 관념과 사회경제적 조건 사이의 상호 영향력과 상대적 자율성을 주장하였다.

최근 스튁켈베르거(Christoph Stückelberger)는 인터넷 구글(Google) 검색 통계와 출판현황을 제시하면서 칼뱅주의와 자본주의에 대한 새로운 관심이 아시아 지역에서 급증하고 있다고 주장하였다.[53] 특히 아시아에서 이런 주제에 대한 관심이 커지는 원인으로는 사회주의가 해체되면서 자본주의 경제가 확대되고 있는 점, 종교적 가치와 그것이 경제에 미치는 영향, 특히 아시아의 유교사상이 경제에 미치는 영향에 대한 광범위한 논의가 일고 있는 점, 경제를 형성하는 데 문화의 역할에 대한 인식이 증대하고 있는 점 등이 작용하고 있다. 베버의 『프로테스탄트 윤리와 자본주의 정신』이 구체적인 사실의 정확성에 있어서는 얼마간 결함을 지니고 있는 것이 사실이지만, 프로테스탄트주의가 사회와 경제의 합리화를 위한 실마리를 제공했다는 것과 종교사상이 경제제도에 영향력을 행사할 수 있다는 점을 밝힌 것은 베버의 공헌으로 인정되어야 한다. 베버의 논지는 지금까지 그랬던 것처럼 이후에도 계속적인 관심을 받을 만하다.

논의를 매듭짓는 이 시점에도 우리에게는 여전히 질문이 남는다. 그렇다면 개혁교회 전통에 서 있는 사람들은 현대 자본주의 경제제도에 대해 어떤 태도를 취해야 하는가? 개혁교회는 오늘날의 자본 시장경제를 승인할 수 있는가? 2004년 가나의 수도 아크라에서 열렸던 제24차 세계개혁교회연맹(World Alliance of Reformed Churches) 총회가 "아크라 신앙고백-경제와 창조세계의 정의를 위한 계약"을 발표한 것은 우리에게 의미하는 바가 크다. 아크라 신앙고백은 오늘날 전개되고 있는 세계화와 신자유주의 경제질서를 비판하면서, 세계경제의 불의와 생태계 파괴는 단순히 윤리적인 문제가 아니라 신앙적인 문제임을 분명히 하였다. 아크라 신앙고백은 "우리는 인간보다 이익을 앞세우는 어떤 이데올로기나 경제체제, 즉 모든 창조물을 돌보지 아니하고 모두를 위해 계획하신 하나님의 선물을 사유화하려는 어떤 경제체제나 이념도 거부한다."라고 선언한다. 또한 "우리는 경제란 공동체에 속한 모든 사람의 존엄과 복지를 위해 봉사하는 것이며, 그것은 창조세계가 유지되는 범위 안에 있어야 한다고 믿는다."라고 고백하고 있다. 아크라 신앙고백은 가난하고 주변화된 사람들을 위한 우선적 특혜를 수반하는 '은총의 경제'(economy of grace)를 말한다. '은총의 경제'란 사회 안에서 가난하고 약한 지체들이 더 관심을 받고 돌봄을 받는 경제체제를 말한다. 이것이 성서가 가르치고 칼뱅이 주장했던 정의와 사랑의 법칙에 근거한 경제제도일 것이다. 이 '은총의 경제'를 어떻게 구체화하고 현실화할 것인지는 오늘을 살아가는 우리 그리스도인들의 몫이다.

〈주〉

1) Max Weber, *The Protestant Ethic and the Spirit of Capitalism*, trans. Talcott Parsons (New York: Charles Scribner's Sons, 1956), 17.
2) Max Weber, *The Protestant Ethic and the Spirit of Capitalism*, 21.
3) Richard L. Means, "Weber's Thesis of the Protestant Ethic: The Ambiguities of Received Doctrine," *The Journal of Religion* Vol. XLV, No. 7(January 1965), 6.
4) Max Weber, *The Protestant Ethic and the Spirit of Capitalism*, 80-81.
5) Max Weber, *The Protestant Ethic and the Spirit of Capitalism*, 85.
6) Max Weber, *The Protestant Ethic and the Spirit of Capitalism*, 88.
7) Max Weber, *The Protestant Ethic and the Spirit of Capitalism*, 111-112.
8) Max Weber, *The Protestant Ethic and the Spirit of Capitalism*, 125, 128.
9) Max Weber, *The Protestant Ethic and the Spirit of Capitalism*, 162.
10) Robert Green ed., *Protestantism and Capitalism: The Weber Thesis and Its Critics* (Boston: D. C. Health and Company, 1959), viii.
11) Werner Sombart, "The Role of Religion in the Formation of the Capitalist Spirit," *Protestantism and Capitalism*, ed. Robert Green, 32. 좀바르트는 베버보다 앞서 1902년에 출판한 자신의 『근대 자본주의』(*The Modern Capitalism*)에서 이미 근대 자본주의의 발전에 있어서 지도적 원리로 그가 "자본주의 정신"이라고 부른 것의 중요성을 강조한 바 있다. 베버도 좀바르트에게 진 빚을 인정한다.
12) Werner Sombart, "The Role of Religion in the Formation of the Capitalist Spirit," 32.
13) Werner Sombart, "The Role of Religion in the Formation of the Capitalist Spirit," 34.
14) R. H. Tawney, "Religion and the Rise of Capitalism," *Protestantism and Capitalism*, ed. Robert Green, 40.
15) R. H. Tawney, "Religion and the Rise of Capitalism," 48.
16) Winthrop Hudson, "Puritanism and the Spirit of Capitalism," *Protestantism and Capitalism*, ed. Robert Green, 56-57.
17) Winthrop Hudson, "Puritanism and the Spirit of Capitalism," 58-59.
18) H. M. Robertson, "A Criticism of Max Weber and His School," *Protestantism and Capitalism*, ed. Robert Green, 74.

19) H. M. Robertson, "A Criticism of Max Weber and His School," 76.
20) H. M. Robertson, "A Criticism of Max Weber and His School," 69, 83.
21) Richard L. Means, "Weber's Thesis of the Protestant Ethic," 3.
22) H. M. Robertson, "A Criticism of Max Weber and His School," 67.
23) H. M. Robertson, "A Criticism of Max Weber and His School," 80.
24) Albert Hyma, "The Economic Views of the Protestant Reformers," *Protestantism and Capitalism*, ed. Robert Green, 95.
25) Albert Hyma, "The Economic Views of the Protestant Reformers," 96.
26) Albert Hyma, "The Economic Views of the Protestant Reformers," 99.
27) 베버 논지에 대한 로마가톨릭 측의 반응은 Michael Novak, *The Catholic Ethic and the Spirit of Capitalism* (New York: The Free Press, 1993)을 참고하라.
28) Herbert Lüthy, *Le Passé Présent: Combats d'idées de Calvin à Rousseau* (Monace: Éditions du Rocher, 1965), 21. W. Fred Graham, *The Constructive Revolutionary: John Calvin and His Socio-Economic Impact* (Richmond: John Knox Press, 1971), 194에서 재인용. 청교도들 대부분은 일상적인 노동에서가 아니라 회심의 체험에서 하나님의 선택과 은혜의 증거를 발견하였다.
29) W. Stanford Reid, "John Calvin, Early Critic of Capitalism(II): An Alternative Interpretation," *Reformed Theological Review* 44(1985), 10.
30) André Biéler, *L'humanisme social de Calvin*, trans. Paul T. Fuhrmann, *The Social Humanism of Calvin* (Richmond: John Knox Press, 1964), 47.
31) "나는 여기에서 우리가 탐구하는 것은 칼뱅의 개인적 견해가 아니라 칼뱅주의라는 점을 명백하게 이야기해야만하겠다." Max Weber, *The Protestant Ethic and the Spirit of Capitalism*, 220, n. 7.
32) W. Stanford Reid, "John Calvin, Early Critic of Capitalism(I): An Alternative Interpretation," *Reformed Theological Review* 43(1984), 77, 79.
33) C. Gregg Singer, "Calvin and the Social Order or Calvin as a Social and Economic Statesman," *John Calvin: Contemporary Prophet*, ed. Jacob T. Hoogstra (Grand Rapids: Baker Book House, 1959), 241.
34) Ulrich H. J. Körtner, "Calvinism and Capitalism," *John Calvin's Impact on Church and Society 1509-2009*, eds. Martin Ernst Hirzel and Martin Sallmann (Grand Rapids: William B. Eerdmans Publishing Company, 2009), 170.

35) André Biéler, *La pensée économique et sociale de Calvin*, trans. James Greig, *Calvin's Economic and Social Thought* (Geneva: World Council of Churches, 2005), 406-407.
36) Arthur Rich, *Business and Economic Ethics: The Ethics of Economic Systems* (Dudley, MA: Peeters, 2006). Ulrich H. J. Körtner, "Calvinism and Capitalism," 173에서 재인용.
37) André Biéler, *The Social Humanism of Calvin*, 27, 62.
38) Hartmut Lehmann, "Ascetic Protestantism and Economic Rationalism: Max Weber Revisited After Two Generations," *Harvard Theological Review* Vol. 80, No. 3(1987): 307-320. 이 논문에서 레만은 베버 논지의 근원에 대한 몇 가지 견해를 제시한다. 레만에 따르면 베버는 베르너 좀바르트의 『근대 자본주의』, 게오르그 옐리네크의 시민권에 관한 연구, 독일의 문화투쟁의 분위기에 주로 영향을 받았다.
39) Max Weber, *The Protestant Ethic and the Spirit of Capitalism*, 183.
40) Max Weber, *The Protestant Ethic and the Spirit of Capitalism*, 91.
41) Ephraim Fischoff, "The History of A Controversy," *Protestantism and Capitalism*, ed. Robert Green, 112.
42) Ephraim Fischoff, "The History of A Controversy," 112.
43) Lewis A. Coser, *Masters of Sociological Thought* (New York: Harcourt Brace Jovanovich, Inc., 1971), 223.
44) Max Weber, *The Protestant Ethic and the Spirit of Capitalism*, 21-22.
45) Max Weber, *The Sociology of Religion*, trans. Ephraim Fischoff (Boston: Beacon Press, 1993), 1.
46) Max Weber, *The Sociology of Religion*, 1.
47) Max Weber, *The Sociology of Religion*, 42.
48) Max Weber, *The Sociology of Religion*, 93-94.
49) Max Weber, *The Sociology of Religion*, 148, 182.
50) Max Weber, *The Sociology of Religion*, 97.
51) Max Weber, *The Sociology of Religion*, 95-99.
52) Max Weber, *The Protestant Ethic and the Spirit of Capitalism*, 35.
53) Christoph Stückelberger, "Calvin, Calvinism, and Capitalism: The Challenges of New Interest in Asia," *John Calvin Rediscovered*, eds. Edward Dommen and James D. Bratt (Louisville: Westminster John Knox Press, 2007), 122-123.

참고문헌

1. 칼뱅의 작품들

"Articles Concerning the Organization of the Church and of Worship at Geneva."(1537) *Calvin Theological Treatises*. trans. J. K. S. Reid. London: SCM Press, 1954.

"Draft Ecclesiastical Ordinances."(1541) *Calvin Theological Treatises*. trans. J. K. S. Reid. London: SCM Press, 1954.

"Reply to Sadolet."(1539) Calvin Theological Treatises. trans. J. K. S. Reid. London: SCM Press, 1954.

"The Form of Church Prayers, Geneva."(1542) *Liturgies of the Western Church*. selected and introduced by Bard Thompson. Philadelphia: Fortress Press, 1980.

"The Necessity of Reforming the Church." *Tracts and Treatises on the Doctrine and Worship of the Church*. Vol. 1. tr. Henry Beveridge. Grand Rapids: Wm. B. Eerdmans Publishing Company, 1958.

Calvin: Theological Treatises. trans. J. K. S. Reid. Library of Christian Classics. Vol. 22. London: SCM Press Ltd., 1954.

Calvin's Commentaries. 22 Vols. Grand Rapids: Baker Books, 1974.

Calvin's New Testament Commentaries. ed. David W. Torrance and Thomas F. Torrance. Grand Rapids: Wm. B. Berdmans Publishing Company, 1965.

Deux congrégations et exposition du Catéchisme. ed. Rodolphe Peter. Paris: Presses Universitaires de France, 1964.

Institutes of the Christian Religion (1559). ed. John T. McNeill, tr. Ford L. Battles. Library of Christian Classics. Vols. 20-21. Philadelphia: The

Westminster Press, 1960.

Ioannis Calvini Opera Quae Supersunt Omnia. 59 Vols. ed. G. Baum, E. Cunitz and E. Reuss. Braunschweig: Schwetschke, 1863-1900.

Letters of John Calvin. Vols. 1-4. ed. Jules Bonnet. New York: Burt Franklin, 1972.

Treatises Against the Anabaptists and Against the Libertines. Grand Rapids: Baker Book House, 1982.

2. 이차문헌

Alexis, Gerhard T. "Jonathan Edwards and the Theocratic Ideal." *Church History* 35 (1966): 328-343.

Augsburger, Daniel. "Castellio and the Mosaic Law." *Occasional Papers of the American Society for Reformation Research*. Vol. 1(December 1997): 167-175.

Baez-Camargo, G. "The Earliest Protestant Missionary Venture in Latin America." *Church History* Vol. 21(1952): 135-145.

Bainton, Roland. "Sebastian Castellio and the Tolerance Controversy of the Sixteenth Century." *Persecution and Liberty*. New York: The Century Co., 1931.

_____. "The Remonstrator: Sebastien Castellio." *The Travail of Religious Liberty*. New York: Harper, 1958.

Balke, Willem. *Calvin and the Anabaptists Radicals*. Grand Rapids: Wm. B. Eerdmans Publishing Company, 1999.

Barth, Karl. *Church Dogmatics*. trans. G. W. Bromiley. Edinburgh: T. & T. Clark, 1962.

_____. *The Faith of the Church*. trans. Gabriel Vahanian. New York: Meridian Books, 1958.

_____. 전경연 역. 『바르트 교의학 개요』. 서울: 대한기독교서회, 1992.

Battles, Ford L. "God Was Accommodating Himself to Human Capacity." *Interpreting John Calvin*. Grand Rapids: Baker Books, 1996.

_____. "*Calculus Fidei*: Some Ruminations on the Structure of the Theology of John Calvin." *Interpreting John Calvin*. Grand Rapids:

Baker Book, 1996.

Beaver, R. Pierce. "The Genevan Mission to Brazil." *The Heritage of John Calvin*. ed. John H. Bratt. Grand Rapids: W. B. Eerdmans Publishing Company, 1973.

Bendix, Reinhard. *Max Weber: An Intellectual Portrait*. Garden City: Doubleday & Co., 1960.

Bercovitch, Sacvan ed. *Typology and Early American Literature*. The University of Massachusetts Press, 1972.

_____. *The Puritan Origins of the American Self*. New Haven: Yale University Press, 1975.

Biéler, André. *L'humanisme social de Calvin*. trans. Paul T. Fuhrmann. *The Social Humanism of Calvin*. Richmond: John Knox Press, 1964.

_____. *La pensée économique et sociale de Calvin*. trans. James Greig. *Calvin's Economic and Social Thought*. Geneva: World Council of Churches, 2005.

Bockmuehl, Klaus. "The Struggle for Balance: The 'Great Warning' of the Protestant Reformers." *Listening to the God Who Speaks*. Colorado Springs: Helmers & Howard, 1990.

Bouwsma, William J. *John Calvin: A Sixteenth Century Portrait*. Oxford: Oxford University Press, 1988.

Brown, Wendy. 이승철 옮김. 『관용: 다문화제국의 새로운 통치전략』. 서울: 갈무리, 2010.

Buisson, Ferdinand. *Sébastien Castellion, sa vie et son oeuvre, (1515-1563)*. 2 Vols. Paris, 1892; repr. Nieuwkoop, 1964.

Burggraaff, Winfield J. "Jonathan Edwards: A Biblical Essay." *Reformed Review* 18(March 1965): 19-33.

Burrell, Sidney A. "Calvinism, Capitalism, and the Middle Classes: Some Afterthoughts on an Old Problem." *Journal of Modern History* 32(1960): 129-141.

Bushman, Richard L. "Jonathan Edwards and Puritan Consciousness." *Journal for the Scientific Study of Religion* 5(Fall 1966): 383-396.

Castellio, Sebastian. "Concerning Doubt and Belief." *Concerning Heretics*.

trans. and ed. Roland Bainton. New York: Octagon Books, Inc., 1965.

_____. "Counsel to France." *Concerning Heretics*. trans. and ed. Roland Bainton. New York: Octagon Books, Inc., 1965.

_____. "Preface to the Latin Bible, Dedicated to Edward VI." *Concerning Heretics*. trans. and ed. Roland Bainton. New York: Octagon Books, Inc., 1965.

_____. "Reply to Calvin's Book." *Concerning Heretics*. trans. and ed. Roland Bainton. New York: Octagon Books, Inc., 1965.

Chaney, Charles. "The Missionary Dynamic in the Theology of John Calvin." *Reformed Review* Vol. 17, No. 3(1963-64): 24-38.

Cherry, Conrad. "Symbols of Spiritual Truth." *Interpretation* 39(July 1985): 263-271.

_____. *The Theology of Jonathan Edwards*. Bloomington: Indiana University Press, 1990.

_____. "The Puritan Notion of the Covenant on Jonathan Edwards' Doctrine of Faith." *Church History* 34(1965): 328-341.

Cooper, John W. "Capitalism and the Protestant Ethic: Max Weber's Enduring Thesis." *Brethren Life and Thought* Vol. 32(Winter 1987): 33-40.

Coser, Lewis A. *Masters of Sociological Thought*. New York: Harcourt Brace Jovanovich, Inc., 1971.

Crespin, Jean. *Acts des Martyrs*. Geneva: Steiger, 1564.

Crété, Liliane. *Gaspard de Coligny*. Paris: Fayard, 1988.

Daniel, Stephen H. "The Discourse of Typology." *The Philosophy of Jonathan Edwards*. Bloomington: Indiana University Press, 1994.

De Boer, Erik A. "The Congrégation: An In-Service Theological Training Center for Preachers to the People of Geneva." *Calvin and the Company of Pastors*. Grand Rapids: Calvin Studies Society, 2004.

_____. "The Presence and Participation of Laypeople in the Congrégation of the Company of Pastors in Geneva." *Sixteenth Century Journal* 35/3(2004): 651-670.

De John, James. "John Calvin in Mission Literature." *Pro Rege* 4(1975): 6-17.

Dommen, Edward and James D. Bratt, eds. *John Calvin Rediscovered: The*

Impact of His Social and Economic Thought. Louisville: Westminster John Knox Press, 2007.

Douglass, Jane Dempsey. "Calvin's Relation to Social and Economic Change." *Church & Society* 74(1984): 75-81.

Doumergue, Emile. *Le Caractère de Calvin*. Paris: Editions de Foi et Vie, 1921.

Edwards, Jonathan. *A History of the Work of Redemption*. New Haven: Yale University Press, 1989.

_____. *Images or Shadows of Divine Things* by Jonathan Edwards. ed. Perry Miller. Westport: Greenwood Press, 1977.

_____. *Notes on Scripture*. New Haven: Yale University Press. 1998.

_____. *Religious Affections*. New Haven: Yale University Press, 1959.

_____. *The "Miscellanies."* New Haven: Yale University Press, 1994.

_____. *Typological Writings*. New Haven: Yale University Press, 1993.

Elders, Leo, et al. 현석호 역. 『제2차 바티칸공의회 문헌 해설총서 2』. 성바오로출판사, 1991.

Fatio, Olivier and Olivier Labarthe. eds. *Registres de la Compagnie des Pasteurs de Genève, 1553-1564*. Vol. 2. Geneva: Droz, 1962.

Fischoff, Ephraim. "The History of A Controversy." *Protestantism and Capitalism*. ed. Robert Green. Boston: D. C. Health and Company, 1959.

Fry, C. George. "John Calvin: Theologian and Evangelist." *Christianity Today* Vol. 15(1970-71): 59-62.

Gamble, Richard C. "*Brevitas et Facilitas*: Toward an Understanding of Calvin's Hermeneutic." *Westminster Theological Journal* 47(1985): 1-17.

_____. "Calvin's Theological Method: Word and Spirit, A Case Study." *Calviniana: Ideas and Influence of Jean Calvin*. ed. Robert V. Schnucker. Kirksville, MO: Sixteenth Century Essay and Studies, 1988.

_____. "Exposition and Method in Calvin." *Westminster*

Theological Journal 49(1987): 153-165.

Ganoczy, Alexandre. *The Young Calvin*. Philadelphia: The Westminster Press, 1987.

George, Timothy. "John Calvin and the Agreement of Zurich."(1549) *John Calvin and the Church: A Prism of Reform*. ed. Timothy George. Louisville: Westminster Press, 1990.

Giddens, Anthony. *Capitalism and Modern Social Theory: An Analysis of the Writings of Marx, Durkheim, and Weber*. Cambridge: Cambridge University Press, 1975.

Gordon, Amy Glassner. "The First Protestant Missionary Effort: Why Did it Fail?" *International Bulletin of Missionary Research* Vol. 8(January 1984): 12-18.

Graham, W. Fred. *The Constructive Revolutionary: John Calvin and His Socio-Economic Impact*. Richmond: John Knox Press, 1971.

Greef, W. de. *The Writings of John Calvin: An Introductory Guide*. Grand Rapids: Baker Book House, 1993.

Green, Robert ed. *Protestantism and Capitalism: The Weber Thesis and Its Critics*. Boston: D. C. Health and Company, 1959.

Guggisberg, Hans R. *Basel in the Sixteenth Century*. St. Louis: Center for Reformation Research, 1982.

_____. *Sebastian Castellio, 1515-1563*. trans. and ed. Bruce Gordon. Ashgate Publishing Company, 2003.

Hall, David W. and Matthew D. Burton. *Calvin and Commerce: The Transforming Power of Calvinism in Market Economies*. Phillipsburg, New Jersey: P&R Publishing, 2009.

Hall, David W. *The Legacy of John Calvin: His Influence on the Modern World*. Phillipsburg, NJ: P&R Publishing Company, 2008.

Haslett, Ian. "Scripture, Tradition and Intolerance: An Introduction the Critique of Sebastian Castellio." *Irish Biblical Studies* 6(July 1984): 108-119.

Hatch, Nathan O. & Harry S. Stout ed. *Jonathan Edwards and the American Experience*. Oxford: Oxford University Press, 1988.

Higman, Francis M. ed. *Three French Treatises of John Calvin*. London: Athlone Press, 1970.

Hirsch, Elisabeth Feist. "Castellio's De arte dubitandi and the Problem of Religious Liberty." *Autour de Michel Servet et de Sebastien Castellion*. ed. Bruno Becker. Haarlem: H. D. Tjeenk Willink & Zoon, 1953.

_____. "Luther, Calvin, and the Doctrine of Tolerance of Sebastian Castellio." *The Spanish Inquisition and the Inquisitorial Mind*. ed. Angel Alcalá. Highland Lakes, NJ: Atlantic Research and Publications, 1987.

Holder, R. Ward. "Calvin's Heritage." *John Calvin*. ed. Donald K. McKim. Cambridge University Press, 2004.

Hudson, Winthrop. "Puritanism and the Spirit of Capitalism." *Protestantism and Capitalism*. ed. Robert Green. Boston: D. C. Health and Company, 1959.

Hughes, Philip E. "John Calvin: Director of Missions." *The Heritage of John Calvin*. ed. John H. Bratt. Grand Rapids: William B. Eerdmans Company, 1993.

Hunt, R. N. Carew. "Calvin's Theory of Church and State." *Church Quarterly Review* 108(1929): 56-71.

Hyma, Albert. "The Economic Views of the Protestant Reformers." *Protestantism and Capitalism*. ed. Robert Green. Boston: D. C. Health and Company, 1959.

Jay, E. G. *The Church: Its Changing Image through Twenty Centuries*. 주재용 역. 『교회론의 역사』. 서울: 대한기독교출판사, 1991.

Kim, Young Chung. "The Toleration Controversy in the Sixteenth Century: The Case of Michael Servetus and Sebastien Castellio." 「이대사원」 6집 (1966): 1-26.

Kingdon, Robert M. "Calvin and the Government of Geneva." *Calvinus Ecclesiae Genevensis Custos*. ed. Wilhelm Neuser. New York: Peter Lang, 1984.

_____. "Calvin's Socio-Political Legacy: Collective Government, Resistance to Tyranny, Discipline." *The Legacy of John Calvin*. ed. David

Foxgrover. Grand Rapids, Calvin Studies Society, 2000.

_____. "The Episcopal Function in Protestant Churches in the Sixteenth and Seventeenth Centuries." *Miscellanea Historiae ecclesiasticae* VIII. ed. Bernard Vogler. Brussels: Ed. Nauwelaerts, 1987.

Knight, Janice. "Learning the Language of God: Jonathan Edwards and the Typology of Nature." *William and Mary Quarterly* 48(October 1991): 531-551.

Körtner, Ulrich H. J. "Calvinism and Capitalism." *John Calvin's Impact on Church and Society 1509-2009*. eds. Martin Ernst Hirzel and Martin Sallmann. Grand Rapids: William B. Eerdmans Publishing Company, 2009.

Kuiper, Rienk B. "The Balance that is Calvinism." *The Calvin Forum* 18(August-September, 1952): 9-13.

Küng, Hans. *Die Kirche*. 정지련 역. 『교회』. 서울: 한들출판사, 2007.

Laman, Gordon D. "The Origin of Protestant Missions." *Reformed Review* 43(Autumn 1989): 52-67.

Lecler, Joseph. *Toleration and the Reformation*. 2 Vols. New York: Association Press, 1960.

Lee, Sang Hyun. "Jonathan Edwards on Nature." *Faithful Imagining*. ed. Sang Hyun Lee et al. Atlanta: Scholars Press, 1995.

Lehmann, Hartmut "Ascetic Protestantism and Economic Rationalism: Max Weber Revisited After Two Generations." *Harvard Theological Review* 80/3(1987): 307-320.

Leith, John H. "Calvin's Theological Method and the Ambiguity in His Theology." *Reformation Studies: Essays in Honor of Roland H. Bainton*. ed. Franklin H. Littell. Richmond: John Knox Press, 1962.

Léry, Jean de. *History of A Voyage to the Land of Brazil, Otherwise Called America*. translation and introduction by Janet Whatley. Berkeley: University of California Press, 1992.

Locke, John. 공진성 옮김. 『관용에 관한 편지』. 서울: 책세상, 2008.

Logan, Samuel T. Jr. "The Hermeneutics of Jonathan Edwards." *Westminster Theological Journal* Vol. 43, No. 1(Fall 1980): 79-96.

Lowance, Mason I. Jr. "Images or Shadows of Divine Things: The Typology of Jonathan Edwards." *Early American Literature* 5/1(1970): 141-181.

_____. "Typology, Millennial Eschatology, and Jonathan Edwards." *Critical Essays on Jonathan Edwards*. ed. William J. Scheick. Boston: G. K. Hall & Co., 1980.

_____. *The Language of Canaan: Metaphor and Symbol in New England from Puritans to the Transcendentalists*. Cambridge: Harvard University Press, 1980.

Lüthy, Herbert. *Le Passé Présent: Combats d'idées de Calvin à Rousseau*. Monace: Éditions du Rocher, 1965.

Maag, Karin. *Seminary or University?: The Genevan Academy and Reformed Higher Education, 1560-1620*. Scolar Press, 1995.

Marshall, Gordon. *In Search of the Spirit of Capitalism: An essay on Max Weber's Protestant Ethic Thesis*. New York: Columbia University Press, 1982.

McDowell, Josh, and Bob Hostetler. 유정희 옮김. 『톨레랑스의 두 얼굴』. 고양: 스텝스톤, 2009.

McGrath, John. "Polemic and History in French Brazil, 1555-1560." *Sixteenth Century Journal* 27/2(1996): 385-397.

McKee, Elsie A. "The Character and Significance of John Calvin's Teaching on Social and Economic Issues." *John Calvin Rediscovered: The Impact of His Social and Economic Thought*. eds. Edward Dommen and James D. Bratt. Louisville: Westminster John Knox Press, 2007.

McKee, Elsie A. 이정숙 옮김. "칼뱅의 설교: 그에 관한 보배로운 사실과 놀라운 사실들." 『칼뱅의 목회신학』. 서울: 두란노아카데미, 2011.

McNeill, John T. "John Calvin: Doctor Ecclesiae." *Readings in Calvin's Theology*. ed. Donald K. McKim. Eugene, OR: Wipf and Stock Publishers, 1998.

_____. *Unitive Protestantism: The Ecumenical Spirit and Its Persistent Expression*. Richmond: John Knox Press, 1964.

_____. *The History and Character of Calvinism*. New York: Oxford University Press, 1954.

Means, Richard L. "Weber's Thesis of the Protestant Ethic: The Ambiguities of Received Doctrine." *The Journal of Religion* Vol. XLV, No. 7(January 1965): 1-11.

Mill, John Stuart. 서병훈 옮김. 『자유론』. 서울: 책세상, 2006.

Miller, Perry. *The American Puritans*. New York: Columbia University Press, 1956.

_____. "The Marrow of Puritan Divinity." *Errand Into The Wilderness*. Cambridge: The Belknap Press of Harvard University Press, 1956.

Minkema, Kenneth P. "The Other Unfinished 'Great Work'." *Jonathan Edwards's Writings*. ed. Stephen J. Stein. Bloomington: Indiana University Press, 1996.

Moore-Keish, Martha L. *Do This in Remembrance of Me: A Ritual Approach to Reformed Eucharistic Theology*. Grand Rapids: Wm. B. Eerdmans Publishing Company, 2008.

Naphy, William. *Calvin and the Consolidation of the Genevan Reformation*. Louisville: Westminster John Knox Press, 1994.

Neill, Stephen. *A History of Christian Missions*. New York: Penguin Books, 1979.

Ngun, Richard. "Calvinism and Missions." *Stulos Theological Journal* 11, No. 1(2003): 85-105.

Novak, Michael. *The Catholic Ethic and the Spirit of Capitalism*. New York: The Free Press, 1993.

Park, Gyeung Su. "The Weber Thesis and Its Critic: A Reappraisal." *Korea Presbyterian Journal of Theology* 8(May 2008): 87-107.

Pattison, Bonnie L. *Poverty in the Theology of John Calvin*. Eugene, OR: Pickwick Publications, 2006.

Poggi, Gianfranco. *Calvinism and the Capitalist Spirit*. Amherst: The University of Massachusetts Press, 1983.

Puckett, David L. *John Calvin's Exegesis of the Old Testament*. Louisville: Westminster/John Knox Press, 1995.

Huges, philip. E. ed. and trans. *Register of the Company of Pastors of Geneva in the Time of Calvin*. Grand Rapids: William B. Eerdmans

Publishing Company, 1966.

Registers of the Consistory of Geneva in the Time of Calvin. Vol. 1:1542-44. ed. T. A. Lambert and I. M. Watt. trans. M. W. McDonald. Grand Rapids: Wm. B. Eerdmans, 2000.

Registres du Consistoire de Genève au temps de Calvin. 6 Vols. Genève: Librairie Droz, 1996-2011.

Reid, W. Stanford. "Calvin's Geneva: A Missionary Certre." *Reformed Theological Review* 43/3(September-December 1983): 65-74.

_____. "Calvin's View of Natural Science." *In Honor of John Calvin.* ed. E. J. Furcha. Montreal: McGill University Press, 1987.

_____. "Jean Calvin: The Father of Capitalism?" *Themelios* 8(1983): 19-25.

_____. "John Calvin, Early Critic of Capitalism: An Alternative Interpretation." *Reformed Theological Review* Part I 43(1984): 74-81; Part II 44(1985): 9-12.

Rich, Arthur. *Business and Economic Ethics: The Ethics of Economic Systems.* Dudley, MA: Peeters, 2006.

Robertson, H.M. "A Criticism of Max Weber and His School." *Protestantism and Capitalism.* ed. Robert Green. Boston: D. C. Health and Company, 1959.

Rorem, Paul. *Calvin and Bullinger on the Lord's Supper.* Bramcote: Grove Books Limited, 1989.

Sassier, Phillippe. 홍세화 옮김. 『민주주의의 무기, 똘레랑스』. 서울: 이상북스, 2010.

Schaff, Philip. *History of the Christian Church.* Vol. VIII. Grand Rapids: Wm. B. Berdmans Publishing Company, 1910.

_____. *The Creeds of Christendom.* New York: Harper & Brothers, 1877.

Scheick, William J. "The Grand Design: Jonathan Edwards' History of the Work of Redemption." *Critical Essays on Jonathan Edwards.* Boston: G. K. Hall & Co., 1980.

Selderhuis, Herman J. "Church on Stage: Calvin's Dynamic Ecclesiology."

Calvin and the Church. ed. David Foxgrover. Grand Rapids: Calvin Studies Society, 2002.

Shimizu, Junko. *Conflict of Loyalties: Religion and Politics in the Career of Gaspard de Coligny, Admiral of France, 1519-1572*. Travaux d'Humanisme et Renaissance Vol. 114. Geneva: Droz, 1970.

Singer, C. Gregg. "Calvin and the Social Order or Calvin as a Social and Economic Statesman." *John Calvin: Contemporary Prophet*. ed. Jacob T. Hoogstra. Grand Rapids: Baker Book House, 1959.

Smith, John E. "Jonathan Edwards: Piety and Its Fruits." *The Return to Scripture in Judaism and Christianity*. ed. Peter Ochs. New York: Paulist Press, 1993.

Sombart, Werner. "The Role of Religion in the Formation of the Capitalist Spirit." *Protestantism and Capitalism*. ed. Robert Green. Boston: D. C. Health and Company, 1959.

Steeman, Theodore M. "Max Weber's Sociology of Religion." *Sociological Analysis* Vol. 25(Spring 1964): 50-58.

Steenkamp, J. J. "Calvin's Exhortation to Charles V (1543)." *Calvinus Sincerioris Religionis Vindex: Calvin as Protector of the Purer Religion*. ed. Wilhelm H. Neuser and Brian G. Armstrong. Kirksville, MO: Sixteenth Century Journal Publishers, 1997.

Stein, Stephen J. "The Spirit and the Word: Jonathan Edwards and Scriptural Exegesis." *Jonathan Edwards and the American Experience*. ed. Nathan Hatch and Harry Stout. New York: Oxford University Press, 1988.

_____. "The Quest for the Spiritual Sense: The Biblical Hermeneutics of Jonathan Edwards." *Harvard Theological Review* Vol. 70(January-April 1977): 99-113.

Stellwag, Helena W. F. "Castellio Paedagogus." *Autour de Michel Servet et de Sebastien Castellion*. ed. Bruno Becker. Haarlem: H. D. Tjeenk Willink & Zoon, 1953.

Stevens, Carl David. "Calvin's Corporate Idea of Mission." Ph. D. diss., Westminster Theological Seminary, 1992.

Stone, Ronald H. "The Reformed Economic Ethics of John Calvin." *Reformed*

Faith and Economics. ed. Robert L. Stivers. Lanham, MD: University Press of America, 1989.

Stückelberger, Christoph. "Calvin, Calvinism, and Capitalism: The Challenges of New Interest in Asia." *John Calvin Rediscovered*. eds. Edward Dommen and James D. Bratt. Louisville: Westminster John Knox Press, 2007.

Tawney, R. H. "Religion and the Rise of Capitalism." *Protestantism and Capitalism*. ed. Robert Green. Boston: D. C. Health and Company, 1959.

Valeri, Mark and John Wilson. "Scripture and Society: From Reform in the Old World to Revival in the New." *The Bible in American Law, Politics, and Political Rhetoric*. ed. James Turner Johnson. Philadelphia: Fortress Press, 1985.

Vanden Berg, J. "Calvin and Missions." *John Calvin: Contemporary Prophet*. ed. Jacob T. Hoogstra. Grand Rapids: Baker Book House, 1959.

Voltaire. 송기형·임미경 옮김. 『관용론』. 파주: 한길사, 2004.

Wainwright, William J. "Jonathan Edwards and the Language of God." *The Journal of the American Academy of Religion* 48/4(December 1980): 519-530.

Wallace, Ronald S. *Calvin, Geneva, and the Reformation*. Grand Rapids: Baker Book House, 1988.

Warneck, Gustav. *Outline of A History of Protestant Mission from the Reformation to the Preset Time: A Contribution to Modern Church History*. tr. and ed. George Robson. New York: Fleming H. Revell Co., 1903.

Weber, Max. *From Max Weber: Essays in Sociology*. trans. and ed. H. H. Gerth and C. W. Mills. New York: Oxford University Press, 1958.

_____. *The Protestant Ethic and the Spirit of Capitalism*. trans. Talcott Parsons. New York: Charles Scribner's Sons, 1956.

_____. *The Sociology of Religion*. trans. Ephraim Fischoff. Boston: Beacon Press, 1993.

Weinrich, Michael. *Die Reformation und die Ökumene Heute*. 조성기·조용석 편역. 『종교개혁과 현대 오이쿠메네』. 서울: 한들출판사, 2010.

Werge, Thomas. "Jonathan Edwards and the Puritan Mind in America: Directions in Textual and Interpretative Criticism." *Reformed Review* 23(Spring 1970): 153-156, 173-183.

Williams, George H., ed. *Spiritual and Anabaptist Writers*. Library of Christian Classics Vol XXV. Philadelphia: The Westminster Press, 1953.

Winthrop, John. "A Modell of Christian Charity." *The Puritan I*. ed. Perry Miller and Thomas Johnson. New York: Harper Torchbooks, 1963.

Wright, David F. "Was John Calvin a 'Rhetorical Theologian'?." *Calvin Studies* IX. ed. John Leith and Robert Johnson. Davidson, NC: Colloquium on Calvin Studies, 1998.

Wurth, G. Brillenburg. "Calvin and the Kingdom of God." *John Calvin: Contemporary Prophet*. ed. Jacob T. Hoogstra. Grand Rapids: Baker Book House, 1959.

Zweig, Stefan. 안인희 옮김. 『다른 의견을 가질 권리』. 서울: 바오, 2009.

Zwemer, Samuel M. "Calvinism and the Missionary Enterprise." *Theology Today* 7(1950): 206-216.

강남수. "세바스티안 카스텔리오의 종교적 급진사상." 「건대사학」 7집(1989): 153-179.

김봉수. "카스텔리오의 종교적 급진사상." 홍치모 외 공저. 『급진종교개혁사론』. 서울: 느티나무, 1993.

박건택. "칼뱅과 카스텔리옹에 있어서 양심의 자유." 「신학지남」 259호(1999): 66-97.

박경수. "마르부르크 회담, 1529." 「교회와 신학」 75(2008년 겨울호): 36-44.

_____ 옮김. "사돌레토에게 보내는 답신." 『칼뱅: 신학논문들』. 서울: 두란노아카데미, 2011.

_____. "초기 한국 개신교 부흥운동과 교회연합운동." 「장신논단」 26(2006): 129-166.

_____. 『교회사클래스』. 서울: 대한기독교서회, 2010.

_____. 『교회의 신학자 칼뱅』. 서울: 대한기독교서회, 2009.

박경수 외. 『공적신학과 공적교회』. 서울: 킹덤북스, 2010.

_____. 『성서·역사 신학적 관점에서 본 하나님의 경제』. 서울: 북코리아, 2013.

하승우.『희망의 사회윤리 똘레랑스』. 서울: 책세상, 2006.
한국기독교교회협의회 신앙과직제위원회 편, 이형기·송인설 공역.『신앙과 직제와 삶과 봉사의 합류』. 서울: 한국기독교교회협의회, 2009.
『2010년 한국교회의 사회적 신뢰도 여론조사 결과발표 세미나 자료집』, 기독교윤리실천운동 주최 (바른교회아카데미/한국교회희망봉사단/한국기독교목회자협의회 협력, 2010년 12월 15일).
『한국의 종교현황』. 서울: 문화체육관광부, 2008.

찾아보기

ㄱ

가난 6, 39-82
가노치 Alexandre Ganoczy 79, 200, 225
갈라 Nicolas des Gallars 168
갬블 Richard Gamble 210, 226
게니에르 Guillaume Guegnyer 242
고마루스 Franciscus Gomarus 327
공공신학(공적신학) Public Theology 69-70
공산주의 46, 373
공정무역 Fair Trade 69-72
관용(똘레랑스) Tolérance 300-328
교회법령 Ecclesiastical Ordinances 51, 120, 124, 126, 129, 148, 163
구기스베르크 Hans R. Guggisberg 306
그레벨 Konrad Grebel 244
그리스도의 몸 64-66, 92-113, 245, 267
금욕주의 Asceticism 42, 45, 361, 375

기독교강요 Institutes of the Christian Religion 18, 23, 26, 30, 64, 100, 104, 119, 147-148, 154, 169-172, 208, 210, 218, 220-221, 223-225, 251, 310, 323

ㄴ

내피 William Naphy 127
노동 39, 52-63, 67-70, 78, 96, 361, 363, 371
녹스 John Knox 180
뉴턴 Isaac Newton 334, 348-353
니케아신조 99, 103

ㄷ

단크바르 Willem F. Dankbaar 202
데클레시아 Philippe d'Ecclesia 137
뎅크 Hans Denck 244
두메르그 Emile Doumergue 368

ㄹ

라구에니어 Denis de Raguenier 132,

151, 176-178
라투렛 Kenneth S. Latourette 280
레리 Jean de Léry 283-295
레비스트로스 Claude Lévi-Strauss 287
렉키 William Lecky 320
로날드 월리스 Ronald Wallace 169
로렘 Paul Rorem 216
로크 John Locke 302, 334, 348-354
루터 Martin Luther 48, 52, 67, 79, 96, 108, 150, 166-167, 179, 191, 197, 216-217, 227-228, 236, 251, 253, 312, 323, 351, 361
리버틴 Libertine 159, 212-215, 226-228, 236-241
리시에 Pierre Richier 283-285, 291
린더붐 J. Lindeboom 236, 325

ㅁ

마르가리타 드 나바라 Margarita de Navarra 241
마르부르크 Marburg 216
마르크스 Karl Marx 374, 375, 380
마포삼열 Samuel A. Moffett 16, 17, 19
만인제사장 96, 97
만츠 Felix Mantz 244, 246
맥그래스 John McGrath 291, 292, 293
맥닐 John T. McNeill 27, 100, 192, 216, 224

맥키 Elsie A. McKee 170, 178-181
맹세 240, 243, 247, 252, 261, 268-269
메노나이트 Mennonites 235-236
멜란히톤 Philipp Melanchthon 18, 79, 211, 212, 323
목사(목회자) 65, 68, 73, 98, 110, 118-127, 131, 136-140, 146-150, 153, 155, 159, 162-163, 167-170, 173, 223, 240, 246, 261, 265, 285, 304
목사회 Company of Pastors 75, 123-126, 131, 137-140, 159, 178, 180, 223, 304
몬타누스 Montanus 104, 105
무스쿨루스 Wolfgang Musculus 133, 136
뮌스터 Münster 212
미크론 Martinus Micron 242
밀 John Stuart Mill 302
밀러 Perry Miller 346-352

ㅂ

바디우스 Conrad Badius 131
바르넥 Gustav Warneck 281
바르톨로뮤 축일 대학살 Massacre de la Saint-Barthélemy 292, 300
바르트 Karl Barth 22, 27, 99, 103, 109, 112, 114
바오로 3세 Paul III 203
바우크 Hermann Bauke 207, 225

백스터 Richard Baxter 362, 363, 365, 366, 370, 371
베르게리오 Pietro P. Vergerio 129
베버 Max Weber 54, 359-371, 374-381
베인튼 Roland Bainton 236, 325
베즈 Théodore Bèze 131, 132, 164, 204, 305, 310, 314
베틀즈 Ford L. Battles 30, 169, 208, 210, 225, 226
벨 Pierre Bayle 327
벨라르미노 Roberto Bellarmino 103, 281
벨로 Thyvent Bellot 241
벨리우스 Martinus Bellius 310
보메로메누스 Jean Bomeromenus 237
보빌 Richard Vauville 163, 164
복지 39, 72, 73, 74, 76, 80
볼테르 Voltaire 302
부스마 William J. Bouwsma 27, 208, 221, 226, 324
부처 Martin Bucer 27, 67, 79, 194, 211, 212, 228, 244
불링거 Heinrich Bullinger 158, 217, 242
뷔송 Ferdinand Buisson 320, 327
브누아 Andry Benoit 237
브누아 Jean-Daniel Benoit 168
비엘레 André Biéler 46, 51, 67, 72, 78
빌르가뇽 Nicolas Durand de Villegagnon 283-294

ㅅ

사도신조 99, 103
사도적 계승 110
사돌레토 Jacopo Sadoleto 18, 30, 101, 153, 323
사르티에 Guillaume Chartier 283, 284
사회주의 46, 370, 372, 373, 381
상담 8, 148, 149, 161, 162, 165, 166, 168, 181
상업 7, 39, 52, 53, 54, 69, 73, 78, 378, 380
생 피에르 교회 Cathédrale Saint-Pierre 44, 129, 131, 179, 180, 283, 286, 303, 327
샤프 Philip Schaff 18, 217, 319
샹피에르 Symphorien Champier 303
설교 149-155, 173-181
성령의 전 8, 92, 93, 102, 103, 104, 107, 108, 113
성례 67-68, 98-101, 107, 119, 125, 147-150, 154-156, 181, 195-197, 216, 218-220, 226, 249
성만찬 66, 98, 101, 147, 154-158, 197-198, 215-217, 220, 240, 244-245, 272, 284, 287, 320-321, 325
성서연구모임 Congrégation 129-

137, 139, 180
세례 154-156, 197, 244, 248-249
세르베투스 Michael Servetus 30, 236, 302, 306, 310, 315, 316, 325, 326
소키누스 Faustus Socinus 327
소통 39, 44, 46, 53, 63-68, 72, 104, 110
슈벵크펠트 Kaspar Schwenckfeld 236
슈투름 Johannes Sturm 303
슐라이트하임 신앙고백 Schleitheim Confession 237, 240, 243, 244, 246, 247, 248, 252, 253, 258, 260, 271
스위스형제단 Swiss Brethren 6, 254
스토르더 Jean Stordeur 237, 239
시몬스 Menno Simons 242
신학세계 19
신학지남 19-21, 24

ㅇ

아 라스코 Johannes à Lasco 242
아놀드 Gottfried Arnold 327
아디아포라(비본질적 문제) Adiaphora 48, 166
아르미니우스 Jacobus Arminius 327
아리스토텔레스 Aristoteles 50, 52
아미쉬 Amish 235-236
아우구스티누스 Augustinus 27, 99, 111, 156, 160

아퀴나스 Thomas Aquinas 363
아크라신앙고백 80, 382
암브로시우스 Ambrosius 48
앙리 2세 Henri II 223, 293, 307
에드워드 6세 Edward VI 307
에드워즈 Jonathan Edwards 334-354
에라스무스 Desiderius Erasmus 247, 306
에라스투스주의 Erastianism 223
에머슨 Ralph Waldo Emerson 340
에큐메니칼 101
연속강해 Lectio Continua 175
예수회 Jesuits 367
예언모임 Prophezei 130, 134
예정론 20, 22, 207, 226, 238-239
예표론 209-210, 334-354
오리게네스 Origenes 209-210
오치노 Bernardino Ochino 305-306
왕길지 Gelson Engel 17
요리스 David Joris 305
위그노 Huguenot 162, 285, 288, 292, 293, 317
윈스럽 John Winthrop 347, 365, 370
윌리엄스 George Williams 236
유아세례 238, 244, 248, 249, 262
이단 321-326
이들레트 드 뷔르 Idelette de Bure 237
이레나이우스 Irenaeus 155
이신론 Deism 335, 344-346, 353-354

이자 47-52, 57, 69, 78
임금 39, 52, 54, 59-63, 69, 78

ㅈ

자기조절 Accommodation 154-155, 172
자본주의 39, 54, 61, 69, 79, 359-381
자틀러 Michael Sattler 240, 243, 247
장로 65, 68, 71, 73, 98-102, 104, 110, 121, 124, 126, 148, 167
장로교공의회 16-17
재세례파 46, 101, 147, 208, 221-226, 228, 235-254, 259, 305, 370
제네바시편찬송가 75
제네바아카데미 Academy of Geneva 129, 282
종교사회학 360, 378, 379, 381
종합구빈원 General Hospital 58, 73, 74
중도의 길 Via Media 208-209, 215, 221-222, 225-226
지라르 Jean Girard 150
직업소명 361, 363
집사 46, 65-68, 74-77, 98, 110, 121, 167

ㅊ

청교도 Puritan 130, 152, 345-354, 361-370
청지기 41-42, 44, 61, 66, 76, 81, 362

체리 Conrad Cherry 350-352
초절주의 Transcendentalism 340
취리히합의 Consensus Tigurinus 217
츠바이크 Stefan Zweig 302
츠빙글리 Huldrych Zwingli 48, 67, 79, 101, 130, 175, 191, 208, 216-217, 228, 236, 244-248, 251, 253-254
치리(권징) 73, 98, 119, 126, 148-149, 157-161, 181, 244, 246, 316
칭의 196-197, 227, 320-321

ㅋ

카를 5세 Karl V 192-193, 202-203
카스텔리옹 Sebastian Castellion 300-321, 325-328
카피토 Wolfgang Capito 244
칼뱅주의(칼빈주의) 20-27, 54, 69, 78, 226-227, 291-294, 314, 327, 334-335, 349-381
컨시스토리 Consistory 68, 73, 75, 125-126, 137, 161, 178-179, 221, 223, 242, 253
코르디에 Mathurin Cordier 304
콜라동 Nicolas Colladon 131
콜리니 Gaspard de Coligny 283
쿠쟁 Jacques Cousin 150
퀘이커 Quakers 105
큉 Hans Küng 99
크레스팽 Jean Crespin 166, 291-293, 295

클라우부르거 Johannes Clauburger 167
키프리아누스 Cyprianus 111
킹던 Robert Kingdon 118, 125, 223

ㅌ

테르툴리아누스 Tertulianus 104
테벳 André Thevet 288
투피남바 Tupinamba 285
트렌트공의회 30, 203-204

ㅍ

파렐 Guillaume Farel 30, 136, 158-159, 163, 238, 240-241
파브리 Jean Fabri 126, 367
파수군 21
파울루스 Michel Paulus 242
파커롱 Huguine Paquelon 305
페롱 Jean Ferron 126
포트 콜리니 Fort Coligny 280, 283, 285-294
폭스 George Fox 105
풀랭 Valeran Poulain 166-167

프랑스기금 Bourse Française 73-76, 282
필리프 뒤 퐁 Phillipe du Pont 283, 285

ㅎ

하나님 나라 37-40, 48, 55, 65, 70-71, 82, 93, 110-113, 164, 220, 250, 346, 373
하나님의 백성 45, 92-97, 102, 107-108, 113, 118, 162
한국칼빈학회 26-31, 170
헤르만 Herman de Gerbihan 237-239
해처 Ludwig Hätzer 244
호이시 Karl Heussi 105
호프만 Melchior Hoffmann 98
후버마이어 Balthasar Hubmaier 244, 247
후트 Hans Hut 244
후터라이트 Hutterites 225
히르쉬 Elizabeth F. Hirsch 319